KB144704

디지털 라이팅 & 렌더링

제레미 번 지음 · 오영관 옮김

BM (주)도서출판 성안당

디지털 라이팅 & 렌더링

2008. 3. 10. 1판 1쇄 발행
2024. 11. 27. 1판 10쇄 발행

지은이 │ 제레미 번
옮긴이 │ 오영관
감　수 │ 이혁
펴낸이 │ 이종춘
펴낸곳 │ BM ㈜도서출판 **성안당**
주소 │ 04032 서울시 마포구 양화로 127 첨단빌딩 3층(출판기획 R&D 센터)
　　　│ 10881 경기도 파주시 문발로 112 파주 출판 문화도시(제작 및 물류)
전화 │ 02) 3142-0036
　　　│ 031) 950-6300
팩스 │ 031) 955-0510
등록 │ 1973. 2. 1. 제406-2005-000046호
출판사 홈페이지 │ www.cyber.co.kr
도서 내용 문의 │ monoclon@gmail.com
ISBN │ 978-89-315-5619-3 (93000)
정가 │ 35,000원

이 책을 만든 사람들
책임 │ 최옥현
진행 │ 김상연
교정·교열 │ 신정진
본문·표지 디자인 │ 디자인 뮤제
홍보 │ 김계향, 임진성, 김주승, 최정민
국제부 │ 이선민, 조혜란
마케팅 │ 구본철, 차정욱, 오영일, 나진호, 강호묵
마케팅 지원 │ 장상범
제작 │ 김유석

Authorized translation from the English language edition, entitled Digital Lighting And Rendering, 2nd Edition, 0321316312 by Birn, Jeremy, published Pearson Education, Inc, publishing as New Riders, Copyright © 2006. Korean Language Edition published by Sung An Dang, Inc. Copyright © 2008~2024.

All rights reserved. No part of this book may be reproduced or transmitted in any form or by any means, electronic or mechanical, including photocopying, recording or by any information storage retrieval system, without permission from Pearson Education, Inc.

이 책의 어느 부분도 저작권자나 BM ㈜도서출판 **성안당** 발행인의 승인 문서 없이 일부 또는 전부를 사진 복사나 디스크 복사 및 기타 정보 재생 시스템을 비롯하여 현재 알려지거나 향후 발명될 어떤 전기적, 기계적 또는 다른 수단을 통해 복사하거나 재생하거나 이용할 수 없음.

※ 잘못된 책은 바꾸어 드립니다.

저작권 명시

이 책에서 사용된 모든 그림의 저작권은 보호를 받습니다. 이 책의 어느 부분도 출판사의 승인 문서 없이 일부 또는 전부를 사진 복사나 디스크 복사 및 기타 정보 재생 시스템을 비롯하여 현재 알려지거나 향후 발명될 어떤 전기적, 기계적 또는 다른 수단을 통해 복사, 재생하거나 이용할 수 없습니다. 이에 대한 정보나 허가를 얻으려면 permissions@peachpit.com으로 문의 바랍니다.

- 그림 1.5는 CtrlStudio, Angel Camacho, Yohann da Geb, Donal Khosrowi, Lazhar Rekik, Holger Scomann, Andrzej Sykur, 그리고 Florian Wild의 동의를 얻었습니다.
- 그림 2.16과 그림 2. 19에 사용된 모델은 Rini Sugianto의 동의를 얻었습니다.
- 4장 시작 이미지는 Amilton Diesel의 동의를 얻었습니다.
- 그림 4.27은 Jason Lee의 동의를 얻었습니다.
- 그림 4.28은 Geoff Packer의 동의를 얻었습니다.
- 5장 시작 이미지는 Kim Hyung Jun의 동의를 얻었습니다.
- 그림 6.5 'Circus Maximum Irritans'는 Peter Fendrik의 동의를 얻었습니다.
- 그림 7.2와 그림 8.8은 Jorge R. Gutierrez의 동의를 얻었습니다.
- Andrew Hicknbottom의 그림 7.7의 저작권은 Andrew Hickinbottom에게 있습니다.
- 그림 8.12는 Vaclav Cizkovsky의 동의를 얻었습니다.
- Gladys Leung의 그림 10.13 'Venetian Boat Song'의 저작권은 Gladys Leung에게 있습니다(http://runtoglad.com).
- 그림 10.19, 10.20, 10.21과 10.22는 Eni Oken의 동의를 얻었습니다.

머리말

이 책은 보다 나은 3D 이미지 제작을 돕기 위해 여러 분야의 정보를 녹여 담고 있다. 독자 여러분은 전문적인 영화 촬영 기법(cinematography), 전통적 시각 예술의 디자인 원칙, 전문적인 영화 제작 경험에서 나온 실질적인 조언들과 각 장면 뒤에 숨어 있는 최신 기술을 쉽게 풀어낸 설명을 통해 여러 가지 개념과 기법들을 살펴보게 될 것이다.

누가 이 책을 읽어야 하는가?

최소한 하나의 3D 프로그램을 다룰 줄 알고 자신의 3D 렌더링 이미지를 발전시키는 데 관심이 있는 사람이라면 이 책을 읽어야 한다.

- 3D 렌더링 소프트웨어의 전문 사용자들을 위해서는 실제 프로덕션상의 어려운 점들을 해결하고 자신의 작업을 계속 성장시키는 데 도움을 줄 것이다.

- 컴퓨터 그래픽을 공부하는 학생들을 위해서는 좀 더 전문적인 렌더링 기술을 개발할 수 있도록 도울 것이다.

- 열정적인 3D 애호가들을 위해서는 작업한 3D 렌더링의 예술적 면모를 향상시키고 이미지 제작에 좀 더 전문적으로 접근하는 법을 배우도록 돕는다.

또한 각 내용을 명료하게 서술하고 있지만 독자의 수준을 낮추어 보진 않았다. 처음 사용되는 용어들을 정의하고 모든 개념과 기법을 그림과 샘플 렌더링을 통해 설명하는 데 모든 노력을 기울였다. 특히 여러분이 사용하는 소프트웨어의 매뉴얼과 도움말을 대체하기보다는 보완하기 위해 기획되었기 때문에 이 책에서 찾아볼 수 있는 대부분의 정보들은 (이 중 일부는 반드시 있어야 함에도 불구하고) 소프트웨어 매뉴얼에는 없는 것이다.

필요한 소프트웨어

이 책은 대부분의 3D 렌더링 소프트웨어에서 구현할 수 있는 기법과 개념을 다루고 있다. 2D 페인팅 프로그램과 합성 소프트웨어 역시 권장한다.

3D 소프트웨어

어떠한 프로그램도 이 책에서 설명하고 있는 모든 기능과 특징 그리고 렌더링 알고리즘을 다 지원하지는 못할 것이다. 바라건대, 자신이 사용하고 있는 특정 소프트웨어가 아직 갖추지 못한 기능을 배우는 것을 여러분이 귀찮게 여기지 않았으면 좋겠다. 이 책은 대부분의 장에서 여러 가지 다른 접근법들을 보여주고 있으므로 여러분이 어떤 프로그램들을 사용하든 간에 이 책에서 설명한 모든 효과를 따라서 할 수 있을 것이다.

하지만 특정 소프트웨어에 얽매이지 않을 뿐 특정한 소프트웨어를 논의하지 않는다는 뜻은 아니다. 렌더맨Renderman, 멘탈레이Mental Ray, 3D 스튜디오 맥스3D Studio Max, 마야Maya, 소프트이미지Softimage, 라이트웨이브Lightwave를 비롯해 다른 프로그램들에서 주목할 만한 특징이 있다면 그러한 것들이 등장할 때마다 언급할 것이다.

렌더링에 필요한 예술과 컴퓨터 그래픽의 원리에 대한 인식, 그리고 얼마간의 창의적인 문제 해결법을 제시하면서, 여러분이 대부분의 렌더링 프로그램에서 훌륭한 작업을 성취해 낼 수 있을 것이라고 생각하며 이 책을 바친다.

2D 소프트웨어

훌륭한 3D 시스템 중에도 텍스처 맵texture map을 만들거나 수정하고, 레이어layer나 렌더 패스render pass들을 합성하기 위해 2D 소프트웨어로 보완해야 할 것들이 있다. 가능하다면 여러분은 (이 책에서 많은 텍스처 제작 예제에 사용된) 어도비 포토샵Adobe Photoshop이나 페인트 샵 프로Paint Shop Pro, 또는 프랙탈 페인터Fractal Painter 같은 페인트 프로그램을 갖고 있어야 한다. 김프Gimp나 페인트넷Paint.Net 같은 무료 프로그램들도 꽤 쓸 만하다. 갖고 있는 페인트 프로그램에서 스틸 이미지 간의 기본적인 합성이 가능하다고 할지라도 렌더 패스 합성을 위해서는 셰이크Shake나 디지털 퓨전Digital Fusion 또는 애프터 이펙트After Effect 같은 전문 프로그램들이 유용하다.

이번 두 번째 개정판에 대해

이 책은 이미 유명한 『Digital Lighting & Rendering』의 두 번째 개정판이다. 첫 권은 3D 라이팅과 렌더링 기법의 표준 텍스트로 자리 잡으면서 관련 업계의 많은 종사자들에게 소개되었으며, 2000년 출간 이후로 아주 큰 상업적 성공을 거뒀다. 그 책을 교재로 택해 준 선생님들과 인터넷에 추천 글을 달아 준 분들, 그리고 친구나 동료들에게 소개해 준 모든 아티스트에게 진심으로 감사 드린다.

이번 두 번째 개정판은 소프트웨어적인 측면과 기술적·산업적인 측면에서 일어난 변화들에 따라 개선되었다. 진화하는 분야를 따라가기 위해 각 장들은 새로운 기법과 개념으로 한층 강화됐다. 오클루전occlusion이나 글로벌 일루미네이션global illumination같이 첫 번째 책에서 섹션별로 다루었던 주제들을 건축 렌더링에서 렌더 패스에 이르기까지 다른 주제로 책 전체를 통해 언급하고 있다. 그리고 각 전문가들이 다른 포지션별로 영화의 시각 효과와 장편 애니메이션을 만들기 위해 어떻게 작업하는지, 스튜디오 프로덕션의 파이프라인에 대한 이해를 돕는 장을 새롭게 추가했다.

"컴퓨터 그래픽에서는 작업의 중단이 있을 뿐 완결은 없다"는 말이 있듯이 샷들은 항상 더 나아질 수 있으며 완벽을 추구하는 아티스트에 의해 언제나 조정되고 수정될 수 있다. 그래서 데드라인에 맞닥뜨려서야 우리가 사랑했던 프로젝트를 마침내 억지로 떠나보내게 된다. 책을 출간하는 것도 마찬가지이다. 나는 2000년도에 떠나 보낸 내 책이 아주 많은 사람들을 행복하게 했다는 사실에 매우 기뻤다. 나는 그 책에 내가 그때까지 알고 있던 내용 중 최고만을 서술했다. 그 이후로 관련 업계에서 쭉 일하면서 다른 렌더러와 애플리케이션으로 작업하며 비주얼 이펙트와 장편 애니메이션 프로덕션에서 경험을 쌓았고, 라이팅과 렌더링에 관한 수업을 진행했다. 그러다 보니 첫 번째 책에서 다루지 못한 내용과 좀 더 자세히 설명하지 못한 부분에 대한 아쉬움이 생겨났다. 이 모든 것을 다시 들춰보고 수정할 수 있다는 것은 커다란 기쁨이며 새로운 개정판을 여러분에게 선보인다는 것이 무척 자랑스럽다.

제레미 번

역자의 글

현재 출간된 대부분의 2D, 3D 그리고 모션 그래픽 책들은 권수는 많지만 몇 개의 단순한 카테고리로 묶일 수 있습니다. CG의 이론을 설명하거나 마야, 맥스, 애프터 이펙트 등 주요 프로그램을 비슷한 예제로 다루는 책들, 그리고 프로그램을 중심으로 저자들의 경험이 묻어 나오는 일부 서적이 그것입니다. 초보자 입장에서는 하나하나 툴을 익혀서 업계에 발을 들여놓고, 감각과 눈을 연마해 나름대로 실력을 갖추게 되면 이후에 참조할 책이 없는 게 현실입니다. 물론 버전이 계속 높아지는 프로그램의 새 기능을 익히는 것도 중요하고, 새로운 소프트웨어를 공부하는 것도 게을리해서는 안 됩니다. 하지만 자신이 만드는 이미지의 룩look을 발전시키기 위해 더 근본적이고 중요한 것이 무엇인지 생각해 본다면 더 이상 프로그램과 렌더러에 따라 이미지의 호, 불호를 따지는 소모적인 논쟁은 무의미하다는 걸 깨닫게 될 것입니다.

주변과 사물에 대한 이해를 CG와 연관시켜 설명한 많은 원서 중에도 제레미 번의 『Digital Lighting&Rendering』은 단연 돋보이는 책입니다. 근본적인 원리에 목말라하던 많은 실무자들 사이에서 알게 모르게 책의 내용들을 인용돼 왔습니다. 여전히 변치 않는 중요한 원칙들과 나날이 새롭게 개발되는 최신 3D 기법 사이에서 이 책의 2판을 뒤늦게나마 소개할 수 있어서 진심으로 기쁘게 생각합니다. 번역을 하면서 가장 중요하게 생각한 원칙은 무엇보다 자연스럽게 읽히고 이해가 돼야 한다는 점입니다. 실제 실무에서 사용하는 많은 외래어와 원서 번역의 한계 사이에서 문장을 조율하기가 쉽지 않았지만 최대한 자연스러운 글이 되도록 애썼습니다.

이 책은 한 프로그램을 중심으로 설명하는 기법서가 아닙니다. 오히려 이론서에 가깝습니다. 그러나 빛과 필름, 카메라의 구조, 영화 촬영법, 컬러의 구현 원리, 페인팅, 구도, 합성, 그리고 프로덕션 파이프라인까지 모든 요소를 3D 그래픽 실무와 연관 지어 설명하고 있어 앞으로 작업에 대한 시야를 넓히고 수준을 한 단계 높이는 지침서 역할을 할 것입니다.

끝으로 바쁜 역자의 일정을 참고 기다려주신 성안당 출판사와 원고를 보고 조언해 준 뉴욕 Mill의 전방위 아티스트 종진 군, NYCZ 대표 김호권, School of Visual Arts 홍인표 교수님께도 깊은 감사를 드립니다. 마지막으로 긴 시간 동안 격려와 믿음으로 지켜준 사랑하는 아내 홍성이에게도 진심으로 감사를 표합니다.

오영관(영화 VFX 하우스 매크로그래프 근무)

감수의 글

인터넷에 CG 관련 정보가 넘쳐나는 세상이지만 그러한 정보들 대부분이 중복된 내용이거나 학원 홍보물인 경우가 많고, 꼭 필요한 고급 정보는 외국 사이트에 있거나 원서인 것을 발견하고는 언어의 장벽에 한숨을 쉬기가 다반사입니다.

하루가 다르게 기술이 진보하고 새로운 이론들이 쉴 새 없이 발표되고 사라지는 시대에 언어 문제로 때늦은 지식을 취한다면 그만큼 시대의 흐름에 뒤처질 수밖에 없습니다. 우리 CG 아티스트들이 보다 쉽고 빠르게 외국의 전문적인 지식을 접할수록 경쟁력도 더 많이 올라갈 수 있고, 더 좋은 작품들이 나올 수 있을 것입니다.

그래서 『Digital Lighting & Rendering』 같은 훌륭한 서적이 국내에 번역 출간되는 것이 더 의미 있게 느껴집니다. CG 관련 분야에서 일하는 사람이라면 이 책에 관해 한번쯤은 들어보았을 것입니다. 이 책은 2000년에 출간된 『Digital Lighting & Rendering』의 개정 증보판입니다. 첫 번째 책은 이미 3D 라이팅과 렌더링 기법의 표준 교과서이자 바이블이 되어 있습니다. 이번 개정판은 그동안의 기술 변화를 반영해 각 장들이 새롭게 바뀌었고, 새로운 기법과 개념들이 많은 부분 추가되었습니다. 어느 한 페이지도 소홀히 넘어갈 수 없는 흥미로운 주제들을 다루고 있고, 픽사 애니메이션 스튜디오에서 일하면서 경험을 쌓은 저자의 놀라운 통찰력과 혜안이 그대로 담겨 있습니다.

번역자가 오랜 시간 정성을 들여 꼼꼼하게 번역한 내용이라 일부 단어를 수정하고 용어를 정리한 것을 제외하고는 감수자가 할 일이 없었습니다. 내세울 것 없는 선배에게 선뜻 감수를 부탁한 오영관 군의 후의에 감사하며, 의미 있는 작업에 함께 참여할 수 있어서 기쁜 마음으로 감수를 마쳤습니다.

워낙 유명하고 다방면으로 알찬 내용을 담고 있는 책인 만큼 CG를 처음 시작하는 초보자에게는 디지털 라이팅과 렌더링에 대한 확실한 기초 체력을 기를 수 있는 기회가 되고, 실무 라이팅 작업자에게는 곁에 두고 보면서 부족한 부분들을 채워 줄 좋은 지침서가 될 것입니다.

이혁(Raon4 감독)

추천의 글

3D 라이팅과 렌더링 분야에서 테크니컬 디렉터로 근무하면서 가장 어려웠던 것은 빛의 다양한 변화에 대해 이해하고, 이를 라이브러리화하여 사용하는 것이었습니다. 우리는 빛과 사물이 반사하는 고유한 색을 통해 여러 가지 색과 분위기를 느낄 수 있습니다. 사진이나 영화의 경우 장면마다 빛이 다양하게 조절되는 조명 때문에 눈은 사물의 느낌을 다르게 인식하기도 합니다.

이처럼 우리가 살아가는 공간이 빛에 따라 시시각각 변하는 모습을 컴퓨터로 옮기는 것은 어려운 일입니다. 변화를 포착해 내는 관찰력이 필요하고, 많은 자료를 수집해야 하며, 프로그램별 특성까지 고려해야 하는 다양한 수고의 결과물이기 때문입니다. 하지만 빛의 특성을 이해하고 미묘한 차이를 감지해 라이팅과 렌더링에 응용하는 것은 꼭 필요한 능력 중 하나입니다.

『Digital Lighting & Rendering』은 라이팅 아티스트로 일하면서 알아야 할 이런 빛의 특성에 대해 구체적으로, 정말 잘 설명하고 있는 책입니다. 사실적인 조명과 그림자, 텍스처를 완성하는 전문적인 라이팅과 렌더링 기법을 깊이 있게 설명하고 있는 저자의 혜안이 놀랍기만 합니다. 이 책은 정교한 합성, 고급 렌더링 기법, 카메라의 속성을 표현해 내는 방법, 스튜디오의 프로덕션 파이프라인에 대한 소개까지 렌더링 전 분야를 아우르는 정보를 담고 있습니다. 뿐만 아니라 사용하고 있는 소프트웨어와 무관하게 볼 수 있어 3D 아티스트라면 꼭 일독을 권하고 싶습니다.

관련 업계에서는 이미 바이블로 통하고 있는 이 책의 명성과 가치는 더 이상 말할 필요가 없을 것입니다. 원서로 접했던 이 책의 개정 증보판을 번역서로 만날 수 있게 되어 더없이 반갑고 기쁜 마음입니다. 많은 책을 구입하는 편이지만 이 책만큼 늘 가까이에 두고 참고하는 서적은 드문 것 같습니다. 이 책에 담긴 디지털 라이팅을 위한 여러 가지 이론을 공부하면서 한 단계 더 뛰어난 3D 라이팅 아티스트로 거듭나길 바랍니다.

신대승(영화 VFX 하우스 매크로그래프 PD)

Chapter 03 그림자와 오클루전

Contents

Chapter 04 환경과 건축물의 라이팅

Chapter 05 크리처와 캐릭터의 라이팅 그리고 애니메이션

Chapter 06 카메라와 노출

Contents

Chapter 07 구도와 연출

Chapter 08 **색의 예술과 과학**

Contents

Chapter 09 셰이더와 렌더링 알고리즘

Chapter 10 텍스처의 디자인과 지정

Contents

Chapter 11 렌더링 패스와 컴포지팅

Chapter 12 프로덕션 파이프라인과 전문가가 갖춰야 할 것들

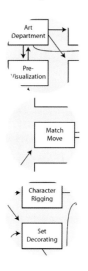

같은 과일 접시 모델을 사용하여 Donal Khosrowi가 제작한 이미지(위)와 Andrzej Sykut가 제작한 이미지(아래).

01 CHAPTER

라이팅 디자인의 기초
Fundamentals of Lighting Design

라이팅 디자인 기법은 컴퓨터 그래픽이 등장하기 전부터 이미 연극, 사진, 그림 그리고 영화 촬영 등의 분야에서 수세기 동안 사용되어 왔다. 3D 아티스트들은 이러한 초창기 라이팅의 전통적인 기법에서 배워야 할 것이 아주 많다. 이번 장에서는 라이팅 디자인 분야의 중요한 개념과 주요 용어를 소개하고, 앞으로 이 책에서 다룰 중요한 사항들에 대해 미리 살펴본다.

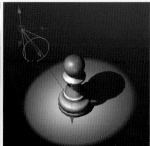
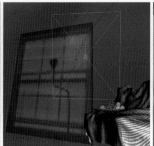

동기 Motivation

장면(scene)에 라이트를 추가하려면 먼저 그 '동기'를 알아야 한다. 여기서 동기란 '장면에 라이트를 넣는 이유와 원인'을 말한다.

캐릭터 애니메이션을 할 때 그 캐릭터가 뭘 하고 있는지, 뭘 하려고 하는지도 알지 못한 채 무작정 작업에 들어가지는 않을 것이다. 마찬가지로 어떤 재질을 만들려고 하는지도 모르면서 텍스처 맵을 그리지는 않는다. 반면 라이트를 추가할 때는 아무 생각 없이, 묘사하려는 빛이 어떤 종류인지 생각하지 않고 일단 장면에 라이트부터 넣는 사람들이 꽤 많다.

빛을 조절할 때는 반드시 동기가 있어야 한다. 일단 라이트의 동기를 확실히 이해하면 3D상의 장면을 만들 때 실제 조명의 어떤 특성을 표현하려고 하는지, 어떤 종류의 라이트 소스(광원)를 공부하거나 생각해야 하는지 알 수 있다.

장면 밖 공간

장면 밖 공간(off-screen space)이란 카메라 위쪽 공간처럼 샷 내에서 보이지 않는 부분을 말한다. 사진에서 보이는 조명, 그림자 및 반사는 종종 장면 안에 보이는 라이트보다는 장면 밖 공간에서 영향을 받는다. 라이팅 디자인에서 중요한 활동은 스크린 밖에 어떤 공간이 존재하는지 상상해 보는 것이다. 그럼으로써 실제 라이트가 비추는 것 같은 장면을 연출할 수 있다.

화면 밖 공간에 따라 라이팅이 어떻게 표현되는지 알아보기 위해 [그림 1.1]의 사진 4장을 살펴보자. 장면 안 물체들은 변화가 없고 단지 화면 밖에서 오는 조명에만 영향을 받고 있다 할지라도 각 사진이 촬영된 장소에 대해 많은 것을 이야기할 수 있다.

사진 밖에서 오는 빛이 이렇게 많은 정보를 제공하고 있다면 우리는 어떻게 같은 정보를 전달하는 확실한 라이팅을 3D상에서도 구현할 것인가? 그 답은 라이트의 종류에 따른 시각적 특성을 공부하는 것으로부터 시작한다.

[그림 1.1]
확실한 라이팅을 위해서는 램프 빛
(왼쪽 위)과 창문을 통한 빛(오른쪽
위), 구름 낀 날(왼쪽 아래), 그리고
햇빛(오른쪽 아래)을 받는 장면을 구
분할 수 있어야 한다.

빛의 품질

우리는 장면 내에 추가된 라이트의 특성을 보고 어떤 종류의 광원인지 인식한다. 그림을 통해 우리가 알아챌 수 있는 주요한 빛의 특징은 색상(color), 밝기(brightness), 부드러움(softness), 비춰지는 패턴(throw pattern) 그리고 각도(angle)이다.

- 모두 광원은 각자 고유의 색 온도(color temperature)를 갖는다. 이것은 카메라의 화이트 밸런스와 결합할 때 빛의 색깔을 결정한다. 8장 '색의 예술과 과학'에서 실제 광원의 색 온도 차트를 볼 수 있다.

피넘브러
반암부(半暗部). 명암(농담)의 경계
부분.

- 밝기 역시 컬러처럼 카메라의 조정 상태에 따라 달라진다. 여기서 조정은 카메라의 노출 값 설정을 말한다. 6장 '카메라와 노출'에서 실제 카메라의 노출 보정 과정을 설명한다. 그리고 자신의 렌더링에서 적정 노출을 확인하는 방법도 다룬다.

- 부드러움을 조절하는 라이트의 설정에는 여러 가지가 있다. 스포트라이트spotlight 의 피넘브러penumbra* 항목은 라이트 콘cone 가장자리의 부드러움을 조절한다. 디케이decay 값이나 드롭 오프drop off 항목은 거리에 따른 라이트의 소멸 정도를 결정한다. 가장 중요한 건 하드 섀도hard shadow가 날카롭게 쨍한 느낌의 그림자를 내는 반면 소프트 섀도soft shadow는 부드럽게 확산되는 느낌을 만들어 낸다는 것이다. 앞의 [그림 1.1]은 태양의 직사광선을 받을 때 날카로운 에지를 갖는 그림자와 구름 낀 하늘 아래 훨씬 부드러운 그림자를 갖는 체스 말을 보여 주고 있다. 3장 '그림자와 오클루전'에서 하드 섀도와 소프트 섀도를 렌더링하는 여러 가지 방법에 대해 논의한다.

- 비춰지는 패턴 또는 광선의 모양은 빛의 또 다른 시각적 특성이다. [그림 1.1]을 보면 창문을 통해 들어오는 태양광선 패턴의 빛이 블라인드 모양으로 투과되어 나타나고 있다. 2장 '라이팅의 기초와 올바른 연습'에서 여러 가지 비춰지는 패턴을 흉내 내기 위한 라이트의 이미지 프로젝션에 대해 이야기한다.

- 빛의 각도는 어디에서 빛이 들어오는지를 말해 준다. 예를 들어 늦은 오후의 태양은 정오의 태양보다 낮은 각도에서 들어온다. 라이팅 디자이너에게 있어 빛의 각도는 키 라이트key light, 키커 라이트kicker light, 림 라이트rim light 같은 빛의 시각적 기능을 결정하는 데 도움을 준다. 라이트별로 다른 시각적 역할을 수행하기 위해 적절한 각도로 빛을 비추는 것은 5장 '크리처와 캐릭터의 라이팅 그리고 애니메이션'에서 설명한다.

라이트를 묘사할 때 사용하는 대부분의 형용사들이 라이트의 특성이라고 보면 된다. 때로는 빛의 깜박거림 같은 애니메이션도 이와 같은 특성 중 하나라고 생각할 수 있다. 개인적으로는 이미지의 콘트라스트contrast 양은 빛의 밝기와 부드러움에 관한 요소라고 생각하지만, 콘트라스트 레벨 자체를 빛의 특성이라고 설명하는 사람도 있다.

이러한 빛의 모든 특성을 묶는 한 가지를 실생활 속에서 공부하고 그것들을 모방해서 3D 장면에 라이팅할 수 있다. 즉 자신의 3D 조명에 동기를 부여하는 라이트를 상상해 보는 걸 시작으로 현실에서 공부해 보고 싶은 라이트를 결정할 수 있다.

다이렉트 라이트와 인다이렉트 라이트

다이렉트 라이트direct light(직접광)는 전구나 태양같이 직접 빛을 내어 물체를 비추는 광원이고, 인다이렉트 라이트indirect light(간접광)는 다른 오브젝트를 비추기 전에 이미 반사되거나 다른 표면에서 부딪혀 나오는 빛이다. 예를 들면 거실의 스탠드는 천장을 향해 빛을 쏘는데, 천장에 만들어진 둥그런 빛은 다이렉트 라이트에 해당하지만, 천장에서 반사돼 부드럽게 거실의 나머지 공간을 비추고 있는 빛은 인다이렉트 라이트이다.

다이렉트 라이트 광원은 대부분 장면에서 가장 밝은 빛을 제공한다. 하지만 벽이나 바닥에서 부딪혀 나오는 인다이렉트 라이트의 경우는 장면의 구석을 밝히거나 공간을 채우는 빛이 된다. 4장 '환경과 건축물의 라이팅'에서 주변 환경의 인다이렉트 바운스를 흉내 내기 위해 라이트를 어떻게 설정하는지 설명한다. 또한 인다이렉트 바운스를 자동으로 시뮬레이션하는 글로벌 일루미네이션global illumination 기능에 대해서도 다룬다.

속임수 Cheating

속임수(cheating)는 라이팅의 동기를 표현할 때 관객이 알아채지 못할 정도로만 (현실의) 법칙을 의도적으로 위반하는 방식이다.

속임수의 간단한 예로, [그림 1.2]는 과일 그릇을 둘러싸고 있는 장면 밖 공간을 표현하기 위해 만든 환경을 보여 준다. 이것은 과일 표면에 반사될 창문을 포함하고 있다. 리플렉션reflection(반사)에서 나타나는 이 창문은 또한 과일 그릇 왼편을 비추는 장면의 키 라이트(가장 밝고 중심이 되는 조명)에 해당한다.

[그림 1.2]
아래 오른쪽의 과일 접시를 텍스처가 들어간 환경으로 둘러싸고 있다.

만약 아무런 속임수 없이 이를 구현하려면 키 라이트를 정확히 창문이 위치한 곳에 설치해 과일이 받는 조명이 창문의 리플렉션과 같은 각도에서 들어오게 만들면 된다. 그러나 이렇게 하면 과일을 너무 정면에서 비추는 셈이 되어 둥근 과일 모양이 평평하고 단조로워 보일 것이다. 과일 모양은 정면보다 측면에서 들어오는 빛을 받을 때 훨씬 잘 드러난다. 그렇게 하기 위해선 라이트를 [그림 1.3]처럼 리플렉션의 원인이 되는 창문과 떨어진 곳에 놓는다.

[그림 1.3]
키 라이트(오렌지 색)의 동기가 되는 위치는 리플렉션과 일치하지만, 새로운 키 라이트 위치(초록색)는 창문에서 멀리 떨어져 있다.

[그림 1.4]는 실제 창문 위치에서 들어오는 빛과 속임수 위치에서 들어오는 빛을 받은 과일을 비교한 것이다.

정도의 차이는 있지만 이런 속임수는 대부분의 3D 프로젝트에서 사용된다. 한 캐릭터가 다른 캐릭터에 드리우는 그림자가 시선을 분산시킨다면 이런 경우엔 그림자를 제거하거나 다른 곳으로 옮긴다. 캐릭터를 더 잘 드러낼 수 있다면 램프에서 오기로 한 빛이 실제로는 다른 곳에서 올 수도 있다. 후방에서 테두리를 만들 만한 위치에 광원이 없다고 해도 림 라이트로 완벽한 아우트라인을 그려 낸다.

[그림 1.4]
원래 각도에서 받는 조명(왼쪽)은 모든 과일의 모양을 속임수상의 위치(오른쪽)만큼 잘 드러내지 못한다.

라이브 액션에서의 속임수

트릭을 쓰거나 없지만 있는 것처럼 만들어 내는 기술은 3D그래픽에서 꽤나 중요한 부분이다. 이것은 또한 라이브 액션live action(실사 촬영) 기법에서 확립된 것이기도 하다.

창문에서 들어온 것처럼 보이는 마룻바닥의 빛은 사실 세트 위쪽에 설치된 라이트에서 오는 것이다. 어두운 숲 속을 달리는 배우의 얼굴은 밝게 빛나지만 실제라면 여전히 어둠 속에 있을 것이다. 심지어 세트의 벽에 바퀴가 달려 있는 경우도 있다—이런 걸 와일드 월wild wall이라고 부른다. 이런 벽은 촬영 범위 밖으로 이동하거나 독립적으로 회전이 가능하다.

자, 그런데 왜 라이팅 디자이너들은 이런 속임수를 쓰는가? 왜 가능한 한 현실의 라이트와 일치하는 정확한 라이팅을 하지 않는가? 간단하게 대답하면 라이팅과 촬영은 예술이지 과학이 아니기 때문이다. 좀 더 심도 있는 대답은 라이팅 디자이너가 이루고자 하는 시각적 목표를 이해하는 것에서 출발한다.

라이팅 디자인의 시각적 목표 Visual Goals of Lighting Design

장면을 라이팅하는 것은 실제 현실의 라이트 값을 시뮬레이션하는 것 이상의 의미가 있다. 라이팅은 장면을 음미하도록 돕는 확실한 시각적 목적을 이루기 위해 디자인된다. 라이팅 아티스트가 이 목표를 얼마나 잘 달성하느냐에 따라 샷의 느낌이 얼마나 잘 확장될지 아니면 산만하게 만들어질지가 결정된다.

사물을 읽을 수 있게 만들기

3D 렌더링은 사진이나 영화 촬영, 그림 등과 마찬가지로, 3차원의 장면을 표현하는 2차원 이미지를 만들어 내는 과정이다. 렌더링에 실재감과 존재감을 부여하기 위해, 그리고 3차원 물체와 캐릭터가 관객과 완전히 소통하기 위해서는 라이팅에 정성을 들여 모델들을 시각적으로 드러낼 필요가 있다. 어떤 사람들은 이 과정을 라이트로 모델링하기(modeling with light)라고 부른다. 왜냐하면 물체를 3D로 인식하게 만드는 것은 우리가 설정한 라이팅이기 때문이다. 라이트로 캐릭터를 부각시키는 것은 5장 '크리처와 캐릭터의 라이팅 그리고 애니메이션'에서 주요 논점 중 하나로 다룬다.

사물을 믿을 수 있게 만들기

컴퓨터 그래픽은 여러 다른 시각적 스타일로 렌더링될 수 있다. 어떤 프로젝트에서는 포토 리얼리즘을 요구하는 반면, 다른 프로젝트에서는 좀 더 일러스트적이거나 카툰 스타일의 느낌을 내기 위해 디자인되기도 하고, 그 밖에 다른 스타일로 만들어지기도 한다. 그러나 채택한 비주얼 스타일이 포토 리얼리스틱 하든 그렇지 않든 간에 라이팅은 실제처럼 보여야 한다.[*]

현실과 스타일 사이에서 균형을 잡은 라이트가 사용된 믿을 수 있을 법한 이미지는 최소한 그 안에서는 일관성을 갖는다. 예를 들어 방 안으로 들어오는 태양의 빛줄기가 있다면 보는 사람은 당연히 테이블 위의 램프보다는 훨씬 밝을 것이라 기대한다. 카툰 스타일에서조차도 기본적인 (빛의) 무게와 균형에 대한 기대를 갖고 있다. 그리고 때론 사소하지만, 올바르게 적용한 라이팅의 디테일들이 그렇게 하지 않으면 믿기 어려웠을 장면을 납득시키는 데 도움을 주기도 한다.

믿을 수 있는 라이팅을 만드는 열쇠는 바로 현실의 라이트를 공부하는 것이다. 프로젝

이 말은 라이팅이 언제나 실사처럼 나와야 한다는 뜻이 아니라 스타일을 갖되 장면 내 물리적 일관성을 항상 유지함으로써 현실에서 보이는 빛의 작용을 깨지 말아야 한다는 의미이다.

트에 들어가기 전에 렌더링할 장면과 비슷한 현실 상황을 찾아보고 빛이 어떻게 작용하는지 연구해 본다.

라이브 액션 푸티지
실제 카메라로 촬영된 짧은 영상물, 실사 촬영 소스.

비주얼 이펙트visual effect 작업에서는 라이브 액션 푸티지live-action footage*를 연구함으로써 주어진 환경 안에서 어떻게 주제를 표현해야 하는지 많은 것을 알 수 있다. 프로젝트 전체가 3D상에서만 이루어진다면 컬러와 라이트가 실제 상황에선 어떻게 나타날지 참조할 만한 레퍼런스 이미지들을 수집한다. 직접 사진을 찍든 웹사이트에서 수집하든, 혹은 DVD를 대여해서 원하는 프레임을 캡처하든 방법은 다양하다. 이렇게 모은 레퍼런스 이미지들은 3D 렌더링 이미지와 비교하면서 프로젝트 전체를 통해 유용하게 사용할 수 있다.

작업하면서 자신이 사용하는 툴의 기능이 뛰어나지 않다며 변명을 늘어놓는 아티스트는 스스로의 한계를 드러낼 뿐이다. 그럴듯한 장면을 만드는 것은 렌더링 소프트웨어의 태생적 결함이나 한계를 보완해 준다. 벽을 치고 나오는 인다이렉트 라이트부터 사람 피부의 투명함까지, 이 책에서 논의하는 거의 모든 물리적 효과는 꼼꼼한 텍스처링, 라이팅 그리고 컴포지팅을 통해 구현할 수 있다. 이것은 소프트웨어가 해당 기능을 지원하지 않을 때도 마찬가지다. 여러분이 라이팅한 그림이나 애니메이션을 보는 그 누군가는 완성된, 그리고 믿을 만한 작품을 원한다. 어떤 프로그램을 사용했는지 변명을 듣고 싶어하는 게 아니라는 뜻이다.

셰이더와 이펙트 확장하기

3D 그래픽상에서 물체마다 다른 표면과 재질을 표현하기 위해 장면에 라이트를 추가해야 할 경우가 자주 있다. 예를 들면 캐릭터의 눈이 젖어 보이도록 하이라이트 전용 라이트를 생성한다든가, 알루미늄이 더욱 금속처럼 보이도록 빛의 반짝임을 넣는 것 등이다. 이런 효과들은 이론적으론 3D 오브젝트의 셰이딩이나 텍스처를 수정·발전시켜 만들어야 하지만, 실제 제작 과정 중에는 서피스surface의 특성을 가장 잘 드러내도록 계획된 라이팅에 의해서 이루어진다. 라이팅 전에 서피스의 셰이더를 얼마나 정성 들여 발전시켰는지와 관계없이 금을 실제로 반짝이는 것처럼 보이게 하는 것은 궁극적으로 라이팅 아티스트의 책임이다.

폭발이나 불, 물, 연기 그리고 구름 같은 시각 효과를 표현할 때 역시 특별히 전용 라이트를 포함해서 라이팅에 상당히 주의해야 하다. 예를 들어 불이 타오르면서 물체 주위를 환히 밝히고 있다거나 빗방울이 어두운 하늘과 대조적으로 밝은 하이라이트를 가진 게 보인다면 이러한 이펙트 요소와 비슷한 비율로 근처에 라이트를 추가해 줘야 한다.

연속성 유지하기

많은 사람들이 각기 다른 샷에서 라이팅 작업을 담당하는 장기 프로젝트의 경우 연속성을 유지하는 것이 관건이다. 각자 따로 작업을 했더라도 각 샷들을 합쳤을 때 모든 샷은 관객이 느끼기에 틈이 없도록 하나가 돼야 한다.

세트와 캐릭터에 사용되는 라이팅 리그lighting rig를 공유하는 여러 아티스트들은 연속성에 중점을 두고 각기 다른 샷들의 이미지를 자신이 라이팅한 샷과 비교해 보는 것부터 어긋나거나 오류가 발견될 수도 있는 시퀀스들을 상영해 보는 것까지, 연속성을 유지하기 위해 다양한 전략을 구사한다.

비주얼 이펙트 분야에서는 이 연속성 문제가 좀 더 복잡해진다. 3D 그래픽을 실사 배경과 어울리게 통합해야 하기 때문이다. 촬영하는 날, 태양이 어떤 프레임에서는 구름 뒤에 있다가 다른 프레임에서는 구름 밖으로 나오기도 한다. 생물체나 우주선을 이러한 배경 화면과 어색해 보이지 않게 합성하는 동안, 전체적으로 시퀀스 간의 연속성을 우선시하며 주변 샷과의 라이팅을 맞추기 위해 때로는 자신의 라이팅을 조정해야 할 필요도 있다.

관객의 눈길 끌기

라이팅이 잘 된 장면이라면 애니메이션이나 스토리상 중요한 부분으로 관객의 눈길을 끌어들일 수 있어야 한다. 7장 '구도와 연출'에서 프레임의 한 부분으로 관객의 눈길을 끄는 법에 대해 다루도록 하겠다.

좋은 라이팅은 의도적으로 보는 이(관객)의 시각적 흥미를 유발하는 것 외에도 산만해지지 않도록 만든다. 애니메이션 필름을 보다가 뭔가 의도하지 않은 이상한 깜빡임이나 픽셀의 잡티, 있어서는 안 될 하이라이트나 갑자기 튀는 그림자 등이 보이는 순간, 관객은 캐릭터의 연기에서 눈을 돌리고, 더 심한 경우 다음에 전개될 스토리에서 관심이 멀어지기도 한다. 좋은 라이팅은 영화에 많은 것을 가져다준다. 하지만 무엇보다도 애니메이션을 감상하는 데 지장을 주어선 안 된다.

정서적인 영향

대부분의 관객들은 영화를 보면서 스토리에 빠져들고 캐릭터에 무슨 일이 일어나는지 지켜보는 동안 절대 의식적으로 라이팅을 눈여겨보지 않는다. 대신 그것을 느낀다. 정서적 체험을 고조시키는 분위기나 톤의 형성을 돕는 것은 영화 라이팅 디자인의 가장 중요한 목적이다.

컬러 스킴
장면 내 사용한 컬러 배색에 대한 계획.

8장 '색의 예술과 과학'의 주요 논점 중 하나는 해당 샷의 컬러 스킴color scheme* 등으로 연출된 여러 가지 분위기와 연상들에 대한 것이다. 장면을 그럴듯하게 보이게 하고 동기를 부여하는 한 라이팅을 통해 어떤 종류의 화면과 분위기를 완성해 나갈 것인지 계속 생각해 볼 수 있다. 높은 콘트라스트와 거친 그림자를 가진 황량한 분위기의 라이팅인가? 섬세한 빛과 부드러운 그림자를 가진 포근한 느낌의 라이팅인가? 채도가 높은 아주 화려한 장면인가 또는 채도가 낮은 우울한 장면인가? 톤의 변화가 생길 때 뭔가 변화하는 장면의 포인트가 있는가? 물론 스토리를 알고 감독과 장면의 주요 포인트를 논의하는 것은 완성하고자 하는 분위기를 계획하는 가장 중요한 열쇠이다.

라이팅 디자인의 시각적 목표를 달성하는 것은 전통적인 영화 촬영법에 기초를 둔 예술적 과정에 해당한다(역으로 영화 촬영법이 전통 회화에서 많은 것을 빌려 오긴 했지만). 기술의 발달은 3D 라이팅 과정의 몇몇 측면들을 바꾸어 놓았다. 이 책에서는 라이팅 속도를 올리거나 과정을 바꾸는 많은 주요 기술들—하드웨어 가속에서부터 이미지 기반 라이팅(image based lighting ; IBL)과 글로벌 일루미네이션에 이르기까지 모두를 다룬다. 그러나 3D 장면 라이팅 기법을 터득하는 것은 앞으로 그래픽 프로그램에 새로 생길 어떤 버튼이나 스위치도 대신할 수 없는 시간을 초월한 기술이다.

라이팅 도전 과제 Lighting Challenges

라이팅을 할 때 대부분의 시간이 라이트 세팅에 사용되는 것이 아니다. 오히려 초기 셋업 이후 라이팅을 조정하고 피드백을 얻고 다시 수정하는 데 더 많은 시간이 걸린다. 장면을 렌더링하면서 보다 나은 라이팅을 위해 버전별로 지속적인 피드백을 받는 것은 라이팅을 완벽하게 만드는 데 꼭 필요하다.

라이팅 연습에 도움을 받고 자신이 라이팅한 장면에 대한 피드백을 얻고 싶다면 이 책의 관련 사이트인 www.3drender.com에서 다양한 포맷의 'Lighting Challenge' 파일들을 다운로드하여 살펴볼 수 있다. 'Lighting Challenges discuss forum'란에 가면 다른 아티스트들이 각자 어떤 식으로 라이팅을 했는지 볼 수 있고, 그 제작 과정과 사용된 렌더링 패스 그리고 다른 요소들도 살펴볼 수 있다. 하지만 더욱 중요한 것은 자신의 작업을 올려 피드백을 받아 볼 수 있다는 것이다. 나 역시 여러분의 작업에 피드백을 주고 여러 제안을 하기 위해 거기 있을 것이다.

가장 최신 플러그 인plug-in 셰이더 비법부터 작업에 대한 비평과 피드백까지, 3D 렌더링을 배우는 데 인터넷보다 더 귀중한 자원은 없다. 나는 종종 프레임 렌더링을 기다리면서 거의 매일 온라인에 접속해 있다. 사실 이 책을 읽을 가장 이상적인 시간은 프레임 렌더링을 기다리는 동안이다. 이 장을 읽으면서 라이팅 도전 과제를 시도해 보고 자신만의 테스트 렌더링을 걸어 보자.

[그림 1.5]
과일 접시 라이팅 과제들의 예–Angel Camacho(왼쪽 위), Lazhar Rekik (오른쪽 위), Florian Wild(왼쪽 중간), Yohann da Geb(오른쪽 중간), Holger Schomann(왼쪽 아래) 그리고 CtrlStudio(오른쪽 아래).

계획대로라면 라이팅 도전 과제의 장면 파일이 한 달에 한번 업데이트될 것이다. 실내와 야외 환경을 포함해서 캐릭터, 제품, 그리고 머리카락 라이팅이나 수중 라이팅 같은 특정한 주제를 표현하는 장면이 포함된다. 해당 장면과 토론 포럼은 무료로 개방되어 있다. 그리고 이 책의 훌륭한 보충 교재로 쓰일 것이다. 사실, 이 책의 표지 이미지도 도전 과제 중 한 장면을 렌더링한 것이다. 앞의 [그림 1.5]는 여러 아티스트들이 참여한 과일 접시 라이팅 장면을 보여준다. 이 장면 파일을 받아서 스스로 라이팅의 첫 걸음을 시도해 보자.

작업 공간 Your Workspace

3D 라이팅에 들어가기 전에 사무실이나 컴퓨터 주변의 빛에 주목하자. 창문을 통해 햇빛이 들어오는 환경이거나 실내가 너무 밝거나 전등 바로 아래에서 작업하는 것은 작업 중인 장면을 인식하는 데 방해가 될 수 있다. 라이팅을 시작하기 전에 사무실의 등을 모두 끄거나 조도를 줄이고 모니터 화면에 눈부심이나 반사가 없는지 확인한다.

일반적인 규칙에 따르면 전통적인 CRT 모니터가 LCD 모니터보다 더 정확하고 넓은 콘트라스트 범위를 제공한다. 그러나 매일 사용해 온 5년 이상 된 CRT 모니터라면 밝기나 그 밖에 여러 성능들이 처음보다 많이 떨어질 수밖에 없다. 이런 경우에는 차라리 새 평면 LCD 모니터로 교체하는 것이 더 낫다.

새로운 하드웨어를 갖출 필요까진 없지만 이 책으로 공부해 나간다는 전제하에 자신의 모니터가 제대로 세팅되어 있는지 잠깐 확인해 볼 필요는 있다. 모니터를 캘리브레이션 calibration하는 간단한 방법은 다음과 같다. 먼저 www.3drender.com에 들어가서 [그림 1.6]과 같은 이미지를 자신의 모니터에 띄워 이미지의 위아래로 회색 숫자를 모두 읽을 수 있는지 확인한다.

[그림 1.6]
모니터상에서 옆의 이미지를 보고 위에서 아래까지 모든 숫자를 읽을 수 있는지 확인한다.

만약 읽히지 않는 부분이 있다면 이미지에서도 놓치는 부분이 있는 것이다. 모니터의 하드웨어 컨트롤러와 소프트웨어 컨트롤 패널을 조절해서 표시되지 않는 밝거나 어두운 영역이 없는지 확인하도록 하자. 모니터를 캘리브레이션하는 가장 정확한 방법은 먼저 테스트 이미지를 프린터로 뽑아 보고 그 결과물과 모니터의 색감을 맞추는 것이다. 프린터 출력물과 모니터 색감을 서로 맞춘다면 모든 색에 대해 완벽한 캘리브레이팅은 힘들더라도 얻으려 했던 색을 무리 없이 프리뷰할 수는 있을 것이다.

캘리브레이션이 잘 된 모니터라 하더라도 전원을 끈 뒤 다시 켜면 처음 한두 시간 동안 색감의 변화가 있을 수 있다. 그래서 많은 스튜디오들이 밤에 모니터를 끄지 않고 계속 켜 놓아 아침에 색 변화가 일어나지 않도록 한다.

창의성 Creative Control

물고기 냄새가 난다면 좋은 물고기가 아니다.—아마 시푸드 레스토랑에서 식사를 하면서 이런 가르침을 배웠는지 모르겠다.

비슷한 원칙이 컴퓨터 그래픽에도 적용된다. —*CG처럼 보인다면 그건 좋은 CG가 아니다.* 좋은 라이팅 아래 멋진 이미지가 렌더링되어 나왔을 때 이미지 뒤의 기술 그 자체는 주목을 받지 않는다. 관객들은 사실적인 장면, 혁신적인 비주얼 스타일, 혹은 감동하지 않고는 배길 수 없는 이미지에만 주목할 것이다.(훌륭한 렌더링 이미지를 보고 있다면 컴퓨터 그래픽으로 만들어졌다는 것이 감동을 주는 첫 번째 요소가 되지 않는다.)

아티스트인 여러분이 진정으로 자신의 3D 렌더링을 제어하고 있다면 관객이 작품에서 볼 수 있는 것은 여러분의 손길이지 컴퓨터가 만들었다는 인상이 아닌 것이다.

이 책의 목적은 여러분이 라이팅과 렌더링 과정을 완전히 장악하도록 돕는 것이다. 그럼으로써 렌더링의 모든 측면을 여러분의 뜻대로 이루고 그 결정을 작품에 스며들게 할 것이다. 이후 각 장을 통해 라이팅의 성격과 쟁점들, 3D 장면의 렌더링에 대해 다루고 어떻게 작업해야 더 나은 결과물을 얻을지 논의해 본다.

02
CHAPTER

라이팅의 기초와 올바른 연습
Lighting Basics and Good Practices

3D 그래픽에서 보다 전문적인 결과를 얻기 위해서는 라이팅 과정의 모든 단계를 관리·감독할 필요가 있다. 여기에는 목적에 맞는 적당한 종류의 라이트를 선택하는 것부터 라이트별로 테스트 렌더링 후 여러 옵션들을 조절하여 감독이나 고객이 만족할 때까지 여러 버전의 장면을 관리하는 것까지 모두 포함된다.

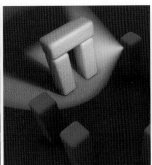

출발점 Starting Point

자, 어디서부터 라이팅을 시작해야 할까? 아마도 프로젝트와 회사에 따라 아주 다양한 답이 나올 것이다. 작은 규모의 회사나 작은 프로젝트의 경우는 고객이나 감독과 이야기하는 것만으로 간단하게 이루어지기도 한다. 어떤 감독은 여러분에게, 무대는 영화 시사회가 벌어지는 극장 밖이고, 해진 후 하늘은 자줏빛 또는 쪽빛으로 물들고 사방에서 플래시가 터져 배우들을 비추며 그 뒤로 하늘에서부터 스포트라이트가 이리저리 스쳐 움직이는 장면을 만들었으면 좋겠다고 이야기할지도 모른다. 그러면 여러분은 이렇게 감독이 말로 한 설명만 듣고 당장 몇 가지 테스트 이미지를 뽑아 다음 날까지 감독에게 보여 줄 수 있어야 한다.

여러분의 라이팅이 이런 대화에서 출발한다면 가능한 한 빨리 참조할 수 있는 레퍼런스 이미지들을 모으고 추가하여 토론하는 것부터 시작해야 한다. 비슷한 장면이 나오는 DVD의 한 프레임을 캡처하거나 책, 인터넷, 잡지, 그리고 인쇄된 사진집 등에서 이미지를 모은다. 그리고 그중에서 몇 가지 이미지를 골라 감독에게 제시하고 프로젝트가 어떤 룩look*으로 나갈지 정한다. 이 의견 일치가 빠를수록 작업이 제대로 된 방향으로 나가고 있다고 확신할 수 있다.

룩
화면상에 보이는 그림의 느낌, 분위기 등.

만약 비주얼 이펙트 샷을 작업하고 있거나, 라이브 액션 영화와 합성될 생물체나 탈것을 라이팅하고 있다면 실사 배경(background plate)*이 주어질 것이다. 보통은 촬영 장소의 라이팅 환경과 매치시키기 위해 카메라 앞에 놓고 찍은 공(크롬 볼)이나 간단한 물체들의 레퍼런스 이미지들도 같이 구할 수 있다. 실사 배경은 비주얼 이펙트 샷을 라이팅하는 일종의 바이블이라고 할 수 있다. 거기서 가능한 모든 디테일—그림자의 각도, 날카로움sharpness, 컬러, 톤, 그리고 장면의 콘트라스트 수준까지—을 알 수 있다. 그리고 이러한 관찰 결과를 자신의 라이팅과 하나로 만드는 것이다. 실제 촬영장의 라이팅과 매치시키는 것은 11장 '렌더링 패스와 컴포지팅'에서 자세히 다룬다.

실사 배경
촬영된 영화 배경 프레임을 디지털화시킨 것.

여러분이 애니메이션 프로덕션에서 일하고 있다면 라이팅에 들어가기 한참 전부터 아트 부서는 장면의 룩에 대한 작업에 들어가 있을 것이다. 즉 각 장면들이 어떻게 보여야 하는지를 아트 부서에서 그린다. 그리고 라이팅 아티스트는 아트 부서의 그림을 바탕으로 영감을 얻어 3D 이미지에서 보이는 컬러와 톤을 제시한다. 그러나 3D상의 여러 라이트와 옵션들을 이용해 어떻게 라이팅 디자인을 할 것인지는 전적으로 라이팅 아티스트에게 달려 있다.

라이트의 종류 Type of Lights

3D 장면의 라이팅은 어떤 라이트를 사용할지 그 종류를 고르는 것으로 시작한다. 3D 프로그램에서 사용하는 라이트는 실제 현실의 광원들을 개략적으로 흉내 내고 있으며, 각 라이트마다 고유한 사용법과 장점이 있다. 따라서 각 툴의 특징과 장점을 알고 프로젝트에 맞도록 조심스럽게 고를 필요가 있다.

포인트 라이트

옴니omni 또는 옴니디렉셔널 라이트omnidirectional light(전全 방향성 라이트)라고도 알려진 포인트 라이트point light는 3D에서 사용하는 가장 간단한 형태의 라이트 소스이다. [그림 2.1]에서 보듯 포인트 라이트는 모든 방향으로 고르게 빛을 방출한다.

[그림 2.1]
포인트 라이트는 모든 방향으로 균등하게 빛을 방출하고 라이트 위치부터 방사형으로 그림자를 드리운다.

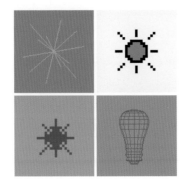

[그림 2.2]
여러 가지 라이트 아이콘들 : 라이트
웨이브 3DLightware 3D의 포인트
라이트(왼쪽 위), 일렉트릭 이미지
Electric Image의 레이디얼 라이트
(오른쪽 위), 마야Maya의 포인트 라
이트(왼쪽 아래), 소프트이미지
Softimage의 포인트 라이트(오른쪽
아래), 아이콘 모양은 다르지만 모두
비슷한 기능을 수행한다.

방 한가운데 걸려 있는 전구와 비교해 생각하면 이해하기 쉽다. 어떤 프로그램에서는 [그림 2.2]에서 보듯이 아예 전구 모양의 아이콘으로 표시하기도 한다. 그러나 포인트 라이트는 실제 현실의 전구와 달리 크기를 무한대로 작게 할 수 있어서 공간 내 정확히 같은 지점에서 빛이 나온다는 차이가 있다.

포인트 라이트의 캐스트 섀도cast shadow 옵션을 켜고 라이트 주위를 둘러싸는 조명 장치를 모델링하면 그 모델의 그림자는 라이트가 닿는 부분에만 한정적으로 만들어진다([그림 2.3] 참조). 그러나 대부분의 라이팅 아티스트들은 이런 효과를 낼 때 비추려는 지점을 향해 더 조절하기 쉬운 스포트라이트를 선호한다.

[그림 2.3]
포인트 라이트를 전등갓 아래에 위
치시키고 캐스트 섀도 옵션을 켜면
마치 스포트라이트와 비슷하게 나타
난다.

스포트라이트

스포트라이트spotlight(또는 스폿spot)는 컴퓨터 그래픽 라이팅 디자인에서 가장 일반적인 빛의 유형이다. 포인트 라이트와 마찬가지로 스포트라이트도 무한대로 작은 점에서 방출되는 빛을 흉내 낸다. 그러나 포인트 라이트와 달리 모든 방향을 향하는 것이 아니라 특정 방향을 향하는 지정된 라이트 콘이나 빛 기둥에 한정된다([그림 2.4] 참조). 스포트라이트의 회전은 빛 줄기가 겨냥하는 곳으로 결정되거나, 또는 목표물이나 대상 등이 라이트와 연결되어 언제나 그 방향을 겨냥하게 된다.

[그림 2.4]
스포트라이트의 조명은 특정 방향을
향한 콘cone에 의해 제한된다.

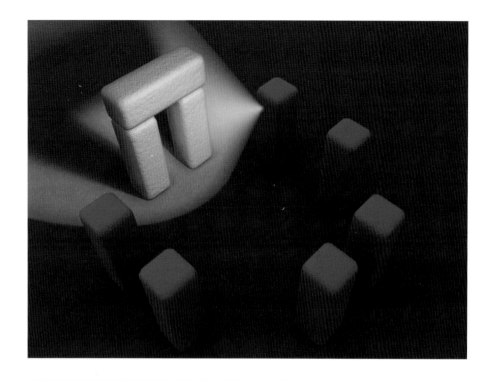

[그림 2.5]
여러 개의 스포트라이트를 다른 방
향으로 향하게 하여 포인트 라이트
처럼 보이도록 만들 수 있는데, 이렇
게 함으로써 라이트 방향을 좀 더
자유롭게 조절할 수 있다.

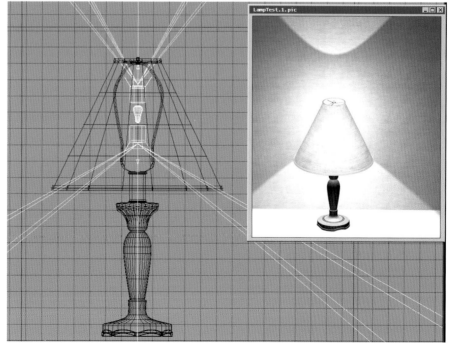

스포트라이트만 가지고도 대부분의 라이팅을 할 수 있다. 라이트가 여러 방향을 비춰야 할 때조차도 [그림 2.5]처럼 몇 개의 스포트라이트를 묶어 사용하면 가능하다.

스포트라이트의 여러 파라미터를 조작해서 정확히 라이트가 떨어질 모양을 손쉽게 조절할 수 있다. 콘 앵글cone angle이 스포트라이트의 빛에 대한 폭을 결정하는 동안, 폴오프falloff 또는 스프레드 앵글spread angle이라고도 불리는 피넘브러 앵글은 빛 가장자리의 부드러운 정도를 결정한다. [그림 2.6]의 왼쪽에서 보듯이 피넘브러 값이 0일 때 빛은 완벽하게 날카로운 에지를 갖는다. 피넘브러 값을 올릴수록 가운데 그림처럼 부드러운 에지를 가지며, 아주 부드러운 빛의 경우는 더 이상 스포트라이트의 날카로움이 느껴지지 않는다. 오른쪽 그림처럼 각 라이트별로 비추는 부분을 부드럽게 밝히면서도 이음새 없이 섞이는 미묘한 조명을 스포트라이트를 이용해 추가할 수 있다. 4장 '환경과 건축물의 라이팅'에서 이 그림을 만드는 라이트 배치에 대해 설명한다.

[그림 2.6]
하드 에지 라이트hard-edged light를 사용하면 스포트라이트의 콘이 명확하게 보인다(왼쪽). 피넘브러 앵글이 증가하면 빛이 합쳐지기 시작한다(가운데). 라이트가 충분히 부드러워지면 빛 사이의 결합이 더 심해지면서 각각의 광원을 구분할 수 없게 된다(오른쪽).

또한 스포트라이트는 반 도어barn doors라고 불리는 옵션(마야의 경우)을 가지고 있다. 현실에서 반 도어는 스포트라이트 앞에 끼우는 금속 보조 날개판을 말하는데([그림 2.7] 참조), 라이트 앞에서 접혀 가로 세로로 빛 모양을 차단한다. 3D 그래픽의 반 도어 옵션도 라이트를 사각형 모양으로 자를 수 있도록 만들어 실제의 반 도어처럼 창의적인 조절이 가능하다.

스포트라이트는 또한 그림자를 제어하는 데도 효율적이라 인기가 있다. 3장 '그림자와 오클루전'에서 대부분의 경우 왜 스포트라이트가 뎁스 맵depth map이나 섀도 맵shadow map 그림자를 렌더링할 때 가장 효과적인 라이트인지 논의해 보겠다.

[그림 2.7]
반 도어는 빛을 비추는 조절 외에도
스포트라이트의 범위를 제한해 원래
콘 앵글보다 좁게 만든다.

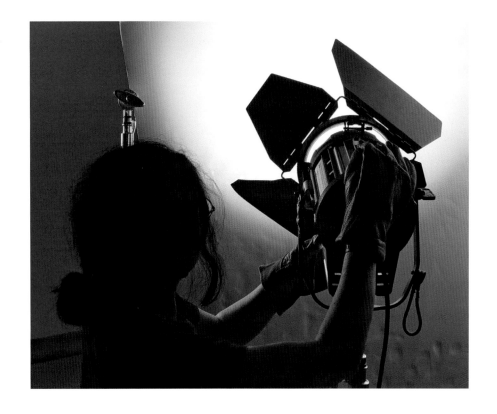

[그림 2.7]
반 도어는 빛을 비추는 조절 외에도
스포트라이트의 범위를 제한해 원래
콘 앵글보다 좁게 만든다.

디렉셔널 라이트

디렉셔널 라이트directional light는 태양의 직사광선을 흉내 낼 때 특히 유용한 라이트로,
프로그램에 따라 디스턴트distant, 디렉트direct, 인피니트infinite 또는 선 라이트sun light
라고 불린다. [그림 2.8]은 디렉셔널 라이트를 나타내는 각 프로그램의 아이콘이다.

[그림 2.8]
3D 스튜디오 맥스3D Studio Max의
타깃 디렉트 라이트(왼쪽 위), 에일리
어스 파워 애니메이터Alias Power
Animator(오른쪽 위)와 마야Maya(왼
쪽 아래)의 디렉셔널 라이트, 그리고
소프트이미지Softimage의 인피니트
라이트(오른쪽 아래). 아이콘 모양과
명칭은 다르지만 기능은 모두 같다.

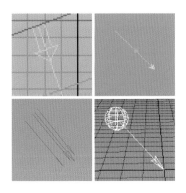

디렉셔널 라이트는 모든 물체를 같은 각도로 비춘
다. 이때 라이트와 물체의 상대적 위치는 관계가 없
다. [그림 2.9]를 보면 왼쪽 아래를 향한 디렉셔널
라이트 때문에 모든 물체는 오른쪽 상단에서 빛을
받고 있는 것처럼 보인다.

[그림 2.9]
디렉셔널 라이트는 같은 각도에서
물체를 때리는 빛과 그에 따른 평
행한 그림자를 만들어 낸다.

즉 디렉셔널 라이트가 바로 장면 중앙에 위치하고 있다 하더라도, 보기에는 아주 멀리서 빛이 오고 있는 것처럼 생기는 그림자는 모두 평행하다. 이건 일반적인 태양처럼 아주 멀리 있는 광원에서 그림자가 생길 때만 볼 수 있는 현상이다. 다른 각도의 빛 어디서부터 그림자가 갈라지는지 이 그림자와 포인트 라이트나 스포트라이트에서 생기는 그림자를 대조해 보라.

에어리어 라이트

에어리어 라이트area light는 현실에 존재하는 광원의 물리적 크기를 흉내 낸 라이트이다. 포인트 라이트, 스포트라이트, 디렉셔널 라이트는 장면에서 그 크기를 키워도 오직 아이콘의 크기만 커질 뿐 조명을 변화시키지는 않는다. 그러나 에어리어 라이트는 크기를 키우면 더 커진 조명판에서 나오는 빛을 정확하게 흉내 낸다. 에어리어 라이트의 크기를 아주 작게 줄이면 조명이 포인트 라이트와 비슷하게 나타난다. [그림 2.10]의 오른쪽 그림처럼 넓은 에어리어 라이트에서 나오는 빛은 주변의 물체들을 둘러싸는 포근한 조명을 발산하며 부드러운 그림자를 만든다.

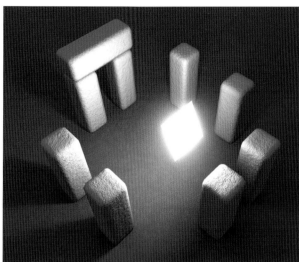 

[그림 2.10]
에어리어 라이트는 크기를 키울수록
더 부드러운 빛과 그림자를 만들어
낸다.

에이리어 라이트는 구형(sphere), 사각형(square), 원판형(disc), 그리고 선형(linear)에 이르기까지 여러 가지 모양으로 사용이 가능하다. 따라서 흉내 내려는 광원에 가장 잘 맞는 모양을 선택해 사용하면 된다. 예를 들어 선형은 형광등 튜브를 흉내 내는 데 안성 맞춤이다.

경우에 따라 에이리어 라이트로 표현해 내는 빛과 그림자의 품질은 사실적인 렌더링을 위한 최선의 선택이 되기도 한다. 그러나 에이리어 라이트에서 생기는 소프트 섀도는 포인트 라이트나 스포트라이트에서 생기는 그림자에 비해 좀 더 복잡하고 느리다. 이것 은 한 점으로 광선을 추적하는 것에 비해 공간별로 부분적인 그림자를 만들고 있는 지 점을 추출하기 위해 렌더러가 다중의 광선을 뿌려야 하기 때문이다. 하지만 많은 아티 스트들은 단지 렌더링 시간이 더 오래 걸린다는 이유로 대규모의 애니메이션 프로젝트 에서는 에이리어 라이트의 사용을 꺼린다. 3장에서 소프트 섀도 렌더링 옵션에 대해 자 세히 살펴본다.

라이트 역할을 하는 모델

어떤 프로그램에서는 광원으로 쓰기 위해 3D 모델을 디자인하기도 한다. 이 기능을 이 용하면 [그림 2.11]에서 보듯이 네온사인같이 전형적인 라이트가 아니더라도 실제 광원 처럼 사용할 수 있다.

[그림 2.11]
오브젝트를 광원으로 사용하면 네온
사인 튜브나 형광등 링처럼 특이한
모양을 표현할 수 있다.

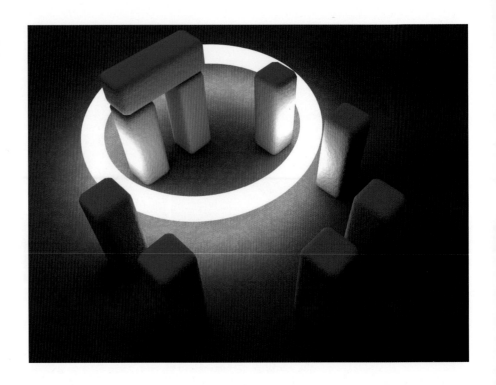

글로벌 일루미네이션을 지원하는 렌더러라면 오브젝트로 다른 오브젝트를 비추게 만들 수 있다(물체 간에 바운싱되는 간접 광을 시뮬레이션하는 글로벌 일루미네이션에 대해선 3장과 4장에서 다룬다). 글로벌 일루미네이션을 사용해 렌더링할 때는 오브젝트에 밝은 인캔데선스incandescence 컬러나 앰비언트ambient 컬러를 적용해 광원의 역할을 하도록 만든다.

많은 프로그램에서 임의의 모양으로 광원을 만드는 것이 가능하다고 해도 전문적인 라이팅 작업에 흔히 사용하거나 효과적인 방법은 아니다. 렌더링 시간이 느려지기 때문에 대부분의 경우 이런 방법은 피한다. 보통 몇몇 포인트 라이트를 모델 안에 놓거나 서피스에 밝고 빛나는 셰이더를 적용하는 등 속임수를 사용해서 비슷한 효과를 낸다.

인바이런먼트 스피어

스카이 돔sky dome이라고 불리는 인바이런먼트 스피어environment sphere는 장면 전체를 둘러싸 조명을 공급하는 특별한 형태의 광원이다. 인바이런먼트 스피어는 하늘에서

필 라이트
주 광원이 비추지 못하는 공간을
채우는 부가적인 라이팅.

[그림 2.12]
인바이런먼트 스피어는 장면을 둘러
싸고 스피어에 매핑된 컬러 맵에 근
거해 물체를 비춘다.

오는 빛을 완벽하게 흉내 낼 수 있다. 또한 훌륭한 필 라이트fill light*를 만들어 낸다. [그림 2.12]는 다른 광원 없이 순전히 인바이런먼트 스피어에 의해서만 라이팅되었다.

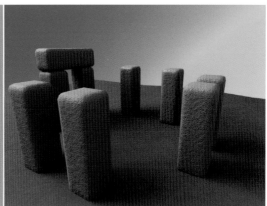

인바이런먼트 스피어에 이미지 맵을 씌우면 이미지의 색이 각도에 따른 빛의 밝기와 색을 결정한다. 이미지 기반 라이팅image based lighting(IBL)이라고 불리는 이 기술은 4장에서 다룬다.

앰비언트 라이트

현실에서의 앰비언트 라이트ambient light는 우리를 둘러싼 모든 빛을 의미하며, 하늘에서 오는 빛이나 바닥 또는 뒷벽에서 반사되는 빛, 그리고 다른 광원에서 오는 빛을 모두 포함한다. 만약 눈앞에 주먹을 쥐어 보인다면 주먹의 모든 면면으로 들어오는 빛이 보일 것이다. 그것들은 전부 각도별로 다른 색과 세기를 가지고 있다. 현실에서의 앰비언트 라이트는 환경에 따라 모두 다르지만 평평하거나 일정하게 보이는 일이 거의 없다.

많은 컴퓨터 그래픽 프로그램에 있는 앰비언트 라이트(또는 글로벌 앰비언스global embience)는 물체를 고르게 밝혀서 비현실적으로 보이게 한다. 이것은 장면의 셰이딩shading(음영)을 없애 서피스의 모든 면을 차이가 없게 같은 색으로 만든다. 이런 앰비언트 라이트를 사용하는 일반적인 규칙은 다음과 같다. 앰비언트 라이트를 사용하지 말라. [그림 2.13]은 앰비언트 라이트를 필 라이트로 사용했을 때 나타나는 평면적이고 비현실적인 셰이딩을 보여 주고 있다.

[그림 2.13]
앰비언트 라이트는 장면을 평평하게
만들고 음영과 이미지의 풍부함을
빼앗는다.

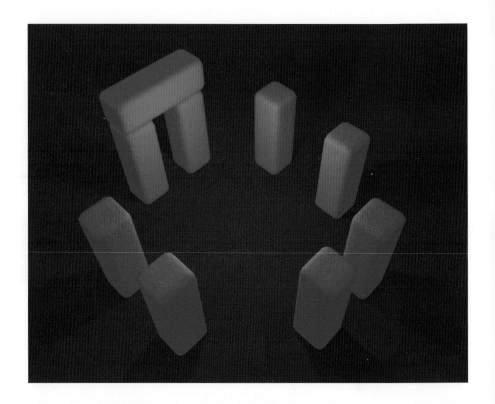

장면을 더 밝게 할 필요가 있다면 앞에서 언급한 라이트 중 아무것이나 더하면 된다. 어떤 라이트를 더하더라도 평평하고 균일한 앰비언트 라이트보다는 나은 필 라이트를 만들 수 있다.

그나마 앰비언트 라이트를 덜 평평하게 만들어 주는 건 앰비언트 셰이드ambient shade 파라미터다. 앰비언트 셰이드는 파라미터 값을 사용해서 앰비언트 라이트 기능을 좀 더 포인트 라이트처럼 만들어 준다.

라이팅은 언제나 완전한 암흑에서 출발해야 한다. 그래서 첫 번째 스포트라이트를 꺼내서 테스트 렌더링했을 때 그 라이트를 제외한 다른 빛은 전혀 보이지 않아야 한다. 정확한 라이팅 조절을 위해서는 디폴트 라이트default light나 글로벌 앰비언스 등을 포함한 임시 라이트들은 반드시 모두 제거해야 한다.

컨트롤러와 옵션들 Controls and Options

라이트를 장면에 추가하고 나면 다음 단계에서는 그 라이트를 고립시킴으로써 좀 더 세밀한 조절을 할 수 있다. 라이트를 고립시킨다는 의미는 장면의 모든 다른 라이트를 숨기고 단 하나의 라이트만으로 장면을 렌더링한다는 것이다. 이렇게 각 라이트별로 고립시킴으로써 해당 라이트가 어떻게 전체 라이팅과 그림자에 영향을 끼치는지 알 수 있으며, 라이트 옵션과 컨트롤러를 정확하게 조절할 수 있게 된다.

디케이(감쇠 값)

[그림 2.14]
디케이(감쇠 값)가 없다면 광원에서 먼 오브젝트도 가까운 오브젝트만큼 밝게 비춘다(왼쪽). 인버스 스퀘어 디케이는 광원에서 가까운 오브젝트를 먼 오브젝트보다 훨씬 밝게 만든다.

디스턴스 폴오프distance falloff 또는 어텐뉴에이션attenuation이라고도 불리는 디케이decay(감쇠 값)는 거리에 따라 빛의 세기가 어떻게 감소하는지 제어한다. [그림 2.14]의 왼쪽 이미지는 디케이가 없는 라이트의 예로, 가까이 있는 돌이나 멀리 있는 돌이나 밝기에 별 차이가 없다. 오른쪽 그림은 인버스 스퀘어inverse square(또는 쿼드래틱quadratic) 디케이를 적용한 그림으로 멀리 있는 돌에 비해 가까운 돌이 훨씬 밝다.

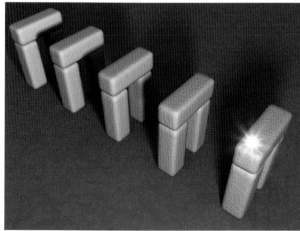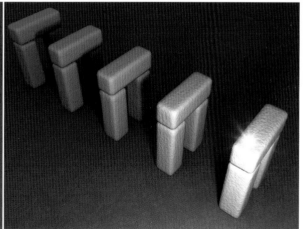

어떤 소프트웨어에서는 원하는 것을 선택할 수 있도록 서너 가지 종류의 디케이를 제공한다. 디케이를 조정하는 다른 방법은 decay나 exponent 항목에 직접 숫자 값을 입력하는 것이다. 숫자를 이용하는 방법이 좀 더 융통성 있다. 예를 들면 2(inverse square)보다는 작고 1(linear)보다는 큰 디케이 값을 원한다면 '1.8'과 같은 식으로 직접 입력한다. 선택할 수 있는 주요 디케이 값은 [표 2.1]과 같다.

[표 2.1] 디케이 값

숫자 값	디케이 종류
0	없음
1	리니어linear(1차식 : 반비례)
2	쿼드래틱quadratic(2차식 : 반비례 제곱)
3	큐빅cubic(3차식)

인버스 스퀘어 디케이

인버스 스퀘어 디케이(쿼드래틱 또는 디케이 값 2에 해당)는 좀 더 물리적 법칙에 충실한 설정 값으로 현실의 라이트에서 보이는 디케이 형태에 해당한다. 현실에서 라이트의 광선은 공간에서 기하학적으로 계속 퍼져 나간다. 에너지가 감소하는 광선이 아니다. 실제 라이트의 광선은 닳거나 어두워지지 않고 엄청난 거리를 퍼져 나간다—수 광년 동안 계속 퍼져 나가는 것도 가능하다. 그러나 원래는 광원에서 멀어지면 멀어질수록 기하학적으로 퍼져서 점점 희미해지는 것이다.

[그림 2.15]를 보면 평면이 광원에서 두 배 멀어지면서 세로 높이 기준으로 볼 때 절반의 라이트 광선을 얻고 있음을 알 수 있다. 이 현상은 세로뿐 아니라 가로 폭에도 적용되므로 결과적으로 두 배 거리의 평면은 1/4 밝기가 된다. 서피스와 라이트 사이의 거리가 두 배 멀어질 때마다 1/4 밝기가 되는 포톤photon의 기하학적 퍼짐 현상은 인버스 스퀘어 디케이를 사용해서 시뮬레이션할 수 있다.

[그림 2. 16]의 성냥불을 밝힌 캐릭터나 테이블 위의 켜진 램프처럼 만일 샷 내에서 광원이 보인다면 인버스 스퀘어 디케이를 사용하는 게 좋다. 또한 글로벌 일루미네이션을 사용할 때도 서피스 사이에서 인다이렉트 라이트는 인버스 스퀘어 디케이 특성을 따라 바운스되므로 주요 라이트에 이것을 적용하면 렌더링에 일관성과 사실성을 더할 수 있다.

디케이를 사용하지 않는 경우

인버스 스퀘어를 쓰고 싶지 않는 상황이 있을 수 있다. 어쩌면 디케이 자체를 전혀 사용하지 않는 쪽을 선호할 수 있다. 인버스 스퀘어를 사용할 때 종종 먼 거리의 오브젝트를 비추기 위해 아주 높은 인텐서티intensity 값을 써야 할 필요가 있는데, 그 결과 가까운 거리의 물체는 노출 과다가 되어 버리기 때문이다. 따라서 넓은 공간을 일관되게 비추기 위해 디케이를 사용하지 않는 경우가 있다.

[그림 2.15]
6개의 광선이 주변의 서피스를 때린다면 2배 거리의 서피스에는 그 절반의 광선이 때린다. 서피스의 가로 세로에 걸쳐 차이가 발생하므로 결과적으로 2배 먼 오브젝트는 1/4 정도의 빛을 받게 된다.

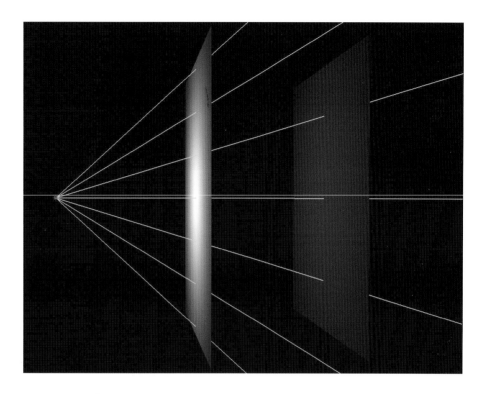

[그림 2.16]
인버스 스퀘어 디케이는 광원이 장면 내에 보일 때 유용하다(그림의 성냥처럼). Rini Sugoanto의 캐릭터.

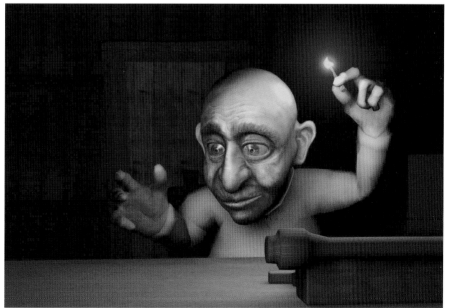

태양 같은 아주 멀리 있는 광원을 흉내 내고 있다면 디케이를 쓰지 않는 것이 훨씬 사실적이다. 예를 들면 [그림 2.17]의 방 안으로 들어오는 햇빛은 테이블과 바닥 사이에서 어두워지지 않는다. 지구까지 수십만 킬로미터를 여행한 태양 광선이 그 여행의 마지막 몇 미터를 남겨 놓고 갑자기 약해지지는 않기 때문이다.

[그림 2.17]
방 안으로 들어오는 태양 광선은 어떤 디케이도 필요 없는 빛의 예이다.

기타 디케이 설정

디케이 값 3(큐빅)은 진공 상태의 실제 라이트보다 훨씬 급격한 빛의 감쇠를 일으킨다. 이것은 짙은 안개 속이나 어둑어둑한 물속의 빛을 흉내 내는 데 사용한다. 아주 높은 값의 디케이는 바로 인근의 서피스에만 영향을 주는 빛을 추가할 때 유용하다. 자동차 범퍼의 특정 부위에 생기는 추가적인 하이라이트가 그런 예이다.

디케이 값 1(리니어)은 완전한 인버스 스퀘어와 디케이가 없는 상태 사이에서 찾을 수 있는 실용적인 절충안이다. 바닥에서 튕겨져 나오는 빛을 흉내 내려면 약간의 디케이가 필요할 것이다. 그러나 이때 인버스 스퀘어는 너무 급격히 사라지므로 리니어 디케이를 사용하는 것이 더 효과적이다.

많은 프로그램에서 디케이 세팅을 바꾸는 것 외에도 라이트로부터 특정 거리에 따라 디케이 값이나 어텐뉴에이트attenuate 값을 변경하도록 하고 있다. 예를 들면 라이트로부터 50유닛unit 떨어진 지점부터 빛이 어두워지도록 만들 수 있다. 이것은 물리적으론 맞지 않지만 확실히 편리한 방법이다. 만일 빛이 특정 물체에 닿아선 안 되는 상황이라면 특정 거리에서 빛을 끊어버리는 것이 그냥 인버스 스퀘어를 이용해 빛을 한정하는 것보다 좀 더 확실한 방법이다.

디퓨즈와 스펙큘러

현실에서 라이트는 디퓨즈diffuse와 스펙큘러specular 두 가지 방법으로 서피스에서 반사되어 나온다. 디퓨즈 반사 시에는 라이트의 광선이 모든 방향으로 분산된다. 천 조각이나 석고 벽, 또는 그 밖에 광택이 없는 물체를 비추는 빛을 생각하면 된다. 이것이 디퓨즈 반사이다. 스펙큘러 반사는 라이트의 광선이 전혀 흩어지지 않고 대신 평행하게 반사되어 완전히 모아진 이미지를 만들어 낸다. 거울이나 거울같이 반사하는 물체들에서 스펙큘러 라이트 반사율을 찾아볼 수 있다.

3D 표면이 렌더링될 때 [그림 2.18]처럼 디퓨즈 반사와 스펙큘러 반사가 동시에 일어난다. 이때 디퓨즈 일루미네이션이 메인 셰이딩에 해당되고 스펙큘러 하이라이트는 반사되는 광원을 흉내 낸다. 스포트라이트나 포인트 라이트의 경우에는 공간 안에 한없이 작은 점으로 존재하므로 스펙큘러 반사가 1픽셀 이하로 작아질 수 있다. 이를 바로잡기 위해 렌더러에는 각 서피스별로 적당한 하이라이트 사이즈를 조절할 수 있는 옵션을 두고 있다. 이것으로 보다 큰 영역의 리플렉션을 흉내 낸다.

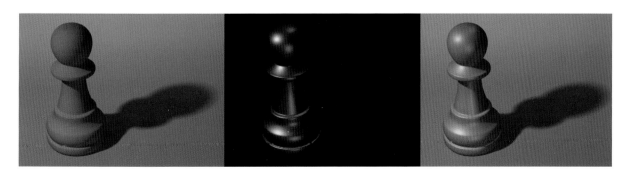

[그림 2.18]
라이트는 디퓨즈만 발산하거나(왼쪽), 스펙큘러만 발산하거나(가운데), 둘 모두 발산할 수 있다(오른쪽).

각 라이트별로 디퓨즈를 방출할 것인지 스펙큘러를 방출할 것인지 결정할 수 있다. 그리고 때로는 어느 하나만 방출하는 라이트가 필요할 것이다. 캐릭터의 눈에 하이라이트를 추가하되 전체 안구에 노출되는 빛을 원치 않는다면 오직 스펙큘러만 방출하도록 라이트를 세팅할 수 있다. 만일 땅바닥에서 바운스되는 (아주 부드럽게 알아챌 듯 말듯 퍼지는) 조명을 흉내 내기 위해 라이트를 추가한다면 이 라이트들은 오직 디퓨즈만 방출하도록 해야 한다. 그래야 광택이 나는 물체의 바닥에 이유 없이 하이라이트가 맺히는 일이 없을 것이다.

픽사Pixar의 렌더맨 같은 렌더러들은 라이트의 디퓨즈와 스펙큘러 라이트 방출 값을 여러 가지 수준으로 세팅 가능하다. 이런 프로그램에서는 태양의 스펙큘러 레벨을 1.0에서 1.2로, 하늘에서 나오는 필 라이트fill light의 스펙큘러 레벨을 0.3에서 0.5 사이로, 땅에서 바운스돼 나오는 빛을 0에서 0.25 사이에 놓을 수 있다. 이 숫자들은 그저 처음 시작 값에 불과하다. 보통은 여러 번의 테스트 렌더를 거치면서 각 라이트별로 디퓨즈 값과 스펙큘러 값을 세밀하게 조정하게 된다. 만일 자신의 렌더러가 오직 스펙큘러 값의 on/off만 가능한데 그 중간 값이 정말로 필요하다면 두 개의 라이트로 시도해 보라. 하나는 오직 디퓨즈만 다른 하나는 스펙큘러만 방출하게 만들고 각자의 컬러color와 인텐서티intensity 값을 따로 조절한다.

라이트 링킹

캐릭터 눈에 하이라이트를 추가하는 것과 같이 특정 용도로만 사용되는 라이트를 갖고 있다면 라이드 링깅light linking(또는 셀렉티브 리이팅selective lighting)을 사용해 볼 수 있다. 라이팅 링킹은 특정 라이트를 특정 오브젝트에 연결시켜 준다. 먼저 포인트 라이트를 만들고 스펙큘러만 방출하도록 한 다음 그 라이트를 캐릭터의 안구에 연결한다. 만일 라이트가 카메라의 위치와 적정 거리를 유지하며 가깝다면 캐릭터의 눈이 카메라를 향할 때 항상 하이라이트가 맺혀 있게 된다. 그리고 이 하이라이트는 라이트 링킹 때문에 장면 내 다른 것에는 전혀 영향을 미치지 않는다.

오브젝트가 받는 빛을 좀 더 정밀하게 조절하기 위해 라이트 링킹을 사용할 수도 있다. 장면 내 라이트가 많은 오브젝트들을 비추고 있을 때 대부분은 괜찮게 나오지만 웬일인지 어떤 오브젝트는 라이트의 세기나 컬러 또는 각도가 다르게 보이기도 한다. 이것을 바로잡기 위해 전반적으로 손을 대는 대신 라이트를 한 벌 복사해서 제대로 비춰지지 않는 오브젝트에 라이트 링킹시킨다. 일단 예전 라이트를 언링크시킨 후 새롭게 연결된 라이트를 원하는 대로 조정한다.

소프트이미지 XSISoftimage XSI에는 두 가지 라이트 선택 모드가 있다. Inclusive와 Exclusive이다. Inclusive 모드에서는 일단 라이트가 어떤 오브젝트와 연결되면 해당 오브젝트들만 비춘다. Exclusive 모드에서는 연결된 오브젝트를 제외한 다른 모든 오브젝트를 비춘다.

[그림 2.19]는 라이트 링킹을 이용해서 오브젝트의 라이팅을 좀 더 정밀하게 제어하는 예를 보여 주고 있다. 성냥에서 오는 불빛을 흉내 내기 위해 두 개의 다른 라이트가 사용됐다. 하나는 게릭티의 손과 옷에 링그되어 있고 머리와는 언링크되어 있다. 이걸 정확히 성냥 불꽃과 같은 위치에 놓아서 이것으로 손과 팔이 실제와 같은 각도로 빛을 받는다. 또 다른 라이트는 오직 캐릭터의 머리에만 링크된 채 앞으로 나와 얼굴을 좀 더 잘 드러내는 성냥불 역할을 한다.

라이트 링킹은 믿을 수 없을 만큼 효과적인 속임수이지만 신경 써서 사용하지 않는다면 이미지를 비현실적으로 만들어 버릴 수 있다. 라이트 링킹을 사용해 장면을 셋업할 때는 테스트 렌더링을 통해 어색한 부분이 없는지, 특정 요소가 너무 튀어 보이진 않는지 확인해야 한다.

[그림 2.19]
라이트 링킹은 일종의 속임수로 다른 각도와 컬러, 세기를 가진 라이트를 이용해서 오브젝트의 일부를 다르게 비출 수 있다.

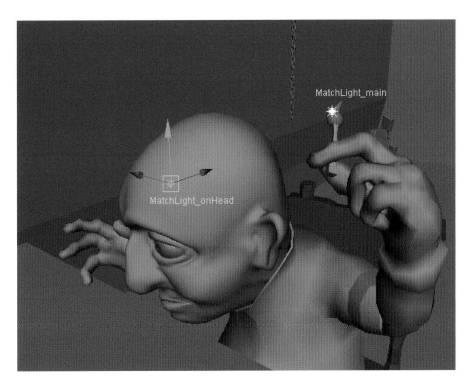

쿠키

영화나 텔레비전 그리고 연극의 라이팅에서 쿠키cookie는 구멍이나 잘라낸 모양이 있는 작은 금속, 나무, 또는 카드 보드지를 일컫는다(이 쿠키는 고보gobo나 큐컬러리스cucoloris 라고도 불린다). 쿠키는 라이트를 차단하거나 패턴을 투사하는 역할로 디자인되었다. 이 단어의 정확한 기원은 불분명하지만 초기 영화사에서 조명이 아주 뜨거울 때 금속판을 쿠키(과자)를 굽는 데 사용한 것에서 유래한다. cucoloris는 cookie와 iris, gobo는 go-between의 축약어인 듯하다. [그림 2.20]은 실제 쓰이는 쿠키를 보여 준다.

3D 쿠키를 라이트 앞에 놓고 그림자를 드리우는 것도 가능하지만 비슷한 효과를 내는 좀 더 직접적인 방법은 라이트 위에 이미지를 매핑하는 것이다. 대부분의 3D 프로그램에서 라이트의 컬러는 아무 이미지로나 매핑이 가능하다. [그림 2.21]의 왼쪽 이미지를 쿠키로 이용해 스포트라이트의 컬러 파라미터에 맵으로 사용하면 오른쪽 그림처럼 장면 전체에 걸쳐 투사된 패턴을 볼 수 있다.

프로덕션 실무 라이팅 Lighting in Production

자, 이제 장면에 라이트를 추가하고 옵션들을 조절한 후 렌더링 버튼을 눌러 보자. 첫 번째 렌더링은 잘해 봤자 최종 완성 이미지의 대략적인 밑그림에 불과할 것이다. 라이팅에서 대부분의 시간은 만든 장면을 수정하고 발전시키는 데 사용된다. 실제 현장의 모습이 그렇다. 라이팅은 본질적으로 '수정'의 예술이다. 언제까지? 가능한 훌륭하게 보이도록, 데드라인 직전까지.

라이팅 시기

보통 모델링이나 리깅rigging 또는 레이아웃 같은 프로젝트의 초기 단계에서는 라이팅에 그렇게 많은 시간을 투자하려고 하지 않는다. 기껏해야 만들어진 모델이 잘 보이도록 간단한 라이팅 리그lighting rig를 사용하는 정도가 될 것이다.

[그림 2.20]
실제 쿠키는 빛을 비춰 모양을 내거나 얼룩무늬를 만들어 내는 구멍이나 있다.

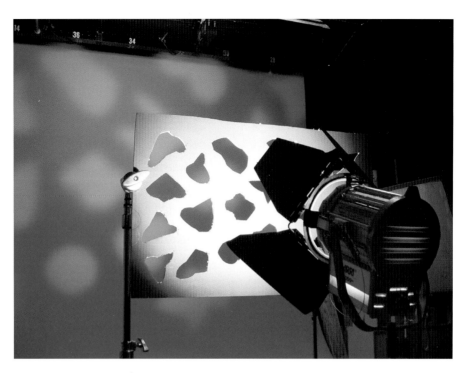

[그림 2.21]
쿠키에 사용된 텍스처 맵(왼쪽)은 마치 태양이 나무를 거쳐 투과된 것처럼 빛을 분산시킨다.

애니메이션을 테스트 렌더링하는 단계에서 최소한 하나 이상 조명을 적용해서 그림자가 잘 드리워지는지 체크해 보아야 한다. 만일 아무 그림자도 없이 애니메이션을 테스트한다면, 예를 들어 발이 땅에 닿지 않는 상황처럼 물리적인 실수를 간과하기 쉽다. 이런 종류의 실수는 조명이 완전히 들어갈 때 분명히 드러난다. 따라서 테스트 애니메이션을 할 때 발견할 수 있다면 가장 좋다.

진짜 라이팅 과정은 레이아웃이 끝나면 시작한다. 즉 카메라가 어디에 위치하고 어떻게 장면의 구도가 잡히는지, 어떻게 애니메이션이 마무리되는지 아는 상태에서 장면 전체를 통해 캐릭터가 나타날 부분을 파악하게 된다. 또한 셰이더와 텍스처가 끝나면 어떻게 오브젝트들이 라이트에 반응하는지 볼 수 있다.

때론 프로덕션 스케줄상 애니메이션을 수정하거나 심지어 카메라를 재배치하면서 라이팅 작업을 병행해야 하는 경우도 있다. 이런 경우는 안 됐지만 어쩔 수 없다. 다른 작업을 진행하는 것과 동시에 라이트를 수정(필요하다면 여러 번)하는 것은 장면의 애니메이션이나 텍스처, 셰이더 등의 변경 사항을 감안해야 하기 때문에 많은 시간을 할애해야 한다.

피드백 루프

세련된 장면을 만들기 위해 반드시 거쳐야 하는 과정이 피드백 루프인데, 수정하고, 각 수정 결과를 확인하기 위해 기다리고, 그 결과들을 평가하여 새로운 수정 사항을 도출하는 과정이다. 여기서 중요한 건 이 과정이 빈틈없이 빠듯하게 진행돼야 한다는 것이다. 즉 가능하면 수정 직후 바로 결과를 확인하도록 한다. 피드백은 작업 진도를 좀 더 빠르게 하고 빡빡한 스케줄 속에서도 세련된 결과물을 만들어 낸다.

그렇다면 어떻게 더 빠른 피드백을 받아 볼 수 있을까? 대부분의 3D 소프트웨어에서 라이트의 위치를 바꾼다거나 스포트라이트 콘의 크기를 조절할 수 있는 실시간 피드백 기능을 지원한다. 이것을 통해 라이트를 끌어다 놓을 때 기본적인 조명과 하이라이트의 위치, 그림자 등을 바로 볼 수 있다. 그러나 이렇게 실시간으로 보는 것은 한계가 있으며, 최종 렌더링 시에 나타나는 것들을 모두 볼 수는 없다.

만일 소프트웨어 렌더를 통해 테스트 렌더링 중이라면 렌더링 시간을 절약할 방법들을 항상 숙지하고 있어야 한다.

　• 렌더별로 확인할 물체들만 남기고 나머지는 모두 차단한다. 특정 물체가 유난히 복

잡하다면 경우에 따라 라이트를 조절할 때 간단한 오브젝트로 대체해서 살펴본다.

- 하나의 특정 라이트나 그림자를 조절한다면 다른 모든 라이트는 차단한다. 결과적으로 그 라이트 하나만 렌더링된다. 이처럼 다른 라이트를 차단하는 것은 대상 라이트가 현재 장면에서 정확하게 어떤 역할을 하고 있는지 보다 확실히 보여 줌과 동시에 다른 라이트 간의 계산을 건너뜀으로써 귀중한 렌더링 시간을 절약하는 효과도 있다.

- 대부분의 수정은 이미지 중 한 부분을 보면서 이루어진다. 따라서 장면 전체를 렌더링하지 말고 봐야 할 영역만 잘라서 렌더링하도록 한다.

- 영화 해상도의 장면을 라이팅 중이라 해도 OK 사인이 날 때까지는 비디오 해상도로 테스트하거나 샷의 몇몇 프레임만 전체 해상도로 건다.

- 현재 조절하고 있는 부분에 해당되지 않는 기능이나 이펙트는 꺼놓는다. 테스트하는 동안 헤어hair가 보이지 않아도 캐릭터의 라이팅은 가능하다. 그리고 난 후 헤어의 라이팅 작업을 하는 동안만 헤어를 보이게 해서 테스트한다. 레이트레이싱 raytracing이나 글로벌 일루미네이션, 또는 하이 퀄리티의 안티에일리어싱anti-aliasing처럼 시간이 많이 드는 기능들이 테스트 렌더링 동안 필요한 건 아니다.

컴퓨터는 점점 빨라지는데 왜 이런 최적화 기법이나 테스트 렌더링 과정을 익혀야 하는지 궁금할 수도 있다. 그 이유는 컴퓨터가 매년 더 빨라지는 만큼 CG로 만든 영상물 역시 더 복잡해져서 심지어 최신 컴퓨터의 한계마저도 압박하기 때문이다. 똑똑하게 일하고 전략적으로 생각하는 법을 배우자.

11장에서는 피드백 루프의 또 다른 주요 사안을 논의한다. 만일 여러 다른 패스pass와 레이어layer로 요소들을 나누어 렌더링한다면 컴포지팅 프로그램에서 많은 것들을 바꿀 수 있다. 합성을 통해 재렌더링 없이 인터랙티브하게 변화를 주는 것이 가능하다.

라이트에 이름 붙이기

한 사람 이상이 사용하거나 수정할 라이트를 설치하고 있다면 라이트별로 이름을 붙이는 과정은 특히 중요하다. 다른 사람이 자신의 라이팅을 쉽게 이해하기를 원하거나 라이트 간 혼동으로 일어나는 실수를 피하고 싶다면 각 라이트마다 알기 쉽게 이름을 붙이도록 신경 써야 한다.

가장 많은 정보를 담고 있는 이름은 라이트의 종류와 비추는 대상을 언급한다. 예를 들면 'spec_fromMatch_onEye'라는 이름은 성냥(match)에 의해 동기가 부여된, 스펙큘러 하이라이트를 만들기 위해 디자인된, 캐릭터 눈을 비추는 라이트라는 걸 말한다. 'Bounce_fromRedCarpet_onSet'은 빨간 카펫에서 바운싱돼서 세트의 나머지 부분에 비춰지는 라이트를 의미한다. 대부분의 스튜디오에서는 이보다 훨씬 정확한 네이밍 컨벤션naming convention*을 가지고 있다. 정확하게 우리가 따르는 약속을 모든 사람이 같은 단위의 형식으로 따르는지 확인할 필요는 없다. 다만 각 라이트별로 쉽게 알아볼 수 있는 이름을 붙이도록 노력하자.

네이밍 컨벤션
파일 이름에 기본적인 정보를 일련의 순서로 담아 해당 파일을 열어 보지 않아도 이름만으로 대략 그 역할을 알아볼 수 있도록 사전에 협의된 약속.

라이트들을 알기 쉽게 이름 붙인 뒤 그룹별로 분류, 정리하는 것도 중요하다. 몇 개의 라이트들을 비슷한 목적—예를 들어 창문을 통해 들어오는 빛이나 세트상의 인테리어 라이트, 개별적인 캐릭터 주위에 추가된 빛, 또는 특정 효과와 관련된 빛으로 사용하고 있다면 라이트를 그룹별로 묶어 직관적인 이름을 부여하는 것이 나중에 검색과 수정이 쉬울 뿐만 아니라 그것만을 개별적인 파일로 저장해서 다른 샷에 재사용하기에도 좋다.

버전 관리

자신의 라이트 세팅을 최종적으로 승인 받기 전까지 많은 버전의 장면 파일(scene file)을 거치게 될 것이다. 버전별로 파일을 저장할 때 반드시 렌더링된 이미지도 같이 저장했는지 확인한다. 또한 해당 장면의 렌더링에 사용된 라이트 셋 역시 저장한다. 클라이언트에게 단지 한 버전만 보여 줬다면 3D 파일과 그 렌더 이미지를 백업할 폴더를 만들어야 할지 모른다. 이렇게 함으로써 필요하다면 다시 돌아가 해당 버전을 수정할 수 있다. 클라이언트들은 하루는 수정을 요구해 놓고 그 다음 날 다시 원래대로 복구해 달라고 요청하기도 한다. 어떤 것을 두 가지 버전으로 만들어 놨을 때, 클라이언트에게 보여 줬던 이미지와 사용한 3D 장면 간에 연관성은 필수적으로 유지하면서 예전 버전과 현재 버전 사이에 차이점을 구분하라는 요구를 받을 것이다.

두 가지 버전의 이미지를 비교할 땐 같은 창에서 구 버전과 신 버전을 앞뒤로 오가며 비교하는 게 가장 좋다. 나란히 옆에 놓고 보면 둘 사이의 차이점을 모두 파악하기 힘들다. 하지만 한 창에서 두 버전을 오가면서 보면 아주 미묘한 차이까지도 알아볼 수 있다. 왜냐하면 그림을 오가면서 생기는 차이점이 움직임으로 나타나기 때문이다. 변화 전/후에 몇 프레임씩 짝을 지어 비교해 보는 것도 테스트에 아주 좋은 방법이다. 이는 또한 감독이나 클라이언트에게 요구 받았던 수정 사항을 보여 줄 때에도 유용하다.

Exercises

지금까지 라이팅의 기본 개념에 대해 살펴보았다. 어떤 독자들에겐 오래된 내용일 수 있지만 이제 막 라이팅을 배우려는 사람들에겐 아주 새로운 이야기이기도 하다. 이 장에서 다룬 내용들을 토대로 좀 더 진도를 나가고 싶은 독자들에게 다음의 몇 가지 아이디어를 제안한다.

1 라이트의 고립—다른 라이트들은 모두 숨기고 오직 하나의 라이트만 켜놓은 채 렌더링하는—과정 은 장면에서 각 라이트의 역할을 찾아내는 가장 좋은 방법이다. 이 책을 읽기 전에 만들어 놓은 장 면 파일이 있다면 열어서 몇몇 라이트들을 고립시켜 보자. 라이트가 아무 역할도 하고 있지 않다거 나 원하는 주제를 비추고 있지 않은 경우가 없는지 살펴본다.

2 여러 가지 타입의 라이트들을 자신이 사용하는 소프트웨어에서 테스트해 보자. 전반적으로 스포트 라이트만을 이용해서 대부분의 장면을 비추고 있다면 다른 종류의 라이트 타입들을 이용하는 것도 가능한지 확인해 본다.

3 자신이 사용하는 소프트웨어에서 여러 가지 디케이 옵션을 사용해 본다. 어떤 경우엔 디케이 값이 올라감에 따라 아주 높은 라이트 인텐서티light intensity 값을 사용해야 할지도 모른다. 하지만 각 라이트별로 가능한 옵션과 디케이 값을 연구하는 것은 상당히 의미 있는 일이다.

03
CHAPTER

그림자와 오클루전
Shadows and Occlusion

그림자를 설정하는 것은 라이트를 설정하는 것만큼 많은 시간을 필요로 하고, 주의를 기울여야 한다. 라이팅 계획의 절반은 사용 조명, 그리고 나머지 절반은 그림자라고 생각하면 된다. 그림자는 이미지의 톤과 음영에 풍부함을 더하고 장면 내 요소를 묶으며 구도를 개선시킨다. 그림자 렌더링은 예술적으로 중요할 뿐 아니라 기술적으로도 숙련되어야 할 주요 분야이다. 최선의 섀도 캐스팅 알고리즘을 선택하는 것, 그림자를 조작하거나 그럴듯하게 만드는 기법들, 그리고 가능한 렌더링 시간에 맞춰 그림자를 어떻게 최적화시키는지를 아는 것은 모든 3D 아티스트가 갖춰야 할 필수 기량이다. 이번 장에서는 그림자의 모든 시각적인 측면과 기술적인 측면, 그리고 3D에서의 오클루전에 대해 알아볼 것이다.

그림자의 시각적 기능 The Visual Functions of Shadows

사람들은 그림자를 일반적으로 어둡고 잘 보이지 않는 것으로 생각한다. 하지만 그림자는 종종 그것이 없다면 보이지 않았을 것들을 드러낸다. 먼저 영화적 이미지와 컴퓨터 그래픽에 수반되는 그림자의 몇 가지 시각적 기능을 살펴보자.

공간적 관계의 정의

물체들이 서로 간에 그림자를 드리울 때 그 공간적 관계가 드러난다. 예를 들어 [그림 3.1]에서 그림자가 더해지기 전과 후를 비교해 보라. 그림자가 없으면 공이 정확히 어디에 위치해 있는지 말할 수 없다. 오른쪽 그림을 보면 공이 땅 위에 놓여 있을 때나 두 공이 서로 가깝게 있을 때도 공이 얼마나 뒷벽에 가깝게 붙어 있는지는 그림자를 통해 드러난다.

[그림 3.1]
그림자가 없다면 위쪽에 위치한 큰 공이 벽에 얼마나 가깝게 붙어 있는지 알 수 없다(왼쪽). 그림자의 기본 역할은 물체 간의 공간적 관계를 보여 주는 것이다(오른쪽).

라이팅에 있어서 그림자가 공간 관계를 시각적으로 나타낸다는 사실은 축복이자 저주이다. 그림자가 있는 장면을 렌더링할 때 그림자는 애니메이션상의 실수나 부정확함을 드러낸다. 예를 들어 땅 위에 굳게 버티고 선 대신 둥둥 떠 보이는 캐릭터의 발 같은 것이 그렇다. 그림자가 들어가지 않은 채 OK 사인을 받은 애니메이션도 일단 그림자가 들어간 채로 테스트 렌더링을 해서 실수가 보이면 수정해야 한다.

만약 실내에서 이 책을 읽고 있다면 가구와 바닥이 만나는 모든 장소를 둘러보라. 언뜻 봐도 직접 바닥에 닿아 있는지, 아니면 바퀴 등에 의해 바닥과 떨어져 있는지 가구들이 드리우는 그림자만 보고도 말할 수 있을 것이다. 방 안을 둘러볼 때 눈은 가구와 바닥 사이의 공간적 관계를 규정하면서 그림자 안의 작은 차이를 즉시 해석해 낸다.

다른 각도의 노출

잘 배치된 그림자는 공간적 관계뿐 아니라 그것 없이는 보이지 않을 물체의 새로운 각도 역시 드러낸다. [그림 3.2]에서 여자의 측면은 그림자에 의해서 드러난다. 그림자가 없었다면 우리는 오직 얼굴의 앞 부분밖에 볼 수 없을 것이다.

[그림 3.2]
그림자는 그림자가 없다면 렌더링에서 보이지 않았을 캐릭터의 단면을 드러내 준다.

캐릭터를 향해 그림자를 생성하는 라이트를 자신만의 뷰view와 퍼스펙티브perspective 를 가지는 세컨드 카메라처럼 생각해 볼 수 있다. 대부분의 3D 프로그램들은 라이트를 조준하고 위치시키는 방법의 하나로 라이트의 시점에서 장면을 바라보는 기능을 지원 한다. 우리에게 보이는 윤곽선—라이트 시점에서 보는 물체의 단면—은 그림자가 렌 더링될 때의 모양을 보여 준다.

캐릭터의 일부라도 스포트라이트와 너무 가깝게 붙으면 비정상적으로 큰 그림자가 생 기므로 조심하자. 또한 애니메이션상 필요한 꼼수를 썼다면 그림자의 퍼스펙티브가 이 상하게 보이지 않는지 확인한다. 예를 들어 애니메이터가 캐릭터의 손을 앞으로 가져오 기 위해 팔을 과장해서 더 늘였을 때 카메라 뷰에서는 이 속임수 포즈가 이상하게 보이 지 않아도 옆 벽에 비친 캐릭터의 그림자에서 들통날 수 있다. 이런 것을 바로잡기 위해 선 그림자의 각도를 바꾸거나 섀도 오브젝트shadow object로써 속임수가 들어가지 않은 다른 버전의 캐릭터가 필요할지 모른다(섀도 오브젝트는 뒤에서 다룬다).

구도의 확장

그림자는 이미지의 구도에서도 중요한 역할을 한다. 관객의 눈을 그림의 원하는 부분으 로 이끌거나 구도에 균형을 맞추기 위해 그림자로 새로운 구성 요소를 만든다. [그림 3.3]은 단조로운 뒷벽에 사선 그림자를 잘 배치해 넣음으로써 공간을 어떻게 나눌 수 있 는지 보여 준다.

콘트라스트 추가

[그림 3.3]은 그림자가 비슷한 톤의 두 객체 사이에 어떤 식으로 콘트라스트를 추가할 수 있는지 보여 준다. 오른쪽 그림에서 꽃병 뒤의 그림자는 병과 비슷한 색의 벽 사이에 대비를 증가시켜 그림에 깊이감과 선명도를 더하고 있다. 이로 인해 장면 안의 꽃병은 훨씬 더 잘 보이고 그 모양을 확실히 인식할 수 있다.

장면 밖 공간의 표시

그림자는 또한 장면 밖의 물체를 나타내기도 한다. '장면 밖 공간off-screen space'에 대 한 감각은 이야기를 하는 중이거나 작은 장면의 분위기를 설정하고자 할 때 특히 중요 하다. 장면에서 보이지 않는 물체의 그림자는 현재 샷에서 직접 보이는 것 이상으로 표현되고 있는 다른 세계가 있다는 걸 의미한다. [그림 3.4]의 그림자는 장면 밖 환경에 있는 다른 요소들에 대해 많은 걸 암시한다. 때로는 라이트의 인텐서티나 컬러 값에 이미지를 프로젝션시켜서 장면 밖에서 오는 그림자를 모방할 수 있다.

[그림 3.3]
사선은 공간을 분리하고 구도를 추가한다. 오른쪽 이미지가 좀 더 매력적으로 보이는 렌더링이다.

[그림 3.4]
그림자는 화면 밖 공간에 어떤 것이 존재하는지 추측 가능하게 한다.

요소들의 결합

그림자는 물체 간의 관계를 결합시킴으로써 모든 요소가 통합된 장면을 만들어 낼 수 있다. 비현실적이거나 믿기 어려운 장면을 컴퓨터 그래픽상에서 만들어 낼 때, 이미지를 하나로 묶어 납득시킬 수 있는 유일한 실마리는 현실감 있는 그림자뿐이다. 심지어 통근 전철 안의 하마([그림 3.5] 참조)조차도 그 밑에 있는 그림자와 함께라면 장면 안에선 자연스럽고 실제 존재하는 것처럼 보인다. 3D 배경 혹은 실제 배경과 캐릭터 사이에 분명히 닿아 있다는 느낌은 그림자의 가장 핵심적인 기능이다. 이러한 접촉이 없다면 많은 장면들이 콜라주처럼 잘린 이미지로 분해될 것이다.

[그림 3.5]
그림자는 그것이 없었다면 조화를 이루지 못했을 여러 요소들을 하나로 묶는다.

어떤 빛이 그림자를 필요로 하는가? Which Light Need Shadows?

현실에선 모든 라이트가 그림자를 드리운다. 그림자가 꺼져 있는 라이트 같은 건 현실에 없다. CG상에서도 모든 라이트의 그림자를 켜서 이런 법칙을 흉내 낼 수 있다. 그러나 3D 아티스트들은 그림자를 생성할 라이트와 그렇지 않은 라이트를 가려내는 높은 안목을 갖고 있는 경우가 더 많다.

산만한 그림자

공개방송으로 녹화되는 텔레비전 코미디 프로그램을 직접 볼 기회가 있다면 그 바닥을 살펴보자. 여러 배우들의 발 아래에 각각 조금씩 다른 방향을 향하고 있는 겹치는 그림자 패턴을 볼 수 있다. 겹치는 그림자들은 무대를 비추기 위해 위에 달린 스포트라이트의 격자(grid)에 의해 생긴다. 이런 그림자들은 실제 공간의 라이트가 의도한 것이 아니다.

무대의 세트 자체가 자잘한 많은 그림자들을 감추기 위해 디자인 및 설치된다는 걸 눈치 챘는지 모르겠다. 예를 들면 시트콤에서 거실 소파는 뒤에 많은 공간을 남겨둔 채 무대 중앙에서 벗어나 있다. 때로는 계단 같은 것이 세트의 뒷벽을 채우며 서 있을 것이다. 그래서 배우들은 의도하지 않는 한 그림자가 겹쳐지는 벽 바로 앞에는 절대 앉거나 서 있지 않는다.

원하지 않는 그림자를 숨기기 위해 디자이너들이 얼마나 노력하는지 안다면 우리가 3D 상에서 아무 그림자나 꺼버릴 수 있다는 게 얼마나 다행한 일인지 고마워할 것이다. 애니메이션에서는 캐릭터 뒤에 생기는 그림자에 대한 고민 없이 거실 소파를 벽 앞에다 바로 갖다 붙일 수 있다.

신중하게 사용한다면 특정 라이트의 그림자를 끄는 방법은 훌륭한 선택이다. [그림 3.6]은 겹치는 여러 그림자의 산만함에 비해 하나로 정리된 그림자가 얼마나 장면을 군더더기 없이 깔끔히 만드는지 잘 보여 준다.

[그림 3.6]
어느 것이 더 나아 보이는가? 대부분의 경우 여러 개가 겹쳐진 그림자보다 하나로 합쳐진 그림자가 더 간단하고 낫다.

2차 그림자

복잡한 장면에서는 대부분 하나 이상의 그림자를 생성하는 라이트가 필요하다. 단 하나의 섀도 캐스팅 라이트만 가지고 어떻게 해보려고 한다면, 특히 그림자에 속한 영역에서 곤란해질 것이다. 예를 들어 [그림 3.7]의 왼쪽 그림을 보면, 공이 땅에 완전히 붙어 있는 것처럼 보이지 않는다. 공만의 그림자를 드리우고 있지 않기 때문이다. 공은 이미 그림자 영역에 속해 있으므로 공을 비추는 두 번째 라이트는 그림자를 켜지 않았다. 반면 공이 이미 그림자 영역에 놓여 있음에도 두 번째 라이트의 그림자를 켜면 공이 훨씬 땅에 붙어 보인다(오른쪽 그림).

[그림 3.7]
왼쪽은 2차 그림자 없이 아무 그림자도 만들지 않은 공이다. 2차 그림자가 없는 장면은 그림자 영역에서 아주 평면적으로 보인다. 그림자가 있으면 공은 훨씬 더 땅에 붙어 있는 것처럼 보인다.

어떤 라이트라도 그림자를 끄는 데는 위험이 따른다. 벽을 통과해 직접 비추거나 방 안을 야외처럼 밝게 비추거나 또는 캐릭터의 머리카락과 어깨를 비추려고 뒤에서 오던 빛이 캐릭터의 입 안을 훤히 밝히기도 한다. 또한 작은 물체 간에 서로 그림자를 드리우기를 기대했던 장면 일부분을 아주 밋밋하게 만들 수도 있다.

그림자의 색 Shadow Color

현실에서 그림자는 종종 그것을 둘러싼 영역과 다른 색깔을 갖는다. 예를 들면 청명한 야외에서는 그림자가 약간 푸르게 나타날 수 있다. 그 이유는 태양으로부터 오는 밝은 노란 빛이 그림자 영역에서 차단되기 때문에 푸르게 보이는 것인데, 라이팅에서는 하늘에서 오는 푸른 빛이나 주변의 인다이렉트 라이트만 남기기 때문에 그렇다.

대부분 3D상의 라이트는 섀도 컬러shadow color 파라미터를 가지고 있으며, 이를 이용해 라이트에 의해 드리워지는 그림자에 특정 색상을 줄 수 있다. 기본 값으로 설정된 순수 블랙black은 어떤 추가적인 밝기나 색상이 그림자에 더해지지 않았다는 뜻이다. 완전 블랙의 그림자 색을 다른 값으로 바꾸면 원래 라이트가 차단되어야 할 영역에 빛이 스며들게 되어 그림자는 밝아진다. 완전한 화이트white 색은 라이트의 그림자를 끈 것과 똑같아 보인다.

그림자가 너무 어둡거나 그림자에 색을 더할 필요가 있는 장면을 작업하고 있다면([그림 3.8]의 왼쪽 참조) 라이트의 섀도 컬러 값을 조정하는 것이 한 방법이다. [그림 3.8]의 가운데 그림은 그림자 색을 딥 블루deep blue로 설정한 경우로, 작업은 빠르고 쉬우며 다른 추가적인 라이트가 필요하지 않지만 그다지 사실적으로 보이지는 않는다. 가운데 그림에서 푸른 기운이 그림자만을 채우고 있다는 걸 주목하자. 물체의 어두운 부분까지 자연스럽게 확장되진 않는다.

[그림 3.8]
검은색 그림자는 부자연스러워 보인다(왼쪽). 섀도 컬러 파라미터는 오직 드리우는 그림자 색만 바꾼다. 빛을 받지 못한 면은 그대로 있다(가운데). 색이 들어간 필 라이트는 그림자에 약간의 색조를 더해 좀 더 그럴듯한 결과가 나온다(오른쪽).

야외에서의 푸른 그림자를 만들어 내는 가장 좋은 방법은 섀도 컬러 파라미터를 사용하는 것이 아니라 블루 컬러의 필 라이트를 추가하는 것이다. 이렇게 하면 자연스럽게 태양빛이 차단되는 부분을 보이게 할 수 있다. [그림 3.8]의 오른쪽은 좀 더 자연스러운 결과를 보여 준다. 섀도 컬러 파라미터는 순수 블랙 값으로 되돌렸고 블루 필 라이트를 장면 주위에 설치했다. 필 라이트는 여러 개의 스포트라이트를 이용해도 되고 스카이 돔 sky-dome 타입의 라이팅을 사용해도 좋다. 하지만 어떤 종류이든 여러 방향에서 오는 것이 섀도 컬러 값을 이용하는 것보다 결과가 좀 더 자연스럽다. 필 라이트를 보충하기 위해 키 라이트의 색도 조절할 필요가 있을지 모른다. 키 라이트에서 blue 값을 없애서 장면 전체의 색채 균형이 변하지 않도록 한다.

실제 같은 라이팅을 할 때 색이 들어간 필 라이트를 더해서 그림자의 톤을 조절하는 것을 항상 첫 번째 선택으로 삼고, 섀도 컬러 파라미터는 사용한다고 해도 아주 조심스럽게 쓰도록 한다. 섀도 컬러 파라미터에서 물리적으로는 순수 블랙을 설정하는 것이 맞다. 왜냐하면 이것은 불투명한 물체가 모든 라이트를 완전히 차단한다는 뜻이기 때문이다. 사실 섀도 컬러 값을 조금이라도 조정하는 것은 속임수이다. 아주 어두운 색상 값으로 조심스럽게 사용한다면 미묘한 색조를 띠거나 살짝 밝게 만들 수 있지만, 눈에 띌 만큼 사용하면 밝아져 버린 그림자와 빛 반대편에 있는 물체의 어두운 부분 사이에서 전혀 어울리지 않은 섀도 컬러를 갖게 된다. 섀도 컬러 파라미터를 너무 높은 값으로 설정하는 것은 불투명한 물체를 통과해 빛이 새어나가는 것 같은 엉뚱한 상황을 만들 수 있다.

어떤 아티스트들은 그림자를 뿌리는 물체나 키 라이트에 대해 그림자는 항상 보색이 되어야 한다고 일반화한다. 창의적 측면에서 보면 그림자에 보색을 사용해서 해당 물체를 좀 더 확실히 보이게 할 수도 있다. 하지만 이것은 현실 속 법칙으로 항상 일어나는 일이 아닌 하나의 스타일일 뿐이다. 예를 들어 야외에서 흔히 보이는 노란 라이트와 푸른 그림자의 조합은 그것이 블루 필 라이트의 동기가 부족한 실내 장면에서 사용된다면 비현실적으로 보일 것이다.

그림자 테스트

일반적인 라이팅에서는 섀도 컬러 파라미터 사용을 피한다 하더라도 테스트 렌더링을 하는 동안 그림자를 눈에 띄게 하는 데는 이것만큼 손쉬운 도구가 없다. [그림 3.9]에서처럼 그림자의 색을 밝은 레드red로 올리는 것은 정확히 어디에 특정 라이트의 그림자가 드리워져 있는지 분리해서 알아볼 수 있는 좋은 방법이다. 언제든 그림자가 겹치거나 어떤 그림자가 어떤 라이트에서 오는지 잘 모른다면 이 방법을 이용하자. 최종 렌더링 단계에서라면 아주 미세해질 것도 밝은 레드 상태일 때 조정한다면 지금 뭘 하고 있는지 바로 확인이 가능하다. 이 조절이 끝나면 그림자 색을 원래의 순수 블랙black으로 돌려 놓는다.

[그림 3.9]
눈에 띄는 그림자 색상을 임시로 지정하는 것은 장면 내 개별적인 그림자의 확인과 조절을 쉽게 만든다.

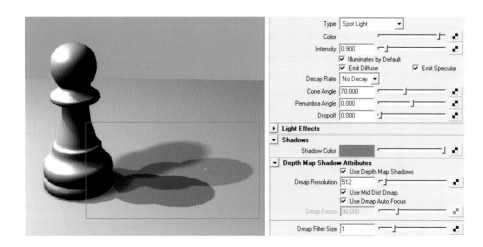

그림자 크기와 퍼스펙티브 Shadow Size and Perspective

물체에 대한 광원의 상대적 위치가 그림자의 크기를 결정한다. 예를 들어 대상과 멀리 떨어져 있는 라이트는 물체와 비슷한 크기의 그림자를 만든다([그림 3.10] 왼쪽 참조). 대신 라이트를 대상 가까이 옮길수록 그림자는 커져서 마침내는 물체의 원래 크기보다 훨씬 더 커져 버린다([그림 3.10] 오른쪽 참조).

크기가 바뀌는 그림자는 스포트라이트와 같이 점 광원(point source)에서 나오는 그림자에만 유효하다. 만일 디렉셔널 라이트directional light나 인피니트 라이트infinite light를 사용한다면 라이트의 위치에 관계없이 언제나 같은 크기의 그림자가 생긴다.

그림자는 뿌려지는 퍼스펙티브에 따라 모두 다르게 보인다. 심지어 다른 모양으로 나타나기도 한다. 예를 들면 [그림 3.11]의 왼쪽에서 태양 광선은 시각적으로 뭔가 이상하다. 이것들은 전부 하나의 스포트라이트를 각 창문의 바로 바깥에 놓아서 만들어 냈다. 근처의 빛에서 먼 쪽을 향해 바깥쪽으로 벌어진 모양을 볼 수 있다. 스포트라이트를 훨씬 뒤로 밀면 오른쪽 그림처럼 그림자가 좀 더 평행해진다. 태양 광선의 왼쪽과 오른쪽

이 평행한 것이 더 현실적으로 보인다. 스포트라이트 대신 인피니트나 디렉셔널 라이트를 사용해도 평행한 태양 광선을 만들어 낼 수 있다.

[그림 3.10]
어떤 크기의 그림자가 되길 원하는가? 라이트를 멀리 놓을수록 작은 그림자가 생기고(왼쪽), 가깝게 놓을수록 큰 그림자가 생긴다(오른쪽).

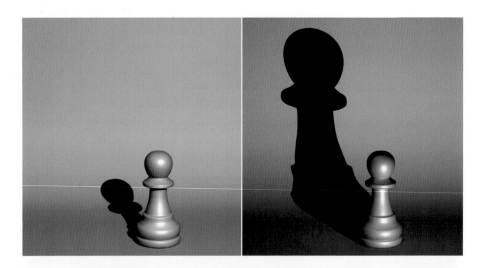

[그림 3.11]
비정상적으로 가까운 퍼스펙티브에서 뿌려지는 햇빛은 태양빛이 창문과 너무 가깝게 붙어 있다는 걸 말해 준다(왼쪽). 라이트를 뒤로 멀찌감치 빼면 평행한 햇빛을 만들어 낸다(오른쪽).

그림자 알고리즘 Shadow Algorithms

많은 렌더링 프로그램이 그림자를 계산하기 위해 대표적으로 다음 두 가지 방법을 지원하고 있다.

- 뎁스 맵 섀도depth map shadows(혹은 섀도 맵shadow map)는 일반적으로 렌더링에 가장 빠르고 효율적이다. 하지만 제한된 해상도와 부작용을 피하기 위해 때로 옵션 값을 조정할 필요가 있다(이에 관해서는 뒤에서 설명한다).

- 레이트레이스드 섀도raytraced Shadows는 어떤 해상도에서도 사용하기 쉽고 정확한 반면 렌더링 시간이 오래 걸린다.

다음 섹션에서는 뎁스 맵 섀도와 레이트레이스드 섀도의 장단점, 그리고 그 현상을 조절하기 위한 옵션과 더불어 사용법에 관해 이야기해 보겠다.

뎁스 맵 섀도

뎁스 맵 섀도는 현 시점에서 필름의 전문적인 조명 작업에 사용되는 가장 일반적인 그림자 유형이다. 이 방법은 어디에 그림자가 렌더링될 것인지 결정하기 위해 뎁스 맵을 미리 계산하는 식으로 작동한다.

뎁스 맵(약자로 dmap으로 표기)은 거리를 나타내는 숫자들의 배열이다. 렌더러가 카메라 시점에서 렌더링을 시작하기 전에 먼저 그림자를 뿌릴 각 라이트의 시점에서 뎁스 맵을 계산한다. [그림 3.12]에서 보는 것처럼 라이트가 비추는 각각의 방향에 대해서 라이트로부터 가장 가까운 그림자를 갖는 물체까지의 거리 정보를 저장한다.

[그림 3.12]
뎁스 맵 섀도는 그림의 흰 선이 보여 주는 것처럼 라이트로부터 가장 가까운 지오메트리까지의 거리를 측정한 값을 배열하고 그것을 근거로 삼는다.

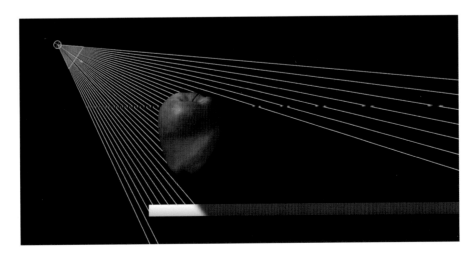

렌더링하는 동안 라이트는 뎁스 맵에 의해 정해진 거리 지점에서 끊어질 것이다. 그래서 각도별로 저장된 거리 이상으로는 더 비추지 않는다. 예를 들어 사과의 아래쪽 표면을 렌더링할 때 렌더러는 땅의 어떤 부분에 그림자가 지고 어디가 그렇지 않은지 보기 위해 단지 뎁스 맵만 확인하면 된다. 이로써 엄청난 양의 렌더링 시간을 절약할 수 있다. 왜냐하면 땅과 라이트 사이 어디에 물체가 오는지 확인하기 위해 렌더러가 장면 전체를 반복해서 조사할 필요가 없기 때문이다.

[그림 3.12]는 뎁스 맵의 한 단면을 잘라 보이는 측정 값의 한 열을 보여 준다. 사실 뎁스 맵은 라이트 조명을 받는 공간 전체의 수직, 수평 모두에 이른다. 예를 들면 512해상도의 뎁스 맵은 수평으로 512 거리 측정 값×수직으로 512 거리 측정 값이 된다.

해상도와 메모리 사용

뎁스 맵 내 하나의 거리 측정 값은 부동 소수점 값으로 저장된다. 부동 소수점 값은 아주 작은 파편에서부터 거대한 거리에 이르기까지 어떤 숫자로도 저장될 수 있다. 하지만 각 값을 저장하기 위해 4바이트를 사용한다. 섀도 맵의 해상도는 맵의 수직, 수평 범위 모두를 위해 사용된다. 그것은 바이트의 숫자가 사실상 $4×(해상도^2)$이라는 것을 의미한다. [표 3.1]은 일반적인 섀도 맵 해상도에 의해 사용되는 메모리(MB)를 보여 준다.

[표 3.1] 섀도 맵 메모리 사용량

뎁스 맵 해상도	메모리 사용량
128	0.06MB
256	0.25MB
512	1MB
1024	4MB
2048	16MB
4096	64MB

[표 1.1]에서 보듯이 섀도 맵의 해상도를 높이면 시스템 메모리가 급격히 떨어진다. TV용 작업으로 설정된 스포트라이트의 초기 섀도 맵 값은 보통 512해상도가 적당하다. 그러나 극장용 영화의 최종 샷을 위해서는 대부분 1024가 좋다.

뎁스 맵 프레이밍

프레이밍
해당 시점에서 장면의 주제, 여백 등을 고려해 구도를 잡는 것. 여기서는 섀도 맵 해상도가 차지하는 시스템 자원의 낭비를 막기 위해 그림자를 고려한 라이트의 담당 영역을 결정하는 걸 말한다.

섀도 맵이 효율적으로 작동하기 위해선 섀도 맵을 잘 프레이밍*해서 그림자 안에 물체를 포함하고 물체 주변에 여분의 빈 공간이 너무 남지 않도록 한다.

스포트라이트는 뎁스 맵을 사용하는 대부분의 프로젝트에서 선택하는 라이트로, 그림자가 정확히 필요한 곳에 떨어지도록 라이트를 맞추고 조절할 수 있다. 만약 옴니디렉셔널 라이트(또는 포인트 라이트)를 사용한다면 각 방향에 떨어지는 그림자를 계산하기 위해 프로그램은 다중의 뎁스 맵을 계산해야 할 것이다. 디렉셔널(인피니트) 라이트를 사용한다면 해상도를 최적화시키기에는 뎁스 맵 섀도가 너무 넓게 늘어져 버릴지도 모른다.

스포트라이트를 가지고 작업하고 있다면, 가능한 한 콘 앵글이 물체 주변에 딱 맞게 모아지고 있는지 확인하자. 이렇게 함으로써 빈 공간으로 쏘아지는 뎁스 맵의 샘플 값 낭비를 없앨 수 있다. [그림 3.13]은 좁은 콘 앵글에서 어떻게 섀도 맵이 효율적으로 작동하는지 보여 준다. 넓은 콘 앵글에서는 샘플 값이 넓은 영역에 걸쳐 낭비되면서 해상도가 낮아졌다. 섀도 맵 안쪽 물체 주변으로 빈 공간을 너무 많이 남겨두진 않았는지 확인하기 위해 라이트의 시점에서 물체를 바라봄으로써 자신의 프레이밍을 점검해 볼 수 있다.

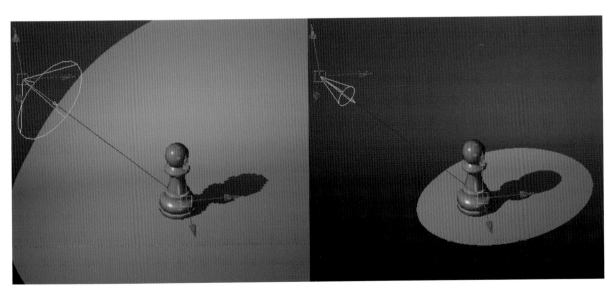

[그림 3.13]
잘못 겨냥된 스포트라이트. 콘 앵글이 너무 넓은 범위를 담당하고 있어 섀도 맵 안 대부분의 샘플들이 낭비되고 부정확한 결과를 보여 준다(왼쪽). 반면 꽉 찬 콘 앵글로 물체 주위에 맞춘 스포트라이트는 섀도 맵을 효과적으로 사용하고 있고 정교한 그림자가 나온다(오른쪽).

그림자를 드리우고 싶은 모든 물체의 뎁스 맵을 적절하게 프레이밍하는 게 불가능해 보이는 상황이 있을 수 있다. 예를 들어 태양이 나무, 집 그리고 애니메이션되는 캐릭터를 포함해 아주 넓은 장면을 비추고 있다면 각각의 물체 주변에 뎁스 맵을 깔끔하게 맞추기가 정말 어렵다. 멘탈 레이Mental Ray나 렌더맨Renderman같이 프로그래밍이 가능한 렌더러에서는 각 섀도 맵에 속한 물체가 어떤 것인지, 주어진 라이트가 어떤 섀도 맵을 사용할 것인지 따로따로 제어하여 해결한다. 그러나 대부분의 상용 3D 소프트웨어에서는 라이트가 사용할 임의의 섀도 맵 목록을 지정하거나 각각의 섀도 맵을 다르게 프레이밍할 수 있는 다른 옵션이 없다. 아주 넓은 영역에 적용할 섀도 맵으로 작업하면서 라이팅할 물체의 개수 때문에 더 이상 좁게 프레이밍할 수 없다면 다음 몇 가지 방법을 이용하자.

- 라이트를 각각 작은 영역을 담당하는 몇 개의 스포트라이트로 대체한다. 라이팅에 자연스러운 변화가 조금씩 더해져 대개 좋은 결과를 가져온다.

- 메인 라이트의 그림자를 끄고 대신 각 오브젝트에 맞는 섀도 온리 라이트shadows-only light를 사용한다(섀도 온리 라이트에 대해서는 이번 장 후반부에서 설명한다).

- 각각의 그림자를 위해 다른 섀도 패스shadows pass로 여러 개의 스포트라이트를 사용한다. 그리고 나서 섀도 패스를 합성 프로그램에서 합성한다(이에 대해서는 11장 '렌더링 패스와 컴포지팅'에서 자세히 다룬다).

- 섀도 맵의 해상도를 필요한 만큼 높게 올린다. 다만 높아진 해상도가 소모할 시스템의 성능과 메모리에 신경 쓰도록 한다. 테스트 렌더링을 해서 2048이나 4096 이상으로 해상도를 올릴 필요가 있다면 경우에 따라 레이트레이스드 섀도가 더 효율적일 수도 있다.

뎁스 맵 바이어스와 의도하지 않는 셀프 셰도잉 효과

아티팩트
의도하지 않게 생기는 부가적인 효과. 단어 자체는 중립적이지만 결과적으로 부산물이 생겨 부정적인 효과를 가져오는 게 일반적이다. 압축이 심한 JPG 이미지에 생기는 지저분한 픽셀이 대표적인 예이다.

격자나 줄무늬 같은 아티팩트artifacts*는 종종 뎁스 맵 바이어스depth map bias라고 불리는 파라미터가 너무 낮게 설정되어 있어서 일어난다([그림 3.14] 참조).

스케일이 아주 큰 장면을 만들 때에는 이런 아티팩트를 제거하기 위해 그림자의 바이어스bias 값을 따로따로 올릴 필요가 있다. 바이어스는 섀도 맵상에서 측정되는 거리에 값을 더해 라이트로부터 그림자가 시작되는 거리를 더 멀리 밀어낸다. 바이어스 값을 올리면 서피스에서 약간 떨어진 곳에서 그림자가 시작되어 의도하지 않게 너무 가까운 그림자가 생길 때 발생하는 이상 현상을 막는다. 그림자는 본질적으로 서피스상의 포인트 자체에서부터 시작하므로 여기서 제한된 숫자의 뎁스 샘플depth sample이 실제 라이트와 서피스까지의 거리를 과소평가하게 되기 때문에 줄무늬나 격자 패턴 같은 아티팩트가 나타나는 것이다.

바이어스는 소프트웨어의 distance unit 항목에서 결정한다. 큰 규모의 장면은 더 높은 바이어스가 필요하고, 아주 작은 규모의 장면에서는 더 낮은 바이어스가 필요할 수 있다.

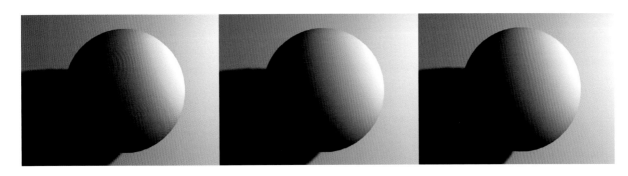

[그림 3.14]
너무 낮게 설정된 뎁스 맵 바이어스는 줄무늬나 격자 또는 모아레moire 패턴의 아티팩트를 일으킨다. 바이어스 값 0.005(왼쪽), 0.02(가운데), 0.25(오른쪽).

빛의 누수 현상 수정하기

바이어스 값이 너무 높으면 그림자를 뿌리는 물체와 그림자 자체가 시작되는 점 사이에서 시각적인 간격을 만들 수 있다. 또한 벽을 관통하거나 빛이 차단돼야 할 구석 부분에서 빛의 '누수' 현상을 일으키기도 한다([그림 3.15] 참조).

구석 부분에서 빛의 누수 현상이 일어난다면 다음 몇 가지 방법을 통해 이 문제를 따로 떼어내어 해결할 수 있다.

- 다른 라이트들은 모두 숨기고 하나의 라이트만 가지고 테스트 렌더링을 해본다.

- 스포트라이트를 사용하고 있다면 콘 앵글이 비춰야 할 목표만을 향해 가능한 좁게 설정되어 있는지 확인한다.

- 뎁스 맵 바이어스를 줄여 본다.

- 그림자에 직용된 필터링filtering 값이나 소프트니스softness 값을 줄여 본다. 이렇게 하면 바이어스 값을 증가시키는 것과 마찬가지로 그림자 영역까지 빛을 확장시킨다.

빛의 누수 현상이 발생하는 이유가 항상 라이팅이 잘못되었기 때문만은 아니다. 종종 모델링이 문제인 경우도 있다. 다음은 빛의 누수를 예방하는 모델링을 위한 몇 가지 팁이다.

- 한없이 얇은 서피스 대신 보다 두꺼운 지오메트리로 건축물을 모델링한다. 실제 집의 벽은 두께를 가지고 있기 때문에 우리도 그렇게 해야 한다.

- 필요 없는 곳의 빛을 차단하기 위해 빌딩 바깥에 폴리곤을 추가한다.

- 모든 코너 부분이 제대로 베벨bevel 처리되어 있는지 확인한다. 정확한 90도 각도란 없다.

- 만약 지오메트리 중 한 부분이 그림자를 뿌리지 않는다면 그 부분 안쪽에 프리미티브 오브젝트primitive object 같은 다른 서피스를 추가해 본다.

초보자들이 그림자와 관련된 문제를 만나면 섀도 맵 해상도를 올려 보는 게 첫 번째 반응이다. 메모리와 렌더링 시간을 더 소모하더라도 말이다. 그림자에 관한 문제를 바이어스 값을 조정해서 해결할 수 있다면 이것은 렌더링 시간을 더 늘리는 것이 아니므로 먼저 바이어스를 조정해 본다. 특정 모델에 한해 그림자가 제대로 동작하지 않으면 때론 모델을 수정할 필요가 있다.

[그림 3.15]
너무 높게 설정된 뎁스 맵 바이어스는 빛을 새어 나오게 한다(왼쪽). 바이어스 값을 낮추는 것이 이 문제를 해결하는 한 방법이다(오른쪽).

투명도의 지원

우리는 투명한 물체는 밝은 그림자를, 불투명한 물체는 더 어두운 그림자를 뿌리는 것이 당연하다고 생각한다. 그러나 기존 뎁스 맵 섀도는 투명도에 정확히 반응하지 못한다. 그래서 투명한 물체가 빛을 차단했을 때 그림자가 밝아지지 않는다. 예를 들면 [그림 3.16]처럼 투명한 물체에 생긴 그림자도 불투명한 재질로 된 물체의 그림자처럼 어둡다. 뎁스 맵의 각 포인트는 그 지점에서 빛이 끊어지는 오직 하나의 거리 값만 저장한다는 것을 기억하자. 따라서 그것은 유리에서 멈추든지 아니면 중간에 그림자를 만들지 않고 멈추지 않든지 둘 중 하나다.

note
여기서 설명하는 일반적인 뎁스 맵 섀도는 대부분의 프로그램에서 사용하는 것이지만 다른 대안도 있다. 그중 딥 섀도 맵deep shadow map이 가장 주목할 만한데, 이를 지원하는 렌더러 안에서 여러 수준의 투명도를 제공한다.

[그림 3.16]
기존 뎁스 맵 섀도의 한계는 오브젝트상의 여러 단계 투명도에 대응해 밝아지는 그림자를 만들지 못한다는 것이다.

투명도에 대한 지원이 부족하더라도 몇 개의 유리컵만 있는 장면에서는 유리컵이 그림자를 뿌리지 않도록 설정하거나 라이드 링킹을 사용하여 그림자를 만드는 라이트로부터 (유리컵을) 제외함으로써 작업해 나갈 수 있다. 그러나 유리가 등장하는 장면에서는—여기선 아마도 굴절 효과 때문에 레이트레이싱을 이미 사용하고 있겠지만—마음을 굳게 먹고 레이트레이스드 섀도로 전환하기 원할 것이다.

레이트레이스드 섀도

레이트레이스드 섀도는 광원과 조명을 받는 물체 사이에서 빛의 광선(ray)을 추적해 그림자를 계산하는 방식이다. 이 알고리즘은 렌더링할 때 미리 계산해서 섀도 맵에 저장하는 대신 한 번에 한 픽셀씩 계산된다. 그럼으로써 섀도 맵에 비해 몇 가지 유리한 점이 있다.

- 레이트레이스드 섀도는 투명한 표면을 통과할 때 밝아진다. 심지어 색깔이 들어간 투명한 표면에서는 그 색을 차용하기도 한다([그림 3.17] 참조).

- 레이트레이스드 섀도를 사용하면 섀도 맵과 관련된 여러 가지 문제점들—예를 들면 빛의 누수나 격자 패턴 같은 아티팩트를 막기 위해 바이어스 값을 조정해야 하는 것 등—과 만날 일이 없다.

- 레이트레이스드 섀도는 고정된 해상도의 맵을 사용하지 않는다. 따라서 어떤 해상도의 렌더링에서도 항상 또렷하고 정확하다.

- 레이트레이스드 섀도는 다음 설명처럼 에어리어 라이트area light를 사용할 때보다 높은 퀄리티, 그리고 더 사실적인 소프트 섀도를 지원한다.

- 레이트레이스드 섀도는 스포트라이트를 선호할 필요 없이 대부분의 라이트 형태에서 똑같이 잘 동작한다.

[그림 3.17]
투명한 표면을 투과해 비칠 때 레이트레이스드 섀도는 다른 수준의 컬러와 불투명도를 뽑을 수 있다.

자, 만일 레이트레이스드 섀도가 이렇게 훌륭하고 사용하기 쉽다면 왜 이걸 먼저 다루지 않았을까? 그리고 왜 대부분의 극장용 영화에서는 여전히 일차적으로 섀도 맵에 의존하고 있을까? 간단하게 두 가지로 답할 수 있다.

- 레이트레이스드 섀도는 일반적으로 섀도 맵보다 렌더링 시간이 더 오래 걸린다. 복잡한 장면에서 그 차이는 매우 크다.
- 레이트레이싱을 사용하는 것은 메모리 사용을 증가시키고 실제 컴퓨터에서 렌더링할 수 있는 장면의 복잡성은 제한된다.

이런 이유로 레이트레이스드 섀도는 초보자나 간단한 장면을 작업하는 이들에게는 첫 번째 선택이 될 수 있겠지만, 현 시점에서 필름 해상도의 프로젝트나 빡빡한 작업 스케줄 환경에서 일하는 전문가들에겐 바람직하지 않다.

레이트레이스드 섀도가 작동하는 방식

보통 레이트레이싱은 현실처럼 광원에서 출발하는 대신 카메라에서 출발해서 거꾸로 거슬러 가는 방식으로 픽셀에 대한 광선을 계산한다. [그림 3.18]의 흰색 선에서 보이는 것처럼 렌더링될 서피스의 일부에 부딪힐 때까지 적당한 각도로 카메라로부터 추적해 나간다.

[그림 3.18]
레이트레이싱은 카메라에서 쏘이진 첫 번째 광선으로 시작한다(흰색 선). 그러나 그 경로상에 아무것도 없는 지(노란색 선), 아니면 가려져 그림자가 생기는지를(빨간색 선) 보기 위해선 렌더되는 각 지점에서 라이트 쪽으로 광선들이 발사되어야 한다.

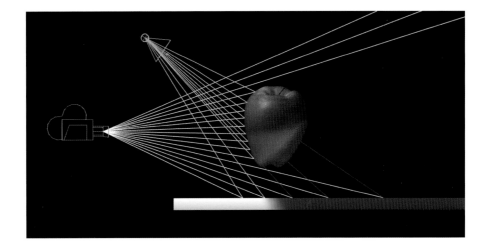

렌더러는 서피스의 각 포인트에 대해 어떤 라이트가 그 점을 비출지 결정할 필요가 있다. 만약 라이트가 레이트레이스드 섀도를 사용한다면 렌더러는 서피스의 한 지점부터 라이트까지 이르는 길을 찾아내야 한다. 그 길 중간을 막고 있는 어떤 폴리곤이라도 발견된다면 렌더러는 라이트를 차단한다. 라이트가 서피스의 포인트로부터 차단된 영역은 레이트레이스드 섀도를 형성한다. [그림 3.18]에서 노란색 선은 라이트를 따라가는 광선을, 빨간색 선은 지오메트리에 의해 막힌 광선을 보여 준다. 동시에 렌더링된 서피스 위에 그림자가 진 것을 나타내고 있다.

만약 레이트레이스드 섀도를 사용하는 라이트가 하나 이상이라면 광선을 막고 있는 폴리곤이 있는지 보기 위해 공간을 확인하는 과정을 각 라이트마다 반복하게 된다. 이 모든 것을 각 픽셀당 최소 한 번은 반복해야 하고, 안티에일리어싱 처리되어 렌더링될 때는 대부분 한 번 이상씩 일어난다(안티에일리어싱 기술은 9장 '셰이더와 렌더링 알고리즘'에서 다룬다).

결과적으로 레이트레이스드 섀도는 가장 빠른 컴퓨터에서조차 느리다. 게다가 그림자를 레이트레이싱하는 데 필요한 시간은 레이트레이싱 과정 중 소모하는 시스템 자원의 일부에 지나지 않는다. 장면 안에서 그림자를 뿌릴 모든 폴리곤은 검색이 가능하도록 메모리에 저장되어야 한다. 레이트레이싱 과정은 렌더링 소프트웨어가 장면의 작은 부분에 한번에 집중하는 대신 메모리에 저장된 많은 양의 폴리곤 목록 데이터에 연속적으로 접근할 것을 요구한다. 결과적으로 크고 복잡한 장면을 레이트레이싱하는 것은 그렇지 않은 렌더링보다 훨씬 많은 메모리를 사용한다.

트레이스 뎁스

레이트레이스드 섀도를 사용할 때 관심을 가질 것 중 하나는 레이트레이싱 횟수를 제한하기 위해 고안된 트레이스 뎁스trace depth이다. 만약 계산을 일정 횟수로 제한하지 않는다면 레이트레이싱은 잠재적으로 무한 반복—컴퓨터가 반사의 반사의 반사를 계속 렌더링하도록 내버려 두는—에 빠질 위험이 있다. 그러나 이러한 제한은 레이트레이스드 섀도를 빠트리는 문제를 일으킬 수 있다. 만약 반사되는 부분이나 굴절된 유리컵을 통해 봤을 때 레이트레이스드 섀도가 나타나지 않는다면 트레이스 뎁스가 너무 적은 횟수로 설정되어 있는 경우이다. [그림 3.19]의 왼쪽은 반사에 나타나지 않은 그림자의 결과를 보여 준다.

[그림 3.19]
레이 뎁스 리미트ray depth limit(트레이스 뎁스) 값을 1로 놓으면 렌더링 시 그림자는 나타나지만 공 아랫부분에 반사되지는 않는다(왼쪽). 값을 2로 놓으면 레이트레이스트 섀도가 반사된 걸 볼 수 있다.

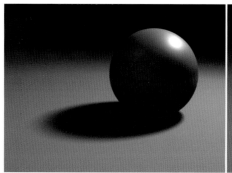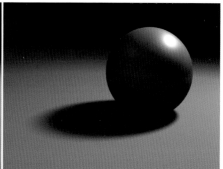

라이트 설정에서 트레이스 뎁스 값을 갖거나 레이 뎁스를 제한하는 것 외에도 장면의 렌더 설정에서 전체적으로 트레이스 뎁스를 제한할 수 있다. 너무 낮게 설정된 트레이스 뎁스는 반사되는 부분이나 굴절되는 투명한 서피스에서 레이트레이스드 섀도가 나타나는 것을 막는다.

뎁스 맵 섀도는 트레이스 뎁스 옵션이 없으므로 어떤 레이트레이싱 반사에서도 트레이스 뎁스에 상관없이 서피스 위에 나타나게 된다.

하드 섀도와 소프트 섀도 Hard and Soft Shadows

기본적으로 대부분의 그림자들은 하드hard하다([그림 3.20]처럼 또렷하고 날카로운 윤곽을 갖는다). 어떤 사람들은 이런 딱딱한 그림자를 좋아하지 않는다. 특히 레이트레이싱을 통해 만들어진 선예도가 높은, 파삭한 느낌의 그림자에 대해선 더 그렇다. 왜냐하면 이런 그림자들은 3D 렌더링에서 예전부터 너무 많이 사용되어 왔기 때문이다.

많은 경우 몇몇 라이트에는 소프트 섀도soft shadow([그림 3.21]처럼 덜 명료하고 에지 쪽으로 가면서 흐려지는 그림자)를 사용하는 것이 하드 섀도hard shadow만 사용하는 것보다 더 실제처럼 보인다.

[그림 3.20]
하드 에지 섀도hard-edge shadow
는 빛이 작은 점 광원에서 오고 있
다는 것을 나타낸다.

[그림 3.21]
소프트 섀도는 더 큰 광원 아래서
발생한다.

하드 라이트와 소프트 라이트

실제와 비슷한 결과를 얻으려면 소프트 섀도를 좀 더 부드럽고 간접적인 느낌의 라이트와 연계해서 사용해야 한다. 예를 들면 [그림 3.20]과 [그림 3.21]을 비교했을 때 부드러운 그림자와 적절히 어울리기 위해서 스포트라이트 콘의 에지를 부드럽게 만들어 주변부가 모호하게 변했다는 것에 주목하자.

만약 빛나거나 반사되는 물체를 라이팅하고 있다면 리플렉션이나 스펙큘러 하이라이트에 해당하는 부분을 조심스럽게 살펴본다. 그리고 그것들이 소프트 섀도의 동기가 될 정도로 충분히 큰 광원의 반사처럼 보이는지 확인한다. 함께 보이는 부드러운 그림자가 어색하지 않도록 경우에 따라 스펙큘러 부분을 더 큰 광원의 리플렉션으로 대체해야 할지도 모른다.

소프트 섀도 옵션에 대해 논하기 전에 창의적인 이유로 하드 라이트hard light를 사용하고자 할 때 가능한 몇 가지 시나리오를 살펴보자.

- 알 전구같이 작고 집중된 광원으로부터 바로 오는 조명을 흉내 내고자 할 때

- 맑은 날 강한 빛을 내는 태양빛을 표현하고자 할 때

- 우주 장면에서 빛이 중간에 대기를 통과하면서 산란하지 않고 바로 물체에 닿을 때

- 무대 위 광대를 비추는 스포트라이트같이 관객의 주목을 끌기 위해 인공 조명을 사용할 때

- 관객이 그림자만 보고도 악당인 걸 알아챌 수 있게 만들 때처럼 확실한 모양의 그림자를 투사할 때

- 황량하고 거친 환경을 만들 때

반면 다음과 같은 상황에선 소프트 라이트soft light를 사용하곤 한다.

- 선명한 그림자가 나오지 않는, 구름 낀 날의 자연스러운 빛을 만들기 위해

- 벽이나 천장에 반사되거나 하늘에서 오는 빛처럼 일반적으로 아주 부드러운 인다이렉트 라이트를 만들기 위해

- 커튼이나 전등갓 같은 반투명한 재질을 투과한 빛을 흉내 내기 위해

- 안락하고 차분한 분위기의 환경을 만들기 위해, 그리고 자연스러워 보이는 유기체 형태의 물체를 만들 때. 집 안의 인테리어 라이팅 설비들은 대부분 전구의 빛을 부드럽게 만들기 위해 빛을 분산시키거나 바운스시키도록 디자인되어 있다.

- 호의적인 캐릭터를 묘사하거나 아름답게 보이도록 하기 위해. 많은 영화배우들의 클로즈 업 장면에서, 특히 할리우드 영화의 여주인공을 비치는 경우에 부드러운 조명이 자주 쓰인다.

만약 주변을 둘러보고 관심을 기울인다면 얼핏 봤을 때 하드 섀도만 존재한다고 생각했던 다양한 상황 속에서 소프트 섀도와 하드 섀도의 다양한 조합을 발견할 수 있을 것이다. 예를 들어 맑은 날 태양빛으로 생긴 하드 섀도는 금방 눈에 띈다. 하지만 좀 더 자세히 들여다보면 하늘에서 오는 소프트 섀도가 큰 물체의 바닥 부분을 어둡게 만들고 있는 걸 볼 수 있다.

소프트 섀도는 뎁스 맵 섀도를 선택했는지 레이트레이스드 섀도를 선택했는지에 따라 다르게 작동한다(이미 앞에서 둘 모두 설명했다). 따라서 다음 두 섹션에서는 각각의 특정 옵션에 대해 이야기해 보겠다.

뎁스 맵상의 소프트 섀도

필터 값(dmap 필터나 섀도 소프트니스shadow softness라고 부르기도 한다)을 증가시켜 뎁스 맵 섀도를 부드럽게 만들 수 있다. 레이트레이싱된 소프트 섀도를 사용할 때는 물체로부터 멀어질수록 그림자가 부드러워지지만([그림 3.22]의 오른쪽 참조), 대신 기본적인 뎁스 맵 필터링depth map filtering을 사용했을 땐 언제나 균일한 형태로 그림자가 부드러워진다([그림 3.22]의 왼쪽 참조). 적은 양의 뎁스 맵 필터링을 사용하는 것은 별로 문제가 되지 않는다. 해저의 물고기 그림자같이 만약 그림자를 뿌리는 물체가 땅에 닿아 있지 않다면 이런 종류의 부드러움은 필터링 양이 많아져도 별 문제가 없다. 그러나 물리적인 접촉이 보여야 할 때 너무 높은 필터 값은 설득력이 없다.

[그림 3.23]은 기본적인 뎁스 맵 섀도만을 사용해서도 거리에 따라 그림자를 부드럽게 만들 수 있는 한 가지 방법을 보여 준다. 그것은 각각의 뎁스 맵 섀도를 갖는 여러 개의 라이트들을 일렬로 늘어놓거나 배열해서 사용하는 것이다.

[그림 3.22]
뎁스 맵 섀도는 처음부터 끝까지 균
일하게 부드러워진다(왼쪽). 반면 레이
트레이싱된 그림자는 거리에 따라 그
부드러움이 점차 증가한다(오른쪽).

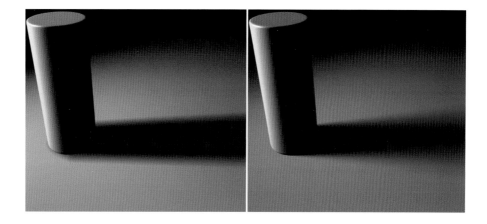

[그림 3.23]
톱 뷰top view에서 봤을 때 여러 개
의 라이트를 배열하면 부드러운 그
림자가 중첩되는 효과를 얻는다.

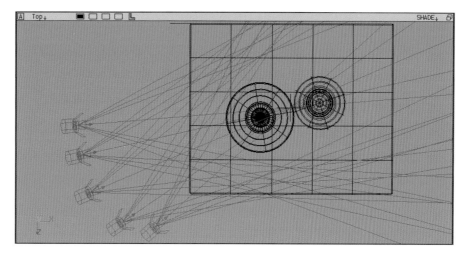

이것은 전체적으로 부드러운 하나의 그림자 효과를 만든다([그림 3.24] 참조). [그림 3.24]에서 오른쪽 그림자를 보면 여전히 라이트들의 에지가 겹치는 것을 볼 수 있다. 이것은 단지 다섯 개의 라이트만 사용했기 때문이다. 더 많은 수의 라이트를 사용하면 이런 줄무늬가 좀 더 엷어지면서 서로 잘 섞이게 된다. 또한 복잡한 서피스와 텍스처 맵이 있는 작업에서는 이러한 줄무늬가 그림처럼 그다지 눈에 띄지 않는다.

필터는 섀도 맵의 해상도에 비례한다. 즉, 섀도 맵의 해상도를 두 배로 높이면 같은 질의 소프트 섀도를 얻기 위해 필터링 값도 두 배로 올려야 한다는 것이다.

[그림 3.24]
여러 개의 그림자가 섞여 하나의 더
큰 소스 느낌을 형성한다.

높은 필터 값은 계산을 느리게 만든다. 특히 높은 해상도의 섀도 맵에서는 더욱 그렇다. 때로는 필터 값을 올리는 대신 섀도 해상도만 낮춰도 비슷한 결과를 얻을 수 있다. 예를 들면 섀도의 해상도가 1024이고 필터 값이 16이라면 부드러운 그림자를 얻기 위해 필터 값을 두 배로 올리기 전에 섀도의 해상도를 512로 낮추면 훨씬 빠르면서도 그 결과는 비슷하다.

레이트레이싱된 소프트 섀도

레이트레이싱된 소프트 섀도는 렌더링을 현저히 느리게 만들 수 있다. 하지만 렌더링 시간이 여유롭다면 아주 고운 이미지를 보여 준다. 기본적으로 점 광원 라이트(point source light)에서 나오는 레이트레이스드 섀도는 아주 날카롭다. 사실 때로는 너무 날카로워서 현실의 라이트에서 나오는 그림자와는 비교할 수 없이 또렷하다.

운 좋게도 레이트레이스드 섀도는 여러 종류의 에어리어 라이트를 가지고 있거나 라이트 레이디어스light radius 파라미터를 지원하는 많은 프로그램에서 옵션을 통해 부드럽고 자연스럽게 만들 수 있다.

에어리어 라이트

에어리어 라이트area lights는 개념적으로 소프트 섀도를 위한 가장 고급스러운 광원이다. 현실의 대형 라이트 소스의 효과를 가장 비슷하게 흉내 내도록 고안되었기 때문이다. 천장의 형광판 같은 현실 속의 대형 라이트는 일반 전구같이 작은 광원보다 부드러운 그림자를 만든다. [그림 3.25]에서 보는 것처럼 에어리어 라이트를 사용하면 부드러운 그림자를 만들기 위해 간단하게 라이트 크기를 키울 수 있다.

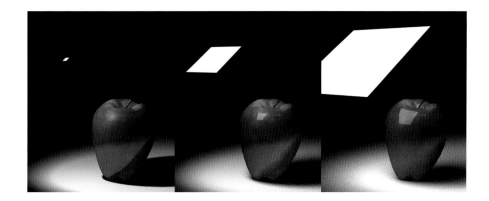

[그림 3.25]
작은 광원(왼쪽)은 상대적으로 딱딱한 그림자를 만들지만 좀 더 큰 광원(오른쪽)은 그림자를 더 부드럽고 퍼지게 만든다.

몇몇 프로그램에서는 에어리어 라이트를 다양한 모양으로 사용할 수 있다. 일반적인 모양은 선형(linear), 원통형(cylinder), 사각형(retangle), 원판형(disc), 그리고 구형(sphere)이 있다.

각각의 모양은 같은 모양의 광원을 흉내 낸다. 예를 들면 선형이나 원통형은 형광등 튜브의 빛을 흉내 내기에 적당하다. 맞는 모양이 없다면 필요에 따라 다른 모양의 크기를 조절해서 사용하기도 한다. 예를 들어 사각형 에어리어 라이트의 크기를 한쪽으로 줄여 선형에 맞게 사용할 수 있겠다.

어떤 프로그램에서는 심지어 스펙큘러 하이라이트가 에어리어 라이트의 크기와 모양을 띠기도 한다. 그렇지 않다면 라이트의 스펙큘러리티specularity를 끄는 것이 더 좋아 보이는 경우도 있다. 그리고 하이라이트를 완전히 없애거나 비슷한 모양을 가진 물체의 레이트레이스드 리플렉션을 더하도록 한다.

라이트 레이디어스

레이트레이싱된 소프트 섀도를 만드는 데 필요한 또 다른 옵션은 라이트에 있는 라이트 레이디어스light radius 파라미터이다. 라이트 레이디어스는 마치 구형 에어리어 라이트 처럼 레이트레이스드 섀도를 계산할 때 더 큰 광원 효과를 낸다. 예를 들어 라이트 레이디어스를 3까지 키우면 3 unit 반지름의 에어리어 라이트를 사용하는 것과 똑같다.

라이트 레이디어스를 사용하는 것은 정확한 에어리어 라이트를 사용하는 것과 비교해서 렌더링에 어떤 시각적인 변화를 가져오지는 않는다. 단지 소프트니스를 어떻게 다룰 것인지에 대해서만 바꾼다(라이트의 크기를 변화시키는 대신 이 파라미터 값만 조절해서). 그리고 레이트레이싱된 소프트 섀도를 만들기 위해 스포트라이트 같은 다른 종류의 라이트들을 사용하도록 융통성을 제공한다.

샘플링

레이트레이싱된 소프트 섀도는 광선을 분산시킴으로써 디더링된 노이즈를 만들기 쉽다 ([그림 3.26]의 왼쪽 참조). 증가된 샘플링 값이 레이트레이서로 하여금 여러 번 일을 시켜 렌더링을 느리게 만든다 하더라도 섀도 샘플shadows sample 값이나 섀도 레이 shadows rays 값을 늘리는 것이 그림자를 부드럽게 만들 것이다. 장면의 안티에일리어싱 품질을 높이는 것도 그림자의 입자를 순하게 만드는 데 도움이 된다(하지만 더불어 렌더링을 느리게도 만든다).

[그림 3.26]
레이트레이스드 소프트 섀도에는 (노이즈로 인한) 입자가 보일 수 있다(왼쪽). 이 입자를 부드럽게 만들려면 샘플링 값을 증가시켜야 한다(오른쪽).

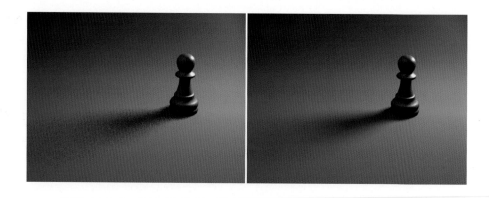

오클루전Occlusion

오클루전occlusion은 한마디로 물체가 빛을 가로막을 때 생기는 일종의 차단 효과이다. 그래서 원칙적으로는 평범한 그림자도 오클루전의 일종이라고 할 수 있다. 하지만 대부분의 사람들은 이 단어의 의미를 "일반적인 그림자가 아닌 다른 종류의 라이트에 의한 차단"이라고 규정한다. 오클루전의 종류별로 다른 빛을 발산하는 몇 가지 예를 살펴보자.

앰비언트 오클루전

앰비언트 오클루전ambient occlusion은 장면 내 다른 물체에 의해 차단되어 있거나 외부로 완전히 노출되지 않은 부분을 어둡게 만들기 위해 고안된 기능이다. 앰비언트 오클루전은 필 라이트의 그림자를 보충하거나 대체하는 데 사용할 수 있다.

앰비언트 오클루전의 이면에 숨겨진 가장 주요한 개념은 반구형 추출(hemispheric sampling), 또는 서피스의 각 포인트 시점으로 장면을 둘러보는 것이라 할 수 있다. [그림 3.27]은 렌더되는 포인트로부터 어떻게 광선이 모든 방향으로 추출되는지 보여 준다. (빈 공간을 치고 나가는 대신) 물체에 부딪히는 광선이 많으면 많을수록 앰비언트 오클루전은 어두워진다. 앰비언트 오클루전은 대개 광선에 대한 맥시멈 디스턴스maximum distance 세팅을 갖는다. 그래서 서피스가 어두워지는 건 오직 근처의 물체들뿐이다.

[그림 3.27]
앰비언트 오클루전을 일으키며 렌더링되는 한 픽셀에서 샘플링되는 광선을 보여 준다. 앰비언트 오클루전은 렌더되는 포인트로부터 장면 전체를 둘러보고 얼마나 많은 근처의 오브젝트들이 빛을 차단하는지에 따라 그 점들을 어둡게 만든다.

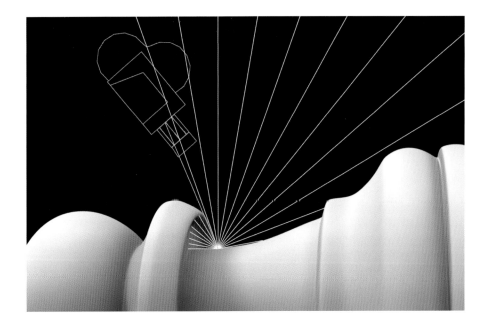

앰비언트 오클루전은 필 라이트의 소프트 섀도를 대신할 훌륭한 대안이 될 수 있다. 그림자를 뿌리기 위해서는 여전히 태양과 같은 확실한 광원을 원할 것이다. 하지만 주변 대기의 조명을 흉내 내고 있는 필 라이트에서 나오는 그림자는 끄는 것이 좋다. [그림 3.28]을 보면 가장 밝은 광원이 레이트레이싱된 그림자를 만들고 있다. 필 라이트는 그림자를 만들지 않지만 대신 앰비언트 오클루전이 자연스럽게 물체 바닥과 물체 사이 부분을 어둡게 만들고 있다. 심지어 완전히 레이트레이싱된 그림자 안에 포함된 부분에서도 마찬가지로 작동한다.

[그림 3.28]
필 라이트의 그림자가 없는 장면은 아주 평면적으로 보인다(왼쪽). 하지만 앰비언트 오클루전을 추가하면 노출되지 않아 어두운 영역에 추가적인 세이딩을 만든다(오른쪽).

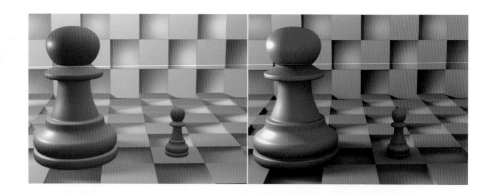

장면 안에 다른 그림자 없이 앰비언트 오클루전 그 자체만 사용할 수도 있다. 그러나 이 것은 두 개의 서피스가 만나는 모든 부분을 너무 일정하게 어둡게 만든다. 그리고 관객은 특정 방향에서 생겨나는 확실한 그림자가 부족하다는 것을 알아챌지 모른다.

앰비언트 오클루전은 에어리어 라이트에서 생겨나는 레이트레이싱된 소프트 섀도와 비교해 볼 때 비슷한 세이딩 효과를 내면서도 렌더링 시간은 짧다.

글로벌 일루미네이션상의 오클루전

글로벌 일루미네이션global illumination(이하 GI)은 장면 안의 서피스 사이에서 상호 반사되는 인다이렉트 라이트를 계산하는 렌더링 방식이다.

GI는 앰비언트 오클루전과는 다르다. 앰비언트 오클루전은 장면 내 일부분을 따로 어둡게 만드는 기능인 데 반해 GI는 바운스 라이트bounced light나 인다이렉트 라이트를 흉내 내기 위해서 빛을 추가한다. 이것은 본질적으로 필 라이트와 그것으로 생겨나는 그림자를 대신한다.

현실의 사물들이 그런 것처럼 GI를 이용하면 물체는 빛을 다른 방향으로 반사시켜 차단한다. [그림 3.29]를 보면 스피어sphere 아래 어두워진 부분에서 오클루전을 볼 수 있다. 그것은 라이트에서 생긴 소프트 섀도와 아주 비슷하지만 사실 빛이 차단된 영역에서부터 더 어둡게 만들어 가는 GI의 본질적인 특징이다.

[그림 3.29]
오클루전은 글로벌 일루미네이션이 원래 갖고 있는 고유한 특성 중 하나이다. 그림을 보면 스피어 밑에 빛의 반사가 적은 부분이 어두워지고 있다.

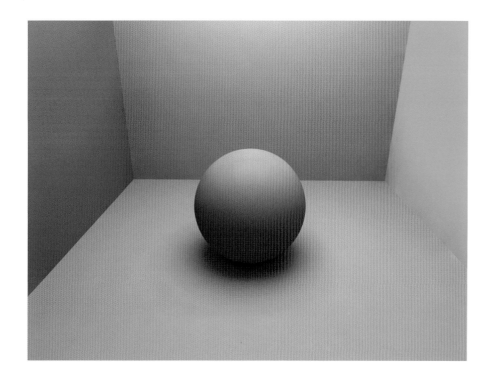

아무런 라이트도 사용하지 않고 GI만 이용해 장면을 비추는 것도 가능하다. 화면이 완전히 검게 나오는 것을 막으려면 [그림 3.30]의 흰색 큐브cube같이 세이더상에 높은 인캔데선스incandescence 값으로 밝게 빛나는 물체를 가지고 시작한다. GI 환경에서 이 흰색 큐브는 마치 에어리어 라이트라도 된 것처럼 전체 장면을 다 밝힌다. 빛이 스피어에 튕겨져 나가 바닥까지 닿지 못하게 되면서 그 부분들은 빛에 대해 닫혀진다. 이것은 GI의 자연스러운 특징이다.

이론적으론 순전히 백열광을 내는(incandescent) 물체만 가지고 조명 작업을 할 수 있다. 이 점을 이용해 원하는 모양을 모델링해서 광원으로 사용하는 것도 재미있는 방법이다. 그러나 이것은 라이팅과 렌더링 과정을 비정상적으로 느리게 만든다. 프로덕션에서 어떤 식으로 GI를 사용하더라도 다이렉트 일루미네이션direct illumination은 기존의 평범한 스포트라이트 같은 라이트로 보충하는 방법을 가장 많이 사용한다.

[그림 3.30]
글로벌 일루미네이션이 활성화되면 밝은 어떤 물체라도 광원이 될 수 있고 자신의 그림자를 드리울 수 있다. 심지어 장면 안에 아무런 라이트가 없는 경우에도 가능하다.

다른 종류의 오클루전

파이널 개더링final gathering(이하 FG)과 이미지 기반 라이팅(image-based lighting ; IBL)은 조명 기법에서 오클루전 효과를 포함해 제공되는 특별한 두 개의 알고리즘이다.

FG는 단순한 GI처럼 이용할 수 있다. 그 자체만으로 인다이렉트 라이트와 부드러운 오클루전을 장면에 추가하는, 상대적으로 빠른 싱글 바운스single-bounce 솔루션을 제공한다. 그리고 실제로 이런 목적으로 점차 애용되고 있다. FG는 또한 완전한 형태의 GI와 연계해 사용할 수 있다. 이때 FG는 GI의 품질을 향상시키고 보기 좋게 만드는 데 도움이 된다.

IBL은 환경 이미지로 매핑한 스카이 돔으로 장면을 둘러싸고 그 이미지의 컬러와 톤을 이용해 장면을 조명하는 렌더링 방법이다. IBL 렌더링 과정에서는 GI 렌더링에 사용된 것과 비슷한 렌더링 기술을 종종 사용한다. 그리고 역시 비슷한 오클루전 효과를 포함한다. 오클루전 기능을 기본으로 제공하지 않는 렌더러에서는 앰비언트 오클루전과 IBL을 결합하여 사용한다.

4장 '환경과 건축물의 라이팅'에서 GI, FG, IBL에 대해 더 이야기해 볼 것이다.

페이크 섀도 Faking Shadows

때로는 평범한 그림자와 오클루전이 제공하는 효과를 보다 더 창의적으로 조절해 보고 싶을 것이다. 이 섹션에서 페이크 섀도fake shadows(가짜 그림자)를 만드는 데 도움이 될 몇 가지 간단한 속임수와 기법에 대해 소개하겠다. 페이크 섀도는 일반적인 그림자나 오클루전처럼 보이지만 사실은 그렇지 않다. 이 기술은 그림자의 모양과 위치를 조절할 수 있는 여러 가지 방법을 제시할 뿐 아니라 렌더링 시간도 절약해 줄 것이다.

네거티브 라이트

간단히 말해 음수 값으로 세팅된 네거티브 인텐서티negative intensity(프로그램에 따라 브라이트니스brightness 또는 멀티플라이어multiplier라고도 부른다)를 갖는 네거티브 라이트 negative light는 장면의 일부를 어둡게 만드는 데 유용한 도구가 될 수 있다. 예를 들면 방의 구석 부분이나 테이블의 아래 영역을 다른 소프트 섀도나 오클루전 없이 어둡게 만들고 싶다면 단지 네거티브 라이트 하나를 그 부분에 넣어 두면 된다. [그림 3.31]에서 보듯이 네거티브 라이트는 주변의 빛을 빨아들일 것이다.

[그림 3.31]
네거티브 인텐서티를 갖는 라이트를 테이블 아래에 위치시키면(왼쪽) 너무 밝게 보이는 부분(가운데)과 추가적으로 어두워진 부분(오른쪽) 사이에 차이를 만든다.

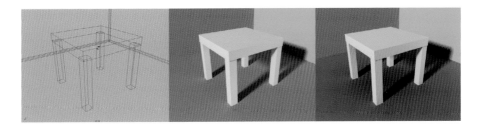

일반적으로 네거티브 라이트는 그림자를 만들어선 안 된다. 그리고 어떤 스펙큘러도 방출해서는 안 된다. 네거티브 스펙큘러 하이라이트negative specular highlight는 비정상적인 검은 점들로 보인다. 네거티브 라이트 영역에 색상을 추가하고 싶다면 라이트의 색은 더해질 색이 아니라 빠질 색으로 지정한다는 걸 기억하자. 그래서 라이트 색은 장면 안에서 보여 줄 색의 보색으로 지정할 필요가 있다. 예를 들면 어떤 부분을 어둡게 만들고 푸른 색조를 띠게 하려면 네거티브 라이트의 색을 노란색으로 설정한다.

거의 모든 종류의 라이트를 네거티브 라이트로 사용할 수 있다. 간단한 포인트 라이트나 옴니디렉셔널 라이트도 잘 작동한다. 그러나 이러한 라이트들도 여전히 일정 지점에서부터 네거티브 라이트를 뿜고 있다는 걸 기억하자. 포지티브 라이트positive light와 마찬가지로 다른 방향이 아닌 마주 보고 있는 서피스에 영향을 미친다. 예를 들어 캐릭터의 입 안쪽을 어둡게 하는 네거티브 라이트는 제대로 작동하지 않을 것이다. 왜냐하면 입 속 중심에서부터 치아 안쪽까지만 영향을 미치기 때문이다. 치아 바깥쪽에는 영향력이 없다.

네거티브 스포트라이트negative spotlight를 이용해 소프트 섀도와 비슷하게 바닥이 어두워져 보이는 효과를 쉽게 만들어 낼 수 있다. 마찬가지 목적으로 탈것이나 캐릭터 등과 같이 움직이기 위해 컨스트레인constrain이나 그룹group을 지을 수도 있다. 또 물체는 빼고 바닥만 비추는 페이크 섀도의 전형적인 방법으로 라이트 링킹light linking을 사용하기도 한다.

마야에는 볼륨 라이트volume light라고 불리는 라이트가 있는데, 네거티브 라이팅에 더할 나위 없이 좋아 보인다. 볼륨 라이트는 오직 그것의 레이디어스 영역 안, 또는 큐브나 실린더같이 선택한 모양 안에만 영향을 미친다. 그래서 어둡게 만들고 싶은 영역을 정확히 둘러싸도록 라이트의 크기를 조절할 수 있다. 볼륨 라이트도 디퓨즈나 스펙큘러가 나오지 않도록 끄고 앰비언트만 방출되도록 할 수 있다. 이것은 범위 영역 안에 있는 모든 서피스가 라이트를 향해 있든 그렇지 않든 간에 자연스럽게 어두워질 수 있다는 뜻이다.

섀도 온리 라이트

때로는 아무 라이트도 꺼내지 않고 그림자만 더하기를 원하기도 한다. 대부분의 3D 프로그램은 사용자가 섀도 온리 라이트shadows-only light를 만들 수 있도록 지원하고 있는데, 아무것도 비추지 않은 채 오직 그림자만 추가로 더한다. 이 기능은 아직 명확하게 이름 붙여진 옵션이 아니라 사용자가 만들 수 있는 반칙이나 트릭으로 존재한다.

보통 섀도 온리 라이트는 라이트 색을 순수 black으로 떨어트리고 섀도 컬러를 음수(−)로 설정해 만들 수 있다([그림 3.32] 참조).

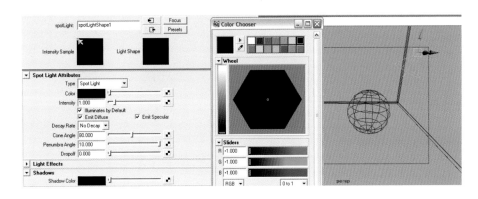

[그림 3.32]
마야에서는 라이트 컬러를 블랙으로 주고 섀도 컬러를 음수 값으로 설정해서 섀도 온리 라이트를 만들 수 있다.

3D 스튜디오 맥스에서는 컬러 값을 음수로 놓는 것을 허용하지 않는다. 하지만 대안으로 라이트의 색을 블랙으로 놓고 섀도 컬러를 화이트로 놓은 후 섀도 덴서티shadows density를 −1로 놓으면 섀도 온리 라이트를 만들 수 있다([그림 3.33] 참조).

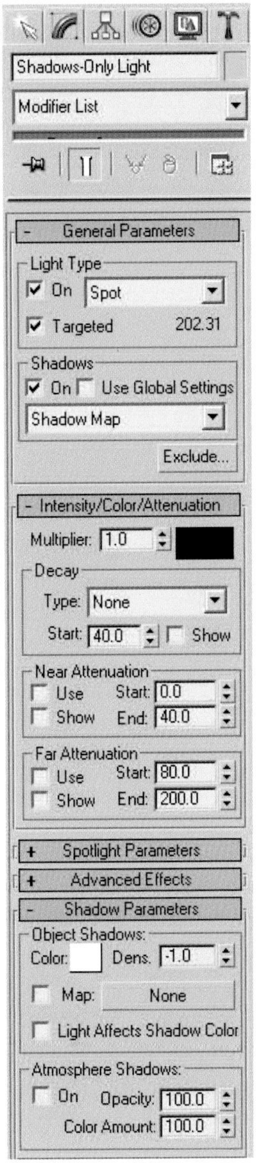

사용하고 있는 프로그램이 위의 방법들 중 어느 것도 지원하지 않으면 같은 효과를 낼 수 있는 다른 방법이 있는데, 네거티브 라이트를 지원하는 모든 프로그램에서 사용 가능하다. 먼저 스포트라이트를 같은 위치에 복사해 두 개로 만드는 것부터 시작한다. 첫 번째 라이트에는 포지티브 인텐서티positive intensity 값을 1로 주고 섀도를 켠다. 두 번째 라이트에는 인텐서티 값을 −1로 하고 섀도는 꺼서 그림자를 만들지 않는다. 두 라이트가 쌍으로 동작해서 첫 번째 라이트는 빛을 더할 것이고 두 번째 라이트는 첫 번째 라이트의 빛을 뺄 것이다. 결과적으로 첫 번째 라이트가 만든 빛은 실질적으로 무효화되고 그 영역엔 그림자만 남게 된다.

섀도 온리 라이트는 장면의 라이팅은 바꾸지 않고 그림자의 정확한 크기, 각도 그리고 원근만을 조정하고 싶을 때 굉장히 유용하다. [그림 3.34]의 red, green, blue의 라이트처럼 심지어 그림자를 만들지 않는 몇 개의 라이트만으로 장면을 비출 수 있다. 그리고 나서 그림자의 산란을 피하기 위해 섀도 온리 라이트를 사용해서 하나의 통합된 그림자만 추가한다(빛을 주는 여러 개의 라이트, 그림자를 주는 하나의 라이트).

[그림 3.33]
3D 스튜디오 맥스에서 섀도 온리 라이트는 라이트 컬러를 black으로, 섀도 컬러를 white로 지정한 후 섀도 덴서티shadow density를 −1로 설정한다.

[그림 3.34]
여러 개의 그림자(왼쪽)는 섀도 온리
라이트를 이용해 하나로 대체할 수
있다(오른쪽).

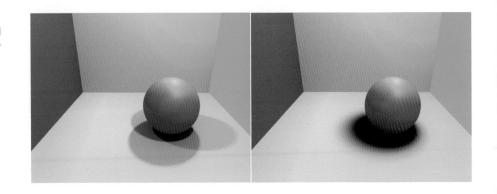

[그림 3.34]
여러 개의 그림자(왼쪽)는 섀도 온리
라이트를 이용해 하나로 대체할 수
있다(오른쪽).

섀도 오브젝트

렌더링상에 직접 보이는지 보이지 않는지 여부와 상관없이 물체가 그림자를 드리우게
할지 그렇지 않을지를 프로그램에서 조정할 수 있다. 이것은 그림자는 드리우되 나머지
는 보이지 않는 별도의 물체를 언제든 추가할 수 있다는 뜻이다. 이러한 물체를 섀도 오
브젝트shadow objects라고 부른다.

그림자를 따로 만들고 싶거나 이미 존재하는 그림자 사이를 메우거나 또는 새어 나오는
빛을 틀어막고 싶을 경우 간단한 해결법은 프리미티브 오브젝트 중 큐브 등을 이용해 섀
도 오브젝트를 추가하는 것이다. 또한 만일 합성을 계획하고 있다면 섀도 오브젝트를 사
용하는 것이 편하다. 예를 들어 실제 자동차 장면을 3D 환경과 합성한다면 올바른 그림
자를 만들기 위해 자동차의 모양, 크기와 같은 섀도 오브젝트를 추가해야 할지 모른다.

섀도 오브젝트는 사진사나 촬영감독이 실제로 촬영을 할 때 얻을 수 있는 결과 이상의
감탄할 만한 창의적 자유를 가져다주는 기능이다. 촬영감독들은 그림자를 드리우고 라
이트가 비출 수 있는 지점을 관리하기 위해 모든 종류의 차단재, 깃발 그리고 그 밖의
물체들을 사용한다. 하지만 이런 것들은 정해진 자리에 놓아야 하고, 장면 범위 밖으로
나가거나 카메라를 가로막을 것이다. 섀도 오브젝트가 있으면 어떤 각도나 위치에서도
빛을 차단하거나 그림자를 만드는 것이 가능하다. 그리고 차단재로 사용된 서피스는 우
연이라도 절대 렌더링에 드러나지 않는다

또한 두 개의 물체를 쌍으로 같은 장소에 만들 수 있다. 하나는 그림자는 드리우지만 그
자체는 보이지 않는 섀도 오브젝트로, 다른 하나는 렌더링에는 보이지만 그림자는 꺼
놓은 평범한 물체로 만든다. [그림 3.35]는 이러한 예를 보여 주고 있다. 평범한 사각형
위에 나무처럼 보이기 위해 텍스처를 입혔기 때문에 측면에서는 뿌리의 그림자가 아주

얇고 나무처럼 보이지 않을 것이다. 나무 카드의 그림자는 끄고 라이트 쪽으로 회전시킨 섀도 오브젝트를 추가해서 만족스러운 그림자를 만들 수 있다.

[그림 3.35]
섀도 오브젝트(초록색)는 나무 텍스처가 입혀진 평면 카드의 한쪽 면에서 그림자가 생기는 걸 돕는다.

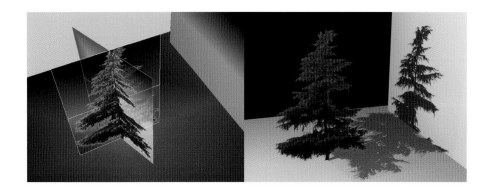

라이트 베이킹

라이트 베이킹light baking은 서피스에 부딪히는 모든 라이트와 그림자를 계산해서 텍스처 맵으로 저장하는 방법이다. 프로그램에 따라 라이트 베이킹 기능을 'render to texture'나 'convert to file texture'라고 다르게 부르기도 한다. 일단 모든 조명이 텍스처 맵으로 베이크되면 서피스는 아주 빠르게 렌더링이 가능하다. 라이팅과 섀도에 대한 별도의 계산이 필요 없기 때문이다.

베이킹의 예로 [그림 3.36]과 같이 선반의 부드러운 그림자가 벽에 나타나기를 원한다고 가정해 보자. 에어리어 라이트로부터 생기는 고품질의 소프트 섀도를 렌더링하는 것은 상당한 양의 렌더링 시간을 필요로 한다. 그러므로 애니메이션의 프레임마다 이런 식으로 계산하길 원하진 않을 것이다. 그보다는 라이팅과 섀도를 텍스처 맵으로 베이크bake*해서 벽에 적용할 수 있다.

베이크
원래는 빵 등을 구워 낸다는 뜻이나 3D 프로그램에서는 내부적으로 계산된 결과를 외부의 다른 활용 가능한 파일로 뽑아 내는 과정 혹은 그런 명령어를 말한다. 프로시저 텍스처를 그림 파일 형식의 이미지 텍스처 맵으로 변환시켜 저장하거나 다이내믹 시뮬레이션 결과를 키 프레임 베이스의 애니메이션 데이터로 변환하는 것이 대표적인 예이다.

[그림 3.37]에서와 같이 에어리어 라이트가 존재하지 않더라도 일단 텍스처 맵으로 변환되면 렌더링된 라이팅과 똑같이 나타난다. 한 가지 아쉬운 점은 라이팅을 바꾸거나 선반의 물체를 움직였을 때 그림자가 자동으로 바뀌지 않는다는 것이다.

움직이는 캐릭터를 베이킹할 때는 조심하자. 라이트 베이킹의 마지막 결과는 본질적으로 서피스 위에 '그려진' 것처럼 보이는 라이팅이다. 만약 그 서피스가 움직이는 캐릭터라면 빛은 장면 내 다른 라이트들에 반응하는 대신에 멋대로 방향이 바뀌고 캐릭터와 같이 움직여 버린다. 완전히 렌더링된 프로젝트에서는 목이나 콧구멍같이 작품 내내 어두울 것이 확실한 특정 영역에 한해서만 베이크되어야 한다.

[그림 3.36]
소프트 섀도는 하나의 텍스처 맵으로 베이크됐다면 프레임마다 재계산될 필요가 없다.

[그림 3.37]
벽의 텍스처 맵은 베이크된 그림자(정보)를 포함하고 있다.

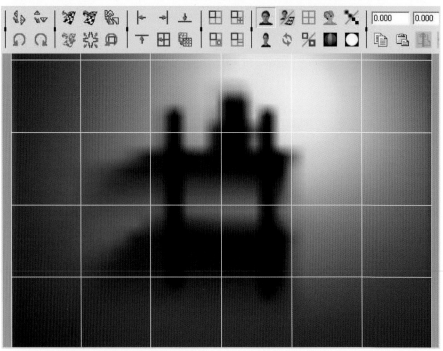

리얼타임 게임을 위해서는 훨씬 많은 양의 라이팅, 그림자, 그리고 오클루전이 캐릭터의 텍스처로 통합된다. 경우에 따라 그것이 일정한 룩을 달성하기 위한 유일한 방법이기 때문이다. 심지어 자신의 GI 솔루션을 벽이나 바닥의 텍스처로 베이크한다면 GI 같은 테크닉도 인터랙티브 게임에 등장할 수 있다.

결론 Conclusions

그림자에 어떤 꼼수나 조작이 필요한지 아닌지는 자신이 판단하자. 컴퓨터는 점점 빨라지고 빡빡한 작업 스케줄이 언제나 시간을 뺏어가는 상황에서 단지 렌더링 속도를 올리기 위해 추가로 페이크 섀도를 세팅하는 데 시간을 들이는 것이 항상 가치 있는 일이 아닐 수도 있다.

반면에 렌더링의 어떤 측면을 조작할 때 빠르게 상황을 판단한 후 언제 융통성을 발휘해야 하는지 아는 것은 귀중한 기술이다. 매사에 어떤 일을 처리할 때 한 가지 방법에 갇혀 있는 것보다는 열 가지 방법을 알고 있는 게 여러모로 좋다.

어떤 트릭이나 요령은 단지 렌더링 시간을 절약하는 데만 유용한 것이 아니라 결과물이 가장 적절한 퀄리티를 만들도록 작업을 좀 더 편리하고 직접적으로 조정할 수 있게 해준다.

Exercises

그림자에 주의와 관심을 기울일수록 렌더 이미지의 향상으로 이어지므로 그림자에 투자한 실험과 노력을 가치 있게 만들 수 있다. 보면서 감탄했던 영화나 사진, 그리고 자신의 작업에서 사용한 그림자에 대해 스스로에게 몇 가지 질문을 던져 보자.

1 영화를 빌려서 보다가 특정 프레임에서 잠깐 멈춰 보자. 어디에 그림자가 보이는가? 모두 같은 라이트에서 생겨난 것인가? 그림자는 하드한가, 소프트한가? 그림자의 어둡기는 장면 전체의 콘트라스트와 어울리는가?

2 인물의 클로즈 업 사진을 자세히 들여다보자. 인물이 얼굴에 그림자가 있는가? 그림자로 빛이 각도를 예측해서 말할 수 있는가?

3 예전에 만든 자신의 렌더링 이미지들을 보자. 그림자는 이 장에서 내내 다룬 시각적 기능을 수행하고 있는가? 그림자의 양, 어둡기 그리고 부드럽기는 장면에 어울리는가? 이미 그림자가 드리워진 영역에서도 2차 그림자가 충분히 나타나고 있는가?

04 환경과 건축물의 라이팅
CHAPTER Lighting Environments and Architecture

자연환경이나 건축 공간의 자연스러운 라이팅을 위해서는 주변을 둘러싼 세계에 대해 먼저 인식
해야 한다. 태양의 직사광선, 하늘의 부드러운 조명, 그리고 인다이렉트 라이트는 이런 각각의 컬
러와 톤을 미묘하게 섞는다. 자연스럽게 빛을 받는 장면은 밤과 낮의 시간대에 따라, 날씨에 따라,
그리고 태양의 각도에 따라 다르게 보인다. 각기 다른 환경의 그림자와 콘트라스트가 다른 분위
기를 연출하는 것이다. 실제 같은 패턴과 조명을 흉내 내기 위해선 인공적인 광원─책상 위 램프
에서부터 길거리 가로등, 모니터의 빛에 이르기까지─에도 마찬가지로 신경을 써야 한다. 마침
내 글로벌 일루미네이션(이하 GI)으로 이런 모든 라이트가 서피스 사이에서 어떻게 전달되는지
시뮬레이션할 수 있게 되었다. GI는 실제 같은 공간 렌더링의 핵심 요소이기 때문에 이번 장에서
는 자연광과 인공광을 이용한 라이팅뿐만 아니라 GI의 여러 가지 타입과 GI 없이 인다이렉트 라
이팅을 흉내 내는 방법 등에 대해 두루 살펴볼 것이다.

데이라이트(주광) Daylight

장면 안에 세 가지 요소만 추가하면 간단한 실외 라이팅을 만들어 낼 수 있다. 첫 번째, 낮 시간대의 장면은 대개 선라이트sunlight(태양광), 즉 태양으로부터 직접 오는 조명에 의해 결정된다. 두 번째, 스카이 라이트sky light(천공광)를 더한다. 현실 세계에서 하늘은 사실 태양이 대기를 통과하면서 만들어 내는 빛이지만 3D에서는 별도의 조명원으로 스카이 라이트를 생각한다. 마지막으로 인다이렉트 라이트indirect light(간접광)를 추가해야 한다. 이것은 태양이나 하늘에서 오는 것이 아니라 장면 안의 다른 서피스에서 반사되어 나오는 빛이다. 이번 섹션에서는 이 세 가지 과정과 여기에 필요한 옵션이나 결정에 대해 살펴보도록 한다.

선라이트

자신의 장면을 가지고 생각해 보자. 지금이 하루 중 몇 시인가? 만일 야외라면 태양빛이 내리쬐고 있는가? 먼저 태양을 보여 주고 싶을 것이다. 왜냐하면 태양은 키 라이트가 될 것이고 장면을 드러내는 가장 중요한 메인 라이트main light이기 때문이다. 하지만 관객은 일반적으로 카메라가 동쪽을 향하는지 서쪽을 향하는지 모르기 때문에 태양의 각도를 잡을 때 장면을 잘 비추도록 매우 창의적으로 위도를 설정할 필요가 있다.

선라이트sunlight는 거리에 따른 디케이나 어텐뉴에이션attenuation 값을 갖지 않는다. 이 빛은 이미 태양으로부터 수십억 킬로미터를 날아와 장면 안에 도달한 것이므로 불과 몇 미터 사이에서 눈에 띌 만큼 감소되는 건 있을 수 없는 일이다.

낮에는 선라이트의 색을 노랗게 설정하고 일출, 일몰 동안만 오렌지색 혹은 붉은색으로 바꾼다. 3D 소프트웨어에서 입력하는 방식에 따라 0-255 형식과 0-1형식으로 몇 개의 샘플 컬러 값이 [표 4.1]에 나와 있다. 컬러 값에 대한 좀 더 자세한 표는 8장 '색의 예술과 과학'에서 다루겠지만 다음 표만으로도 좋은 시작점이 될 것이다.

[표 4.1] 태양광의 샘플 RGB 값

광원	RGB (0-255)	RGB (0-1)
해가 지거나 뜰 때의 태양	182, 126, 91	.71, .49, .36
정오의 직사광선	192, 191, 173	.75, .75, .68
안개나 구름을 통과하는 태양빛	189, 190, 192	.74, .75, .75

다른 라이트 없이 선라이트만으로 테스트 렌더링을 걸면 [그림 4.1]처럼 아주 단순하고 황량하게 보일 것이다. 다른 라이트를 추가하기 전에 장면 안에 햇빛이 들어왔을 때 만족스러울 부분과 그렇지 않을 부분을 분명히 하도록 한다.

[그림 4.1]
선라이트 그 자체만으로는 콘트라스트가 너무 심하다.

선라이트를 표현하기 위해 어떤 라이트 소스를 사용할 것인가? 먼저 인피니트 라이트 (또는 디렉셔널 라이트)를 사용할 때의 장점을 보자. 2장에서 인피니트 라이트는 빛과 그림자를 평행하게 생성한다고 했던 걸 기억할 것이다. 만약 레이트레이스드 섀도 raytraced shadow 옵션을 켜고 렌더링을 걸면 인피니트 라이트는 십중팔구 선라이트로서 좋은 광원이다.

인피니트 라이트 대신 스포트라이트를 쓰면 그림자가 똑바로 평행하게 나타나는 대신 비현실적으로 벗어날 위험이 있다. 그러니 장면과 멀리 떨어진 곳에서 좁은 콘 앵글인 상태로 움직이는 스포트라이트는 인피니트 라이트와 비슷해 보이며 조절할 수 있는 옵션이 더 많다.

또한 스포트라이트는 장면 내의 특정 부분을 정확하게 향할 수 있으며, 필요에 따라 뎁스 맵 섀도가 더 효율적이라는 말이 된다. 머리 위로 뻗은 나뭇잎으로부터 부분적으로 그림자가 지는 듯한 효과를 얻으려면 스포트라이트를 쓰는 것이 처음 의도대로 정확한 효과를 내기 쉽다.

그림자 형상의 조절

선라이트로 생기는 그림자는 야외 장면에서 가장 중요한 그림자이다. 다른 라이트를 추가하기 전에 태양광 그림자만을 위해 테스트 렌더링을 해 보고 그 모양과 방향이 마음에 드는지 확인한다.

태양에서 오는 그림자는 완전히 날카롭지는 않다. 사실 태양은 살짝 부드러운 그림자를 생성하는 에이리어 라이트의 하나로 볼 수 있으며 먼 거리를 오면서 더 부드러워진다. 일몰 때나 흐린 날은 상당히 더 부드러운 그림자가 생긴다.

선라이트의 섀도 컬러 파라미터는 완전한 블랙으로 두는 게 가장 좋다. 그림자 영역에 푸른 기운이 도는 것은 나중에 스카이 라이트로 장면을 채울 때 나타날 것이다.

뎁스 맵 섀도를 사용할 것인가, 레이트레이스드 섀도를 사용할 것인가?

레이트레이스드 섀도raytraced shadow를 사용하면 전체 장면을 뒤덮을 때 단 하나의 그림자로 충분하다는 걸 알 수 있다. 반면 뎁스 맵 섀도를 사용한다면 하나의 라이트로는 넓은 면적을 커버하기에 부족할지도 모른다. 뎁스 맵을 넓게 늘리면 그림자의 정확성이 떨어진다. 뎁스 맵으로 효율적인 작업을 하기 위해서는 때론 여러 라이트를 배열해서 선라이트를 표현해야 한다. 이때 라이트는 각각 장면 내의 일부분을 맡아 빛과 그림자를 던진다. 해상도가 512나 1024 정도인 여러 개의 적당한 뎁스 맵을 사용하는 것이 2048이나 4096 이상의 큰 뎁스 맵을 사용하는 것보다 효율적이다.

레이트레이스드 섀도가 뎁스 맵보다 셋업이 훨씬 쉽긴 하지만 항상 사용할 수 있는 것은 아니다. 잔디, 털, 초목같이 구성이 복잡한 물체를 레이트레이싱으로 렌더링하다가는 컴퓨터가 다운되기 십상이어서 어떤 환경에서는 뎁스 맵 외에는 선택의 여지가 없다. 방목지나 풀밭 등이 뎁스 맵 섀도로 렌더링해야 하는 환경의 예이다. 사용하는 렌더러가 딥 섀도 맵deep shadow map이나 디테일드 섀도 맵detailed shadow map을 지원한다면 이를 이용해 풀밭을 렌더링하는 것이 가장 좋은 선택이다. 이 섀도 알고리즘은 풀같이 투명성과 정교한 디테일을 갖는 물체의 섀도 맵을 만들기 위해 고안됐다. 풀밭이 넓을수록 정렬된 여러 라이트에서 오는 많은 뎁스 맵을 요구한다

스카이 라이트

실제 같은 스카이 라이트는 콘트라스트를 낮추고 그림자 영역을 부드러운 푸른 빛으로 채우며 장면의 컬러 밸런스를 잡는다. [그림 4.2]는 스카이 라이트만으로 테스트 렌더링한 이미지(왼쪽)와 스카이 라이트와 선라이트를 같이 사용한 이미지(오른쪽)를 보여 준다.

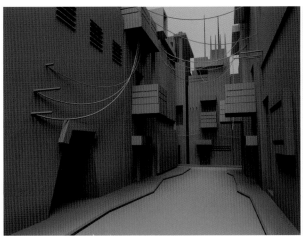

[그림 4.2]
스카이 라이트만 가지고 테스트 렌더링한 이미지(왼쪽). 그 다음 선라이트와 스카이 라이트를 모두 보이게 하여 어떻게 이 둘이 결합되는지 살펴보자(오른쪽).

스카이 라이트를 추가하는 한 가지 방법은 선라이트를 복사하는 것에서 시작한다. 그리고 태양의 위치와 90도 각도를 이루도록 떨어져 회전시킨다. 빛의 강도를 선라이트의 절반 수준으로 낮추고 색상을 노란 계열에서 푸른 계열로 바꾼다. 스카이 라이트의 부드러운 그림자를 만들기 위해 섀도 맵의 해상도를 낮추고 블러링blurring 값이나 필터filter 값을 높인다.

스카이 라이트가 만든 어두운 푸른 빛과 부드러운 그림자를 확인하기 위해 테스트 렌더링을 걸어 보자. 테스트 렌더링 이미지가 마음에 들면 스카이 라이트를 몇 개 더 복사해서 각각 다른 각도로 장면 내에 배치한다([그림 4.3] 참조).

스카이 라이트가 디퓨즈 조명만 내고 스펙큘러 조명은 거의 없기를 바랄 수 있다. 반짝이는 서피스 위의 특정한 시점에 하이라이트가 맺힌다면 단지 몇 개의 스포트라이트로 하늘을 묘사하고 있다는 것이 드러나니 말이다. 스카이 라이트에서 스펙큘러 항목을 끄고 하늘이 반사되는 효과를 얻기 위해 인바이러먼트 맵environment map을 더하면 많은 수의 라이트가 아니더라도 사실적인 결과를 얻는 데 도움이 될 것이다.

[그림 4.3]
태양빛을 흉내 낸 하나의 디렉셔널
라이트와 하늘빛을 흉내 낸 스포트
라이트들이 장면을 둘러싸고 있다.

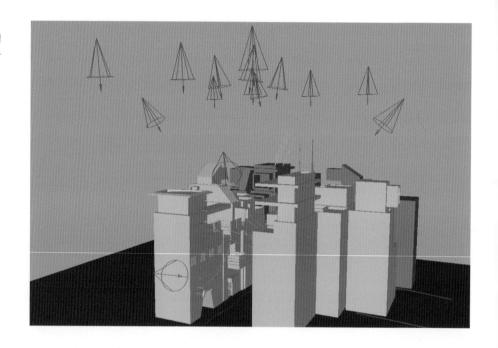

컬러 밸런스

햇빛을 받는 장면에서 태양의 따뜻한 색상과 하늘의 차가운 색상이 균형을 이뤄 이 두 가지가 겹치는 부분이 거의 하얗게 나타나야 한다. 태양이 가려지는 부분에서는 스카이 라이트만 푸르게 보여야 한다. 선라이트와 스카이 라이트를 모두 적용시켜 렌더링을 하면 두 가지가 섞인 장면의 전반적인 컬러 밸런스를 알 수 있다.

늦은 오후나 석양 무렵이라면 장면은 전반적으로 황금빛 노란 색조가 지배적일 것이고, 땅거미가 지고 그늘진 날에는 푸른 색조가 유용할 것이다. 보통 낮 시간대의 컬러 밸런스는 노란색과 푸른색 어느 한쪽으로 치우치지 않는다. 자연스러운 컬러 밸런스를 위해 선라이트의 밝기나 컬러 값을 조절해서 하늘의 푸른 기운을 상쇄해야 할 경우도 있다.

컬러 밸런스에 대해서는 8장 '색의 예술과 과학'에서 자세히 다룬다.

이미지 기반 라이팅

이미지 기반 라이팅(IBL)은 새로운 방법으로 스카이 라이트를 표현한다. IBL 방식에서는 여러 개의 라이트를 더하는 대신 하늘을 둘러싼 스카이 돔 오브젝트에 이미지를 매핑하고 그 이미지의 컬러와 톤으로 장면의 조명을 대신한다. [그림 4.4]는 장면의 조명으로 오직 하늘과 구름이 들어간 텍스처만 사용해서 렌더링한 예이다.

[그림 4.4]
이 테스트 이미지는 라이트 없이 전적으로 IBL에 의해서만 렌더링한 것이다.

사용하고 있는 3D 소프트웨어가 특별한 스카이 돔이나 IBL 기능이 없다면 글로벌 일루미네이션으로 비슷한 효과를 얻을 수 있다(글로벌 일루미네이션에 대해선 이 장 후반부에서 다룬다). 일단 글로벌 일루미네이션을 켜면 밝은 표면의 물체라면 어떤 것이든—심지어 장면 전체를 둘러싼 거대한 스피어sphere 같은 것도—인다이렉트 라이트의 광원이 될 수 있다.

지금 재현하려는 환경과 완전히 일치한 텍스처 맵을 가지고 있다면 IBL은 사실성과 편리성이란 두 마리 토끼를 모두 약속한다. 또한 주변 환경을 나타내기 위해 사용된 맵이 그대로 반사된다는 점도 편리하다. 그러나 IBL은 몇 개의 라이트를 조합하여 스카이 라이트를 흉내 내는 방식보다 조절과 관리가 어렵다. 예를 들어 너무 어둡거나 희미해 보이는 영역이 있다면 직접 그 부분만을 겨냥한 라이트를 하나 심는 게 새로운 버전의 텍스처 맵을 사용하고 그걸로 해당 부분이 밝아지기를 바라는 것보다 쉽고 편리하다.

인다이렉트 라이트

선라이트와 스카이 라이트가 장면 내 조명의 대부분을 차지하겠지만 좀 더 사실적인 데이라이트 장면에서는 인다이렉트 라이트나 바운스 라이트bounce light도 필요하다. 바운스 라이트는 태양과 하늘에서 내려온 빛이 땅이나 다른 표면에 부딪혀 반사되어 간접적으로 다른 물체를 비추는 효과를 낸다.

반사되는 물체 표면 아래쪽에 이유 없는 하이라이트가 생기면 안 되므로 바운스 라이트는 강한 스펙큘러리티specularity를 내지 않아야 한다는 점에서 스카이 라이트와도 비슷하다.

빛이 튕겨져 나오는 땅의 색상을 바운스 라이트의 기본 색으로 한다. 땅을 렌더링한 이미지에서 직접 색을 따오는 것도 바운스 라이트의 색상을 정하는 좋은 출발점이다.

보통은 넓은 면적을 감당할 만큼 충분한 개수의 바운스 라이트가 필요하다. 인다이렉트 라이트가 필요한 건물이나 캐릭터, 땅 위의 다른 오브젝트를 향해 아래쪽에서 위쪽을 향해 바운스 라이트를 땅 밑에 위치시킨다. 높이에 따라 빛의 감쇠가 일어날 수 있도록 디케이decay와 어텐뉴에이션attenuation 값을 조정한다. 직접적인 빛을 받는 벽이 있다면 여기서 생기는 바운스 라이트 역시 고려해야 한다. 벽 뒤에 몇몇 바운스 라이트를 설치하고 벽을 통과해 땅이나 근처 건물을 향하도록 방향을 조절한다([그림 4.5] 참조).

때때로 바운스 라이트는 소프트 섀도를 생성한다. 특히 캐릭터를 비추고 있다면 바운스 라이트로 인해 캐릭터의 입 안 등이 밝아지지 않도록 주의한다. 땅보다 아래 지점에 설치되어 땅을 통과해 비춘다면 라이트 링킹을 사용하여 땅은 라이팅 범위에서 제외시킨다. 그렇지 않으면 땅이 바운스 라이트를 가려 생기는 그림자가 모든 오브젝트에 영향을 미칠 것이다.

바운스 라이트는 대부분 희미하고 미묘하기 때문에 다른 라이트들을 모두 끈 채 바운스 라이트만으로 테스트 렌더링을 걸어 보는 것도 좋은 생각이다. 그러면 장면 내 서피스를 고르게 비추고 있는지 확인할 수 있다. [그림 4.6]은 바운스 라이트로만 렌더링한 이미지(왼쪽)와 선라이트, 스카이 라이트, 바운스 라이트가 모두 합쳐져 완성된 이미지(오른쪽)를 보여 주고 있다.

이 장 후반의 '인다이렉트 라이트 흉내 내기'와 '글로벌 일루미에니션' 섹션에서 인다이렉트 라이트에 대해 더 이야기할 것이다.

[그림 4.5]
바운스 라이트(초록색)는 땅에서 반사돼 올라오는 빛과 태양빛을 받는 벽을 통해 인다이렉트 라이트를 흉내 낸다.

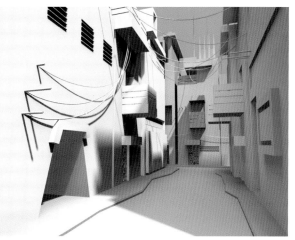

[그림 4.6]
오직 바운스 라이트만 이용한 테스트 렌더링(왼쪽)과 모든 라이트를 보이게 해서 완전한 데이라이트를 구현한 이미지(오른쪽).

야간 장면 Night Scenes

데이라이트 장면에 사용한 기본 원칙들을 약간 수정하여 야간 장면을 연출할 수 있다. 달빛과 밤하늘의 빛은 태양과 한낮의 스카이 라이트와 아주 비슷한 방법으로 만든다. 달빛에는 훨씬 약한 라이트를 사용한다는 것만 빼면.

밤에는 하늘에서 오는 빛이 아주 부드러운 푸른 광채(glow)를 가져야 한다. 달빛은 노란색과 파란색 둘 다 가능하다. 달빛만 드리워진 밤일 경우는 노란색이 장면에 더 두드러지고 다른 전구 불빛들 위에 달빛을 드리우는 경우는 좀 더 푸르게 나타난다.

야간 장면 라이팅의 핵심은 전체 장면에 노출 부족이 생기지 않으면서도 명암 대비를 활용하는 데 있다. 장면은 전반적으로 그림자의 지배를 받겠지만 어두운 영역은 밝은 하이라이트나 선택적으로 사용된 림rim 그리고 빛의 반짝임에 의해 깨어져야 한다.

혹시 할리우드 영화가 대부분의 야간 장면에서 비가 막 내린 것처럼 도로가 젖어 있는 걸 눈치챈 적이 있는지 모르겠다. 라스베이거스 같은 건조한 도시에서조차도 그렇다. 영화 촬영기사들은 항상 야간 장면에 어울리는 특별한 빛의 반짝임과 반사를 놓치지 않기 위해 다양한 방법들을 찾는다. 바닥에 물기를 뿌리는 것이 바닥에 비치는 도시의 불빛을 얻는 훌륭한 방법이라는 것을 발견한 이후, 거기에 맺히는 하이라이트로 장면을 더 예쁘게 만들기 위해 이것이 명백한 속임수라는 걸 알면서도 그렇게 한다.

장면 안의 반사 가능한 어떤 서피스든지 대비나 시각적 흥미가 필요한 곳이라면 마음껏 이용하라. [그림 4.7]의 렌더링 이미지처럼 길 위의 반사 효과를 과장하기 위해 스펙큘러만 방출하고 길거리 오브젝트에만 독립적으로 링크된 먼 뒤쪽에 현관등을 설치했다. 다른 현관등처럼 급격하게 감쇠가 일어나도록 디케이 값을 설정하지 않았기 때문에 전체 길 위의 텍스처가 다 드러난다. 건물 벽에 매달려 있는 케이블 선 역시 라이트 링킹된 별도의 라이트를 추가하여 비춰 준다. 이렇게 언뜻언뜻 보이는 빛들이 전반적으로 어두운 톤의 장면 안에서도 재미있는 선들과 대비를 만들어 낸다.

[그림 4.7]
야간 장면은 모든 반짝임과 하이라이트를 강조하는 콘트라스트가 따라온다.

프랙티컬 라이트 Practical Light

프랙티컬 라이트practical light란 장면 안에서 모델링된 오브젝트로 존재하는 광원이다. 야외라면 가로등, 자동차의 선조등, 네온사인, 그리고 긴물의 창문에서 비추는 빛 등이 있고, 실내라면 램프, 천장등, 텔레비전, 그 밖에 빛을 내는 어떤 모델이라도 가능하다.

프랙티컬 라이트에서 나오는 빛을 흉내 내기 위해서는 두 가지 다른 측면이 있다. 하나는 소스 그 자체로서의 라이트가 필요하다(실제 램프나 전구같이). 그리고 램프가 방 안에 조명을 밝히는 것처럼 주변의 세트를 비추는 라이트가 필요하다.

빛을 라이팅하는 것

라이트를 사용해서 전구 모델을 밝히고 싶다면 포인트나 옴니 라이트를 모델의 중앙, 필라멘트가 있는 위치에 넣는다. 그리고 반투명 재질을 표면에 적용하면 품고 있는 광원이 빛날 때 더 밝게 보인다. 전구 표면 위의 밝기 변화를 좀 더 사실적으로 만들기 위해서 안에 설치한 라이트의 어텐뉴에이션attenuation을 인버스 스퀘어inverse square로 설정한다.

전구 모델 안에 라이트를 넣는 것 외에 다른 방법으로는 루머너서티luminosity, 앰비언트ambient 그리고 인캔더선스 맵incandescence map을 사용해서 모델을 셰이딩하는 것이다. 그러면 해당 모델을 비추는 라이트 없이도 밝게 보인다. 밝기 조절을 위해 셰이더를 사용할 때의 문제는 다른 라이트들은 격리시키고 단 하나 보이는 라이트만으로 렌더링을 하면 주변에 다른 조명이 없어도 여전히 빛난다는 것이다. 전구가 가까이 보인다면 텍스처 맵이 필요하다. [그림 4.8]처럼 빛나는 전구가 어떻게 금속 소켓이 붙은 쪽 영역이 덜 밝고 꼭대기 부근에서 어두워지는지 연구해 보자.

대개 광원에 바로 인접한 지역만을 위한 조명이 추가로 필요하다. 예를 들면 전등갓으로 둘러싸인 전구는 자신의 빛이 전등갓 안에서 다시 반사되어 나옴에 따라 많은 바운스 라이트를 받게 된다. 이 역할을 위해 전구 자체를 비추는 바운스 라이트를 둔다.

만약 아무 라이트라도 전구 모델 안에 심어 놨다면, 그리고 그것이 그림자를 만들고 있다면 전구 모델과 그 라이트 간에 링크를 끊어서 전구를 통과해 주변 지역을 환히 빛낼 수 있도록 만든다.

프랙티컬 라이트로 만드는 라이팅 셋

하나의 프랙티컬 광원을 흉내 낸다고 하여 3D상에서도 하나의 라이트만으로 비춘다는 의미는 아니다. 종종 하나의 프랙티컬 라이트에서 다양한 효과들을 볼 수 있다. 3D상에서는 이런 효과들을 구현하기 위해 각각 다른 라이트를 사용한다. 예를 들어 [그림 4.9]의 램프를 보자. 이 램프는 전등갓을 통과하는 부드러운 글로glow가 있고 전등갓 위, 아래의 뚫린 부분을 통해 삼각뿔 형태의 빛 줄기가 위, 아래로 향해 있다. 이는 전등갓을 관통해 밖으로 빛나는 포인트 라이트에 위, 아래로 향하는 스포트라이트를 추가해 구현할 수 있다.

[그림 4.8]
전구는 중심부를 위아래의 주변부보다 더 밝게 보이기 위해 그레이디언트 맵gradient map을 사용할 수 있다.

[그림 4.9]
전등갓은 삼각뿔의 위, 아래로 조명을 분리한다.

[그림 4.10]
두 개의 스포트라이트를 하나는 위로 향하고 하나는 아래로 향하게 해서 메인 라이트를 따라 바깥쪽으로 발산되는 빛을 흉내 낼 수 있다.

바깥으로 향하는 글로

하나의 스포트라이트를 특정 방향으로 쏘는 것만으로는 부족하다. 때로는 메인 광원 주변에서 더 넓고 희미한 빛줄기를 보게 된다. 전등갓 위쪽으로 나가는 빛을 위해 하나의 스포트라이트를 사용했다면 그 주변에 글로를 더하기 위해 또 하나의 스포트라이트가 필요할지 모른다. 이건 살짝 더 넓으면서도 그 세기가 훨씬 약하다. [그림 4.10]은 [그림 4.9]의 라이팅이 어떻게 만들어졌는지 보여 준다. 두 개의 스포트라이트가 위쪽을, 다른 두 개가 아래쪽을 향해 있으며 둘 다 메인 라이트와 바깥쪽 글로용 라이트를 포함한다. 바깥 글로용 라이트는 전구에서 직접 향하는 빛 대신 전등갓에 부딪혀 나오는 라이트를 흉내 낸다.

스로 패턴

스로 패턴throw pattern은 광원에서 장면 안으로 떨어지는 라이트의 모양이나 질감을 말한다. 자동차의 전조등이나 손전등, 타오르는 횃불, 그 밖에 많은 라이트에서 특유의 스로 패턴을 찾아볼 수 있다. 실제로는 라이트의 지지대나 고정된 부속품 등에 의해 빛이 막히거나 반사가 일어나 훨씬 복잡한 스로 패턴이 발생한다. [그림 4.11]의 스로 패턴은 손전등에 의해 생긴 것이다. 라이팅에 대해 좀 더 공부하다 보면 장면 안에 완전히 똑같은 패턴을 던지는 손전등 불빛은 없다는 걸 알게 될 것이다.

[그림 4.11]
일반적인 가정용 손전등의 스로 패턴.

3D 그래픽에서는 광원에 직접 맵을 적용하거나 주변의 모델 지오메트리를 이용해 스로 패턴을 만들어 낼 수 있다. [그림 4.11]과 같은 이미지를 라이트의 매핑 소스로 사용했다면 하나의 스포트라이트에서 생기는 빛줄기와 바깥쪽 글로를 동시에 표현하는 데 도움이 될 것이다.

폴 오프
화면의 중심에서 주변으로 조명이
사라지는 것

많은 경우 실제 스포트라이트를 살펴보면 빛의 폴 오프fall off*가 끝나기 직전 가장자리 부근이 좀 더 붉은 기운을 띠고 채도가 강하다. 따라서 가장자리에 붉은 톤을 가지고 있는 매핑 이미지를 사용하면 더 부드럽고 자연스러운 스로 패턴을 흉내 낼 수 있다. 만약 라이트의 바깥쪽 가장자리(폴 오프가 끝나는 부근)의 색조 변화만 원한다면 페인팅 텍스처painting texture 대신 램프ramp나 그레이디언트gradient 같은 프로시듀얼 텍스처

procedural texture를 사용하는 것도 한 가지 방법이다.

어느 때든 장면 안에 스포트라이트를 비추고자 할 때 그 모양이 그저 평범한 원이라면 잠깐 멈추고 생각해 보자. 보다 복합적인 스로 패턴이 더 자연스러운 룩을 만들어 낼 수 있다는 것을.

창문을 통한 라이팅 Lighting Windows

창문을 통해 들어오는 라이트를 표현하는 일은 특별한 도전이다. 맑은 날이라면 선라이트와 스카이 라이트가 동시에 창문으로 들어와 비추기를 기대한다. 선라이트는 절대 혼자서는 들어오지 않는다. 만일 창문을 통해 직접 태양 광선을 비추면 좀 더 넓은 범위의 스카이 라이트들이 함께 들어올 것이다([그림 4.12] 참조).

[그림 4.12]
선라이트와 스카이 라이트가 창문을 통해 들어오고 있다.

태양으로부터 직접 오는 광선은 대개 방 안에서 가장 밝은 종류의 빛이다. 그리고 가장 날카롭고 뚜렷한 그림자를 만든다. 다른 라이트를 추가하기 선에 이것을 먼저 테스트 렌더링해 본다. 보통 인피니트 라이트나 디렉셔널 라이트가 선라이트를 흉내 내기에 가장 좋다. 각 창문으로부터 같은 방향으로 그림자를 생성하기 위해서도 그렇다.

해당 라이트를 위치시키고 테스트 렌더링을 해본 다음 스카이 라이트를 추가한다. 하늘은 창문을 통해 넓은 각도의 빛을 뿌리는데, 창문 아래 바닥에 닿거나 때로는 멀리 천장에 닿기도 한다. [그림 4.13]은 각 창문을 통해 바닥까지 비추는 여러 스포트라이트와 방 안의 벽들을 보여 준다. 이것들은 창틀이나 벽의 그림자는 만들지 않는다. 데이라이트를 공부할 때와 마찬가지로 인다이렉트 라이트를 추가하기 전에 선라이트와 스카이라이트가 방 안에서 자연스럽게 잘 섞이는지 테스트 렌더링을 해볼 필요가 있다.

이미 배경 이미지를 가지고 있는 장면을 라이팅하고 있다면 방 안으로 들어오는 태양빛의 각도와 배경 이미지의 태양빛 각도가 맞아떨어지는지 확인한다. 예를 들어 배경 이미지가 늦은 오후의 긴 그림자를 보여 주고 있다면 방 안의 빛도 낮은 고도에서 들어와야 한다. 명암 차가 흐린 구름 낀 날은 부드러운 그림자를 갖는데, 뚜렷하고 날카로운 태양빛이 들어온다면 전혀 맞지 않은 것이다.

창문에 유리가 있다면 이것이 너무 어두운 그림자를 생성하지 않는지 테스트 렌더링 시 확인해 본다. 창문 유리가 빛을 막고 있다면 그것의 캐스트 섀도cast shadow를 끄거나 라이트 링킹을 사용하여 비추는 대상에서 제외하도록 하자.

[그림 4.13]
창문을 통해 들어오도록 맞춰진 스카이 라이트(흰색)는 방 안으로 들어오는 선라이트(오렌지색)를 보충한다.

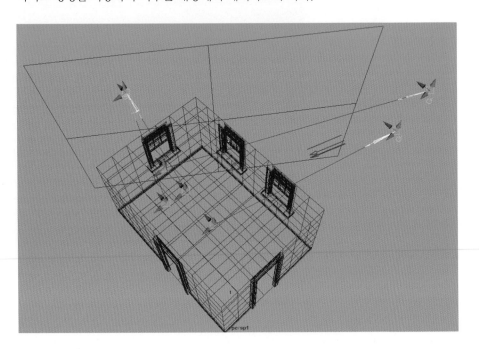

인다이렉트 라이트 흉내 내기 Simulating Indirect Light

실내 장면이나 닫힌 공간은 실외 환경에 비해 대개 더 복잡한 인다이렉트 라이트나 바운스 라이트 세팅이 필요하다. 많은 벽이 있는 장면은 천장, 바닥, 각 벽들 사이에서 빛의 충돌을 흉내 내기 위해 많은 라이트를 추가해야 한다. 어떤 사람들은 많은 바운스 라이트를 사용해 건축 공간을 라이팅하는 과정을 일컬어 '흉내 낸 래디오시티simulated radiosity'(이 단어가 미움을 받고 있음에도 불구하고)라고 부른다.

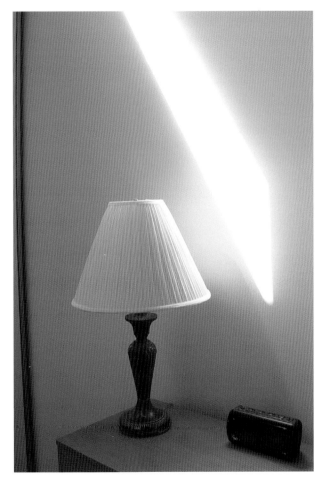

[그림 4.14]
실제 태양 광신은 근처의 물체 위에 인다이렉트 라이트를 떨어드린다.

태양 광선은 주위의 모든 것을 밝게 만들어 버리는 경향이 있다 [그림 4.14]는 실제 태양 광선이 비치는 사진이다. 전등갓에 묻어난 바운스 라이트를 주목하자. 바닥에서 튕겨져 나오는 태양 광선을 위해서는 바닥 표면 밑에서 천장 위쪽을 향해 스포트라이트들을 추가한다. 천장에서 부딪혀 나오는 라이트가 부드럽고 멋지게 들어갔는지 테스트 렌더링을 하도록 하자. 이것들은 눈에 띄는 원형(스포트라이트의 콘 앵글)이 보이지 않는다.

태양 광선 위로 확실한 부분들을 밝게 비춘 다음에 바운스 라이트가 필요한 곳은 창문이다. 빛이 정확히 창문 쪽으로 역반사된다는 물리적 법칙은 없지만 실제 관찰해 보면 창문 주변이 종종 별도의 빛을 받는 경향이 있다. 바닥을 통과하거나, 필요하다면 반대편 벽에 스포트라이트를 설치하여 창문 주변부를 밝게 만든다. [그림 4.15]는 바닥을 통과하여 비추는 두 개의 바운스 라이트와 가운데 창문을 비추는 하나의 바운스 라이트를 보여 준다.

창문을 비추는 바운스 라이트는 피넘브러penumbra나 드롭 오프drop off 값을 조정하여 에지로 갈수록 부드럽게 사라져 가는지 확인한다. 이런 바운스 라이트들은 벽, 천장 또는 바닥의 한 부분을 비추되 사이의 구석진 부분에선 많이 보이지 않아야 한다. 구석은 어두운 채로 둔다. [그림 4.16]은 바운스된 조명이 들어간 방 인

[그림 4.15]
바운스 라이트는 바닥 밑에서 벽을
통과해 들어오도록 겨냥된다.

[그림 4.16]
최초의 3개 바운스 라이트를 더한
장면.

을 보여 준다. 두 개의 바운스 라이트가 태양빛 위로 천장을 때리고 있고 다른 하나가 중앙의 창문 주위를 밝히고 있다.

가운데 창문을 비추는 라이트를 복사하여 왼쪽 창문을 비추도록 할 수 있다. 오른쪽 창문도 그렇게 한다. 각각의 바운스 라이트를 세팅하면서 벽 사이의 코너 부분이 밝아지지 않도록 주의한다. [그림 4.17]은 벽을 따라 끊임없이 이어지는 바운스 라이트가 들어간 장면이다. 렌더링을 했을 때 벽에 비치는 라이트끼리 서로 잘 섞이는 것처럼 보여야 한다.

[그림 4.17]
바운스 라이트를 세트 주변 모든 방향으로 더한 장면.

천장과 바닥도 벽과 똑같이 다룬다. 바닥을 비추기 위해 천장을 뚫고 지나가는 라이트를 설치할 수 있고 천장도 마찬가지이다. [그림 4.18]처럼 구석은 그대로 둔 채 바닥과 천장만 밝아져야 한다.

[그림 4.18]
바닥과 천장에 바운스 라이트가 더
해졌다.

마지막으로 희미하면서도 전반적으로 밝아지도록 필 라이트를 하나 넣어 준다. 이것은
한 번 이상 바운스된 앰비언트 라이트를 흉내 내기 위해서이다. 이로써 배경 이미지와
방 안 분위기가 더 잘 어울릴 수 있고 구석을 포함해 방 전체의 밝기를 살짝 끌어 올린
다. [그림 4.19]에서는 두 개의 필 라이트가 쓰였다. 하나는 천장 쪽으로, 하나는 바닥
쪽으로. 하지만 둘 다 아주 넓고 부드러운 스포트라이트로서 천장과 바닥뿐 아니라 벽
들도 비추고 있다.

[그림 4.19]
최종적으로 필 라이트가 더해져 모
든 면이 한 톤씩 밝아졌다.

구석 모서리

방 안의 구석 부분은 벽 사이에 빛이 가장 가깝게 서로 반사되는 지역이다. 결과적으로 갑작스럽게 밝기가 변하기보다는 한 벽에서 다른 벽으로 톤이 연속적으로 보여야 한다. 두 벽이 받는 빛의 양이 크게 다르다면 벽 사이에서 빛이 반사되는 것처럼 보이지 않을 것이다.

벽의 한복판은 방 안에서 바운싱되는 대부분의 앰비언트 라이트에 노출되기 쉽다. 따라서 그 부분은 벽 틈이나 구석에 비해 가장 밝을 수밖에 없다. [그림 4.20]은 실제 벽 구석의 사진이다. 여기서 우리는 밝은 벽에서 어두운 코너로 이어지는 자연스러운 밝기 변화와 벽과 천장이 만나는 부분의 연속성을 살펴볼 수 있다.

코너를 어둡게 만드는 또 다른 방법은 네거티브 라이트negative light를 사용하는 것이다. 코너를 비껴가도록 조심스럽게 바운스 라이트를 설치하는 대신 구석 부분의 빛을 빨아들이는 네거티브 인텐서티negative intensity 값을 적용한 라이트를 사용한다. 네거티브 라이트를 사용하기 위해 먼저 방 안 신제를 넓게 비추는 필 라이트를 넣고, 그 다음 네거티브 인텐서티나 브라이트니스brightness 값을 가진 라이트를 구석에 맞춰 추가한다. [그림 4.21]의 왼쪽은 방의 구석을 따라 어떻게 네거티브 라이트가 자리 잡고 있는지 보여 준다. 이 경우는 마야의 볼륨 라이트volume light를 사용하였으며 −0.5 값으로 앰비언트만 방출되도록 디퓨즈와 스펙큘러는 꺼 주었다. 렌더링 결과는 오른쪽 그림과 같다. 구석진 부분이 부드럽게 어두워지는 걸 볼 수 있다.

[그림 4.20]
실제 방 안의 구석은 더 어둡고 빛
간의 상호 반사가 일어난다.

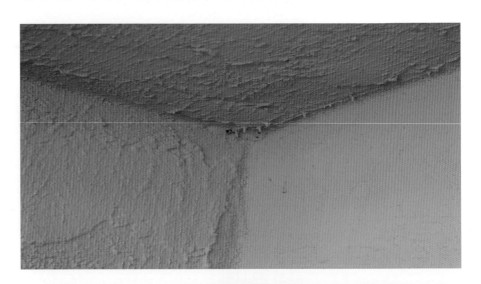

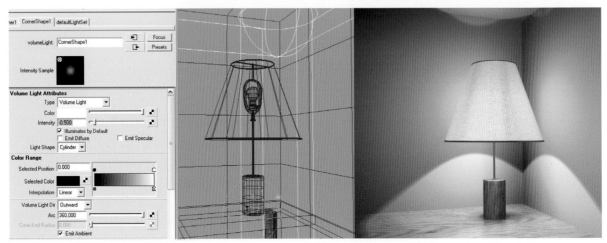

[그림 4.21]
네거티브 인텐서티를 갖는 라이트(왼쪽, 마야의 예)는 어두워져야 할 각 구석마다 배치되고(가운데),
어두운 구석을 갖는 이미지를 렌더링한다(오른쪽).

네거티브 라이트는 램프가 있는 테이블 아래를 어둡게 할 때도 쓰인다. 벽 틈이나 구석, 아니면 어두워져야 할 어떤 것의 아랫부분을 빠르게 수정할 수 있는 손쉬운 방법이다.

광원 라이팅

공간에 대한 라이팅 작업이 거의 끝날 때쯤이면 추가했던 첫 번째 바운스 라이트가 어떤 것이었는지 알 수 없어야 한다. 즉, 이 단계에서는 설치한 모든 조명이 잘 조화되어 섞여 있어야 하는 것이다. 따라서 어떤 두드러지는 라이트 서클light circle도 보이면 안 된다. 눈에 띄거나 두드러지는 개별적인 바운스 라이트를 광원 라이팅(sourcy lighting)이라 부르는데 이는 광원의 위치를 노출하는 라이트라는 뜻이다. [그림 4.22]는 광원 라이트를 가진 이미지이다. 왼쪽 그림을 보면, 벽 가운데 스포트라이트로 비춰진 원 모양이 분명히 보인다. 이를 부드럽게 만들어 광원이 어딘지 알 수 없게끔 만든 것이 오른쪽 그림이다.

최종 품질 점검의 일환으로 전체적으로 살펴보면서 광원의 위치를 드러내는 바운스 라이트가 없는지 확인한다. 이런 흔적을 줄이기 위해선 스포트라이트의 피넘브러와 폴 오프 값을 조정하고 각 라이트의 밝기를 낮추며 바운스 라이트로서 디퓨즈만 방출하도록 스펙큘러는 끈다.

결과적으로 어떻게 보이든 간에, 많은 바운스 라이트를 주의 깊게 사용해서 인다이렉트 라이트를 흉내 내는 것은 복잡하고 많은 시간이 필요한 작업이다. 다행히 3D 아티스트들에게는 인다이렉트 라이팅 렌더링을 위한 다른 대안이 있다. 대부분의 렌더링 소프트웨어가 지원하는 글로벌 일루미네이션이 바로 그것이다.

[그림 4.22]
광원이 보이는 라이트는 그 자체로 이목을 끈다. 광원의 느낌을 줄이면 개별적인 스포트라이트를 느낄 수 없다.

글로벌 일루미네이션 Global Illumination

글로벌 일루미네이션은 서피스 간에 빛의 상호 반사를 흉내 내는 일종의 알고리즘이다. GI를 이용해 렌더링을 할 때는 인다이렉트 라이트 역할을 하는 바운스 라이트를 추가할 필요가 없다. 소프트웨어가 장면 내 서피스를 직접 때리는 빛을 근거로 인다이렉트 라이트를 계산해 주기 때문이다.

글로벌 일루미네이션이라는 단어를 로컬 일루미네이션local illumination과 비교해 보자. 대부분의 렌더링 소프트웨어들은 GI 기능을 활성화시키지 않는 한 기본적으로 로컬 일루미네이션을 사용한다. 로컬 일루미네이션에서는 오직 렌더링되고 있는 서피스와 그것을 비추는 빛에 대해서만 계산을 적용하고 다른 서피스들에 대해서는 고려하지 않는다.

[그림 4.23]의 왼쪽에서 보듯이, 로컬 일루미네이션 환경에서 하나의 라이트를 넣고 그것을 바닥으로 향하게 하면 장면 내의 모든 빛은 라이트가 향하고 있는 아래에 생긴다. 실제라면 이 빛이 천장과 벽에 바운스되어 방 안 전체가 부드럽게 밝아지기를 기대할 수 있지만 로컬 일루미네이션만으로는 천장과 그림자 영역이 완전히 어두워진다. 이것은 빛을 직접 받는 서피스가 빛을 반사하지 않기 때문이다.

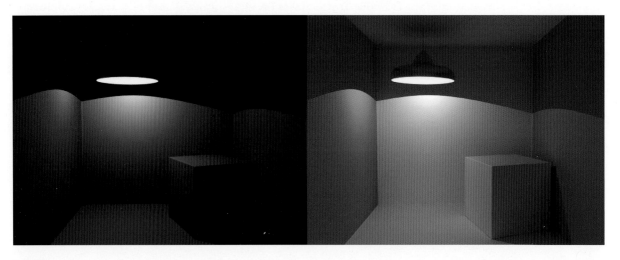

[그림 4.23]
하나의 라이트를 이용해 렌더링한 로컬 일루미네이션(왼쪽)과 글로벌 일루미네이션(오른쪽).

그림자나 반사를 위해 간단히 레이트레이싱을 사용하는 것은 일반적으로 글로벌 일루미네이션이라고 간주하지 않는다. 레이트레이싱으로 만들어진 반사가 서피스의 렌더링에 기여하는 인다이렉트 라이트의 광범위한 정의에 부합한다 할지라도 인다이렉트 라이트가 물체의 디퓨즈 일루미네이션에 추가로 더해지는 경우에 한해서만 글로벌 일루미네이션이라고 부른다.

[그림 4.23]의 오른쪽을 보면 녹색 상자와 벽에서 바운싱된 라이트가 장면 전체에 인다이렉트 라이트를 더하는 것을 알 수 있다. 수동으로 직접 바운스 라이트를 추가할 필요는 없다. 인다이렉트 라이트를 흉내 내는 이 모든 과정은 소프트웨어에 의해 이루어진다.

[그림 4.24]
반사판은 배우나 세트에 빛을 바운스시키기 위해 사용된다.

GI 때문에 3D 그래픽상의 라이팅 기법이 종래 영화 촬영의 조명 기법과 비슷해졌다. 실제 라이브 액션 장면을 촬영할 때 바운스 라이트는 언제나 중요한 요소이다. 벽과 바닥에서 반사되어 나오는 빛은 화면 전체의 조명을 부드럽게 해주는 필 라이트의 자연 광원이 된다. 영화감독들은 [그림 4.24]와 같은 반사판(reflector)을 사용하기도 한다. 즉 반사판을 이용해 햇빛을 배우에게 되돌려 반사시킴으로써 전기 라이트(electric light)를 현장으로 가져오는 대신 태양빛을 장면 안으로 반사한다.

GI를 사용하는 많은 렌더링에서 컬러 블리딩color bleeding(색상의 번짐 효과)이라고 불리는 현상이 나타난다. 실제로도 우리 주변에서 빛이 다른 색깔의 표면을 치고 반사될 때 컬러 블리딩이 흔히 일어난다. 그러나 아주 미묘하게 일어나 대부분은 알아채지 못한다. 가장 쉽게 컬러 블리딩이 나타나는 상황은 밝은 색상의 표면이 인접한 흰색이나 회색 면에 의해 더 밝게 빛날 때이다. [그림 4.25]는 자연스러운 컬러 블리딩을 보여 준다. 빨간 카펫의 색상이 하얀 소파에 반사되어 묻어날 만큼 태양 광선이 카펫을 밝게 비추고 있다.

GI 렌더링 환경하에서는 때때로 부자연스러울 정도로 컬러 블리딩이 일어나곤 한다. 예를 들면 [그림 4.26]처럼 녹색 큐브가 빛나다 못해 장면의 나머지 부분까지 조명을 치고 있다. 셰이더상의 세츄레이션saturation 값 혹은 이레디언스irradiance 값이 너무 세거나, 아니면 포톤 인텐서티photon intensity 값이 너무 높은 것이 원인이다.

GI를 이용한 라이팅의 기본적인 작업 흐름은 GI 없이 라이팅하는 것과 똑같이 시작한다. 태양에서 오는 빛과 하늘에서 오는 빛을 설치하고, 다른 인공적인 광원들을 설치한다. 하지만 그 다음으로 바운스 라이트를 추가하는 대신 렌더러의 GI 옵션을 켜면 모든 필요한 바운스 라이팅이 추가된다. [그림 4.27]은 이런 과정의 예를 보여 준다. 이 예제에서 오직 세 개의 라이트—태양을 위한 하나의 에어리어 라이트와 창문을 통해 들어오는 스카이 라이트를 표현하기 위한 두 개의 에어리어 라이트—를 사용했다. 그 다음에 GI가 모든 인다이렉트 라이트를 책임지고 있다.

[그림 4.25]
현실 세계의 컬러 블리딩이 쿠션 아래쪽 가장자리를 따라 보인다.

[그림 4.26]
너무 심한 컬러 블리딩은 글로벌 일루미네이션 렌더링을 비현실적으로 보이게 만든다.

[그림 4.27]
태양(왼쪽)과 하늘(가운데)을 포함한 다이렉트 라이트 광원을 가지고 시작한 GI 라이팅. 글로벌 일루미네이션은 인다이렉트 라이트(오른쪽)를 추가함으로써 완성된다. 이 이미지는 라이트 웨이브에서 렌더링되었으며 Jason Lee가 제작했다(octocon.kvaalen.com).

다이렉트 일루미네이션만을 사용한 테스트 렌더링과 글로벌 일루미네이션까지 사용한 최종 렌더링 사이의 차이는 드라마틱하다. 만약 GI를 사용하기로 계획했다면 다이렉트 라이트들은 장면 내 많은 부분을 어둡게 남겨놓아야 한다. 처음 테스트한 이미지는 선 라이트, 스카이 라이트 그리고 프랙티컬 라이트가 직접 비추지 않는 어두운 부분들이 많아 전체적으로 콘트라스트가 심하고 다소 황량하게 보일 수 있다. [그림 4.28]에 보이는 것처럼 여기서 GI 사용으로 넘어가게 되면 어두웠던 부분들이 채워지고 장면이 전체적으로 밝아지며 조명이 부드러워져서 장면 내 모든 지오메트리를 감싸게 된다.

[그림 4.28]
오직 다이렉트 라이트만 보이는 렌더링 이미지(왼쪽)는 글로벌 일루미네이션으로 렌더링한 장면(오른쪽)보다 더 어둡고 강한 대비를 보인다.
이 이미지는 스피럴 스테어케이스 시스템Sprial Staircase System에서 일하고 있는 Geoff Packer가 제작했다(spiralstairs.co.uk).

여기에는 래디오시티, 포톤 매핑photon mapping, 파이널 개더링final gathering 그리고 커 스틱스caustics를 포함한 여러 종류의 글로벌 일루미네이션이 존재한다.

전통적인 래디오시티

래디오시티는 서피스 컬러의 반사를 확산시킴으로써 서피스 간에 인다이렉트 라이트를 전송하는 방식으로 GI를 구현한다. 그리고 그 값은 서피스 메시mesh의 버텍스vertex에 저장된다. 래디오시티는 누진적으로 계산이 진행되기 때문에 세밀하고 정교한 실제 라이팅을 흉내 내기 위해 빛을 필요한 만큼 여러 번 반복해서 바운싱시킬 수 있다. 바운스 되는 횟수는 래디오시티 계산에 할당 가능한 시간에 의해서만 제약받는다. 즉 중간에 사용자가 간섭해 중지시킬 때까지 계속 반복해서 빛의 충돌을 계산하게 될 것이다.

래디오시티는 상업용 렌더링 소프트웨어에서 구현할 수 있는 첫 번째 타입의 글로벌 일 루미네이션이었다. 어떤 사람들은 단지 래디오시티를 통해 처음 GI를 접했다는 이유로 모든 GI 솔루션을 래디오시티에 관련된 것으로 오해하기도 한다. GI를 흉내 내는 라이 팅 방식은 래디오시티가 초기에 유행했기 때문에 '흉내 낸 래디오시티simulated radiosity' 라고 알려지게 되었다.

래디오시티는 장면 내 폴리곤polygon 오브젝트의 각 버텍스마다 저장된 셰이딩 정보에 의해 계산이 이루어진다. [그림 4.29]는 래디오시티 계산이 진행되는 동안 장면이 어떻 게 폴리곤 정보를 세분화하는지 보여 준다. 그림자의 에지 부분이나 하이라이트를 받는 부분처럼 세부적인 셰이딩 묘사가 필요한 곳에는 버텍스를 더 추가해야 한다.

이러한 방식은 모델의 지오메트리 해상도가 GI 솔루션의 해상도와 연결되어 있다는 점 이 불리하다. 폴리곤 개수가 많은 장면은 라이팅 결과를 빠르게 계산하기 어렵다. 또한 장면 내 주요 물체가 움직이는 애니메이션 시퀀스의 프레임을 매번 다시 계산하기도 힘 들다.

래디오시티는 영화 분야에서는 전혀 인기 있는 GI 솔루션이 아니었다. 하지만 건축 분 야에서는 유행했다. 건축에는 종종 카메라만 움직이는 플라이 스루 애니메이션fly-through animation이 필요하긴 했지만 단 한 번의 래디오시티 계산으로 매 프레임의 애니 메이션에 사용하는 것이 가능했다. 대부분 움직이는 오브젝트의 애니메이션이 들어간 필름/VFX 분야에서는 포톤 매핑 같은 다른 방식의 GI 솔루션이 더 유행하게 되었다.

[그림 4.29]
전통적인 래디오시티는 복사 조도 (irradiance) 정보를 폴리곤 버텍스에 저장한다.

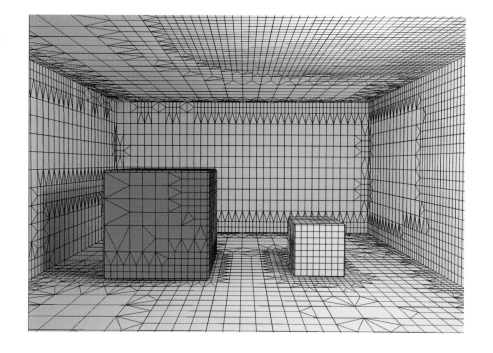

포톤 매핑

GI에 대한 접근의 일환으로 포톤 맵photon map이라는 별도의 데이터 타입이 GI 값을 저장하기 위해 만들어졌다. 포톤 매핑을 통해서도 기존의 래디오시티로 계산해 내는 것과 같은 결과를 렌더링할 수 있다. 포톤 맵의 해상도는 지오메트리 해상도와 독립적으로 작동한다.

포톤 맵이 사용된 GI의 속도와 정확성은 사용된 포톤의 개수에 달려 있다. 포톤을 추가하면 계산이 느려지기 때문에 처음 GI 세팅을 하는 동안 빠른 테스트를 위해서는 적은 수의 포톤으로 시작해야 한다. 적은 수의 포톤으로 렌더링을 하면 온 방 안에 페인트 볼이 튄 것같이 개개의 포톤이 얼룩덜룩한 이미지를 만든다([그림 4.30]의 왼쪽 참조). 포톤의 개수를 증가시키면 결과물은 더 부드럽고 사실적이며 덜 얼룩진 이미지로 나온다 ([그림 4.30]의 오른쪽 참조). 물론 포톤 수와 비례해 렌더링 시간은 증가한다.

포톤 맵에서의 포톤은 아주 작은 빛의 입자라고 생각하면 된다. 포톤은 GI를 적용한 장면 전체에서 바운싱되면서 인다이렉트 라이트로 인해 밝아져야 하는 면에 포톤 맵을 저장한다. 포톤은 실제 물리 법칙을 완전히 따르지는 않는다. 예를 들어 CG상의 포톤 크기는 픽셀만 한 점에서부터 골프공, 때로는 농구공 크기에 이르기까지 다양해질 수 있다. 빠르게 테스트해 보기 위해 큰 크기, 적은 개수의 포톤으로 시작한다. 그리고 나서 정확한 최종 렌더링을 위해 점점 포톤 수를 늘려 나가도록 한다. 대부분의 소프트웨어에서 포톤의 크기와 반지름(레이디어스radius)을 조절할 수 있으며, 반지름 값을 0으로 두면 크기가 자동으로 조절된다. 이때의 포톤 크기는 포톤의 개수와 그것들이 뒤덮을 면적에 따라 다르게 결정된다.

포톤을 방출하려는 라이트의 개수는 얼마든지 지정할 수 있다. 다이렉트 일루미네이션을 담당하는 라이트도 포톤을 방출해야 한다. 두 개의 라이트에서 각각 50,000개의 포톤을 방출하는 것이 하나의 라이트에서 100,000개의 포톤을 방출하는 것보다 렌더링 시간이 더 오래 걸리는 것은 아니다. 그러므로 관련된 라이트 사이에서 포톤을 나누어 방출하는 것에 대해 걱정하지 말자. 가장 밝은 라이트는 일반적으로 가장 많은 포톤을 방출해야 한다. 어두운 필 라이트에는 그만큼 적은 포톤이 할당된다.

충분한 양의 포톤이 사용되었다면 그것만 가지고도 포톤 매핑은 훌륭한 결과를 만들어 낼 수 있다. 그러나 이미지를 부드럽게 보이기 하기 위해서는 엄청난 양의 포톤이 필요한데, 이로 인해 렌더링이 아주 느려진다. 이 문제를 해결하기 위해 포톤 매핑을 파이널 개더링과 연계하여 사용한다.

[그림 4.30]
낮은 포톤 카운트photon count 값으로 포톤 매핑을 하면 아주 크게 얼룩덜룩해 보인다(왼쪽). 그러나 높은 포톤 카운트 값으로 부드럽게 만들 수 있다(오른쪽).

파이널 개더링

파이널 개더링final gathering(FG)은 포톤 맵을 쓰는 GI와 연계하여 사용하는 렌더링 옵션 중 하나로, 포톤 맵만 단독으로 사용했을 때 생기는 얼룩덜룩한 결과 대신 빛의 끊김이 없는 부드러운 이미지를 뽑아낼 수 있다. [그림 4.31]의 왼쪽은 포톤 맵이 사용된 GI를 이용한 장면이고, 오른쪽은 파이널 개더링을 켰을 때 한결 부드러워진 결과물이다.

파이널 개더링은 기본적으로 두 가지 기능이 있다.

- 포톤 맵을 쓰는 GI를 사용하고 있다면 파이널 개더링이 얼룩지는 것을 막는 필터 역할을 해 부드러운 결과물을 뽑아낸다.

- 그 자체로 별도의 인다이렉트 라이트를 더하는 글로벌 일루미네이션 솔루션 역할을 수행한다.

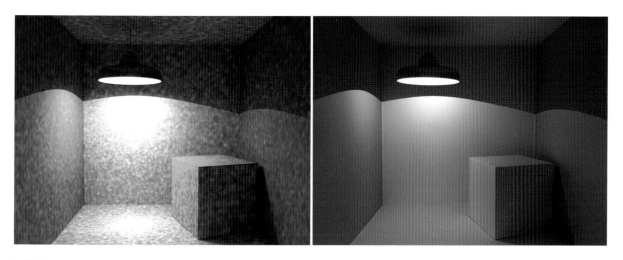

[그림 4.31]
바운스 라이트(초록색)는 땅에서 반사돼 올라오는 빛과 태양빛을 받는 벽을 통해 인다이렉트 라이트를 흉내 낸다.

파이널 개더링은 렌더링되는 서피스의 가 포인트(여기서 포인트는 버텍스가 아닌 개더 포인트gather point를 말한다)에서 출발하여 그 점에서 보이는 모든 방향을 둘러보는 것으로 이 두 가지 역할을 수행한다. 여기서 우리는 FG가 여러 방향을 둘러보는 데 필요한 광선 수와 샘플 값을 결정할 수 있다. FG가 여러 방향에서 방출한 광선을 수집할 때 근처 서피스의 색상 값과 조명 값을 보고 GI에 더한다. 그리고 포톤 맵의 포톤 역시 확인하여 포톤 맵이 사용된 GI를 필터링해 부드럽게 만든다.

포톤 매핑과 연계하여 FG를 사용할 땐 FG 사용을 맨 마지막 단계까지 아껴 두는 게 가장 좋다. 포톤의 강도(브라이트니스 값으로 보이는)를 보기 좋을 때까지 조절하면 장면 내에 원하는 모든 인다이렉트 라이트의 충돌을 정확하게 잡아내는 많은 포톤을 갖게 된다. 적용된 GI가 여전히 살짝 얼룩져 보인다면 부드러운 이미지를 만들기 위한 마지막 손질로 FG를 켜 준다.

또한 포톤 맵이 사용된 GI와 관계없이 FG는 그 자체만으로 사용이 가능하다. FG는 혼자 사용될 때 한 번의 라이트 바운스를 일으키는 간단한 GI 솔루션을 제공한다. 어떤 렌더러들에는 FG가 계산하는 바운스의 횟수를 사용자가 정하도록 하는 기능이 있다. 그래서 인다이렉트 일루미네이션을 한 서피스에서 다른 서피스로 여러 번 바운스시킬 수도 있다. 그러나 이것은 렌더링을 무척 느리게 만들기 때문에 대부분 한 번의 바운싱을 위해 FG를 사용한다. 그리고 좀 더 완전한 멀티 바운스multibounce GI 솔루션을 원한다면 포톤 매핑과 같이 사용한다.

커스틱스

커스틱스caustics는 여러 방향으로 넓게 흩어지는 대신 집중된 상태를 그대로 유지하는 인다이렉트 라이트의 한 종류이다. 이전 섹션에서 같은 결과를 내는 GI 렌더링의 여러 접근법을 화제로 했다면, 여기서 다룰 커스틱스는 시각적으로 다른 종류의 인다이렉트 라이트이다. 커스틱스는 그 모양과 패턴에서부터 부드럽게 확산되는 빛들과 차이가 난다. 일단 현실 세계에서 찾기 시작하면 우리 주변에 널려 있음을 알게 될 것이다.

- 돋보기나 렌즈 또는 프리즘을 통해 굴절되는 빛은 커스틱스 효과이다. 종종 테이블 위의 유리컵과 병 옆에 맺히는 굴절된 커스틱을 볼 수 있다.

- 디스코 볼disco ball에 반사되어 나오는 작은 반짝임처럼 거울에 반사되는 빛줄기는 커스틱이다.

- 맑은 날 자동차의 크롬 범퍼나 건물의 창문은 땅 위에 커스틱 패턴을 만들어 낸다. 빛나거나 강하게 반사시키는 표면에 더 밝은 빛을 비추면 커스틱 효과를 만든다.

- 자동차의 헤드라이트나 플래시 라이트같이 고정된 반사판에서 생겨나는 스로 패턴은 반사되는 빛이 커스틱 모양으로 산란된다(3D에서는 대부분 라이트에 맵을 적용해

서 이런 효과를 처리하는 것이 더 효과적이다).

- 아마도 가장 잘 알려진 커스틱 패턴은 찰랑이는 물 표면에 반사되어 근처 벽에 맺히는 패턴이나, 굴절로 인해 수영장 바닥에 생기는 어른거리는 빛일 것이다([그림 4.32] 참조).

[그림 4.32]
커스틱스는 어른거리는 물 표면의
반사로 가장 잘 알려져 있다.

[그림 4.33]은 실생활에서 찾을 수 있는 커스틱스를 찍은 사진이다. 왼쪽은 투명한 병을 관통하는 빛에 의해 생겨난 굴절된 커스틱스의 예이고, 오른쪽은 건물의 유리와 금속판에 바운싱되는 빛에 의해 반사된 커스틱스의 예이다. 태양이 낮게 떠 있는 몇 시간 동안에 걸쳐 많은 커스틱 패턴을 볼 수 있다. 이때 태양빛을 받는 표면과 커스틱이 나타나는 그림자 부분 사이에 콘트라스트가 크게 나타난다.

[그림 4.33]
커스틱 패턴은 투명한 물체를 통과하며 굴절을 일으키거나(왼쪽), 또는 빛나는 표면에서 반사된다(오른쪽).

커스틱스는 대개 장면 안에서 가장 밝고 눈에 띄는 인다이렉트 라이트 영역이다. 또한 완전한 GI 렌더링보다 훨씬 빠르고 간단하게 계산되는 경향이 있다. 커스틱스가 쉽게 드러나면서도 상대적으로 렌더링이 부담스럽지 않기 때문에 다른 디퓨즈 라이팅diffuse lighting을 위해 GI 전체를 가동하지 않고 커스틱스만 단독으로 사용하기도 한다. [그림 4.34]는 별도의 GI 없이 커스틱스만 들어간 렌더링 이미지다. 반사된 빛과 굴절된 빛 양쪽 모두에서 커스틱스가 일어나고 있다.

[그림 4.35]에서 커스틱스가 들어가지 않은 장면과 비교해 보자. 커스틱으로 인해 유리 화병을 통과하면서 굴절된 빛이 벽면에, 화병에서 반사된 빛이 진열장 위에 생겨났다.

커스틱을 계산하는 방법 중 하나는 포톤 매핑을 이용하는 것이다. 사용하고 있는 렌더러가 커스틱스 계산을 위해 포톤 매핑을 쓴다면 앞에서 다룬 포톤 맵을 사용하는 GI에 대한 설명 중 커스틱스 구현에 해당하는 부분을 찾을 수 있을 것이다. 라이트에서 방출되는 포톤 개수가 많아지면 좀 더 정확하고 얼룩 없는 커스틱 패턴이 만들어진다. 마찬가지로 파이널 개더링과 더불어 사용한다면 더 부드럽고 정확한 결과를 얻을 수 있다.

[그림 4.34]
커스틱스는 장면 안에서 반사(reflect)
와 굴절(refract)되는 빛을 표현할 때
사용된다.

[그림 4.35]
커스틱스가 없는 장면(왼쪽)과 있
는 장면(오른쪽)을 비교해 보면 거
울과 꽃병으로부터 추가된 인다이
렉트 라이트를 볼 수 있다.

앰비언트 오클루전 Ambient Occlusion

앰비언트 오클루전ambient occlusion은 갈라진 틈이나 구석진 부분, 혹은 어떤 것 아래에 가려져 있거나 면과 면으로 둘러싸인 부분을 어둡게 만드는 셰이딩 기법의 하나로, 하늘이나 열린 공간을 대하여 막힘 없는 면은 밝게 유지한다.

앰비언트 오클루전은 글로벌 일루미네이션과는 관계가 없다. 또 인다이렉트 라이트를 흉내 내지도 않는다. 밝기나 색상 또는 주변부가 받는 라이트의 양도 고려하지 않는다. 오직 다른 오브젝트와의 거리를 기준으로 셰이딩을 수행한다. 콧구멍이나 겨드랑이 부분이 주변에 의해 어둡게 보이는 것처럼 때로는 물체 자체가 일부를 가리는 경우도 있다.

[그림 4.36]은 앰비언트 오클루전을 텍스처로 사용해 렌더링한 이미지다. 앰비언트 오클루전이 라이팅이 아닌 거리를 기준으로 셰이딩한다고 해도 그 결과물은 마치 모든 방향에서 오는 앰비언트 라이트ambient light를 받을 때의 상황과 닮아 있다. 라이트 쪽으로 막히지 않은 서피스는 밝아지고 뭔가에 가려지거나 막힌 부분은 어두워졌다.

[그림 4.36]
앰비언트 오클루전 텍스처를 이용해 렌더링된 장면은 틈과 구석 자리에서 더 어둡다.

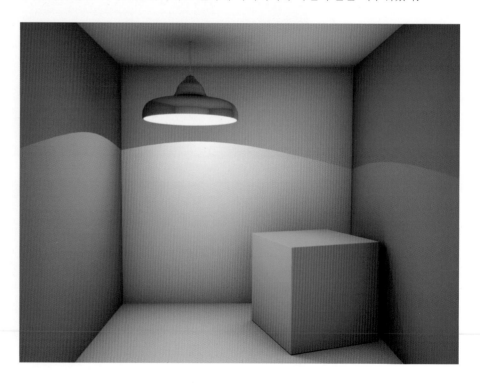

[그림 4.37]은 순수한 앰비언트 오클루전이 장면 안에서 어떤 역할을 하는지 보여 준다. 인접하거나 그림자를 드리울 만한 서피스를 마주 보는 모든 부분이 어두워졌다. 여기서 는 라이트를 가지고 무슨 일을 해도 이 결과를 바꾸지 못한다. 따라서 소프트 섀도와 비 슷해 보이더라도 같은 정도의 통제는 불가능한 것이다. 앰비언트 오클루전 셰이더나 텍 스처를 이용해 유용한 렌더 패스render pass를 만들 수 있다. 이에 대해서는 11장 '렌더 링 패스와 컴포지팅'에서 다룬다.

[그림 4.37]
앰비언트 오클루전 패스는 서피스의 근접도에 근거해 음영을 결정한다.

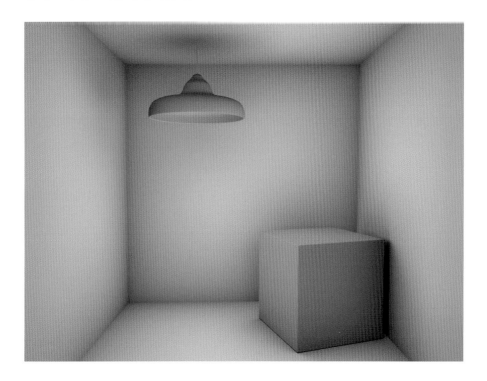

앰비언트 오클루전은 서피스 위의 라이트나 음영을 계산할 필요가 없기 때문에 GI보다 빠르고 간단하다. 많은 프로덕션들이 GI 없이 장면의 구석진 부분을 어둡게 만드는 방법 중 하나로 수동으로 세팅된 바운스 라이트와 연계하여 앰비언트 오클루전을 사용한다.

Exercises

이번 장에서 설명한 현상들을 일상에서 잠깐 관찰하는 시간을 갖자. 장면의 라이팅 환경에 사용될지 모르는 실세계의 예제들을 관찰하기 위해 언제나 눈을 뜨고 있자.

1 방 안이나 현재 있는 공간에서 다이렉트 라이트에 해당하는 소스 목록을 작성해 보자. 주변을 둘러 보라. 완전히 인다이렉트 라이트에 의해서만 빛을 받는 부분이 있는가?

2 태양빛이 금속이나 유리, 수면 위에서 반짝이는 늦은 오후에 카메라를 들고 밖에 나가 보자. 굶주 린 늑대가 되어 현실 세계의 커스틱스 예제를 찾아보자. 컬러 블리딩이 뚜렷한 예제를 찾아 찍을 수 있다면 A⁺다.

CHAPTER FIVE

Kim Hyong Jun이 제작한 장면(www.kjun.com).

크리처와 캐릭터의 라이팅
그리고 애니메이션

CHAPTER

Lighting Creatures, Characters, and Animation

좋은 라이팅은 음악이나 사운드 효과를 더하는 것과 마찬가지로 애니메이션을 더욱 돋보이게 해준다. 처음 캐릭터의 키를 잡을 땐 음악이나 라이팅 없이 애니메이션을 테스트한다. 사운드 트랙이 완성되면 애니메이션과 싱크된 여러 효과음―공중에서 '휙' 하고 휘두르는 소리, 발자국 소리, 땅에 '쿵' 하고 부딪히는 소리 등―을 넣어서 애니메이션의 모든 동작을 명확하고 구체적으로 만든다.

마찬가지로 훌륭한 캐릭터 라이팅은 발이 땅에 확실하게 닿아 있다는 느낌을 주는 그림자와 오클루전 등을 통해 캐릭터를 더 명확히 보여 준다. 빛으로 모델링하는 기법은 캐릭터의 형태를 뚜렷하게 보이도록 하고, 공간 속에 캐릭터가 실제 존재하는 것처럼 보이게 한다. 음악이 그러하듯이, 라이팅은 분위기를 잡아 장면을 불길하거나 냉담하거나 무섭거나, 아니면 밝거나 따뜻하고 유쾌하게 보이도록 만들어 정서적 배경을 구체화한다.

아이디어가 떠오른 캐릭터의 눈에 반짝임을 넣는다든가, 카메라 앞을 스르르 지나가는 뱀의 빛나는 비늘을 강조한다든가, 창문 옆을 지나가며 춤을 추는 캐릭터의 단면에 하이라이트를 맺히게 하는 등 어떤 것이든 상관없다. 지금 여러분은 캐릭터에게 생명을 불어넣는 작업을 진정으로 완성하고 있는 것이다.

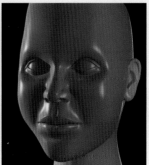

빛으로 모델링하기 Modeling with Light

'빛으로 모델링한다'는 말은 만든 모델의 3차원 형태를 충분히 표현하는 데 중점을 둔 라이팅 스타일을 말한다. 2D 이미지로 렌더링하고 있다 하더라도 라이팅을 통해 더해지는 음영(shade)과 색조(tone)는 사람들이 3차원상에서 모델을 인지할 수 있게 도와준다.

현실에서는 곡면이 다른 방향에서 다른 양의 조명을 받는 경향이 있다. 이것이 곡면을 가로지르는 그레이디언트gradient*를 만든다. 캐릭터의 둥근 부분은 평평하게 보여선 안 된다. 빛으로 모델링하는 방법의 핵심은 캐릭터의 여러 부분에 각각의 굴곡이 드러나도록 그레이디언트를 만들어 보는 것이다.

[그림 5.1]에서 하마의 머리, 다리, 몸통을 가로지르는 노란색 상자 안의 그레이디언트를 따라가 보자. 머리는 코 윗부분에서 밝게 시작해서 턱 쪽으로 향하면서 어두운 톤으로 바뀌고 있다. 다리는 몸통 아래를 마주 보고 있는 가장 어두운 부분에서 시작해서 중앙의 밝은 부분을 지나 다시 중간 톤으로 어두워진다. 몸통을 따라 서 있는 서로 다른 모양들과 주름들이 각각 밝음과 어두움을 반복하면서 표현되고 있다.

그레이디언트
음영의 변화에 따라 눈에 보이는 표면의 경사도.

[그림 5.1]
모양을 만드는 주요 그레이디언트를 노란색 상자로 표시해 놨다.

방향성

형태가 어떤 식으로 빛을 받는가를 살펴볼 때 중요한 측면 중 하나가 방향성(directionality)
이다. 방향성의 역할은 어디에서 빛이 들어오고 어디로 나가는지 관객에게 알리는 것
이다. 만일 캐릭터를 비추는 라이트가 중앙에 좌우대칭으로 놓여 있으면 [그림 5.2]의
왼쪽처럼 단조로운 결과가 나온다. 라이트가 한쪽에서 좀 더 많이 들어와 대칭성이 약
하다면 [그림 5.2]의 오른쪽처럼 각각의 곡면을 휘감는 라이트에 의해 캐릭터는 충분히
형태를 보여 준다.

[그림 5.2]
비대칭적으로 들어오는 빛(오른쪽)
이 형태를 결정하는 반면 정면에서
들어오는 빛은(왼쪽)은 이미지를
평면적으로 만든다.

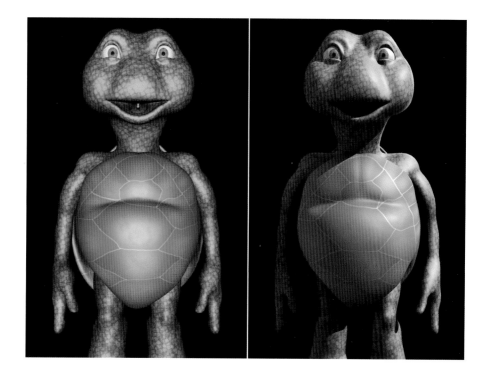

어느 것도 캐릭터를 정확히 반으로 나누어서는 안 된다. [그림 5.3]의 왼쪽은 터미네이
터terminator(음영의 경계 부분)가 캐릭터 형태를 정확히 이등분한 상황이다. 터미네이터
란 라이트가 어두운 부분으로 변하는 경계선을 말하는 것으로, 중앙에 위치하면 재미
없는 세로선처럼 보이고 캐릭터의 원형성(roundness)을 이끌어 내지 못한다. [그림
5.3]의 오른쪽이 보여 주는 것처럼 한쪽으로 비스듬히 기울어진 터미네이터가 캐릭터
의 형태를 더 잘 전달한다.

[그림 5.3]
거북이 껍질의 중앙을 가로지르는 세로선에서 터미네이터는 일직선으로 보인다(왼쪽). 라이트의 위치를 이동시켜 터미네이터를 곡선으로 만들면 전체 윤곽을 확실하게 보이게 하는 데 도움이 된다.

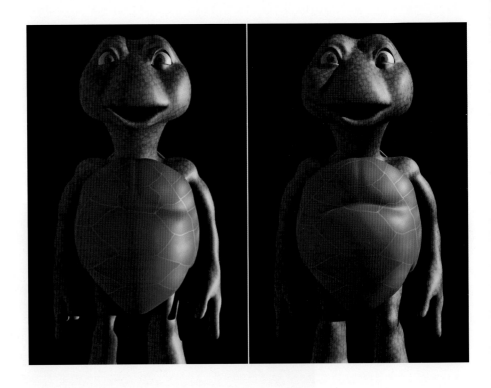

캐릭터가 받는 빛의 중심은 곧 캐릭터를 가로지르는 음영의 그레이디언트 중심과 같다. [그림 5.4]의 왼쪽에서 보는 밝은 가장자리를 가진 어두운 중심부의 조명은 캐릭터가 뒤에서 빛을 받는 것처럼 보이게 한다. [그림 5.4]의 오른쪽처럼 어두워지는 가장자리를 가진 밝은 중심부의 조명은 캐릭터가 좀 더 앞에서 빛을 받는 것처럼 보인다.

데피니션

어떤 샷이든 간에 캐릭터의 어떤 부분을 가장 명확하게 보이게 할지 결정해야 한다. 스토리상 중요한 부분과 전개 상황을 바탕으로 캐릭터의 일부를 라이팅으로 명확하게 드러낼 필요가 있다.

캐릭터의 얼굴을 밝힐 때는 얼굴을 각면 석고 같은 여러 평면의 조합으로 생각해 보는 것이 도움이 된다. [그림 5.5]처럼 머리를 크고 평평한 표면으로 단순화시켜서 상상해 보자. 면들을 잘 드러내기 위해 각각의 주요 평면들은 세팅된 라이트로부터 각기 다른 음영과 색조를 받아야 한다. 그렇게 함으로써 밝기와 컬러가 교차하는 곳에서 어떻게 변화하는지 본다. 예를 들면 코 앞, 콧방울, 그리고 코의 아랫부분은 각각 다른 값을 가지고 있다. [그림 5.5]의 오른쪽은 모든 면을 비추는 조명에 의해 드러난 얼굴을 보여 준다.

[그림 5.4]
어두운 중심부를 가진 셰이딩(왼쪽)과 밝은 중심부를 가진 셰이딩(오른쪽).

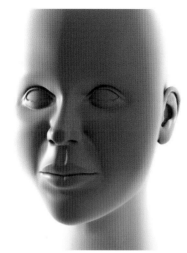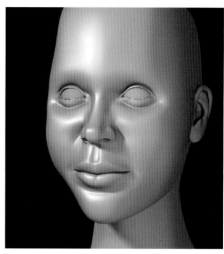

[그림 5.5]
얼굴의 선택 면들(왼쪽)은 머리 형태를 결정하는 면들(오른쪽) 간의 차이를 보여 준다.

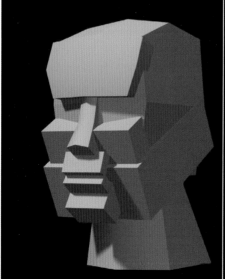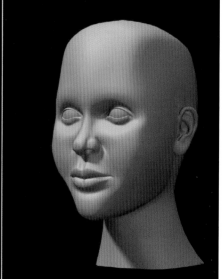

실제 시네마토그래피cinematography(영화 촬영 기법)에서 사람의 아우트라인은 언제나 완전히 보이지 않는다. 예를 들어 검은 바지를 입은 배우가 어두운 가구 앞에 서 있을

때 다리는 잘 드러나지 않는다. 그러나 얼굴이나 셔츠가 뚜렷이 보인다면 그 배우의 어떤 연기라도 관객에겐 충분히 잘 보일 만큼 비춰지고 있는 것이다.

반면 움직이는 캐릭터의 라이팅에서는 캐릭터의 연기에 중요한 영향을 미치는 몸 전체에 대해 먼저 생각해 봐야 한다. 예비 동작과 후속 동작을 위해 몸 전체에 애니메이션이 들어가고 있다면 몸을 따라 흐르는 곡선들을 라이팅으로 부각시키기 원할 수 있다. 시각적인 측면을 아무리 고려한다고 해도 캐릭터의 일부분이 어두운 영역에 들어가게 되면 캐릭터의 풍부한 연기와 관객과의 소통이, 미묘한 시네마토그래피를 흉내 내는 것보다 더 중요한 것이다.

데피니션
라이팅에 의해 샷, 캐릭터, 연기 등이 더 자세하고 분명해지는 것.

짧은 샷은 데피니션definition*을 추가하게 만드는 또 다른 요인이다. 샷이 짧아질수록 관객은 자신이 무얼 보고 있는지, 무슨 일이 일어나고 있는지 알아차릴 수 있는 시간이 줄어든다. 아주 짧게 편집될 시퀀스를 작업하고 있다면 좀 더 강하게 라이팅을 작업할 필요가 있다. 빛과 대비를 잘 이용하여 관객이 봐야 할 모든 것이 확실히 보이도록 해야 한다.

어둡고 희미한 샷에서조차도 캐릭터가 배경과 분리되어 분명하게 보이도록 하는 방법을 찾아야 한다. 캐릭터가 반만 비춰지고 있으면([그림 5.6]의 왼쪽 참조) 때때로 캐릭터의 어두운 부분 뒤로 라이트를 추가할 필요가 있다([그림 5.6]의 가운데 참조).

캐릭터를 둘러싼 림 라이트를 추가하는 것도 윤곽을 분명히 드러내는 또 다른 방법이다([그림 5.6]의 오른쪽 참조).

[그림 5.6]
캐릭터가 배경과 그다지 대조를 이루지 못할 때(왼쪽) 배경에 빛을 추가해서 콘트라스트를 증가시킬 수 있다(가운데). 아니면 캐릭터에 림 라이트를 추가해도 된다(오른쪽).

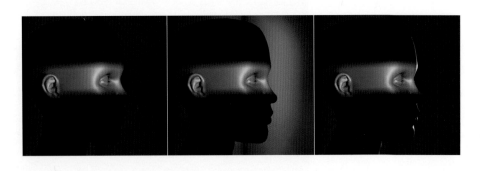

쓰리 포인트 라이트 Three-Point Lighting

가장 기본적이고 널리 알려진 조명의 접근 방식은 쓰리 포인트 라이트three-point lighting(삼 점 조명)라고 불리는 고전적인 할리우드식 기법이다. 쓰리 포인트 라이트의 다양한 변형을 통해 작은 소품에서 움직이는 자동차에 이르기까지 어떤 것이든 마음에 드는 라이팅을 할 수 있다.

사실 쓰리 포인트 라이트의 '포인트point'는 장면 내에서 특정한 목적을 수행하는 라이트의 세 가지 '역할'을 의미한다. 다음 섹션에서 CG상의 쓰리 포인트 라이트 생성에 대해 더 자세히 다루겠지만 사진과 영화에서 이것들이 어떻게 사용되어 왔는지 알아보는 걸로 시작하는 것도 도움이 될 것이다.

- 키 라이트는 물체의 주요 조명으로, 전반적인 라이팅 각도를 결정한다. 키 라이트는 보통 다른 라이트들보다 가장 밝기 때문에 장면 내에서 가장 어둡고 눈에 띄는 그림자를 던진다.

- 필 라이트는 키 라이트에 의해 받는 조명을 부드럽게 확장시켜 물체가 더 잘 보이도록 만든다. 필 라이트로 반사광이나 장면의 간접 광원 효과를 흉내 낼 수 있다.

- 림 라이트(혹은 백 라이트back Light)는 대상과 배경 간의 시각적인 구분을 돕는 가장자리를 만든다. 대상의 머리카락을 빛내기도 하고(그래서 어떨 때는 헤어 라이트hair light라고도 불린다), 어디에서 대상이 끝나고 배경이 시작되는지 보여 주는 경계선을 추가하기도 한다.

[그림 5.7]은 라이트를 하나씩 추가해서 인물화 스타일의 라이팅을 만들어 가는 과정을 보여 준다.

왼쪽 그림에서 모델은 키 라이트에 의해서만 빛을 받는다. 이 메인 라이트는 모델 얼굴의 대부분을 비추고 있으며 여기서 멈춘다고 해도 전체적인 그림은 봐줄 만하다. 그러나 얼굴의 다른 부분이 빛을 받지 못한 채 블랙으로 남아 있다.

가운데 그림에는 필 라이트가 더해졌다. 필 라이트는 키 라이트 밝기의 절반 이하이며, 얼굴의 다른 방향에서 들어오고 있는데, 키 라이트가 비추지 못하는 영역을 채워 준다.

오른쪽 그림에는 림 라이트가 더해졌다. 모델의 뒤쪽에서 들어와 머리와 어깨에 경계선을 만든다. 림 라이트는 실루엣을 선명히 하여 모델이 어두운 배경과 시각적으로 구분

되도록 도와준다. 설령 검은 배경 앞에서 검은 머리의 사진을 찍더라도 림 라이트는 머리카락의 실루엣, 결 그리고 디테일을 살려준다.

[그림 5.7]
왼쪽 사진은 오직 키 라이트만 보여 준다. 거기에 필 라이트를 더하고(가운데), 다시 림 라이트를 합치면 오른쪽 사진처럼 보인다.

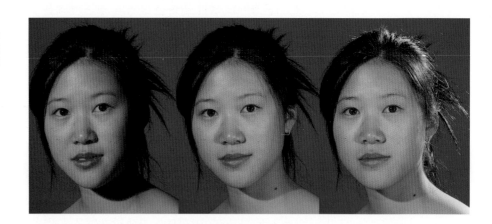

[그림 5.8]은 이 장면에 사용된 실제 라이트들의 위치를 보여 준다. 커다란 2000와트 라이트가 키 라이트와 림 라이트로 사용되었고, 그보다 작은 1000와트 라이트는 필 라이트로 사용됐다. 그림자와 조명을 부드럽게 만들기 위해 키 라이트와 필 라이트 앞에는 스크린을 장착했다.

[그림 5.8]
쓰리 포인트 라이트 세트가 대상을 중심으로 배치되어 있다.

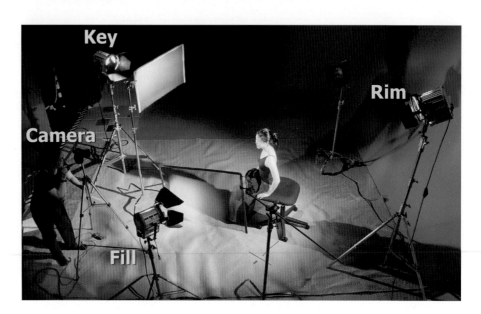

배리에이션

여러 가지 방법으로 기본적인 쓰리 포인트 라이트를 조절하고 변형해 볼 수 있다. [그림 5.9]는 콘트라스트를 더하고 빛의 방향성을 증가시켜 좀 더 선라이트 같은 효과를 내기 위해 림 라이트를 키 라이트와 같은 방향에 놓은 모습이다.

키 라이트와 필 라이트 간의 밝기 차를 키 투 필 레이쇼key-to fill ratio라고 부른다. 예를 들어 키 라이트가 필 라이트보다 2배 밝다면 그 비율은 2:1이 되는 것이다. 키 투 필 레이쇼가 2:1 정도면 콘트라스트가 많지 않은, 아주 밝은 이미지가 된다.

드라마틱한 작품에서 등장인물이 뉴스 앵커들이라 할지라도 이들을 모두 똑같은 쓰리 포인트 라이트으로 비추고 싶진 않을 것이다. 5:1이나 10:1같이 높은 키 투 필 레이쇼는 극도의 높은 콘트라스트 샷을 보여 준다. 장면의 일부분이 다소 어두울 수 있지만 보기에 나쁘진 않을 것이다. [그림 5.10]은 키 라이트와 림 라이트의 비율이 10:1인 장면이다.

[그림 5.9]
림 라이트와 키 라이트가 같은 방향에서 들어올 수도 있다.

[그림 5.10]
무대 안쪽에서 오는 림 라이트와 키 라이트는 중심부를 어둡게 남겨 둔다.

두 라이트 모두 대상의 뒤쪽에서 비추고 있는데, 이때 키 라이트가 뒤에서 움직이면 업스테이지 키upstage key라고 부르기도 한다. 하나의 작은 필 라이트가 사용되었고 모델의 목과 턱에서 자연스러운 반사가 일어나고 있다. 이것은 상투적인 쓰리 포인트 라이트이 아니라 말 그대로 키 라이트, 필 라이트, 림 라이트를 역할에 맞춰 사용한 것이다.

도구이지 법칙이 아니다

자칫 쓰리 포인트 라이트를 모든 장면에서 따라야 하는 기준으로 받아들이는 것은 실수이다. 각각의 장면은 경우가 모두 다르다. 간단하게 말하면 지금 세팅하고 있는 쓰리 포인트 라이트에서 각 라이트의 존재 이유에 대해 생각해 보지 않고 새 라이트를 추가할 수 없고, 배경에 사용된 라이트와 걸맞지 않은 라이트를 캐릭터 주변에 놓을 수 없다.

키 라이트, 필 라이트, 림 라이트는 자신만의 라이팅 디자인을 위한 툴에 불과하다. 현실 세계에서 사람들이 각각 얼마나 다른 조명을 받고 있는지 주변을 둘러보라. 예를 들면 키 라이트는 책상 위 램프에서 오고 있고, 필 라이트는 옆의 종이에서 반사되어 나오며, 또 다른 램프에 의해 림(테두리)이 생기는 순간을 발견할 수 있을 것이다.

쓰리 포인트 라이트으로부터 벗어나기 위해서는 장면 안의 모든 라이트가 각자 명확한 시각적 역할을 갖는 것이 중요하다. 키 라이트나 필 라이트, 또는 림 라이트의 역할은 장면 내에 수반되는 여러 라이트의 기능 중 세 가지일 뿐이다. 다른 역할들에 대해서는 다음 절에서 다룬다. 라이팅 디자이너로서 이미지에 더해지는 라이트가 정확히 어떤 것인지 감독, 관리하고 그 역할에 어울리는 이름을 붙이거나 설명할 줄 알아야 한다.

라이트별 기능 Function of Lights

앞에서 라이트가 제공하는 세 가지 시각적 기능을 알아봤다. 이번 절에서는 캐릭터에 사용되는 각 라이트의 역할과 그것들을 CG상에서 어떻게 셋업하는지 살펴볼 것이다.

- 키key
- 필fill
- 바운스bounce
- 림rim
- 키커kicker
- 스펙큘러specular

라이트가 각각 제 기능을 해내기 위해선 카메라와 상대적 관계를 유지하도록 배치해야 한다. 따라서 일반적으로 카메라의 위치를 먼저 결정한 뒤 라이트를 셋업한다. 만일 나중에라도 마음이 바뀌어 다른 각도의 카메라로 촬영하기로 한다면 라이트 역시 바꿔야 한다.

스튜디오마다 라이트의 이름을 붙이는 기준이 다르다. 가장 일반적인 방법은 역할에서부터 시작하거나 역할의 약자를 따서 붙이는 것이다. 만일 라이트 이름을 Key_Sun_ onDragon 혹은 Fill Sky onDragon 같은 식으로 붙였다면 그 장면을 보거나 라이트 리그light rig를 복사해서 쓰는 누구라도 각 라이트의 기능이 뭔지 쉽게 이해할 수 있을 것이다.

키 라이트

앞에서 언급했듯이 키 라이트는 장면의 전반적인 조명과 그림자, 그리고 빛의 방향을 정하는 가장 밝은 라이트이다. 특히 키 라이트의 방향(각도)을 선택하는 것은 모델 라이팅에서 가장 중요한 결정 사항 중 하나이다.

키 라이트를 카메라와 너무 가까이 위치시키면 [그림 5.11]의 왼쪽처럼 형태를 평평하게 만들어 버린다. 카메라로부터 최소한 30도 이상 회전시켜야 [그림 5.11]의 오른쪽처럼 얼굴의 데피니션을 살릴 수 있다.

[그림 5.11]
키 라이트를 중앙에 위치시키면 대상이 평면적으로 보인다(왼쪽). 이 경우 키 라이트를 옆으로 이동시켜 대상을 더 명확하고 선명하게 만들 수 있다(오른쪽).

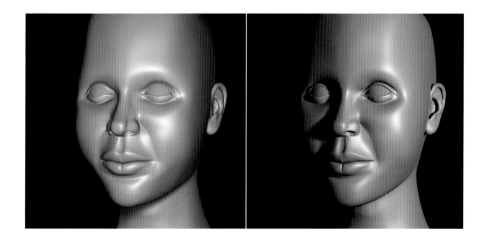

우리는 사람이 위쪽에서 조명을 받는 것에 익숙해져 있다. 그래서 머리 위에서 오는 조명이 당연하고 자연스럽게 느껴진다. [그림 5.12]의 왼쪽처럼 아래쪽에서 받는 조명은 불편하고 무섭게 보인다. 눈높이 위로 올라간 키 라이트가 좀 더 자연스럽게 보인다.

[그림 5.12]
머리 위에서 떨어지는 키 라이트는 평범해 보이는 반면, 로 앵글에서 오는 라이트는 귀신처럼 보인다(왼쪽).

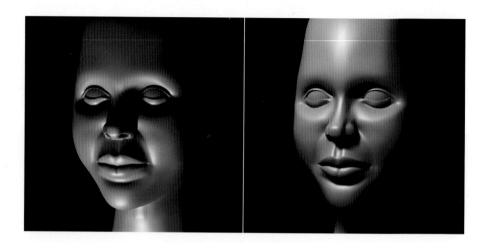

키 라이트를 배치할 때 경우에 따라 왼쪽 또는 오른쪽에 놓기도 하지만 대부분은 [그림 5.13]처럼 대상의 위쪽으로 30~60도, 좌우로 30~60도 사이에 놓는다.

키 라이트를 셋업할 때는 항상 다른 라이트 없이 독자적으로 테스트 렌더링을 걸어 본다. 그래서 다른 라이트를 추가하기 전에 키 라이트가 던지고 있는 빛과 그림자가 만족스러운지 확인한다.

필 라이트

필 라이트는 캐릭터의 나머지 부분이 보이도록 키 라이트의 영역 너머로 조명을 확장한다. 키 라이트가 태양이나 천장의 등 같은 역할을 한다면 필 라이트는 작은 램프나 간접광, 하늘 같은 역할을 한다.

이미 캐릭터를 위한 키 라이트를 셋업했다면 간단히 이것을 복사하는 것이 필 라이트를 더하는 가장 빠른 출발점이 될 수 있다. 키 라이트를 복사하는 것으로 시작했다면 헷갈리지 않도록 필 라이트로 이름부터 바꾼다. 그리고 회전시켜 필 라이트가 들어갈 자리를 잡는다.

[그림 5.13]
키 라이트의 전형적인 위치는 옆의
와이어 프레임 그림과 같다.

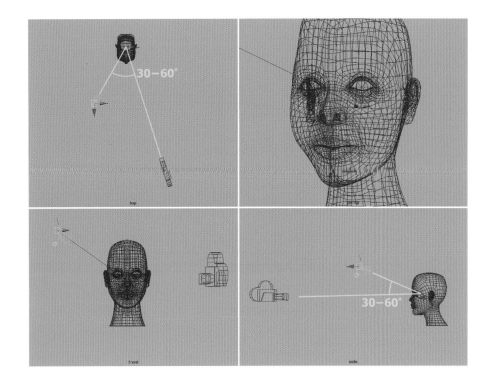

다음은 필 라이트를 키 라이트와 차별화시키기 위해 조정해야 할 몇 가지 사항이다.

- 필 라이트의 밝기를 키 라이트의 절반 이하로 줄인다.

- 키 라이트와 다른 색조를 준다. 보색 관계(키 라이트 : 노란색, 필 라이트 : 파란색 같은)가 캐릭터의 형태를 드러내는 데 가장 도움이 될 것이다.

- 필 라이트에 의해 생기는 그림자는 일반적으로 키 라이트의 그림자보다 부드러워야 한다.

첫 번째 필 라이트는 대개 키 라이트에 의해 생기는 그림자 부분을 겨눈다. 키 라이트만으로 테스트 렌더링을 했을 때 키가 닿지 못하는 블랙 영역을 갖게 된다([그림 5.14]의 왼쪽 참조). 여기에 필 라이트가 더해지면서 캐릭터를 둘러싼 보는 방향에서 빛이 비추어진다.

[그림 5.14]
오직 키 라이트만을 받는 모델(왼쪽)과 필 라이트가 더해진 상태의 모델(오른쪽).

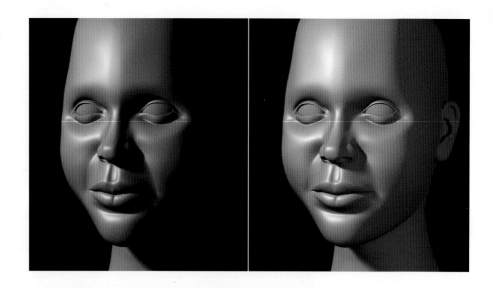

일반적으로 필 라이트는 키 라이트가 미치지 못하는 부분을 최대한 보충하기 위해서 키 라이트의 반대 방향에 배치한다. [그림 5.15]는 [그림 5.14]에 사용된 모델의 필 라이트 위치를 볼 수 있다. 때때로 필 라이트는 키 라이트보다 낮은 앵글에서 온다. 키 라이트가 하이 앵글에서 비추고 있다면 필 라이트는 아마 눈높이나 그보다 낮게 놓일 것이다.

캐릭터를 골고루 비추기 위해서 필 라이트가 여러 개 필요할지도 모른다. 이때 모든 필 라이트의 밝기 합이 키 라이트의 밝기보다 크지 않도록 주의하자. 키 라이트와 비슷하거나 더 밝아지면 콘트라스트가 줄어들고 캐릭터의 데피니션이 떨어진다. 2:1 이하의 아주 낮은 키 투 필 레이쇼를 적용하면 구름 낀 날이나 형광등 조명이 있는 방처럼 보인다.

전체 캐릭터를 비추는 필 라이트 외에도 특정 부분을 선택적으로 비추기 위해 라이트 링킹을 사용하는 필 라이트를 추가할 수 있다. 예를 들면 캐릭터의 치아에 그림자가 져서 흰 눈에 비해 너무 어둡거나 노랗게 보일 때 약한 파란색 기운의 필 라이트를 더해 잇몸과 이에만 링크시켜 볼 수 있을 것이다.

바운스 라이트

캐릭터의 바운스 라이트는 기본적으로 4장 '환경과 건축물의 라이팅'에서 설명한 세트 set의 바운스 라이트와 같다. 바운스 라이트는 필 라이트의 한 종류로 볼 수도 있다. 다만 한 가지 다른 것은 다른 광원이 아닌 간접광의 반사(bounce)를 흉내 낸다는 점이다.

[그림 5.15]
필 라이트는 옆의 와이어 프레임
그림처럼 키 라이트의 반대편에 추
가된다.

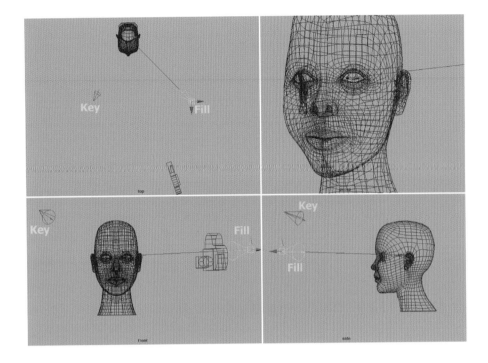

땅에서 반사되는 빛을 흉내 내기 위해서는 바운스 라이트를 땅에서 위쪽으로 향하게 한
다. 바운스 라이트는 대개 쿼드래틱quadratic 또는 인버스 스퀘어 디케이inverse square
decay 모드에서 가장 좋은 결과를 보여 준다. 그러므로 캐릭터가 표면에 가까울수록 근
처 부분이 더 많은 빛을 받는다.

캐릭터 라이팅에서는 그림자를 만들거나 앰비언트 오클루전에 의해 어두워지는 모든
바운스 라이트에 특별히 주의할 필요가 있다. 그래서 입 안이나 콧속, 그 외 다른 안쪽
표면이 너무 밝게 되지 않도록 조심한다.

또한 바운스 라이트는 스펙큘러 하이라이트를 만들어선 안 된다. 눈동자 아래쪽 하이라
이트가 바닥에 반사되는 부드러운 인다이렉트 라이트 때문에 생겼다면 아무도 믿지 않
을 것이다.

바운스 라이트의 색깔은 일반적으로 바닥이나 라이트가 부딪혀 반사되는 표면의 색깔
을 근거로 한다. 그런데 이 색깔이 캐릭터 위에선 어떻게 보일지 주의하도록 하자. 예를
들어 바운스 라이트가 너무 강한 초록색을 띠고 있으면 채도를 줄여 봐도 좋다. 캐릭터

에 좀 더 생동감을 불어넣기 위해 때로는 캐릭터를 때리는 바운스 라이트를 세트에 사용된 것보다 좀 더 따뜻한 계열의 색상으로 쓰는 것이 피부에서 반사되는 간접광을 흉내 내는 데 도움이 된다.

어떤 때는 캐릭터 간에 빛이 반사될 수도 있다. 특히 캐릭터가 야외의 태양 아래에서 밝고 진한 색상을 가지고 있다면 그때는 그 캐릭터에 컨스트레인constrain된 바운스 라이트를 추가해서 다른 캐릭터에 약하게 비춰지도록 한다.

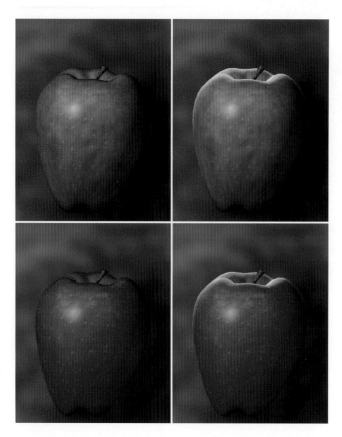

[그림 5.16]
림 라이트가 없을 때 사과는 배경 이미지의 톤과 비슷하다(왼쪽). 림 라이트를 더하니 비로소 배경과 차이가 난다(오른쪽).

림 라이트

이 장 시작에서 말한 것처럼 림 라이트는 캐릭터의 경계선을 구분 짓는 밝은 라인을 생성하는 게 목적이다. 림 라이트의 기원은 흑백 사진과 흑백 영화에서 찾을 수 있다. [그림 5.16]은 흑백 사진에서 전경과 후경의 물체가 얼마나 비슷한 회색 음영을 가질 수 있는지 보여 준다(왼쪽). 여기에 림 라이트를 더해 전경의 물체가 배경과 분리되는 것을 돕는다(오른쪽). 아래쪽 그림에서 보듯이 컬러 이미지에도 효과를 주기 위해서 림 라이트를 사용할 수 있다.

그 밖에 다양한 용도의 림 라이트가 CG 프로덕션에서 사용되고 있다.

• 특히 어두운 장면에서 시각적으로 캐릭터를 배경과 분리하기 위해

• 캐릭터의 주요 면(key side)을 밝게 만들어서 빛의 방향성을 강조하기 위해

• 관객의 눈을 특정 캐릭터나 강조하고 싶은 액션 쪽으로 끌기 위해

• 라이브 액션 배경과 CG를 합성할 때(왜냐하면 많은 촬영 감독들이 해가 낮게 떠 있을 때나 캐릭터 뒤에 백 리이팅 상황에서 찍는 것을 좋아하기 때문이다.)

[그림 5.17]은 캐릭터에 림 라이트를 비추지 않은 상태(왼쪽)와 림 라이트를 비춘 상태 (오른쪽)를 비교하고 있다.

[그림 5.17]
캐릭터에 림 라이트를 비추지 않은 상태(왼쪽)와 양쪽에서 림 라이트를 비춘 상태(오른쪽).

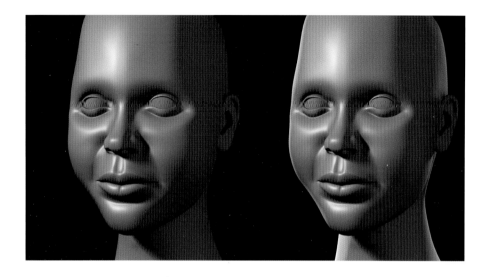

실제 사진 촬영에서 캐릭터 바로 뒤의 라이트는 림을 생성하지만 CG에서 불투명한 물체 뒤에 정확히 놓인 라이트는 림을 전혀 만들어 내지 못한다. 림 라이트는 대부분 라이트를 살짝 위나 한쪽으로 이동시켜야 하며 [그림 5.18]처럼 정확히 뒷부분에 놓지 않는다.

[그림 5.18]
3D 모델의 바로 뒤에서 오는 림 라이트는 전혀 보이지 않게 되기 쉽다.

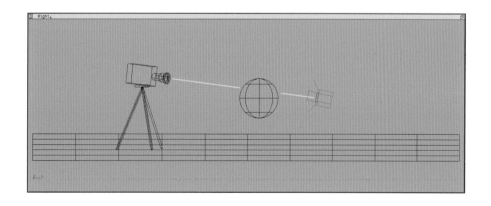

림 라이트를 얻기 위해서는 캐릭터 뒤쪽에 라이트를 놓는 것으로 시작한다. 그 다음 위 치를 이동시켜 카메라 뷰camera view니 퍼스펙티브 뷰perspective view로 봤을 때 라이트

자체가 화면상에 보이도록 한다. 카메라 뷰에서 보이는 라이트의 위치에 따라 캐릭터 위에 생기는 림의 위치도 조절할 수 있다. [그림 5.19]에서는 두 개의 림 라이트가 캐릭터의 머리를 향하고 있다. 카메라 뷰로 봤을 때 림 라이트가 캐릭터의 오른쪽에 있다면 캐릭터 오른편에 림을 만들 것이고, 카메라 뷰의 림 라이트가 캐릭터 위에 있으면 캐릭터의 머리끝에 림이 맺히게 된다. 카메라 뷰를 통해 보면서 팔다리나 머리, 어깨의 특정 부분 옆에 림 라이트들을 정렬시킬 수 있고, 그 밖에 원하는 다른 부위 어디든 림을 얻을 수 있다.

[그림 5.19]
[그림 5.17]처럼 사용된 림 라이트는 대상의 뒤쪽에 위치하고(왼쪽) 카메라 뷰를 사용해서 겨냥점을 잡았다(오른쪽).

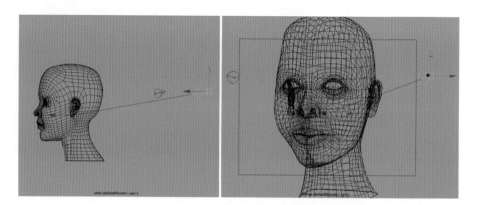

림 라이트는 대부분 캐릭터에만 링크시켜 배경 세트에는 영향을 미치지 못하도록 한다. 림 라이트를 제대로 위치시키려면 때론 캐릭터 뒤에 있는 벽을 통과해 빛날 필요가 있다. 그리고 그림자는 켜도록 한다. 그렇지 않으면 귀나 콧속, 입 안 등에서 캐릭터를 통과한 빛이 새어 나올 수 있다.

카메라 뷰를 통해서 위치를 판단할 때, 캐릭터와 림 라이트 사이의 거리가 림의 범위와 선명도를 결정한다. 얇고 좀 더 미세한 림 라이트를 얻기 위해선 카메라 뷰에서 보았을 때 캐릭터에 가깝게, 거의 바로 뒤까지 라이트를 이동시킨다. 림을 굵고 선명하게 보이게 하려면 프레임의 가장자리까지 캐릭터와 떨어트린다. 때로는 특별히 매끄러운 표면에 림 라이트를 더하기 위해 프레임 바깥으로 라이트를 살짝 이동시킬 필요가 있다.

림 라이트는 디지털상의 모델보다는 실제 사람에게서 더 분명하게 나타난다. 현실에서 보통 사람은 머리카락, 수염, 먼지, 옷의 섬유 등의 반투명 층(translucency layer)에 덮여 있기 때문이다. 이 섬세한 바깥쪽 레이어는 사람 바로 뒤에서 오는 림 라이트를 받아 통과시킨다.

만약 물체에 머리카락이나 털을 더하면 [그림 5.20]처럼 림 라이트가 갑자기 훨씬 뚜렷하게 나타난다. 머리카락은 림 라이트에 반응하는 많은 반투명의 가닥을 추가하기 때문에 때로는 머리카락의 림이 너무 밝아질 위험이 있다. 설사 캐릭터의 다른 부분에는 맞게 조절되었다 하더라도 말이다. 머리카락이 완전히 하얗게 빛나면 라이트 링킹을 이용하여 다소 어둡거나 캐릭터 바로 뒤에 정확히 위치하는 머리카락만을 위한 림 라이트를 따로 생성한다.

[그림 5.20]
털은 림 라이트에 대해 부드러운 서피스보다 훨씬 확실히 반응한다.

특별한 셰이더나 라이트의 옵션을 이용해 림 라이트가 오브젝트를 더 넓게 감싸도록 할 수 있다. [그림 5.21]에서 그 한 가지 방법을 보여 준다. 서피스의 페이싱 레이쇼facing ratio 항목을 셰이더의 하이라이트 크기에 연결함으로써 림 주변에 좀 더 넓은 반사광을 만들 수 있다.

[그림 5.21]
마야의 하이퍼셰이드에선 물체 테두리의 하이라이트 크기를 증가시키는 데 페이싱 레이쇼를 사용한다.

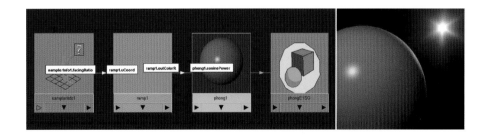

키커 라이트

키커 라이트는 림 라이트와 비슷하지만 캐릭터를 좀 더 넓게 감싼다. [그림 5.22]의 오른쪽처럼 캐릭터의 한 면이나 가장자리 전체를 비춘다.

시각적으로 키커는 림 라이트와 비슷한 기능을 수행하지만 훨씬 잘 보인다. 키커는 또한 캐릭터의 한쪽 면 영역에 데피니션을 더하고 어두운 장면에서는 콘트라스트를 강조한다.

[그림 5.22]
키커 라이트(오른쪽)는 림 라이트(왼쪽)보다 더 넓게 캐릭터를 비춘다.

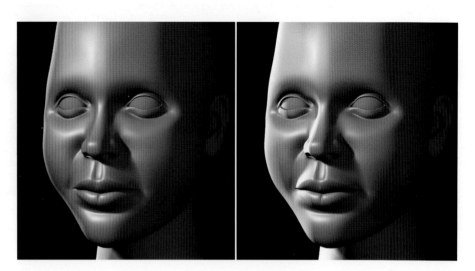

림 라이트는 종종 스타일상 장면 내 필요한 부분에 속임수처럼 사용되지만 장면 내의 어떤 라이트에서 생긴 것인지는 명확하지 않다. 반면 키커는 밝은 광원이 캐릭터의 한쪽 면에 확실하게 존재하는 경우에 한해 드물게 사용된다. [그림 5.23]은 림 라이트와 비교해 좀 더 캐릭터 측면에 치우쳐 있는 키커의 위치를 보여 주고 있다.

스펙큘러 라이트

스펙큘러 라이트(또는 스펙spec 라이트)는 캐릭터에 추가로 하이라이트를 주기 위해 고안되었다. 어떤 종류의 광원이라도 가능하지만 디퓨즈는 끄고 오직 스펙큘러만 켠 상태로 사용해야 한다.

[그림 5.23]
림 라이트가 캐릭터의 뒤쪽에 위치
하는 반면 키커 라이트는 좀 더 측
면으로 치우친다.

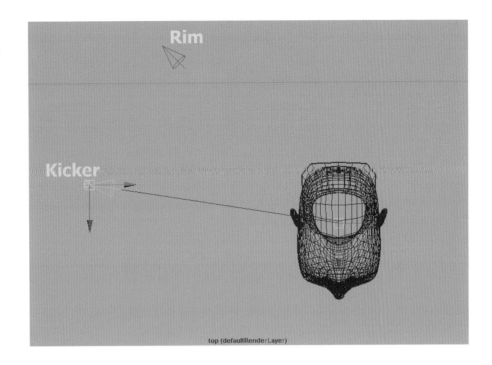

만약 캐릭터가 젖어 보이도록 만들려면 피부와 머리카락에 제대로 된 하이라이트가 반
드시 필요하다. [그림 5.24]의 왼쪽처럼 파충류나 도마뱀류의 가죽은 하이라이트나 반사
가 없다면 말라 보인다. 오른쪽 그림처럼 추가로 하이라이트를 넣어 줌으로써 이런 문제
를 해결할 수 있다. 캐릭터의 피부나 머리카락을 긁어내는 하이라이트를 추가하기 위해
스펙큘러 라이트는 림 라이트에서 그랬던 것처럼 대략 캐릭터의 뒤쪽에 위치한다.

뒤에서 다시 다루겠지만 스펙큘러 라이트는 눈에 하이라이트를 넣기에도 이상적이다.
눈이나 유리컵, 치아, 또는 캐릭터의 다른 빛나는 부분에 하이라이트가 맺히게 하고 싶
다면 스펙큘러 라이트의 위치를 카메라와 아주 가깝게 놓도록 한다. 카메라의 위치와
스펙큘러 라이트가 충분히 가까울 때 캐릭터가 어디로 움직이든 상관없이 하이라이트
는 계속 보일 수 있다.

[그림 5.24]
스펙큘러가 부족한 뱀은 메말라 보
인다(왼쪽). 스펙큘러 라이트는 비
늘의 반짝임을 더한다(오른쪽).

캐릭터 애니메이션 라이팅의 여러 쟁점들 Issues in Lighting Character Animation

위치나 자세를 바꾸는 생물체나 캐릭터를 라이팅하는 것은 고정된 모델을 라이팅하는 것보다 훨씬 복잡하다. 한 프레임에서는 완벽하게 세팅된 라이트도 캐릭터가 그림자 속으로 한 발자국만 움직이면 캐릭터를 전혀 비추지 못할 수 있다. 한 프레임에서는 멋지게 보이는 림 라이트도 캐릭터가 방향을 틀면 머리 부분을 지나치게 노출시킬 수 있는 것이다.

기술적으로는 여러 라이트를 그룹으로 묶거나 캐릭터에 컨스트레인시킴으로써 동일한 거리와 각도에서 캐릭터를 둘러싼 라이트들이 캐릭터의 움직임에 관계없이 따라다니게 할 수 있다. 하지만 이렇게 하면 라이팅을 항상 일정하게 유지할 수 있을지 모르나 라이트들이 확실한 이유 없이 캐릭터를 늘 따라다니는 것 같다면 결국 조명이 가짜처럼 보이게 될 것이다.

만약 라이트 소스 자체는 실제 현실처럼 고정된 채로 두고 캐릭터만 장면의 조명 내에서 움직인다면 캐릭터 라이팅은 대부분 더 자연스럽게 보인다. 그런데 여기서 가끔씩 속임수를 살짝 사용할 수 있다. 예를 들어 림 라이트는 캐릭터가 움직일 때 일관된 림 효과를 유지하기 위해 그 위치를 애니메이션할 필요가 있다. 필 라이트나 바운스 라이트도 경우에 따라, 특히 입 안 같은 특정 부위를 비출 때 캐릭터에 컨스트레인시킬 수 있다. 단, 실제로는 고정되어 있어야 할 라이트를 너무 많이 움직여 버리면 캐릭터가 보이는 장면의 세트 안이 아니라 다른 세상에 있는 것처럼 라이팅이 가짜처럼 보이니 조심해야 한다.

프레임 테스트

시간이 흐르면서 캐릭터 라이팅이 계속 변하기 때문에 라이팅을 테스트하고 보강하기 위해 각각의 샷에서 몇 개의 대표적인 프레임을 뽑는다. 첫 프레임과 마지막 프레임을 뽑을 수도 있고, 아니면 캐릭터의 위치가 앞뒤로 급격하게 변하는 아무 프레임이나 선택한다. 테스트해 볼 만한 다른 좋은 후보는 입 안을 볼 수 있도록 캐릭터의 입이 벌어진 프레임이다. 두 사람이 있거나 닿아 있는 물건이 있는 프레임도 좋다.

테스트하고 싶은 프레임 목록을 작성했으면 라이팅을 하면서 프레임들 사이를 움직여 본다. 한 프레임에서 림 라이트나 키 라이트를 잘 조정했다면 추가하거나 변경한 라이트들의 결과를 보기 위해 다른 프레임으로 바꿔서 테스트 렌더링을 해보고 싶을 것이다.

만일 필름 해상도로 작업하고 있다면 보통은 작업한 프레임 전부를 하룻밤에 렌더링할 수는 없다. 대신 새롭게 만든 몇 개의 주요 프레임은 라이트 세팅을 바꾼 후에 필름 해상도로 렌더링해 봐야 한다. 라이팅이 움직이는 걸 볼 필요가 있다면 낮은 해상도로 모든 프레임을 렌더링하거나, 좀 더 긴 샷에서는 두 프레임 혹은 세 프레임 간격으로 렌더링을 한다. 테스트 렌더링을 하는 프레임은 한 번에 필름 해상도로 전 프레임을 최종 렌더링하기 위한 열쇠이므로 심미안을 가지고 주의 깊게 봐야 한다.

캐릭터에 라이트 연결하기

캐릭터들이 자신만의 라이트가 필요한가? 만일 극장용 애니메이션 필름에서 라이팅 작업을 하고 있고 이미 세트를 밝히는 조명들이 있다면 세트용 라이트가 캐릭터도 비추게 할 수는 없는가? 이미 설치된 라이트를 받는 캐릭터가 어떻게 보이는지 몇 개의 프레임을 테스트 렌더링해 볼 수 있다. 그 결과가 만족스러울 때도 있겠지만 대부분은 세트를 비추는 라이트가 캐릭터를 비추고 싶은 라이트가 아니라는 걸 발견하게 될 것이다.

캐릭터를 위한 라이팅을 좀 더 창의적으로 조절하고 싶다면 오직 캐릭터하고만 링크된 별도의 라이트를 만들 필요가 있다. 그 다음에 세트용 라이트는 오로지 세트에만 링크시키고 캐릭터는 제외한다. 각도, 밝기, 라이트의 색깔 등은 세트용 라이트와 비슷해야 한다. 그러나 세트와 완벽하게 기술적으로 일관되기보다는 스토리 텔링에 도움이 되거나 애니메이션을 보여 주는 방법 속에서 캐릭터를 규정하는 데 더 무게를 두도록 한다.

많은 프로덕션에서 각 캐릭터들은 자신만의 독점적인 라이트 링크 그룹이나 라이트 리그를 가지고 있다. 이런 라이트들은 캐릭터가 어디서 등장하든 관계없이 각각 다른 배경에 맞춰 색깔이나 위치 등을 조절할 수 있다. 그러나 전등이 많은 사무실처럼 실제 광원이 많이 보이는 환경에서는 캐릭터용 라이트 리그 안의 키 라이트, 필 라이트 그리고 기타 라이트 외에도 추가로 세트의 실제 라이트가 캐릭터를 비추도록 해야 한다.

기술의 변화

라이팅 아티스트가 사용할 수 있는 도구들은 계속 늘어나고 있다. 특히 필 라이트와 바운스 라이트의 렌더링 처리에 대해서는 더더욱 그렇다. 보통의 뎁스 맵 섀도를 이용한 스포트라이트만 가지고 필 라이트나 바운스 라이트를 생성하는 것도 괜찮겠지만 오늘날 렌더러들은 앰비언트 오클루전, 이미지 기반 라이팅(IBL), 글로벌 일루미네이션 같은 다른 대안들을 가지고 있다. 이미 4장에서 이런 것들을 환경과 세트에 어떻게 적용시킬지에 대해 논의했다. 신기술을 캐릭터에 사용하는 문제에 있어서 애니메이션 업계는 이러한 기술을 조심스럽고 제한적으로 채택해 왔다. 그 이유는 간단히 말하면 애니메이션의 프레임마다 이것들을 계산하는 것이 너무 느렸기 때문이다.

캐릭터에 적용된 앰비언트 오클루전

앰비언트 오클루전은 한때 작품 제작에 사용하기에는 너무 느린 기술로 여겨졌지만 지난 5년 동안 그 인식이 바뀌어 요즘은 고품질 작업에 필수적이다. 이런 변화는 소프트웨어의 개선과 빨라진 컴퓨터의 결합에서 나온 것이다.

만일 캐릭터에 앰비언트 오클루전을 사용하고 있다면 그림자 때문에 필 라이트를 사용할 필요가 없을지도 모른다. 앰비언트 오클루전은 천의 주름 사이나 콧구멍, 겨드랑이, 귀 뒤쪽 같은 캐릭터의 안쪽 표면을 어둡게 만든다. 마치 필 라이트가 아주 부드러운 그림자를 뿌리고 있는 듯이 보인다. [그림 5.25]는 각각 앰비언트 오클루전이 적용된 캐릭터, 그림자 없이 필 라이트를 적용시킨 캐릭터, 그리고 오클루전과 필 라이트가 같이 사용된 캐릭터를 보여 주고 있다.

좀 더 사실적인 결과를 위해서, 만일 사용하고 있는 렌더러가 앰비언트 오클루전을 특정 라이트 셰이더에 연결하는 기능을 제공한다면 필 라이트나 바운스 라이트를 받는 부분을 어둡게 하기 위해 오클루전을 사용하겠지만 키 라이트를 받는 부분은 제외한다. 키 라이트를 받는 부분은 앰비언트 오클루전에 영향을 받지 않아야 뿌려지는 그림자의 방향이 제대로 나온다. 오직 필 라이트 부분만 앰비언트 오클루전에 의해 어두워질 것이다. 특히 필 라이트와 키 라이트의 색이 서로 다르다면 그림자 부분에서 다른 색상끼리 사실적으로 블렌딩시키는 것이 전체 장면을 좀 더 현실감 있게 만든다. 어떤 라이트가 앰비언트 오클루전에 의해 어두워질 것인지, 어떤 라이트가 그렇지 않을 것인지 고르는 것은 모든 렌더러에 해당되는 사항은 아니다. 앰비언트 오클루전 사용을 위한 하나의 가이드 라인일 뿐이다.

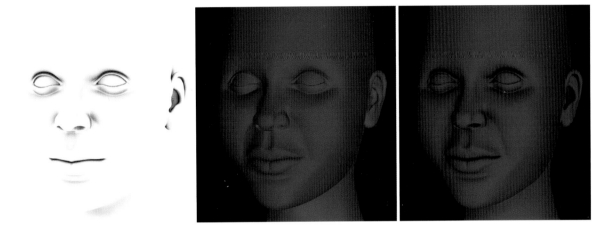

[그림 5.25]
그림자가 없는 필 라이트만 렌더링한 후(가운데) 캐릭터 위의 오클루전(왼쪽)을 사용해서 이 둘을 멀티플라이시키면 필 섀도와 비슷한 결과(오른쪽)가 나온다.

때때로 사람들은 전체 셰이딩에서 앰비언트 오클루전이 비현실적으로 많이 보일 정도로 이를 남용하기도 한다. 앰비언트 오클루전에 의해 생긴 암부가 키 라이트 섀도만큼 어둡고 두드러져 보이는 것은 부드러운 전등빛이 비추는 방 안이나 구름 낀 날의 야외처럼 키 투 필 레이쇼가 아주 낮을 때만 현실적으로 보인다. 앰비언트 오클루전은 보기에 멋지지만 라이팅의 한 구성 요소에 불과하다. 그리고 그것은 때로 아주 미묘하다.

만일 애니메이션을 빨리 렌더링할 필요가 있고 앰비언트 오클루전을 모든 프레임에 사용할 수 없다면 제한된 양의 앰비언트 오클루전을 캐릭터에 맵으로 베이킹하는 것도 하나의 방법이 될 수 있다. 콧속이나 입 안, 귓속과 귀 주변 부분 등을 위해 앰비언트 오클루전을 텍스처 맵으로 베이킹하기 원할지 모른다. 이 베이킹된 앰비언트 오클루전은 키 라이트에 의해 어두워지는 부분이 아니라는 걸 조심하도록 한다. 이들은 대부분 필 라이트에 의해 어두워지는 부분이다.

캐릭터의 IBL과 GI

IBL은 필 라이트를 위한 굉장히 훌륭한 소스이며 환경에 사용된 것처럼 캐릭터에도 사용될 수 있다. 일단 한번 IBL을 사용하게 되면 많은 필 라이트와 바운스 라이트를 더 이상 추가할 필요가 없음을 알게 될 것이다. 특히 야외 장면에서는 더욱 그렇다. IBL은 아주 먼 거리에서 오는 빛을 시뮬레이션할 때 아주 좋다. 따라서 하늘에서 오는 필 라이트를 표현하기엔 완벽할 수 있지만 근처 램프에서 오는 필 라이트를 표현하기엔 맞지 않는다.

글로벌 일루미네이션은 보통 대규모의 캐릭터 애니메이션에 사용하기에는 너무 느리다고 여긴다. 따라서 사용하더라도 간략하게, 서피스 사이에 한 번의 바운스만 제공하고 전체 세트를 비추는 대신 간단하게 만든 모델(더미 모델)에 근거한 인다이렉트 라이트만 계산한다. 앰비언트 오클루전이 그랬던 것처럼 언젠가는 애니메이션에서 GI도 일상적인 것이 되겠지만, 그렇게 되기까지는 컴퓨터가 더 빨라져야 할 것이다.

필 라이트와 바운스 라이트를 추가하는 수많은 옵션들이 있지만 그 밖의 다른 기능들은 여전히 뎁스 맵이나 레이트레이스드 섀도를 이용한 기본적인 스포트라이트를 이용해 추가하는 것이 가장 좋다. 키 라이트, 림 라이트, 키커 라이트 그리고 스펙큘러 라이트는 지난 10년간 그리 크게 변하지 않았을 뿐만 아니라 앞으로도 당분간은 다른 것으로 대체될 것 같지 않다.

서브서피스 스캐터링

3D 소프트웨어의 많은 셰이더들은 트랜스루선시translucency 파라미터를 가지고 있다. 이것은 나뭇잎이나 전등갓, 또는 종이처럼 얇은 막의 표면에서 빛이 산란을 일으키며 투과하는 것 같은 반투명 효과를 만든다. 그러나 캐릭터처럼 더 두터운 물체에서 피부의 트랜스루선시 효과는 서브서피스 스캐터링subsurface scattering(SSS) 셰이더를 이용해서 가장 잘 표현해 낼 수 있다. [그림 5.26]은 불투명한 셰이더를 적용한 머리(왼쪽)와 SSS 셰이더를 이용해서 왼쪽 귀 뒤의 밝은 림 라이트에 깨끗하게 반응하는 머리(오른쪽)를 보여 준다.

SSS는 반투명 재질 안에서 확산되는 빛의 방사를 흉내 낸다. 피부 표면 텍스처 매핑에 들인 정성과 상관없이 피부가 사실적인 트랜스루선시를 갖지 않으면 여전히 가짜 피부처럼 보인다. 피부 위에서 SSS 효과는 크게 세 부분에서 보인다.

• 코나 귀같이 몸의 얇은 부분 뒤쪽에서 밝은 라이트가 들어올 때 붉게 빛난다. 빛이 피부 표면의 먼 측면에서 들어와 산란 후 앞쪽으로 빠져나가기 때문에 이것을 포워드forward 스캐터링이라고 부른다.

• 빛이 어둡게 변하는 경계 부분(terminator)에서도 붉은 글로glow 현상이 발생한다.

이 역시 포워드 스캐터링 때문이다.

• 피부 위에 생긴 그림자의 가장자리도 붉은 기운을 띤다. 이는 백back 스캐터링 때문이거나 혹은 라이트가 살 속으로 들어온 다음 다시 그 지점 근처로 빠져나가기 때문이다. 이런 현상은 뺨처럼 살이 많은 부분에 더 많이 생긴다.

실제 사진을 가지고 이런 효과들이 어떻게 일어나는지 [그림 5.27]을 통해 살펴보자. 효과를 분명히 보기 위해 아주 밝은 라이트를 사용했다. 대부분의 경우 SSS는 아주 미세

[그림 5.26]
서브서피스 스캐터링이 없다면 캐릭터는 불투명하다(왼쪽). 서브서피스 스캐터링을 사용하면 귀 뒤쪽 어디에 라이트가 위치하고 있는지 알 수 있다(오른쪽).

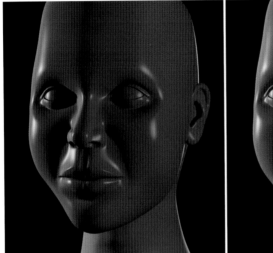
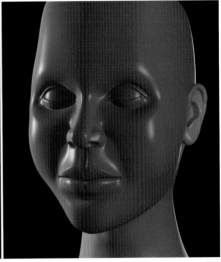

[그림 5.27]
서브서피스 스캐터링 사진에서 우리는 전면부 분산과(A) 붉은 톤을 가진 음영의 교차(B), 그리고 그림자의 붉은 가장자리 부분(C)을 볼 수 있다.

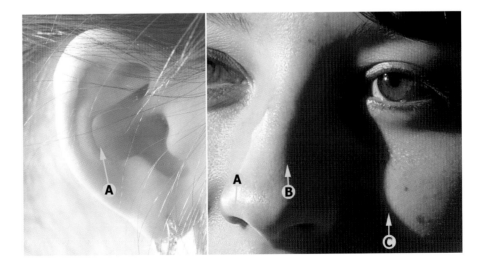

하다. 그러나 인간의 피부는 일상적으로 아주 익숙한 재질이라 피부 셰이딩에 관련해서는 손톱만큼 미묘한 디테일이라도 캐릭터가 매력적이고 살아 있는 것처럼 보이게 하기 위해서 아주 중요하다.

일단 서브서피스 스캐터링이 스킨 셰이더에 사용됐다면 치아나 안구처럼 머리의 다른 부분들의 스캐터링도 고려하는 게 좋다. SSS는 모델을 통과하는 라이트를 흉내 내는 것이라는 점을 기억하라. 따라서 머리의 안쪽(속) 부분들도 그 연장선상에 있어야 한다.

매핑의 응용

SSS로 렌더링된 캐릭터의 머리가 살과 뼈로 이루어진 것이 아니라 왁스로 만들어진 것처럼 보일 때가 있다. 그 이유는 얼굴의 다른 부분마다 스캐터링에 차이를 주는 페인팅 맵painting map 없이 SSS를 적용한 결과이다. 왁스는 빛을 일정하게 산란시키는 아주 균질한 물질이기 때문에 완전히 고른 형태의 SSS는 캐릭터를 밀랍 인형처럼 매끈하게 보이게 하는 것이다.

피부 아래에는 뼈, 근육, 연골, 그리고 지방의 혼합물 들어 있고, 이것들은 각각 빛을 피부 아래 다른 깊이에서 다른 식으로 산란 및 분산시킨다. 물리적으로 이런 모델을 애니메이션하려면 터무니없이 복잡하다. 그러나 SSS를 제어하기 위해 실제 보이는 여러 요소들을 맵으로 만들어 모사할 수 있다. 예를 들어 백 스캐터링 효과는 피부 아래 살이 더 많은 볼 같은 부분에서 더 분명하게 보인다. 하지만 턱이나 이마처럼 피부 아래 바로 뼈가 있는 부분은 더 어두워질 것이다. SSS의 깊이와 크기를 조절하기 위해, 즉 얼마나 깊이 스며들지 조절하기 위한 맵을 한 장 만들고 인다이렉트 라이트 색을 조절하기 위해 다른 맵 한 장을 만들어서 혈관이나 피부 조직을 표현한다.

속임수로 서브서페이스 스캐터링 효과 구현하기

부드럽고 자연스러운 SSS 효과를 구현하기 위한 셰이더와 솔루션들이 늘어나고 있다. 하지만 이것들을 제대로 세팅하기 위해서는 시간이 필요하고 렌더링 시간도 증가한다. 지금 사용하는 셰이더와 라이트를 간단히 조절해서 일부 SSS 효과를 흉내 낼 수 있다.

- 캐릭터가 받는 바운스 라이트의 색조를 좀 더 따뜻한 계열로 만들어 보자. 옅은 분홍이나 붉은색은 인다이렉트 라이트를 받는 피부의 느낌을 만드는 데 도움이 된다.

- 컬러 그레이디언트를 조절할 수 있는 아무 셰이더나 램프ramp 셰이더 등을 사용해서 명암의 경계선 부분이 단순한 화이트에서 블랙으로 변하는 것이 아니라 붉은 기

운이 돌도록 한다.

- 색깔 없는 주름들은 SSS 없이 범프bump나 디스플레이스먼트 맵displacement map을 사용하고 있다는 결정적 증거이다. 캐릭터의 손이나 얼굴에 주름을 매핑할 때는 주름 안쪽도 붉은 계열로 색을 넣도록 한다.

캐릭터의 피부색이 어떻든 간에 피부 아래에는 붉은 피가 흐른다. 이 피가 SSS 효과로 인해 더해지는 색조의 가장 큰 원인이 된다. 심지어 초록색 피부를 가진 외계인조차도 따뜻한 톤의 스캐터링 효과를 스킨 셰이더에 적용해서 성공적으로 렌더링해 왔다.

머리카락 라이팅

캐릭터의 머리카락이나 털을 렌더링하는 데 가장 큰 관심사는 이 작업이 렌더링 시간을 얼마나 지연시키는가 하는 것이다. 만일 피사계 심도(depth of field ; DOF)를 사용하고 있지만 캐릭터만큼은 완전히 초점이 맞은 상태라면 DOF 계산 없이 캐릭터만 별도의 레이어로 렌더링해서 시간을 절약할 수 있다. 머리카락이나 털은 레이트레이싱을 무척 느리게 만든다. 일반적으로 머리카락이나 털은 레이트레이스드 섀도나 리플렉션에서 제외시키는 게 좋다.

머리카락은 대부분 뎁스 맵 섀도 방식으로 렌더링된다. 렌더맨의 딥 섀도 맵Deep Shadow Map이나 멘탈레이의 디테일 섀도Detail Shadow같이 어떤 렌더러들은 머리카락 등의 렌더링을 위해 특별히 고안된 섀도 맵 방식을 가지고 있다. 머리카락은 섀도 맵 각 각의 샘플 값에 비해 너무 가늘기 때문에 섀도 맵을 머리카락 자체에만 집중해서 딱 맞출 필요가 있다. 이게 바로 캐릭터의 머리카락만을 위해 별도의 조명을 사용하는 이유 중 하나다.

이 라이트는 또한 머리카락 위에 보다 완벽한 림 라이트가 맺힐 수 있도록 만든다. 머리카락은 일반적인 서피스보다 더 적극적으로 림 라이트를 반영하는 경향이 있다. 따라서 림 라이트의 세기를 낮춰 별도의 방향으로 머리카락에 설정하면 머리카락이 하얗게 세는 일 없이 훌륭한 테두리 윤곽선을 제공할 수 있다.

눈 라이팅

눈은 크게 공막(흰자), 홍채, 동공 세 부분으로 구성되어 있다. 공막은 희다기보다는 약간 회색이 되어야 하고, 눈의 하이라이트만큼 밝거나 흰색이어선 안 된다. 대개 창백한 회색이거나 약한 노란색을 띠며 빛을 받을 때 가장자리 쪽은 어둡게 빛난다.

공막은 홍채와 반대 방향으로 음영이 진다. [그림 5.28]에서 눈은 왼쪽 상단에서 빛을 받고 있다. 공막의 그라데이션은 당연히 왼쪽 상단이 가장 밝다. 반면에 홍채는 우측 하단 부분이 가장 밝다. 또 홍채가 공막보다 훨씬 평평해 보이는 걸 보라. 그래서 그 자체의 음영 변화는 크지 않다.

[그림 5.28]
흰 선들은 사진의 컬러가 위아래 그레이디언트 색상 중 어디쯤에 속하는지 보여 준다. 공막(흰자)의 색은 키 라이트 쪽으로 가장 밝고 점차 어두워진다(위). 반면 홍채의 그레이디언트는 어둡게 시작해서 하이라이트의 반대편으로 갈수록 밝아진다(아래).

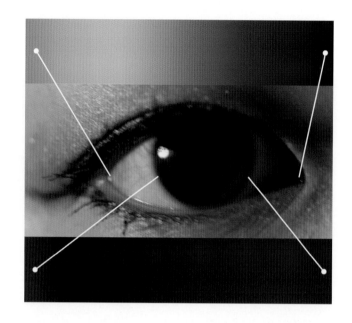

눈에 보이는 음영은 눈의 지오메트리 모양 때문에 생기는 것이다. [그림 5.29]에서 보듯이 홍채는 상대적으로 평평하다 못해 수정체 아래쪽에 놓인 눈 안쪽을 향해 살짝 들어가 있다.

캐릭터의 눈을 진짜 사람 눈과 너무 똑같이 모델링할 필요는 없다. 진짜 눈은 굴절에 의해 홍채의 색깔이 수정체의 표면에 맺힌다. 심지어 수정체를 옆에서 볼 때도 그렇다. 만일 반사를 위해 전체 애니메이션을 레이트레이싱하려는 게 아니라면 간단히 홍채를 눈의 표면에 가깝게 놓는 것이 더 나은 결과를 얻을 것이다.

[그림 5.29]
눈 모델의 지오메트리가 사실적인
셰이딩을 만든다.

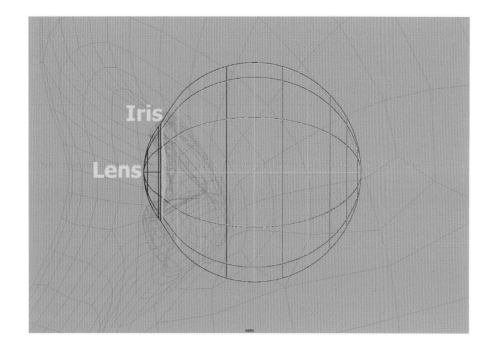

눈의 오클루전

눈의 가장자리 부분은 눈꺼풀과 속눈썹에 의해 그림자가 진다. 속눈썹이 샷에서 거의 안 보일 만큼 아주 얇거나 작더라도 여전히 눈의 가장자리를 어둡게 하는 셰이딩에 미묘하게 일조하고 있다. 때로는 추가적인 셰이딩이 눈의 동그란 형태에서 비롯되는 원형성(roundness)을 강조할 수도 있다.

앰비언트 오클루전은 눈의 가장자리를 어둡게 하기 위해 사용한다. 때론 캐릭터의 눈을 위해 별도로 조절한 앰비언트 오클루전 셰이더를 사용할 필요도 있을 것이다. 그럼으로써 눈알과 눈꺼풀 사이의 아주 작은 거리 때문에 생기는 음영을 표현할 수 있다. 눈의 오클루전은 텍스처로 베이킹하거나 고정된 맵을 쓰지 말고 프레임마다 계산해야 한다. 코 안쪽이나 귓속 같은 부분은 오클루전을 베이킹해서 사용하더라도 눈은 프레임마다 계산해야 눈가 눈꺼풀이 서로 가까워졌을 때 안구이 저당한 부분에 음영이 제대로 진다.

눈의 하이라이트

눈에 하이라이트를 주는 것은 캐릭터가 살아 있는 것처럼 보이게 한다. 하이라이트가 없으면 캐릭터의 눈은 비정상적으로 말라 보인다. 따라서 캐릭터 눈의 하이라이트는 넓은 샷 내에서 단지 몇 픽셀에 불과하지만 이미지 내의 가장 중요한 픽셀 중 하나이다.

눈의 라이팅도 다른 부분과 똑같이 시작한다. 캐릭터의 키 라이트와 다른 라이트들만으로도 충분히 눈에 스펙큘러 하이라이트를 맺히게 할 수도 있겠지만 만일 키 라이트가 눈에 하이라이트를 맺히게 할 만큼 충분히 역할을 못하면 새로운 스펙큘러 라이트를 하나 만들도록 한다.

전적으로 캐릭터의 안구만을 위해 라이트 링킹을 이용하도록 하고 해당 라이트의 디퓨즈는 끄고 스펙큘러 라이트만 방출하도록 세팅한다. 일단 이 스펙큘러 전용 라이트를 샷의 키 라이트 근처에 배치하는 것으로 시작하지만 어떤 애니메이션 샷에서도 이 스펙큘러가 보이도록 하기 위해 스펙큘러 라이트를 카메라에 아주 가깝게 붙이는 방법을 쓸 수 있다. 카메라 옆에 붙인 후에는 이 스펙큘러 라이트를 살짝 옆이나 위로 움직여 눈에 맺히는 하이라이트 위치를 조절한다.

눈의 하이라이트는 위쪽 눈꺼풀 바로 아래에 보여서는 안 된다. 하이라이트는 위쪽 눈꺼풀에 의해 그림자가 지거나 오클루전 효과가 발생하므로 눈이 감길 땐 없어진다. 아래 눈꺼풀을 따라 흐르는 눈 아래쪽의 하이라이트는 캐릭터가 울고 있거나 눈물을 머금고 있는 것처럼 보이게 한다.

[그림 5.30]에서 보듯이 가장 납득할 만한 하이라이트의 위치는 홍채 가장자리를 따라 오른쪽에 해당한다. 이것은 마치 수정체의 가장자리가 하이라이트를 잡은 것처럼 보여 수정체의 볼록한 모양을 역설적으로 강조한다.

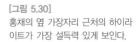
[그림 5.30]
홍채의 옆 가장자리 근처의 하이라이트가 가장 설득력 있게 보인다.

동공을 분명하게 그리고 완전한 블랙으로 유지하기 위해 하이라이트와 떨어트린다. 하이라이트를 눈동자 가운데에 가깝게 위치시키면 동공이 회색으로 보이고 캐릭터가 멍해 보인다. 카메라 플래시가 눈동자 중앙에 부딪히는 룩을 얻기 원한다면 흰색이나 회색 하이라이트를 눈 중앙에 남겨두는 것보다는 동공이 빨갛게 보이도록 눈 셰이더를 조절하는 게 더 나을 것이다.

Exercises

사람이나 동물을 비추는 조명은 일상을 살아가면서 관찰해야 할, 그리고 모든 주변 환경으로부터 배울 수 있는 주제이다. 영화나 사진도 공부할 가치가 있는 또 다른 재료이다. 지속적으로 자신의 캐릭터를 라이팅해 보는 연습을 하도록 하자. 이를 통해 캐릭터를 명확히 보이게 하고 각 장면과 캐릭터를 어울리게 할 수 있다.

1 아무 3D 장면이나 열어 간단히 하나의 라이트만 사용해서 렌더링해 보도록 한다. 그림자가 지는 곳은 그냥 어둡게 둔다. 키 라이트의 위치를 제대로 잡았다면 단 하나의 라이트만으로도 광원, 그림자 그리고 명암의 경계선 부분을 이용해 장면을 명확히 할 수 있다. 이 원 라이트one-light 렌더링이 마음에 들었다면 필 라이트나 바운스 라이트를 추가하거나 글로벌 일루미네이션을 사용하기 위한 훌륭한 시작점을 발견한 것이다.

2 DVD의 한 장면을 캡처해 캐릭터가 어떻게 빛을 받고 있는지 공부한다. '빛으로 모델링하기' 섹션에서 설명했듯이 캐릭터와 만나고 있는 그레이디언트를 찾도록 노력하라. 그런 그레이디언트가 물체와 광원 사이에 무엇을 말하고 있는가? 만약 이 장면을 3D에서 라이팅하고 있다면 캐릭터와 만난 그레이디언트와 똑같이 보이는가?

3 자신이 애니메이터가 아니고 움직이는 주제에 대한 라이팅한 경험이 필요하다면 팀을 짜서 그룹 프로젝트를 해본다. 학교에서든 인터넷을 통해서든 상관없다. 애니메이션 프로젝트에서 장면을 라이팅하는 것만큼 캐릭터 라이팅에 빠져들게 만드는 경험은 없다.

06
CHAPTER

카메라와 노출
Cameras and Exposure

카메라 셔터가 열리고 빛이 필름 센서에 닿는 순간 노출이 그 무엇보다 중요하다. 노출을 제어하기 위한 촬영 감독이나 사진사들의 조작은 피사계 심도나 모션 블러, 그 밖에 다른 샷의 속성에도 영향을 미친다. 3D 아티스트들은 종종 실제 카메라의 효과를 흉내 내거나 그것과 3D 샷을 매치시켜야 할 때가 있다. 어떤 경우든—실사와 합성될 시각 효과 요소들을 렌더링하든, 단지 3D 장면을 좀 더 사실적이고 극적으로 보이게 만들려고 노력하든—간에 실제 카메라가 어떻게 동작하는지 이해하고 카메라의 렌즈나 f-stop, 그리고 셔터 각도 같은 정보를 읽을 수 있다면 많은 도움이 된다.

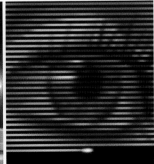

f-stop과 피사계 심도 이해하기 Understanding F-Stops and Depth of Field

피사계 심도(depth of field ; DOF)는 얼마나 많은 장면의 영역이 초점 안으로 들어올지 결정한다. 좁은 DOF에서는 지정된 초점 거리 근처의 좁은 영역만 초점이 맞고 나머지 더 가깝거나 먼 물체들은 모두 블러링blurring*된다.

사진사나 촬영기사는 카메라의 조리개 크기를 조절함으로써 DOF를 제어한다. [그림 6.1]에서 보듯이 조리개의 크기는 금속 조각의 배열 상태에 따라 달라진다.

조리개 값은 f-stop으로 표시된다. [그림 6.2]를 보면 카메라 렌즈 위에 f-stop 값이 일련의 숫자로 표시되어 있다. f-stop이 1단위 증가하면 정확히 절반만큼의 빛이 필름에 닿는다. 렌즈마다 조리개 구경의 최댓값과 최솟값이 다 다르다. 하지만 대개 1.4, 2, 2.8, 4, 5.6, 8, 11, 16, 22 그리고 32의 f-stop 값은 포함하고 있다. 눈치챘는지 모르겠지만 이 숫자들은 두 개씩 거듭제곱과 루트($\sqrt{}$) 값의 관계를 갖고 있다.

f64처럼 f-stop 값이 올라갈수록 조리개는 더 좁아진다. 이것은 들어오는 빛의 양이 아주 적지만 아주 넓은—그래서 딥 포커스deep focus(깊은 심도)라고 불리는—피사계 심도를 만들어 낸다. [그림 6.3]의 왼쪽에서 보는 것처럼 딥 포커스상에서는 한 번에 잡히는 모든 물체에 초점이 맞는다.

f1.4같이 낮은 f-stop 값은 조리개가 넓게 열려 더 많은 빛이 들어오는 것을 의미한다. 빛이 들어오는 범위가 더 커짐으로써 아주 얇은 DOF를 만들어 내어 [그림 6.3]의 오른쪽처럼 몇몇 오브젝트만이 초점이 맞는다. 어떤 물체라도 카메라 쪽으로 다가오거나 초점 거리 뒤로 멀어지면 급격하게 초점에서 벗어난다.

3D 프로그램에서 DOF 효과는 피사계 심도를 흉내 내기 위해 f-stop 값이 필요하다. [그림 6.4]에서 보는 것처럼 아주 제한적인 심도를 원한다면 f1.4같이 낮은 값을 택하고, 깊은 심도를 선호한다면 f64 같은 큰 값을 고르면 된다.

실제 카메라에서 피사계 심도는 사실 선택한 f-stop의 부수적인 효과에 불과하다. f-stop의 일차적 기능은 필름이나 센서에 전달되는 빛의 양을 조절하는 것이다. 1.4에서 2, 2에서 2.8처럼 f-stop이 한 단계씩 증가할수록 빛의 양이 정확히 절반만큼 감소한다.

블러링
초점이 맞지 않아 뿌옇게 흐려지는 것.

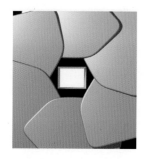

[그림 6.1]
금속판 조각 세트로 이루어진 카메라의 조리개가 확장될 때 이루어지는 6각형 모양은 때론 렌즈 플레어 모양으로 나타나기도 한다.

[그림 6.2]
카메라 렌즈에 붙어 있는 조리개 링은 f-stop을 결정하기 위해 사용된다. 새로 나온 렌즈 중에는 f-stop이 카메라를 통해 자동으로(전자적으로) 선택되기 때문에 이 링이 없는 것도 있다. 하지만 f-stop 숫자들은 여전히 같은 방식으로 동작하고 있다.

[그림 6.3]
조리개가 좁으면 깊은 피사계 심도를 만들고(왼쪽), 조리개가 넓어질수록 얕은 피사계 심도를 만든다(오른쪽).

[그림 6.4]
프로그램상의 조리개 값을 조정하여 피사계 심도를 조절하는 것은 낮은 f-stop 값에서 얕은 심도를 제공한다.

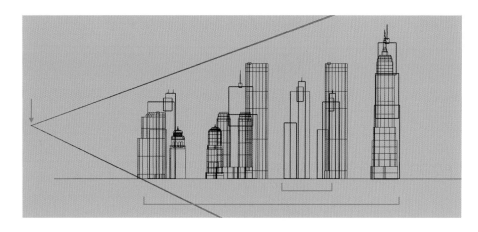

3D 소프트웨어에서는 피사계 심도를 조절하기 위해 선택한 f-stop 값이 화면의 밝기에는 영향을 미치지 않는다. 하지만 밝기와 조리개 사이의 사진적 관계를 명심하고 있어야 한다.

어둡거나 희미한 장면에선 낮은 f-stop값으로 촬영된, 얕은 DOF가 예상된다.*

즉, 낮은 f-stop 값 = 더 열린 조리개 = 많은 빛 유입 = 밝은 화면, 부수적으로 얕은 심도 = 좁은 초점 영역을 가진다.

실제 렌즈와의 매칭

렌즈의 초점 거리는 렌즈의 배율에 비례한다. 더 큰 초점 거리란 말은 렌즈가 더 줌 인되거나 이미지를 확대하는 망원이라는 뜻이다. 망원 렌즈는 좀 더 얕은 피사계 심도를 가지며 배경과 전경이 심하게 흐려진다. 광각 렌즈(짧은 초점 거리)는 일반적으로 더 깊은 피사계 심도를 가지며 이러한 물체들에 초점이 맞는다. 이것은 f-stop과 비교하면 미세한 차이다. 하지만 망원경처럼 아주 고배율의 망원 렌즈를 흉내 내고 있다면 관객들은 얇은 심도를 기대할 것이라는 사실을 기억하기 바란다.

접사 렌즈(macro lens)는 클로즈업 사진이나 아주 작은 것을 촬영할 때 사용하는 렌즈이다. 접사 렌즈는 피사계 심도가 얇은 경향이 있다. 그래서 사람들은 아주 얇은 심도와 미니어처 오브젝트를 연관 지어 생각한다. 애니메이션의 일부가 작은 물체의 접사 사진처럼 보이기를 원한다면 [그림 6.5]처럼 아주 얇은 심도가 그런 느낌을 전하는 데 도움이 될 것이다.

너무 얇은 심도로 장면을 렌더링하고 있다면 캐릭터가 실제 크기의 사람이 아니라 인형집의 미니어처처럼 보일지도 모른다는 사실을 기억하자. 보다 깊은 심도를 주는 것이 장면의 스케일을 정상으로 보이게 한다.

[그림 6.5]
좁은 피사계 심도는 접사 렌즈의 룩처럼 보이도록 돕는다. 왼쪽 작품은 시네마 4D에서 렌더링한 Peter Fendrik의 'Circus maximus Irritans' 이다.

3분의 2 법칙

3분의 2 법칙이란 카메라가 특정 거리에 초점을 맞추고 있을 때 카메라와 가까운 쪽으로 약 3분의 1 부분까지는 전경, 초점 거리 밖으로 약 3분의 2 부분은 배경으로 생각해도 좋다는 말이다([그림 6.6] 참조).

소프트웨어에서 f-stop 값을 이용해 심도를 조절한다면 3분의 2법칙이 렌더러의 피사계 심도 계산 방식과 가장 유사하다. 반면 소프트웨어에서 수동으로 초점 거리의 니어 near 값과 파far 값을 설정한다면 3분의 2 법칙에 주의하는 것이 좀 더 사실적인 렌더링 이미지를 이끌어낸다.

[그림 6.6]
초점의 3분의 1 영역은 초점 거리보다 앞에 있고 나머지 3분의 2 영역은 그 뒤에 있다.

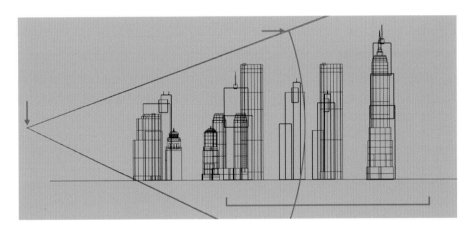

결상 거리

결상 거리
필름에 선명한 이미지가 맺히는 거리의 범위.

렌즈가 자신의 결상 거리(hyperfocal distance)*에 초점이 맞을 때, 이것은 배경의 모든 물체가 얼마나 멀리 있든지 상관없이 모두 초점이 맞는다는 의미이다. 전경 부분에서는 초점 거리의 절반 정도에서부터 초점이 맞기 시작한다. [그림 6.7]을 예로 보면 카메라가 200m 거리에 초점이 맞아 있을 때 100m 전방에서부터 무한대 거리까지 초점 안에 들어와 있다. 렌즈에 따라 달라지긴 하지만 보통 결상 거리는 작은 조리개 값을 쓸 때, 그리고 최소한 몇 미디는 멀이진 곳에 초점이 맞을 때 생긴다. 우리는 종종 야외 장면이나 풍경 사진에서 결상 거리에 맺힌 초점을 발견할 수 있다.

[그림 6.7]
렌즈가 자신의 결상 거리에 초점을 맞추고 있을 때는 배경에 속한 모든 것도 초점이 맞아 보인다.

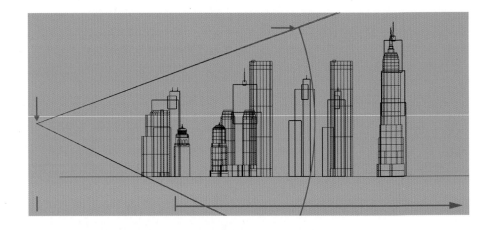

블러링 퀄리티
초점이 안 맞아 흐려지는 부분의 형태가 조리개의 모양에 따라 미세하게 달라지는 특성.

[그림 6.8]
초점에서 멀어질수록 하이라이트들이 빛의 방울처럼 빛난다. 이때 렌즈의 보케(초점에서 벗어났을 때의 결정 모양)는 각 렌즈마다 독특한 특징이 된다.

밝은 낮 장면에서, 카메라 몇 미터 앞에 초점 거리가 생기면 배경을 흐리게 날리는 것이 오히려 더 어색할 수 있다. 마찬가지로 밤 장면이나 실내에서는 훨씬 자주 배경이 날아간다. 만일 스피어로 배경을 감싸고 거기에 매핑하는 방식으로 배경을 만들었다면 낮 장면에서는 초점이 완전히 맞은 상태로 두도록 한다. 시각적으로 전경과 배경을 분리하고 싶다면 초점을 흐리는 대신 안개나 대기 현상의 추가를 고려해 본다.

보케 효과

보케bokeh는 렌즈의 블러링 퀄리티blurring quality*를 묘사하는 일본어에서 유래한 말이다.

실제 카메라에서는 특정 부분의 초점이 나가면 컴퓨터 그래픽상에서 블러 처리를 한 것처럼 모두 부드럽게 흐려지지 않는다. 오히려 아른거리거나 반짝이는 경향이 있다. 하이라이트나 밝은 영역은 [그림 6.8]처럼 초점이 흐려지면서 빛이 부풀고 빛나게 된다.

렌즈는 종류별로 다른 보케를 가지고 있다. 어떤 렌즈는 아주 부드럽고 매끈하다고 묘사되는데 이것은 CG상의 DOF와 같은 방식으로 전 영역에 가우시안gausian 블러가 들어간 것처럼 물체를 흐리는 렌즈를 말한다. 어떤 렌즈는 밝은 부분이 흐려지면서 링이나 서클 모양의 무늬를 만드는 것도 있다.

이 책을 저술하는 시점에는 스플러터피시SplutterFish의 브라질Brazil 같은 몇 개의 렌더러만이 보케 효과를 지원하고 있다. 렌더링 소프트웨어에 이런 기능이 없다면 합성할 때 하이라이트 부분에 필터 등을 적용해서 잠재적으로나마 보케 효과를 낼 수 있다.

프레임 레이트 Frame Rates

비디오 카메라에는 초당 프레임 수를 측정하는 프레임 레이트frame rate라는 것이 있는데, 영화나 비디오에서 초당 얼마나 많은 개별적인 프레임이 노출되는지 결정한다.

동영상은 대부분 사운드 스피드라고 불리는 24fps로 촬영된다. 이것이 사운드 트랙과 동기화된 필름의 표준 속도이기 때문이다. 사운드의 발명 전에는 촬영기사가 샷마다 조금씩 다른 속도로 카메라의 크랭크를 돌렸다. 그때는 이걸 영화 흐름에 따른 창의적인 연출의 한 부분으로 여겼다.

나라별로 다른 TV 표준에 따라 프레임 레이트의 기준도 다르다. NTSC 기준에서는 보통 30fps 미만의 프레임 레이트를 가지며, 또 다른 TV 표준인 PAL과 SECAM은 25fps를 사용한다.

실제 같은 모션 블러 Realistic Motion Blur

모션 블러
노출되는 동안 잡힌 변화나 움직임의 양.

모션 블러motion blur*에 영향을 미치는 카메라의 조절 장치는 셔터 스피드(스틸)와 셔터 앵글(동영상)이다.

셔터 스피드와 셔터 앵글

셔터 스피드는 빛이 얼마나 오랫동안 카메라 안으로 들어와 필름이 노출되는지 측정한다. 일반적으로 1/125초와 같이 초의 분수 단위로 표현한다. 셔터 스피드가 길어질수록 더 많은 빛이 필름으로 들어온다.

셔터가 열려 있는 시간이 두 배가 되면 이미지는 두 배 밝아진다. 1/4초 셔터 스피드는 1/8초 셔터 스피드보다 두 배 많은 빛을 받게 되는 것이다. 카메라의 셔터 스피드를 표시하기 위해 대부분의 카메라들은 뷰 파인더와 제어 장치에 오직 약수(분수의 분모에 해당하는 수)만을 표기한다. 예를 들면 1/250초는 250, 1/2000초는 2000으로 표시하는 것이다. 따라서 높은 숫자일수록 사실은 가장 짧은 초 단위를 나타낸다.

[그림 6.9]
회전 셔터가 열릴 때 셔터 앵글을
만들어 낸다. 2개의 이등분된 셔터
는 열리는 정도에 따라 회전된다.

움직이는 영상을 담는 카메라의 경우에는 셔터 스피드 대신 셔터 앵글이라는 장치가 있다. 이런 카메라의 셔터는 회전하는 디스크 형태이다. 각 프레임마다 이 디스크가 360도 회전하면서 노출되고 셔터가 열렸을 때 디스크 뒤의 창을 통해 빛이 필름에 닿는다. 이때 셔터 앵글은 셔터가 열리는 각도를 조절하는데, [그림 6.9]에서 보이는 작은 금속판 조각의 위치에 따라 좁아졌다 넓어졌다 한다.

셔터 앵글은 또한 렌더맨Renderman과 마야Maya를 포함한 많은 3D 프로그램에서 모션 블러를 조절하기 위해 사용되곤 한다. 3D 프로그램에서는 360도 혹은 그 이상까지 각도 값을 입력해 넣을 수 있다. 셔터 앵글이 360도라는 것은 셔터가 완전히 열려서 다음 프레임으로 넘어가는 걸 허용하지 않는다는 의미이다. 이는 실제 카메라에서는 실현 불가능한 것이지만 3D상에서는 더 긴 모션 블러 선(streak)을 얻고 싶을 때 사용할 수 있다.

좀 더 자주 쓰이는 180도의 셔터 앵글은 시간 중 반은 열리고 반은 닫힌 셔터를 의미한다. 180 셔터 앵글에서는 셔터 스피드가 프레임 레이트의 딱 절반이 된다. 예를 들면 24fps에서 180 셔터 앵글을 갖고 있다면 셔터 스피드는 1/48초가 되는 것이다.

360으로 나누어지는 셔터 앵글은 노출을 위해 프레임 레이트의 어떤 부분이 사실상 셔터 스피드로 사용되고 있는지 말해 준다. 이는 셔터 앵글이 90도일 때 셔터는 1/4초 동안 열리므로 24fps에서 90도의 셔터 앵글은 1/(4×24), 즉 1/96초와 같다는 것이다.

프로그램별로 약간씩 다른 방법으로 모션 블러 양을 조절한다. 3D 맥스에서는 프레임 안에서의 모션 블러 존속 시간을 물어본다. 즉 한 프레임의 값은 360도 셔터와 같은 것이다. 실사 촬영 소스에서 셔터 앵글 값을 기록해 두었다면 프레임 안에서 값을 얻기 위해 그것을 360으로 나눈다. 예를 들어 샷이 180 셔터 앵글로 촬영됐을 때 0.5를 입력하면 [그림 6.10]에서 보이는 결과를 만들어 낸다.

[그림 6.10]
0.5 값의 모션 블러는 180도 셔터
각도를 시뮬레이션한다.

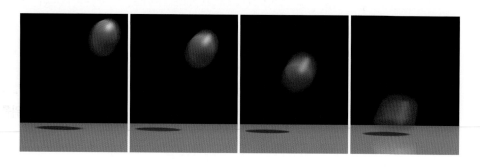

모션 블러는 프레임이 분수 단위로 추출된다. 예를 들어 24fps의 180도 셔터에서는 셔터가 열리는 1/48 동안 오브젝트의 모션 블러가 나타난다. 이 시간을 조절하기 위해 소프트이미지 XSI_{Softimage XSI}에서는 셔터가 열리는 시간과 닫히는 시간을 물어본다. 예를 들어 0에서 셔터가 열리고 0.5에서 셔터가 닫히면 이는 180도 셔터 앵글이 되고 프레임의 처음 절반 동안 움직임을 추출한다. 애니메이터가 특정 프레임에서 특정 포즈의 모션 블러를 피하고 싶다면 프레임의 절반 동안 홀드시킬 수 있다. 움직임이 추출되는 동안에 캐릭터를 홀드시키는 것은 모션 블러가 전혀 들어가지 않은 쨍한 이미지를 만들어 낸다.

경험에 비추어 보면 셔터 앵글을 90도에서 180도 사이에 놓는 것이 가장 자연스럽고 사실적인 결과를 만든다. 너무 낮은 레벨의 모션 블러는 동작이 부르르 떨리는 듯한 어색한 이미지를 만들고 너무 높은 숫자는 움직임 뒤에 길게 꼬리를 남기는 이미지를 만든다.

언제나 렌더링될 첫 번째 프레임 이전에 애니메니션 모션을 시작하도록 한다. 그리고 샷의 마지막 프레임 이후에도 몇 프레임 동안 계속 동작을 유지시킨다. 이렇게 해야 모든 프레임이 일관된 모션 블러를 갖는다. 만약 첫 프레임과 마지막 프레임에서 모션이 멈춘다면 해당하는 모션 블러를 잃게 될 것이다. 프레임 0에서 캐릭터가 다른 포즈를 취하거나 다른 위치에 있다가 프레임 1에서 점프하게 되면 1프레임은 앞뒤가 맞지 않는 모션 블러를 갖게 될 수 있다. 카메라의 위치를 애니메이션할 때에도 마치 컷을 흉내 내는 것처럼 프레임 사이에서 갑자기 카메라가 튀지 않도록 한다. 그렇게 되면 해당 프레임의 모션 블러가 부정확하게 틀어진다.

가능한 한 사실적인 모션 블러를 흉내 내기 위해 어두운 환경에서는 빛을 충분히 받도록 느린 셔터 스피드가 필요하고, 밝은 환경에서는 아주 빠른 셔터 스피드만이 가능하다는 사실을 기억하자.

혜성 꼬리의 전설

어떤 사람들은 모션 블러가 마치 혜성 뒤쪽에 나타나는 빛의 꼬리나 달리는 만화 캐릭터 뒤의 동자선과 비슷하게 움직이는 물체 뒤쪽으로 사라져 가는 것이라고 생각한다. 그러나 실제로 모션 블러는 양쪽 방향으로 균일하게 나타난다. 즉, 왼쪽에서 오른쪽으로 등속 이동하는 어떤 물체를 촬영한다면 그 물체의 왼편과 오른편에 각기 동일한 양의 블러가 생긴다는 뜻이다.

영화의 한 프레임만 뽑아서 보면 모션 블러만 가지고 물체가 어떤 방향으로 이동하는지 알 수 없다. 노출되는 동안에 물체가 등속으로 움직이고 있다면 모션 블러는 혜성 꼬리처럼 앞쪽은 더 밝고 뒤쪽으로 가면서 사라지는 대신 [그림 6.11]처럼 같은 밝기의 선으로 나타난다. 느린 셔터 스피드의 노출로 찍힌 긴 모션 블러를 봐도 앞으로 가는 차나 뒤로 가는 차나 선이 달라 보이지 않는다.

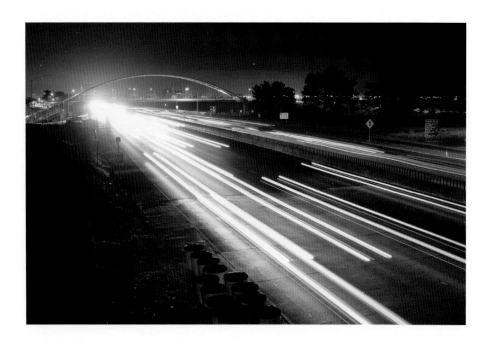

[그림 6.11]
그림은 마치 모든 차가 거꾸로 일정하게 달리고 있는 것처럼 보인다. 모션 블러의 뒷부분이 혜성 꼬리처럼 흐려지지 않는다—밝기와 물체의 속도가 일정하게 유지된다면 노출되는 동안 블러링도 변함이 없다.

움직이는 물체 뒤쪽으로 꼬리가 흐려지는 사진이 찍힐 수는 있다. 그러나 이것은 보통 카메라 플래시가 노출 끝에서 터지거나 물체가 노출 끝 부분에서 움직임을 멈추기 때문에 생긴다. 만일 물체가 일정한 속도로 달리고 노출되는 프레임 내내 조명이 균일하게 비추고 있다면 모션 블러는 좌우대칭으로 만들어지며 물체가 어느 쪽으로 달려가고 있는지 말해 주지 않는다.

회전의 블러링

정확한 모션 블러를 표현하기 가장 어려운 경우는 선풍기 날개나 회전하는 자동차 휠, 헬리콥터의 프로펠러처럼 빠르게 돌아가는 물체들이다. 완전히 한 바퀴 회전을 렌더링하기 위해 렌더링 소프트웨어는 움직임을 늦춰 프레임별로 여러 번에 걸쳐 모션을 추출한다. 더 복잡한 문제는 항상 프레임 레이트와 완벽하게 같은 속도로 회전하는 것이 아니라는 사실이다. 그래서 때로는 바퀴가 뒤로 도는 것처럼 보이기도 한다.

[그림 6.12]는 프레임 레이트와 비슷한 간격으로 반복되는 움직임에 의해 생기는 착시 현상인 '마차 바퀴 효과'를 보여 준다. 이 효과는 서부 영화의 추격 장면에서 그 이름을 따 왔다. 영화에서 회전하는 바퀴는 종종 이상한 속도로 돌거나 심지어 뒤로 도는 것처럼 보이기도 한다. 이것은 비슷한 모양을 가진 바퀴살들이 위치가 바뀌면서 셔터가 닫힐 때 프레임 사이의 움직임을 따라가기 힘들어서 생기는 것이다.

[그림 6.12]
첫 번째 프레임(왼쪽)과 두 번째 프레임(오른쪽) 사이에서 바퀴가 시계 반대 방향으로 회전하고 있다. 하지만 만약 우리가 두 번째 프레임의 b 바퀴살을 첫 번째 프레임의 a 바퀴살로 오인한다면 보는 사람에겐 시계 방향으로 도는 것처럼 보일 수 있다.

때로 아주 빠른 회전을 표현하기 위해 속임수를 쓰는 것이 가장 좋은 방법이 되기도 한다. 예를 들면 회전하는 부채살을 그냥 평평한 원판으로 대체하고 이미 블러가 들어가서 회전하는 것처럼 보이는 트랜스페어런시transparency 맵을 텍스처로 적용한다. 그러면 간단한 텍스처가 들어간 표면이 렌더링 시 아무 문제 없이 고속 회전하는 프로펠러 날개처럼 보이게 된다.

비디오 필드

사실 대부분의 비디오 카메라는 프레임별로 두 가지 다른 노출이 담겨 있다. 이것을 비디오 필드라고 한다. 교대로 생기는 스캔라인에 의해 나누어지는 절반의 프레임이 하나의 필드이다. 스캔라인은 [그림 6.13]처럼 이미지 정보의 가로 줄로 렌더링이 진행되는 동안 한 열의 픽셀들에 해당한다.

[그림 6.13]
TV 화면에서 두 개의 필드가 인터
레이스되며 하나의 프레임을 이루
고 있다.

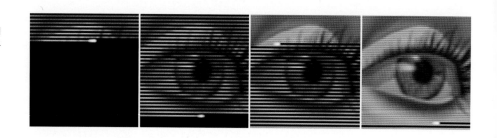

[그림 6.13]
TV 화면에서 두 개의 필드가 인터레이스되며 하나의 프레임을 이루고 있다.

필드는 홀수에 해당하는 스캔라인이 먼저 뿌려진 다음 여기에 더해서 짝수에 해당하는 스캔라인이 뿌려진다. 두 필드가 짜맞춰질 때 양 필드의 스캔라인을 모두 이용한 완전한 해상도의 프레임이 스크린 위에 펼쳐진다.

프레임을 두 개 필드로 나눌 때의 장점은 움직이는 물체를 프레임 레이트당 두 번씩 효과적으로 추출함으로써 더 부드럽고 정확한 모션을 재현할 수 있다는 것이다. 초당 25번이나 30번씩 셔터를 여는 대신 초당 50, 60번씩 필드를 캡처한다. 이것은 움직이는 물체가 두 배 더 자주 스캔됨을 의미한다.

이와 같은 인터레이스 스캔 방식 외에 프로그레시브 스캔progressive scan 방식이 있다. 프로그레시브 스캔 방식은 각 프레임을 필드로 나누는 게 아니라 모든 스캔라인을 순서대로 직접 스캔한다. 이 방식은 컴퓨터 모니터뿐 아니라 HD TV에서도 사용된다. 디지털 카메라 중에서도 옵션으로 프로그레시브 방식의 녹화를 지원하는 것이 있다.

렌더링 필드

대부분의 3D 프로그램에는 모션을 분리된 비디오 필드로 렌더링하는 옵션이 있다. 이를 활성화하면 렌더러는 각 프레임별로 두 배 많은 이미지 파일들을 뽑아낸다. 그럼으로써 두 개의 필드 이미지들은 같은 시간에 다른 지점을 보여 주지만 완전한 프레임을 만들기 위해 서로 합쳐진다. 이것은 일반적인 비디오 카메라가 움직임을 녹화하는 방식을 그대로 흉내 낸 것이다.

필드 레이트 비디오field-rate video에서는 셔터 스피드를 반으로 나누므로 모션 블러의 양도 절반이 된다. 모션 블러가 전혀 없으면 비현실적으로 보일 수 있는데도 어떤 3D 아티스트들은 필드 레이트 비디오로 렌더링할 때 모션 블러 옵션을 끈다. [그림 6.14]의 렌더링은 필드와 모션 블러에 따른 여러 가지 옵션의 결과를 보여 준다. 필드상에서 렌더링될 때에는 모션 블러가 덜 중요함을 알 수 있다.

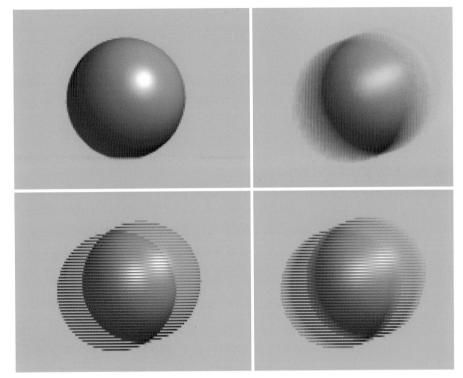

[그림 6.14]
애니메이션되는 물체가 모션 블러나 필드 레이트 없이 렌더링되면 고정되어 있는 것처럼 보인다(왼쪽 위). 오른쪽 두 그림에는 모션 블러가 들어가 있고 오른쪽 아래 그림에는 필드 레이트 모션이 다시 추가되었다.

[그림 6.15]
3:2 풀다운에서, 24fps로 촬영된 프레임들(왼쪽)은 번갈아 가며 2개 혹은 3개의 필드를 채우는 데 기여한다. 이렇게 해서 30fps의 비디오 프레임(오른쪽)이 만들어진다.

대부분의 3D 애니메이션의 경우 필드상에서 렌더링하는 것은 그다지 권장할 만한 방법이 아니다. 필드 레이트 CG는 비디오 작업이나 '날아다니는 로고' 디자인, 그리고 TV의 움직이는 타이틀 같은 요소와 작업할 때 빠지지 않는 부분이다. 필드 레이트 모션은 최종 결과물이 '비디오'처럼 보이게 한다('필름'처럼 보이는 것과 비교해서).

보통은 자신의 캐릭터 애니메이션을 필드상에서 렌더링하면 안 된다. 필드 레이트 렌더링을 위해 만들어진 포즈는 절반의 프레임에 간섭해서 애니메이션의 품질을 떨어트린다.

3:2 풀다운

24fps로 촬영된 영상을 NTSC(30fps) 비디오로 변환시키는 과정을 3:2 풀다운Pulldown이라고 부른다. 하나의 필름 프레임에서 두 개의 비디오 필드를 녹화하고 다음 필름 프레임에서 세 개의 비디오 필드를 녹화하는 방법으로 원본 필름의 매 4프레임을 5개의 비디오의 프레임으로 변환한다([그림 6.15] 참조)

3:2 풀다운은 두 개의 다른 필름 프레임에서 나온 필드로 구성된, 약간의 지글거리는 프레임을 만든다. 이 지글거리는 프레임은 여분의 정보(인접한 비디오 프레임에서도 사용되는 필드)를 담고 있기 때문에 시각 효과를 구현하는 동안에 사라진다. 그래서 렌더링과 합성을 24fps 바탕 위에서 완성할 수 있다. 그 다음 최종 단계에서 합성 프로그램의 3:2 풀다운 과정을 통해 결과물을 다시 NTSC 프레임 레이트(30fps)로 돌린다.

필름 스피드 Film Speed

조리개와 셔터 스피드 외에도 카메라의 노출에 영향을 미치는 세 번째 주요 인자로 감광 속도가 있다. 어떤 필름들은 다른 종류보다 유독 빛에 민감하다. 명시된 감광 속도는 특정 필름 용지가 얼마나 빨리 빛에 반응하는지를 나타낸다.

감광 속도는 보통 ISO나 ASA 단위로 측정된다. ISO는 국제표준화기구(International Organization for Standards)를 말하며, 감광 속도의 표준으로 ASA(American Standards Association ; 미국표준협회) 안을 채택했다. 그래서 현재는 둘 다 같은 표준 단위로 언급된다. 64 ISO나 100 ISO같이 낮은 수치는 빛에 덜 민감하지만 디테일이 선명하고 입자가 곱게 나타난다. 반면 800 ISO나 1600 ISO 같은 고속 필름은 빛에 더 민감하며 보통 입자가 더 크고 눈에 띈다.

필름 카메라에서 높고 낮은 감광 속도를 선택하는 것처럼 디지털 카메라에서도 똑같이 ISO 값을 설정해서 비슷한 결과를 만들어 낼 수 있다. 낮은 ISO 값에서는 빛에 덜 민감하고 이미지가 선명하게 유지되며 노이즈가 거의 없다(디지털 이미지의 노이즈는 픽셀 컬러의 불규칙한 변화를 의미한다. 마치 필름의 입자처럼 보인다). 높은 ISO 값에서는 이미징 칩의 신호가 증폭되는데, 이것은 동시에 노이즈도 증폭시켜 질이 떨어지고 색점들 때문에 얼룩져 보인다.

시각 효과 작업에서는 컴포지터가 CGI와 실사 배경이 찍힌 필름을 매칭시킬 때 일부러 필름 입자를 흉내 낸 효과를 첨가한다. 만약 필름이나 캠코더 촬영본을 3D 장면상에서 흉내 내고 있다면 밝은 야외 장면보다 어두운 실내 장면에서 더 많은 그레인 효과(grain effect*가 들어가야 한다는 걸 염두에 두자. 가장 중요한 것은 카메라의 노출을 제어하는 과정의 한 맥락으로 감광 속도에 관한 사항을 이해해야 한다는 것이다.

그레인 효과
입자나 노이즈를 추가하는 효과.

사진의 노출 Photographic Exposure

지금까지 우리는 실제 카메라의 주요 노출 제어 방식인 조리개(f-stop), 셔터 스피드 그리고 감광 속도(ISO)에 대해 논의했다.

이러한 세 가지 방식 사이에는 상호 관계가 존재하므로 그들 사이에 교환이 가능하다. 사진사는 들어오는 빛의 양이 두 배가 되는 것을 한 스톱stop이라고 부른다. 한 f-stop 만큼 조리개를 넓게 벌리는 것도 스톱이고, 셔터 스피드를 두 배 늘리는 것이니 감광 속도를 두 배 빠르게 하는 것 역시 한 스톱이다. 이렇게 스톱을 갖는 모든 제어 방식이 정확히 반 또는 두 배로 빛의 양을 조절하기 때문에 사진사들은 그들 관계를 맞교환할 수 있다. 예를 들어 인물을 촬영하면서 주제 뒤의 배경은 부드럽게 초점을 날리고 싶다면 얕은 피사계 심도를 만들기 위해 넓은 조리개를 선택할 것이다. 그리고 넓은 조리개로 인해 들어오는 여분의 빛을 상쇄시키기 위해 빠른 셔터 스피드를 선택하게 된다.

피사계 심도나 모션 블러 같은 부수적 효과를 위한 조작은 제쳐두고 본래 노출 제어의 우선적인 목적은 장면 내 들어오는 빛의 양을 조절하는 것이다. 사진사들이 노출을 결정하는 법을 알면 3D 장면상의 라이트 인텐서티intensity를 어떻게 조절해야 하는지 도움이 된다.

존 시스템

보통 편하게 사진을 찍을 때는 카메라 모드를 자동(automatic) 모드에 둔다. 자동 노출은 장면 내 평균적인 빛의 양에 근거해서 장면을 최대한 중간 회색(medium gray)으로 맞추는 방식으로 노출을 결정한다. 이것은 눈에 보이는 것을 필름에 기록한다는 의미에서 '올바른' 노출을 제공한다.

반면 프로 사진가의 경우는 자신만의 인상 깊은 장면을 연출하기 위해 사진을 구상하고 이미지를 다듬는다. 장면에 따라 부분적으로 맞는 톤을 선택해서 눈 오는 장면이라면 카메라가 자동으로 평균적인 회색 톤을 맞추도록 두지 않고 완전히 순백색으로 나오는 것을 선호한다.

이 정도 수준의 제어를 위해서 사진사들은 존 시스템zone system이라고 부르는 기법을 연습한다. 이것은 11가지 레벨로 나뉘어 출력되는 톤을 묘사한다. zone 0은 완전한 검은색이고 zone 1은 희미하게 뭔가 알아볼 만한 밝기이며 zone 5는 중간 회색, 그리고

zone 10은 완전한 순백색이다.

쌓인 눈처럼 특정 영역의 밝기를 확인하려면 [그림 6.16]과 같은 노출계exposure meter를 사용한다. 노출계는 눈이 zone 5의 밝기로 보일 수 있는 적정 노출을 표시한다. 만일 사진사가 눈을 zone 8 정도로 인화하고 싶다면 노출계가 제시한 것보다 3스톱 정도 조리개를 열면 된다.

왕성히 활동하는 사진사들은 존 시스템 말고도 다양한 방법을 많이 알고 있다. 그들은 노출에 따라 하늘을 어둡게 만들기 위해 특정 필터를 사용하고, 다양한 수준의 콘트라스트를 얻기 위해 여러 가지 방법으로 현상과 인화를 한다. 최후의 수단으로 암실에서 장면의 부분적인 밝기를 조절하기도 한다. 사진사는 이러한 과정 중 가능한 모든 단계마다 최종 인화된 사진에서 얻고 싶어하는 톤에 맞도록 빛을 조절해서 적용시킨다.

이것을 어떻게 3D 그래픽으로 옮길 것인가? 어떻게 프로 사진가만큼 정성 들여 이미지에 나타나는 톤을 조절할 수 있을 것인가? 이에 대한 출발점은 바로 히스토그램을 보는 것이다.

[그림 6.16]
노출계는 사진사들에게 중간 회색 톤(또는 zone 5)을 만들기 위해 해당 영역의 노출이 얼마인지 말해 준다. 하지만 다른 명암을 얻기 위해 노출을 조절하는 것은 사진사의 창조적 역량에 달려 있다.

히스토그램

히스토그램histogram은 이미지에 해당하는 톤이 얼마나 자주 나타나는지 보여 주는 일종의 차트다. 대부분의 페인트 프로그램이나 합성 프로그램은 이 히스토그램 기능을 갖고 있다.

[그림 6.17]은 전형적인 히스토그램의 예다. 이미지 밝기는 가능한 256단계별로 세로줄이 찍혀 있다. 줄의 높이는 해당 톤을 사용하고 있는 픽셀의 숫자로 결정된다. 왼쪽의 줄들은 블랙이나 어두운 톤에 해당하고 오른쪽 줄들은 완전한 화이트 톤에 이르기까지 밝은 톤에 사용되는 픽셀을 나타낸다.

자신이 렌더링한 이미지의 전체나 일부분의 히스토그램을 볼 수 있다. 히스토그램은 렌더링에서 흔히 일어나는 문제들을 찾아내는 데 유용하다. 예를 들어 [그림 6.18]은 노출부족의 히스토그램을 보여 준다. 대부분의 줄들이 왼쪽에 치우쳐 있고 전체 이미지는 25%의 어두운 톤만이 사용되어 조명을 받고 있다.

[그림 6.17]
히스토그램은 렌더링된 이미지의
각 '존'마다 어떻게 가능한 톤을
사용하고 있는지 보여 준다.

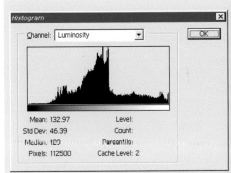

[그림 6.18]
노출 부족은 히스토그램상에서 왼
쪽에 치우친 모습으로 나타난다.

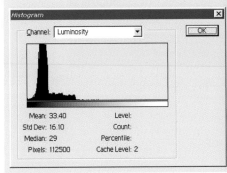

포토샵의 레벨Levels 툴은 이미지의 밝기와 콘트라스트를 바꿀 수 있는 강력한 기능의
일부분으로 히스토그램을 포함하고 있다. [그림 6.19]에서 보듯이 히스토그램 바로 아
래엔 이리저리 이동시킬 수 있는 세 개의 삼각형이 있다. 검은 삼각형은 출력 이미지의
블랙이 될 부분을, 흰 삼각형은 완전 화이트가 될 부분을 표시한다. 그 사이의 회색 삼
각형이 중간 회색 톤이 될 부분을 표시한다. 이 삼각형은 자동으로 검은색과 흰색 두 삼
각형 사이 중간 지점에 위치하며 이것을 드래그하면 이미지의 감마gamma가 바뀐다.

[그림 6.19]
3D 장면상에서 하나의 밝은 영역
대를 격리시키기 위해 포토샵의 레
벨 툴을 사용할 수 있다.

이 레벨 툴의 장점은 이미지의 여러 존을 인터랙티브하게 옮겨 다닐 수 있다는 것이다.
예를 들어 [그림 6.19]를 보면 세 삼각형이 장면의 가장 밝은 톤에 맞춰져 있다. 이로써
검은 삼각형 이하의 모든 톤은 완전 블랙으로 어둠 속에 사라지고 가장 밝은 부분들만
볼 수 있게 된다. 마찬가지로 흰 삼각형을 옮겨 이미지의 어두운 부분만 잡아낼 수도 있
다. 만일 3D 요소들을 라이브 액션 배경에 합성할 계획이라면 실사 배경의 블랙/화이트
레벨과 매치됐는지 확인하는 것이 특히 중요하다.

보통은 가용한 전체 범위의 톤을 충분히 이용하도록 한다. 그러면 렌더링 이미지는 골
고루 분포된 히스토그램을 보여 준다. 라이팅을 배우는 학생들은 종종 장면의 흠을 감
추느라 노출이 부족한 이미지를 만들어 내기도 한다. 그러나 어두운 헛간이나 야간 장
면을 묘사하는 경우라도 라이팅에 대한 선택 능력이 있어야 한다. 어둠을 전달하기 위
해서 단지 장면을 노출 부족으로 만들기보다는 높은 콘트라스트와 어두운 그림자를 이
용하자.

렌즈의 불완전함과 매칭하기 |Matching Lens Imperfections

현실에서 렌즈는 완벽하지 않다. 아무리 좋은 렌즈라도 3D상에서 가상의 카메라로 렌더링하는 것만큼 세상을 맑고 깨끗하게 재현할 수는 없다. 여기 실제 렌즈의 결점처럼 보이는 것들이 있다. 그것들을 어떻게 3D상에서 흉내 내는지 알아보자.

렌즈 디스토션

대부분의 3D 이미지에서 직선은 완벽하게 곧은 모양으로 나타난다. 하지만 사진 촬영에서는 그렇지 않다. 실제 사진에서는 렌즈 왜곡이 발생해 직선도 휘어져 보이곤 하기 때문이다.

배럴 디스토션
이미지의 중앙이 바깥쪽으로 휘며 코너가 압축되는 현상.

굴곡의 정도는 어떤 렌즈를 사용했느냐에 달려 있다. 여러 줌 렌즈에서 광각으로 줌 아웃할 때 완곡한 배럴 디스토션barrel distortion*을 일으킨다. 보다 극적인 굴곡은 어안 렌즈(fisher lens)를 사용하는 샷에서 볼 수 있다. 이것은 아주 넓은 시야각을 갖지만 [그림 6.20]처럼 몹시 휘어지고 왜곡된 이미지를 만든다.

많은 줌 렌즈에서 배럴 디스토션은 렌즈가 줌 아웃 될 때 일어난다.

배럴 디스토션과는 반대로 줌 인 될 때는 핀쿠션pincushion 디스토션이 일어난다. 핀쿠션 디스토션은 이미지를 안쪽으로 감싸 안으며 중앙 부분을 작게 만든다. 보통 줌 렌즈의 배럴 디스토션을 바로잡기 위해 시도해 본다.

멘탈 레이처럼 프로그래밍이 가능한 렌더러는 배럴 디스토션 등을 포함한 실제 렌즈를 흉내 내는 셰이더를 짤 수 있다. 그러나 우리가 그런 셰이더를 갖고 있다 하더라도 최종 렌더링 이미지의 왜곡과 매치되지 않는 뷰포트 화면 안에서 샷을 잡는 것은 어렵다. 렌즈 왜곡에 대한 보다 일반적인 접근법은 왜곡 없이 렌더링해서 렌더 이미지를 변형시키는 것이다.

시각 효과 작업에서 라이브 액션 배경과 합치려고 한다면 3D 이미지를 원본(실사) 샷의 렌즈 왜곡과 매치시키는 일은 꽤 부담스럽다. 실제 카메라의 움직임과 매치시키는 3D-이퀄라이저3D-Equalizer 같은 모션 트래킹 소프트웨어는 렌즈 왜곡을 바로잡는 이미지 프로세싱 기능을 가지고 있다. 작업은 우선 실사 배경의 왜곡을 수정해서 바로 펴고 3D 요소와 합성한 다음 필요한 만큼 다시 이미지를 왜곡하는 과정으로 이루어진다.

[그림 6.20]
어안 렌즈는 이미지의 굴곡을 일으켜 그림처럼 수직의 높은 탑이 휘어져 보이게 한다.

완전히 3D로만 이루어진 장면이라고 해도 어느 정도의 배럴 디스토션이나 어안 렌즈 효과를 첨가해서 샷에 사실성을 부여하고 좀 더 실재감을 느끼게 할 수 있다. [그림 6.21]은 약간의 렌즈 왜곡이 만드는 차이를 보여 준다.

[그림 6.21]
광각으로 렌더링된 3D 장면은 때로 렌즈 왜곡─배럴 디스토션이 들어간 게 더 자연스러워 보일 수 있다.

대부분의 합성 프로그램은 배럴 디스토션과 비슷한 와핑warping 기능을 갖고 있다. 만약 이런 효과를 3D에서 구현하고 싶다면 렌더 이미지를 텍스처 맵으로 넙스NURBS 플랜plane에 치고 이미지를 와핑하기 위해 중앙 버텍스들의 스케일을 키운다. 그 다음 와핑된 플랜을 렌더링한다.

어떤 샷에는 배럴 디스토션을 추가하는 것이 득이 된다. 카메라를 패닝panning하거나 틸팅tilting할 때 일어나는 왜곡은 원근법의 이동을 닮았다. 만일 2D 매트matte 페인팅을 완전히 모델링된 3D 배경처럼 '팔고자' 한다면 배경이 단지 스크롤되는 것처럼 보이는 팬pan이나 틸트tilt를 원치 않을 것이다. 약간의 배럴 디스토션과 곁들여 팬과 틸트를 넣어 주면 훨씬 자연스럽게 2D 배경과 조화를 이룬다. 또한 광각 렌즈로 촬영된 더 넓은 공간처럼 보이도록 도와준다.

색수차

[그림 6.22]
사진의 색수차는 높은 대비가 일어나는 가장자리 주번으로 컬러가 새어 나와 둘러싼 듯 보인다.

배럴 디스토션과 밀접하게 연관된 렌즈의 인위적 효과로 색수차(chromatic aberration ; CA)라는 것이 있다. [그림 6.22]처럼 색수차는 높은 콘트라스트의 가장자리나 밝은 신 주변에 색이 들어간 띠처럼 나타난다.

색수차는 빛이 렌즈를 통해 모일 때 생긴다. 빛의 다른 파장이 각각 다른 각도로 굴절되는 것이 원인이다. 예를 들어 붉은 빛은 파란 빛과 다른 각도로 굴전되면서 필름이나 센서의 다른 지점으로 모인다. 이것은 프리즘을 이용해서 빛을 무지개 색으로 나눌 때와 같은 원리이지만 카메라에서는 다른 색상의 빛이 필름이나 센서에 정렬되지 않은 채로 떨어지므로 이것이 색수차의 띠를 형성하는 것이다. 색수차 현상은 값싼 렌즈에서 더 일반적으로 나타나므로 만일 지금의 3D 렌더링 이미지를 캠코더 촬영분 영상과 닮게 하고 싶다면 한번 흉내 내 볼 만하다. 상대적으로 극장용 장편 영화의 배경에서는 색수차 현상을 발견하기 어렵다(좋은 렌즈를 쓰기 때문).

색수차 현상은 배럴 디스토션을 흉내 냈던 것과 마찬가지로 바깥으로 향하는 와핑을 이용해서 흉내 낼 수 있다. 그러나 red 채널에서 살짝 디스토션을 주면 blue 채널에서는 살짝 덜 주는 식으로 한 번에 하나의 컬러 채널만을 사용해야 한다.

비네팅 효과

비네팅vignetting은 값싼 줌 렌즈에서 흔히 발생하는 또 다른 결함이다. 비네팅은 프레임의 가장자리나 코너를 간단하게 중앙부보다 어둡게 만들어 버린다.

어떤 감독들은 의도적으로 이런 효과를 사용하곤 한다. 예를 들어 누군가의 뒤를 따르는 킬러의 시선을 보여 줄 때나 회상 장면에서 희미해지는 기억을 표현하기 위해 사용한다. 때로는 카메라 앞의 필터 가장자리에 고의로 바셀린을 문질러서 장면의 주변이 어두워지거나 흐려지는 효과를 내기도 한다.

대부분의 합성 프로그램에서 실사 배경이 가지고 있는 약간의 비네팅을 바로잡거나 3D 요소의 가장자리를 어둡게 해서 매치시킬 수 있다.

렌즈 플레어와 헐레이션

몇 년 동안 렌즈 플레어lens flares는 컴퓨터 그래픽상의 남용된 클리셰cliché로 간주되어 왔다. 렌즈 플레어는 태양이나 아주 밝은 빛이 직접 장면상에 보인다거나 스토리의 정점에서 캐릭터가 밝은 태양 밖으로 걸어 나오는 장면처럼 아주 확실한 이유가 있을 때만 사용하도록 한다. [그림 6.23]은 태양이 빌딩에 반사되어 렌즈 플레어를 일으키는 사진이다.

[그림 6.23]
대부분의 3D 아티스트들이 렌즈 플레어를 싸구려이고 남용되는 효과라고 여기지만, 지나치게 많은 빛을 받는다고 생각되는 부분에 한해 제한적으로 사용할 수 있다.

렌즈 플레어를 사용한다면 별도의 패스로 분리해서 렌더링하도록 하자. 그러기 위해서 장면외 라이트를 제외한 모든 것을 하이드hide 시키고 별도이 파일 시퀀스로 렌더링한다. 합성 프로그램에서 이 파일을 add나 screen 모드로 올려서 쓰면 단지 렌즈 플레어를 수정하기 위해 전체 장면을 다시 렌더링해야 하는 일은 없을 것이다.

많은 경우 렌즈 플레어 대신 스펙큘러 블룸specular bloom이라고도 알려진 헐레이션 halation 효과를 쓰기도 한다. 이것은 환하게 빛나며 때로는 광원 주변에 번쩍임이 보이기도 한다. 헐레이션은 빛이 필름 판의 뒤쪽에서 반사되거나 필름을 투과하며 흩어져 생기는 현상이다. 렌즈 플레어와 마찬가지로 이 라이트 글로를 별도의 패스로 뽑아서 합성 시 추가하는 것이 좋다.

애너몰픽anamorphic 필름 규격으로 촬영된 와이드 스크린 영화에서는 이미지가 압축되는 동안에 헐레이션이 필름 위의 빛을 흩뜨린다(애너몰픽 렌즈는 대형 영상을 수평으로 압축했다가 영사할 때 다시 원래 사이즈에 맞춰서 영사한다). 영사될 때 헐레이션이 수평으로 늘어나면서 빛 주변의 글로 역시 둥근 모양 대신 띠나 바 형태로 늘어난다.

이번 장에서 언급한 특수 효과들은 정말 꼭 필요한 상황에서만 써야 한다. 영상 소스가 멋지게 보이도록 수많은 필터를 사용하고 있다면 이는 대부분 원본의 라이팅과 셰이딩이 만족스럽지 않기 때문이므로 다시 처음으로 돌아가 이런 문제를 해결해야 하며, 필터 등으로 결점을 숨기려고 하면 안 된다. 사진에서 드러날 수 있는 모든 결점을 꼬집어내기 전에 그 사진이 보여 주는 가장 좋은 점을 먼저 배우려 노력하고 모든 톤이 포함된 적정 노출의 이미지를 만드는 데 정성을 들이자.

Exercises

3D 아티스트로 성장하기 위해 사진이나 영화의 촬영 기법에 대해 배울 수 있는 모든 기회를 활용하자.

1 가끔은 카메라를 완전 수동으로 다루는 시간을 가져 본다. 최대 조리개 값으로 사람이나 대상을 찍어 보고 중간 값, 최솟값으로 바꿔 보면서 피사계 심도나 이미지의 선명도가 어떻게 바뀌는지 스스로 느껴 본다. 수동 필름 카메라라면 각 샷마다 사용된 카메라 설정 값을 노트에 적고 디지털 카메라라면 모든 노출 정보를 각종 이미지 뷰어를 통해 파일의 EXIF에서 볼 수 있다.

2 예전에 렌더링했던 이미지를 히스토그램 기능이 있는 프로그램으로 불러온다. 모든 톤을 사용하고 있는가? 레벨 값을 조절하면 이미지는 어떻게 달라져 보이는가?

3 영화를 보면서 밤이나 어두운 환경에서 촬영된 장면에서 정지시키고 살펴본다. 어디가 가장 밝고 가장 어두운 톤을 가지는가? 피사계 심도는 얼마나 깊은가? 언제 배경이 흐릿하게 날아가는지 보케 효과는 알아볼 수 있는가?

4 여러 영화에서 참조 이미지를 수집하는 것부터 시작한다. 컴퓨터를 통해 DVD를 감상하다가 감탄할 만한 분위기나 라이팅이 사용된 장면을 발견하면 화면 캡처 기능이 있는 프로그램으로 그 프레임을 캡처해 저장한다. 참조 이미지는 라이팅에 가이드를 제시하고 라이팅할 장면을 계획할 때 감독과 클라이언트와의 커뮤니케이션을 손쉽게 만든다.

07 구도와 연출
CHAPTER
Composition and Staging

감독이 장면을 찍을 때 결정해야 할 가장 중요한 사항들 중 일부는 구도(composition) 그리고 연출(staging)과 관련이 있다. 구도는 전체 샷의 레이아웃이고 연출은 프레임 안 캐릭터나 물체의 정렬, 배치 상태를 말한다. 좋은 구도와 연출은 감동적인 이미지를 만드는 핵심 요소이다. 사실상 그것들은 시청자의 눈길을 유도하도록 돕는, 감독으로부터 오는 교묘한 암시이다. 카메라, 라이트, 레이아웃, 그리고 애니메이션을 조절할 때 예술적 규칙에 의거한 세트와 3D 그래픽에 적용할 수 있는 영화적 관습에 의해 구도와 연출이 결정된다.

샷의 종류 Type of Shots

샷을 계획할 때 기본적으로 가장 처음 결정해야 할 것은 프레임 안에서 보여지는 대상
이다. 두 캐릭터가 상호 관계에 있다면 그들을 같은 프레임 안에 보여 줄 것인가 아니
면 하나를 클로즈업할 것인가? 그들을 둘러싼 배경은 얼마나 보여 줄 것인가? 관객의
시선을 특정 부분으로 유도하고 싶은가? 디지털 영상 역시 전통적인 영화 촬영에서 사
용되던 표현 형식을 사용해 각 샷을 계획할 수 있다.

샷의 크기

샷 종류에 따라 가장 크게 차이가 나는 것이 샷의 크기로, 프레임 안에 보이는 영역의
크기를 결정한다. 가장 작은 영역에서 가장 큰 영역까지 일반적으로 다섯 단계의 샷 크
기가 있다.

- 익스트림 클로즈업extreme close-up(ECU) : 캐릭터 얼굴의 한 부분처럼 아주 작은
  디테일로 스크린을 채운다.

- 클로즈업close-up(CU) : 캐릭터 얼굴 같은 특정 부분을 꽉 찬 샷으로 잡는다.

- 미디엄 클로즈업medium close-up(MCU) : 공간을 한층 더 넓힌다. 캐릭터의 머리와
  어깨가 미디엄 클로즈업에 해당한다.

- 미디엄 샷medium shot(MS) : 클로즈업보다 넓은 영역을 보여 준다. 대개 캐릭터의
  상체, 팔과 머리를 모두 포함한다.

- 와이드 샷wide shot(WS 또는 WIDE) : 촬영 장소는 물론, 주제와 액션 전체를 보여
  준다. 보통 와이드 샷은 한 캐릭터의 머리부터 발끝까지, 또는 완전한 무리 전체를
  보여 준다.

[그림 7.1]의 노란색 선은 각 샷 사이즈별로 보이는 전형적인 범위를 캐릭터를 기준으
로 표시한 것이다. 그러나 단순히 일반적인 가이드라인에 불과할 뿐, 실제 샷 사이즈는
그리고자 하는 대상이나 환경에 상대적이다. 예를 들면 애니메이션 풋볼 게임에서는
와이드 샷으로 전체 스타디움을 모두 보여 주지만 움직이는 곤충을 찍을 때 와이드 샷
은 그저 몇 인치 정도의 공간만을 담당한다.

더 넓은 샷은 전체 환경과 넓은 범위의 액션 또는 여러 캐릭터의 위치를 한번에 보여

준다. 카메라가 들어가서 자세히 클로즈업하기 전에 관객에게 설정 샷(establishing shot)을 통해 전반적인 장면에 대한 느낌을 줄 수 있다. 설정 샷은 보통 장면을 셋업하고, 클로즈업으로는 보이지 않는 주변의 환경까지 모두 보여 주는 일종의 와이드 샷이다. 예를 들어 설정 샷을 통해 실내 장면에 이르기까지 전후 상황을 제시하는 빌딩의 바깥 풍경을 보여 주어도 좋다.

미디엄 샷과 클로즈업은 관객을 장면 안으로 끌어들인다. 그리고 얼굴 표정이나 디테일을 드러낸다. TV는 클로즈업 미디어라고 불려져 있다. 왜냐하면 작은 화면에서는 클로즈업이 특히 중요하기 때문이다. 반면 극장용 영화에서는 얼굴 표정이 보이도록 하는 데 약간 더 넓은 샷을 사용한다.

리액션 샷은 캐릭터가 뭔가를 바라보거나 다른 사건에 반응하는 걸 보여 준다. 보통은 클로즈업이 캐릭터의 리액션을 보여 주는 데 쓰인다. 특히 액션 시퀀스에서 관객이 인간적인 면에 몰두할 수 있도록 해준다. 심지어 광범위한 사건들을 애니메이션하고 있더라도 각 캐릭터의 리액션을 보여 준다면 관객은 어떤 일이 일어나고 있는지 좀 더 주의를 기울일 것이다.

[그림 7.1]
ECU와 CU, MCU, MS와 WS 등은 캐릭터를 렌더링하는 데 사용되는 일반적인 샷 크기이다.

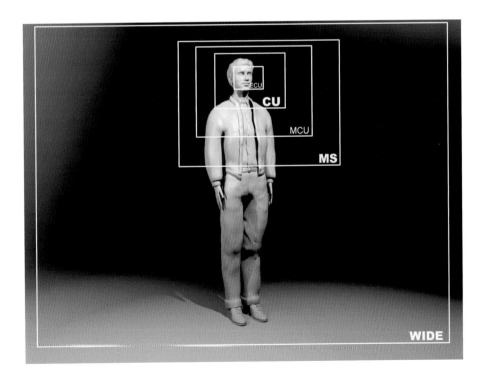

Z축 블로킹

Z축 블로킹(Z-axis blocking)이라는 기술을 사용해서 클로즈업과 와이드 샷의 기능을 동시에 구현할 수 있다. Z축 블로킹은 물체를 카메라로부터 다양한 거리상에 위치시키는 것이다. [그림 7.2]는 Z축 블로킹의 예로, 카메라를 향해 걸어오는 캐릭터는 클로즈업되어 있고 다른 캐릭터들은 배경에 그대로 남아 있다. Z축 블로킹이라는 말이 마치 컴퓨터 그래픽 용어처럼 들릴지 모르나 실제 촬영 감독들이 3D 렌더링 기법이 발달하기 훨씬 전부터 사용하던 표현이다.

[그림 7.2]
Z축 블로킹은 한 캐릭터에 대한 클로즈업과 다른 캐릭터들의 와이드 샷을 결합한다. 이 장면은 Jorge R. Gutierrez가 구성했다.

시점 샷

시점 샷(Point-of-view shot ; POV)은 캐릭터의 시점에서 장면을 바라보는 듯한 느낌을 만들어 낸다.

3D에서 시점 샷을 세팅하는 것은 쉽다. 일단 카메라를 캐릭터 눈 사이에 위치시키고 캐릭터와 그룹으로 만들거나 컨스트레인시켜 캐릭터의 움직임을 따라가도록 한다. 카메라를 캐릭터 헤드 본head bone에 페어런트시키거나 움직임을 주어서 캐릭터가 멀리 응시하는 것처럼 만든다. 보통 시점 샷을 쓸 때는 해당 캐릭터를 숨기고 싶을 것이다. 시점 샷에서 캐릭터가 걸어갈 때는 손이나 팔 같은 몸의 일부를 보여 줄 필요가 없기 때문이다.

애니메이션에서 시점 샷을 쓰는 것이 유용한 몇 가지 경우를 살펴보자.

- 캐릭터의 시점에서 장면을 바라보는 것은 관객으로 하여금 캐릭터에 훨씬 더 동화되거나 공감하게 만든다. 예를 들면 어떤 것이 캐릭터 앞으로 뛰어와서 놀라게 할 때, 카메라 앞으로 (다른 말로 캐릭터의 POV에서) 갑자기 나타나 뛰어들도록 애니메이션해 관객을 놀라게 할 수 있다.

- 시점 샷은 연기나 사건을 극적인 느낌으로 잡을 수 있다. 예를 들어 캐릭터가 구멍 아래로 떨어지고 있다면 카메라는 캐릭터의 머리가 향하는 공간을 차례로 훑으며 애니메이션될 수 있다.

- 어떤 애니메이션에서 시점 샷은 캐릭터의 속성에 따라 애니메이션되면서 우스꽝스러운 효과를 낸다. 예를 들어 카메라를 애니메이션시켜 술에 취해 비틀거리거나 펄쩍 뛰는 개의 움직임을 흉내 낼 수도 있다.

- 시점 샷은 조준을 하거나 망원경이나 열쇠 구멍을 통해 보고 있을 때의 캐릭터 시점을 보여 준다. 대개 이런 종류의 시점 샷은 렌더링된 이후에 망원경 또는 열쇠 구멍 모양을 표현하거나 장치에 따른 초점, 왜곡 등을 흉내 내기 위해 추가적인 과정을 거친다.

- 시점 샷은 편리한 '지름길'이 될 수 있다. 캐릭터의 시점으로 뭔가 보고 있는 동안에는 관객이 캐릭터 자체를 보지 않아 그 샷에서는 캐릭터를 렌더링하거나 애니메이션시킬 필요가 없기 때문이다.

- 킬러나 괴물이 다음 희생자에게 몰래 다가갈 때 시점 샷으로 보여 주는 것은 호러나 서스펜스 영화의 관행처럼 쓰인다. 시점 샷을 사용하면 킬러의 실제 모습은 관객에게 보여 주지 않고 오직 아무것도 모르는 희생자만 킬러의 시점에서 보게 된다.

시점 샷을 재미있게 이용하는 것은 좋지만, 이 샷은 너무 눈에 띌 뿐만 아니라 남용할 경우 혼란스러워질 수도 있다는 걸 기억하자.

투 샷

두 캐릭터가 서로 마주 보고 있는 장면이나 인터뷰 또는 대화하고 있는 장면을 연출하기 위해서 특정한 샷이 함께 쓰일 수 있다.

투 샷two-shot은 [그림 7.3]의 왼쪽에서 보는 것처럼 간단히 두 캐릭터가 함께 등장할 때 쓰인다. 이처럼 투샷은 두 캐릭터를 보여 주는 편하고 직접적인 방법이긴 하지만 재미

없고 평면적으로 보일 수 있다. 시각적으로 장면을 좀 더 다양하게 만들려면 설정 샷으로 투 샷을 사용하고 그 다음 클로즈업이나 오버 더 숄더 샷over-the-shoulder shot으로 커트해서 들어간다.

오버 더 숄더 샷

오버 더 숄더 샷(OSS)은 클로즈업이나 미디엄 샷으로 한 캐릭터를 잡는 데 집중하고 다른 캐릭터는 보통 등이나 어깨 정도를 보여 주면서 위치를 나타내는 샷이다. [그림 7.3]의 가운데와 오른쪽 그림을 보면 이해가 쉬울 것이다. 앞쪽에 위치한 캐릭터의 얼굴을 볼 수 없다 할지라도 그 존재가 샷의 구도를 돕고 있으며 두 캐릭터 사이의 공간감을 설정한다.

OSS의 각 캐릭터를 때로는 클로즈업으로 비추며 교대로 오가는 샷을 샷/카운터샷shot/countershot이라고 부른다. 이것은 두 캐릭터 사이에 일어나는 상호 작용—그것이 대화든 입맞춤이든 아니면 주먹질이든—을 잡는 일반적이고도 효과적인 방법이다. 영화나 TV 프로그램에서 샷/카운터샷을 한번 찾아보라. 영화나 TV 프로그램에서 샷/카운터샷이 반복적으로 사용되고 있다는 걸 알 수 있을 것이다.

각 캐릭터를 OSS로 렌더링하거나 고정된 투 샷 대신 샷/카운터샷을 채택하는 것은 애니메이션을 보다 매력적이고 영화처럼 보이게 한다. 대화하는 장면에서 투 샷 대신 OSS로 렌더링하는 것은 또 다른 이점이 있다. 한 캐릭터의 대사에 반응하는 걸 보는 동안에 다른 캐릭터의 표정 애니메이션은 렌더링 없이 건너뛸 수 있다는 것이다.

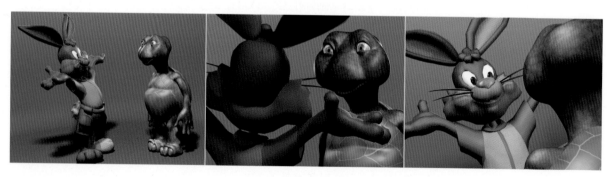

[그림 7.3]
샷/카운터샷의 구조는 투 샷에서 시작할 수 있다(왼쪽). 그 다음 캐릭터 간의 오버 더 숄더 샷 범위 내에서 교대로 사용된다(가운데, 오른쪽).

카메라 앵글 Camera Angles

카메라를 어디에 놓느냐에 따라서 샷의 형태와 기능이 변할 수 있다. 카메라 앵글은 놓인 카메라의 위치와 그것이 겨냥하는 방향에 따라 달라진다.

동작선

몇 가지 다른 삭노의 카메라에서 징면을 렌디링히고 이것을 끊김 없는 하나이 시퀀스로 묶어 편집할 생각이라면, 모든 카메라를 반드시 동작선(line of action)의 한쪽 편에 위치시키고 촬영해야 한다. 동작선은 주제들이 쳐다보거나 따라 이동하는 동선이기도 하고 상호 작용하는 두 캐릭터 사이에 그어진 가상의 선이기도 하다. [그림 7.4]에서 두 캐릭터 사이의 노란색 선이 동작선이다.

[그림 7.4]
화면 방향을 유지하기 위해서 모든 카메라 샷은 보이지 않는 동작선상의 한쪽 면에서만 이루어진다.

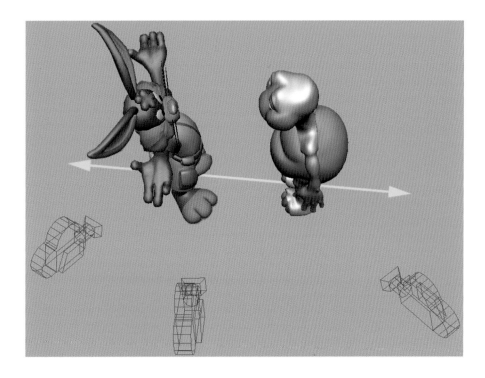

여러분은 다른 편에서 촬영된 각도로 장면이 잘리기를 바라지 않을 것이다. 왜냐하면 캐릭터를 마주 보는 방향이 반대로 바뀌면 관객에게 혼란을 줄 수 있기 때문이다. 예를 들어 캐릭터가 스크린의 오른쪽을 향해 바라보고 있다면 다음 샷에서 느닷없이 왼쪽을 바라보게 만드는 카메라 각도를 선택해선 안 된다. 그것은 마치 캐릭터가 반대쪽으로 돌아선 것처럼 보일 것이다.

움직이거나 추격 중인 캐릭터를 상상해 보자. 주인공이 한 샷에서 스크린의 오른쪽으로 달리고 있다면 모든 샷에서 계속 스크린의 오른쪽으로 달리도록 등장해야 한다. 캐릭터가 실제로 돌아선 게 아니라면 캐릭터가 화면상 방향을 바꾸는 앵글 변화는 사용하지 말아야 한다.

미식축구 팬은 경기가 TV에서 방송되는 방식 때문에 이런 개념에 익숙하다. 일반적으로 모든 카메라는 경기장의 한편에 위치한다. 때로는 카메라가 반대 방향에서 사용되기도 하겠지만 이것은 한 방향에서는 보이지 않는 동작을 잡기 위해서이다. 혼란을 피하기 위해 동작선의 반대편 카메라로 컷 될 때는 '역방향 각도'(reverse angle)라는 자막이 스크린에 뜬다.

퍼스펙티브

퍼스펙티브perspective는 선택한 카메라의 위치 또는 그 시점을 말한다. 카메라의 위치에 따라 각각 다른 원근감으로 장면을 보여 준다.

[그림 7.5]는 다리 앞에 서 있는 사람을 3개의 다른 퍼스펙티브로 보여 주고 있다. 각 퍼스펙티브마다 비슷한 크기로 보여 주기 위해 카메라가 멀리 있을 땐 망원 렌즈를(왼쪽), 3m 앞에선 60mm 표준 렌즈를(가운데), 그리고 가깝게 있을 때는 광각 렌즈를 사용했다. 광각에서 배럴 디스토션이 관찰된다 하더라도, 렌즈 그 자체는 퍼스펙티브를 바꾸지 않는다—렌즈는 단지 장면을 확대해서 가능한 비슷한 크기의 샷으로 비교할 뿐이다.

왼쪽 그림에서 여자 바로 뒤에 어렴풋하게 다리가 어떻게 보이고 있는지 주목하자. 반면에 좀 더 가까운 거리에서 촬영한 오른쪽 그림에선 다리가 훨씬 멀어졌고 전체적인 모습이 보인다.

[그림 7.5]
원거리 퍼스펙티브(망원)에서 촬영한 샷(왼쪽)은 공간을 압축한다. 3m 떨어져 촬영한 샷이 좀 더 정상적으로 보인다(가운데). 근거리 퍼스펙티브(광각)는 공간을 넓게 펼쳐서 인물을 왜곡시킨다(오른쪽).

[그림 7.6]은 3D상에서 비슷한 비교 실험을 해본 것이다. 왼쪽 그림은 멀리 있는 카메라로 2도의 시야각(field of view ; FOW)으로 장면을 렌더링했고, 오른쪽 그림은 훨씬 가까이에 카메라를 놓고 120도 시야각으로 본 것이다.

[그림 7.6]
3D상의 퍼스펙티브는 실제 카메라의 퍼스펙티브와 같다. 원거리 퍼스펙티브에서 공간은 압축된 듯 보이고(왼쪽) 근거리 퍼스펙티브에서 공간은 확장된 것처럼 보인다(오른쪽).

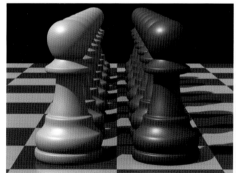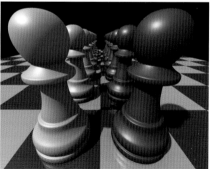

물체로부터 멀리 떨어져 움직이는 카메라는 공간을 압축하거나 평평하게 보이게 한다. 이런 효과는 캐릭터가 군중 속에서 길을 잃은 것처럼 보이기를 원할 때 공간을 한정하는 느낌으로 유용하게 쓸 수 있다. 먼 거리의 퍼스펙티브에서 물체를 향해 줌 인 되어 들어온다면 물체 뒤로 훨씬 작은 배경 일부가 보일 것이나. 이것은 배경에 강조하고 싶은 어떤 물체가 있을 때 유용하다.

물체 가까이 카메라를 움직이면 거리감이 왜곡된다. 과장되어 커진 코처럼 캐릭터의 얼굴 일부분이 튀어나와 보이기도 한다. 대부분의 사진사들은 왜곡 없는 인물 사진을 찍기 위해 카메라를 바로 얼굴에 들이대지 않고 3~4m쯤 뒤로 물러선다. 물론 아주 먼 거리에서도 망원 렌즈를 써서 촬영할 수 있지만 이렇게 하면 얼굴이 평면적으로 보이고 귀처럼 같은 수평선상에 놓인 부분들은 도드라져 보이기 때문에 너무 멀리 떨어져 촬영하진 않는다.

카메라가 캐릭터 주변에서 움직이다가 가까운 퍼스펙티브에서 캐릭터의 연기를 담기 위해 줌 아웃 하면 캐릭터 뒤로 넓은 배경이 잡힌다. 캐릭터 주변의 환경을 널찍하게 보여 주는 게 좋을 수도 있겠지만 이를 위해서 때로는 좀 더 복잡한 세트를 짓거나 허전해 보이지 않도록 하기 위해 장면 안에 나무를 더 심어야 할 수도 있다.

캐릭터 근처의 카메라는 동작을 더 빨라 보이게 하거나 긴 거리를 잡아낼 수 있는데, 특히 움직임이 카메라를 향해 다가오거나 카메라로부터 멀어질 때 확실히 느낄 수 있다. 카메라를 동작 한가운데로 바로 들이대면 애니메이션이 좀 더 역동적으로 보인다. 또한 관객을 캐릭터의 퍼스펙티브에 가깝게 놓는 효과도 있다.

카메라의 위치와 시야각을 동시에 반대 방향으로 애니메이션시키면 혼란스럽게 보이는 효과(disturbing effect)를 만들어 낸다. 예를 들어 애니메이션에 [그림 7.6]처럼 보이는 샷이 있을 때, 카메라는 앞으로 움직이면서 동시에 줌 아웃을 한다면 샷 안에서 원근감이 묘하게 바뀐다. 이 효과는 호러 영화에서 달아나려 애쓰는 캐릭터 앞에 계속 길어지는 복도를 나타내는 데 사용돼 왔다.

자연스럽게 보이는 퍼스펙티브를 선택하고 싶다면, 장면을 바라보는 사람이 3차원 공간 내 어디에 서 있을지 생각해 보는 것이 경험상 훌륭한 방법이다. 그리고 나서 같은 거리에 카메라를 위치시킨다. 예를 들어 실내 장면이라면 카메라는 일반적으로 허용된 방 크기 밖으로 훨씬 뒤에 떨어져 있어서는 안 된다.

장면 안에 원근의 변화는 카메라가 새로운 위치로 이동할 때만 일어난다는 걸 명심하자. 원근감은 카메라의 주밍zooming이나 시야각의 변화로 일어나지 않는다. 카메라가 같은 위치에 계속 남아 있으면 망원이든 광각이든 렌즈와 상관없이 퍼스펙티브도 변하지 않는다. 3D에서 긴 초점 거리focal length의 렌즈(망원)를 선택하는 것은 짧은 초점 거리의 렌즈로 렌더링한 후 이미지를 크롭해서 확대한 것과 같은 퍼스펙티브를 보여 준다.

렌즈의 종류
렌즈의 종류는 초점 거리의 변화를 의미하며 초점 거리와 시야각은 반비례 관계에 있다.

하이 앵글 샷과 로 앵글 샷

가장 평범해 보이는 샷은 눈높이의 카메라에서 촬영된 샷이다. 다른 높이로 카메라를 움직이면 때로 더 재미있고 연출상 극적인 앵글을 만들어 낸다.

캐릭터 아래에서 위를 올려다보며 찍는 로 앵글 샷low-angle shot은 캐릭터를 크고, 강하고, 더 정직하고 고귀해 보이게 만든다. 또한 로 앵글 샷은 주변 환경과 건축적 공간의 크기도 과장한다.

캐릭터 위에서 아래를 향해 찍는 하이 앵글 샷high-angle shot은 캐릭터를 작고, 늘씬하고, 젊고, 약하고, 당황해하고, 귀엽고, 아이같이 보이게 한다. [그림 7.7]은 하이 앵글 (왼쪽)과 로 앵글(오른쪽)상에서 캐릭터가 어떻게 드러나는지 보여 준다.

[그림 7.7]
캐릭터는 하이 앵글(왼쪽)과 로 앵글(오른쪽)에서 각각 다른 느낌으로 보인다. 이미지는 Andrew Hickin bottom이 제작했다(www.andrew hickinbottom.co.uk).

카메라의 움직임

좀 더 자연스럽고 실제 같은 카메라 움직임을 원한다면, 영화에서 사용된 대중적인 카메라의 움직임을 공부하는 게 도움이 된다.

• 팬pan : 패닝하는 카메라는 한쪽 편에서 다른 편으로 회선하며 왼쪽 노는 오른쪽을 겨냥한다. 이때 카메라의 위치는 변하지 않는다. 오직 다른 방향으로 향하기만 하면 된다. 패닝은 가장 일반적이고도 잘 드러나지 않는 카메라 움직임 중 하나다.

- 틸트tilt : 카메라가 물려 있는 곳에서 위치의 변화 없이 위아래로 회전하며 겨냥한다. 팬과 틸트 모두 삼각대에 카메라가 물려 있는 상태에서 행해진다.

- 줌zoom : 카메라 렌즈를 조절해서 시야각을 증가시키거나 감소시킴으로써 카메라 자체는 움직이지 않고 장면의 일부를 확대한다. 줌 아웃이 시야각을 넓히는 반면 줌 인은 시야각을 좁혀 클로즈업된 화면을 만든다.

- 돌리dolly : 물체를 따라 움직이거나 또는 캐릭터 가까이 다가가는 것처럼 카메라의 실제 위치가 변한다. 돌리 인dolly in은 물리적으로 카메라가 주제에 가까이 다가감으로써 좀 더 클로즈업된 화면을 만든다. 돌리 아웃dolly out은 주제로부터 카메라가 떨어져 물러난다.

- 랙 포커스rack focus : 카메라의 초점 거리는 샷 동안 변하므로 카메라로부터 다른 거리에 있는 주제들은 [그림 7.8]처럼 초점 안에 들어오거나 흐려지거나 한다. 이것을 랙 포커스 또는 포커스 풀focus full이라고 부른다.

일반적인 카메라 움직임 중 상당수가 실제 카메라의 위치 변화와는 관계가 없다는 데 주목하자. 카메라가 팬이나 틸트, 줌 또는 랙 포커스일 때 여전히 같은 위치의 삼각대에 물려 있다. 우리는 그저 다른 방향으로 카메라를 겨누고 렌즈를 조절할 뿐이다.

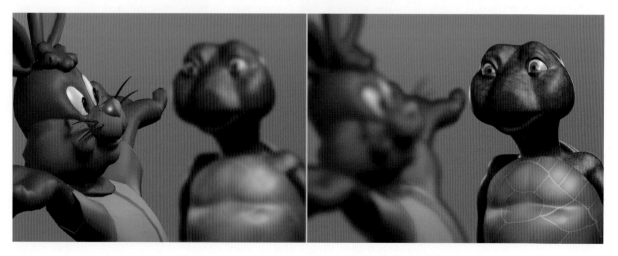

[그림 7.8]
랙 포커스는 샷의 포커스를 변화시켜 관객의 시선을 유도한다.

카메라 움직임의 동기

카메라의 일정한 움직임은 관객을 지루하게 만들 수 있다. 카메라의 이동은 연기나 사건 등에 의해 동기가 부여될 때만 사용해야 한다. 카메라가 움직여도 될 만한 경우는 다음과 같다.

- 캐릭터나 자동차 등이 이동할 때 그 움직임을 따라가기 위해 팬이나 돌리를 사용할 수 있다.

- 이동하는 캐릭터나 자동차가 마찬가지로 이동하는 카메라를 필요로 할 때 시점 샷이 가능하다

- 공간을 탐험하는 방식으로 카메라가 돌리될 수 있다. 특히 주변 환경을 보여 주는 설정 샷이 첫 번째 장면일 때 전체적으로 훑어서 보여 주기 위해 쓰인다.

- 극적인 효과를 위해서, 캐릭터의 특정 연기나 대사를 강조할 목적으로 카메라가 대상을 향해 천천히 들어가기도 한다. 미디엄 샷에서 클로즈업으로 카메라가 돌리될 때 관객의 관심은 화면에 잡히는 대상에 집중된다.

움직이는 애니메이션을 따라가는 패닝이나 새로운 샷으로 컷되는 것처럼 다른 대안이 있다면 굳이 카메라의 위치를 애니메이션시킬 필요는 없다. 이유 없는 카메라 움직임은 관객의 주의만 분산시킬 뿐 이야기 전달을 돕지 못한다.

자연스러운 카메라 움직임

3D상의 카메라 애니메이션에서는 영화에 사용된 실제 카메라의 돌리나 크레인의 전형적인 움직임을 그대로 흉내 내는 것은 진부한 방식이다. 3D 아티스트들은 자신들이 물리적으로 불가능한 카메라 움직임을 만들거나 애니메이션이 부자연스러워 보일까 봐 두려워하곤 했다. 그러나 최근 들어 영화 제작자들은 실사 필름에서 겉보기엔 불가능해 보이는 카메라 움직임을 만들기 위해 3D 그래픽, 모션 컨트롤 카메라, 디지털 합성, 그리고 다른 여러 기법들을 사용하기 시작했다.

영화의 프리비주얼pre visualization을 위해 3D가 널리 사용되면서 실사 영화의 감독들은 과거에는 오직 3D 애니메이션이나 비디오 게임에만 사용하던 카메라의 움직임을 자신감 있게 기획하게 되었다. 관객들은 과거 수십 년간 신기하게만 보던, 장면 전체를 관통해서 날아가는 카메라에 익숙해지기 시작했다.

물론, 여전히 카메라의 움직임은 스토리를 이야기하는 데 도움을 주어야지 관객의 집중을 분산시켜서는 안 된다. 필요하다면 예전의 전통적인 방식의 카메라 움직임을 배우자. 그러나 필요하다면 열쇠 구멍으로 카메라가 날아 들어가거나 움직이는 차창 밖의 움직임을 잡기 위해 장면에 가장 잘 맞는 방식으로 카메라를 과감히 애니메이션시키도록 하자.

편집에서 두 개의 움직이는 카메라 샷 사이를 컷하는 것은 특히 혼란스러워질 수 있다. 각 샷 내의 카메라 움직임은 자연스럽게 보이더라도 다른 방향으로 움직이는 두 카메라 사이를 편집하는 것은 뭔가 아귀가 맞지 않는 느낌을 준다. 카메라를 애니메이션할 때 움직임으로 들어가기 전에 잘 연출된 고정 샷에서 시작하는 게 좋다. 움직임이 끝날 때 카메라는 다시 잘 연출된 또 다른 고정 샷에 안착해야 한다.

자연스러운 카메라 움직임을 위해 장면을 바라보는 촬영기사의 입장에서 생각해 보자. 대개 촬영기사가 어떤 움직임에 반응해서 액션을 잡기 위해선 카메라를 움직이기 전에 배우가 걸어 들어온다든가 하는 특정 움직임이 발생해야 한다. 촬영기사가 움직임에 반응하기 위해 몇 분의 1초 가량의 시간이 필요한 것처럼 배우의 연기 바로 직후에 카메라가 움직이기 시작하는 게 가장 자연스러워 보인다. 또한 카메라 패닝을 시작해서 끝날 때는 끝나는 지점을 조금 벗어나서 멈춘 다음 아주 짧은 시간 동안 다시 살짝 돌아오는 게 사람의 손으로 카메라를 조작하는 느낌을 준다.

구도 향상 Improving Your Composition

샷의 크기와 앵글을 결정한 후에는 좋은 구도와 균형을 잡아야 하는데, 이때 도움이 되는 몇 가지 원칙이 있다. 바로 핵심이 되는 요소(key element)를 프레임 내 어디에 위치시키느냐를 결정하는 것으로, 이에 따라 평범한 이미지들과 차이가 나고 작업을 보다 전문적으로 보이게 한다. 샷 구도를 신중히 배려하여 관객의 시선을 이미지의 (원하는) 다른 부분으로 유도함으로써 스토리 텔링의 예술에 일조한다.

3분할 법칙

주제를 프레임의 중앙에 놓는 것은 자연스러워 보이지도 않을 뿐더러 재미도 없다. 게다가 대부분 구도가 나빠진다. 주제가 중앙에서 벗어나도록 위치시키면 렌더링된 이미지의 구도가 좀 더 나아질 것이다.

샷의 구도를 잡을 때 유용한 가이드라인은 [그림 7.9]처럼 프레임을 가로 세로 3등분하는 것으로, 3분할 법칙(rule of thirds)이라고 알려져 있다. 대상을 선들 중 하나를 따라 배치하거나, 부각시키고 싶은 주제를 두 선이 만나는 지점에 정확히 놓으면 구도가 더 좋아진다.

장면에 수평선이 있다면 프레임의 3분의 1 지점이나 3분의 3 지점에 놓는 것이 중앙에 놓는 것보다 훨씬 낫다. 중앙에 위치한 수평선은 렌더링 이미지를 반으로 자른 것처럼 보이게 만들 수 있다.

[그림 7.9]
3분할 법칙을 따르기 위해 2등분이 아닌 3등분으로 화면 구도를 나누고 빨간 점으로 표시된 교차점에 흥미를 유발할 만한 물체의 포인트를 놓는다.

포지티브 스페이스와 네거티브 스페이스

모든 이미지는 포지티브 스페이스positive space(찬 공간)와 네거티브 스페이스negative space(빈 공간)로 구성된다고 할 수 있다. 포지티브 스페이스는 프레임 내 주제나 전경의 물체를 보여 주는 부분이고, 네거티브 스페이스는 물체를 둘러싼 부분이나 배경을 말한다. 구도(또는 구성)란 이 두 공간 사이의 균형을 잡는 것이다. [그림 7.10]의 왼쪽 그림 중 검은색은 네거티브 스페이스를, 흰색은 포지티브 스페이스를 나타낸다.

[그림 7.10]
랙 포커스는 샷의 포커스를 변화시켜 관객의 시선을 유도한다.

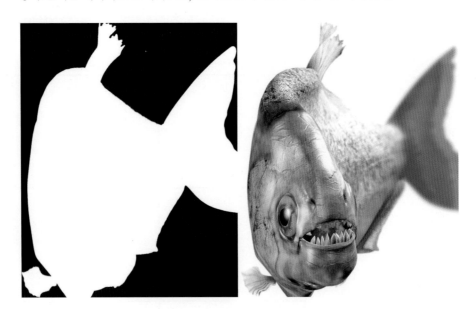

자신이 만든 이미지에서 포지티브 스페이스와 네거티브 스페이스를 검토하다 보면 구도를 향상시킬 수 있는 방법을 찾을 수 있다. 예를 들어 모든 포지티브 스페이스가 프레임의 한 부분에 모여 있거나 일렬로 정렬되어 있다면, 또는 많은 부분이 빈 채로 있다면 샷을 다시 잡는 것도 고려해 볼 수 있겠다. 이렇게 함으로써 현재 상태보다 두 공간 사이에서 균형을 맞출 수 있다.

때로는 강한 균형감이나 폐쇄감을 만들기 위해 네거티브 스페이스가 필요하다. 예를 들어 클로즈업이나 미디엄 샷으로 한 방향을 바라보는 캐릭터의 얼굴을 잡고 있다면, 이것은 관객의 시선을 프레임의 한쪽으로 집중시키는 강력한 효과가 있다. 구도상의 균형을 맞추기 위해 캐릭터 앞에 바라보는 방향으로 네거티브 스페이스를 남기고 싶어한다. 촬영기사는 때로 이런 추가적인 공간을 룩 스페이스look space 또는 노즈 룸nose room이라고 부른다. [그림 7.11]의 위쪽은 균형이 잡혀 있고 캐릭터의 시선을 처리하는 네거티브 스페이스를 포함하여 렌더링을 마쳤다.

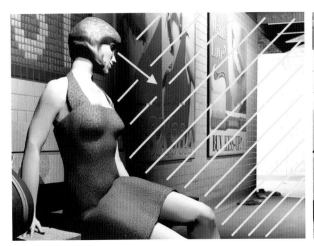

[그림 7.11]
균형 잡힌 구도(위)에서는 캐릭터의 시선을 따라가는 공간을 남겨 놓았다. 불안정한 구도(아래)에서는 프레임의
한 구석으로 관객의 시선을 가둔다.

시각적 무게감

렌더링에서 보이는 모든 대상은 시각적 무게감(graphic weight)을 갖는다. 시각적 무게감이란 같은 장면 내 다른 사물(또는 영역)과 비교해서 구도를 지배하거나 관객의 시선을 끄는 상대적인 비중을 말한다. 주변과 대비되는 진하거나 밝은 물건은 가장 큰 무게감을 갖는다. 날카로운 가장자리의 그림자가 부드럽고 점진적인 변화보다 시각적 무게감이 더 크다. 사람들은 무의식적으로 다른 사람을 본다. 그래서 장면 내 사람이나 눈 같은 신체 부위는 자연스럽게 더 많은 관심을 끄는 시각적 무게감이 있다. 세부 사항보다는 큼직큼직한 물체가 더 큰 무게감을 가지며 장면의 가장자리 근처의 영역도 (중앙보다) 큰 시각적 무게감을 갖는다.

장면 내 어떤 물체가 가장 큰 시각적 무게감을 갖는지 판단하기 위해서 렌더링된 이미지를 흘깃 쳐다볼 때 어디에 시선이 꽂히는지 주목해 보자. 주목성이 높은 물체들은 장면 내 구도를 깨지 않도록 조심스럽게 배치해야 한다.

네거티브 스페이스와 포지티브 스페이스의 경우처럼 구도에서 가장 큰 무게감을 갖는 부분을 찾아보는 것은 구도를 분석하는 데 도움이 된다.

이미지의 어떤 부분이 가장 먼저 시선을 끄는가? 프레임 안에 어떻게 잘 분산 배치되어 있는가? 관객이 이미지를 왼쪽에서 오른쪽으로 '읽는다면' 왼쪽에 눈을 다시 돌릴 만한 재미있는 것을 놓을 것인가, 아니면 나머지 오른쪽에 놓을 것인가? 구도상 어떤 부분에 초점을 맞출 것인가에 대한 정답은 없지만 사람이 생각하는 과정을 고려한다면 좀 더 나은 장면 레이아웃을 찾을 수 있을 것이다.

여러분의 라이팅은 장면 내 시각적 무게감을 증가시킬 수도, 감소시킬 수도 있다. 렌더링하는 부분의 조명이 희미하거나, 콘트라스트가 부족하거나 희미하다면 시각적 무게감이 덜할 것이고 반대로 음영과 콘트라스트가 강하거나 컬러가 두드러진다면 더 강한 시각적 무게감을 갖는다. 만일 장면 일부에 더 강한 무게감이 필요하면 색이 들어간 라이트나 여분의 하이라이트를 추가해 콘트라스트 등을 증가시켜 보라.

영화나 TV 프로덕션에서는 움직임이 눈길을 끌 수 있도록 더 강한 시각적 무게감을 더한다. 한 샷에서 다음 샷으로 컷되는 부분에서 사람들의 눈은 마지막으로 머물렀던 곳을 계속 응시하게 된다. 그래서 연속성이 중요하다. 특히 빠르게 편집된 시퀀스에서는 더욱 그렇다. 시청자가 이미 바라보고 있는 지점 근처에서 흥미로운 주제가 들어간 새로운 샷으로 재시작하는 것이 좋은 생각이다. 일상에서 사람들은 대부분 눈에 보이는 영역 중 가운데 작은 부분으로 관심을 집중하려는 경향이 있다. 이때 주변부 시야에 있는 것들에 대해서는 모호한 인상만 가진 채 그대로 둔다. 관객들에게 이와 비슷한 편안함을 느끼게 하면서 여러 샷을 통해 계속 관심을 집중시키도록 하면 영화에 파묻히게 된다. 완전히 다른 장면들을 잇달아 보면서 정신없도록 만드는 대신에 말이다.

구도선

여러분의 구도를 검토하고 개선하는 또 다른 방법은 샷 안에 보이는 지배적인 선을 그려 보는 것이다. 수평선이든 울타리든 아니면 그림자의 경계선이든 아무 선이나 찾아보자. 그리고 그 선이 시선을 어디로 이끄는지 생각해 보자. 사람들의 눈은 자연스럽게 이미지 안의 선을 따라간다. 따라서 선을 따라 재미있는 주제를 놓거나 시청자가 알아채기를 원하는 주제 쪽으로 선이 가리키도록 하면 원하는 곳으로 시선을 끄는 데 도움이 된다.

대각선은 역동적인 느낌을 주며, 구도에 재미와 흥분을 추가한다. 반면 수평선이나 수직선은 좀 지루해 보인다. [그림 7.12]는 순수한 수평선, 수직선에만 의존하는 대신(왼쪽) 일정 각도만큼 기울였을 때(오른쪽) 얼마나 극적으로 보이는지를 비교하고 있다.

[그림 7.12]
지배적인 선을 수평(왼쪽)에서 대각선(오른쪽)으로 바꾸면 보다 역동적인 구도가 만들어진다.

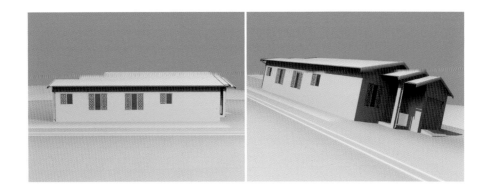

곡선은 부드럽다. S자 곡선은 심지어 우아하고 고상하기까지 하다. 장면이 유기적이고 자연스러워 보이기를 원한다면 곡선을 사용해 보자. 이를 통해 하이테크 디자인의 반듯한 에지, 또는 너무나 컴퓨터 그래픽처럼 보이는 상황에서 벗어날 수 있다.

톱니 같은 선이나 날카로운 모서리는 위협적인 느낌을 준다. 이런 선은 이미지를 흥분되고 격앙되게 보이도록 할 수 있지만 동시에 어떤 장소나 캐릭터는 까칠하게 느껴지기도 한다. 의도한 것이 아니라면 너무 날카로운 모서리를 만들어서 마치 찔릴 듯이 보이게 하지 말자.

탠전시

탠전시tangency(접촉 상태)는 구도 안의 두 라인이 만나는 지점을 말한다. 예를 들면 한 물체의 가장자리가 다른 물체의 가장자리와 정렬된 지점 또는 표면의 가장자리를 따라서 그림자가 떨어지는 지점 같은 것이다. 3D 그래픽에서는 우연이라도 오브젝트들이 종종 너무나 완벽하게 정렬되곤 하는데, 이는 구도의 효과를 떨어뜨린다.

두 라인이 서로 접해 있을 때, 이 두 라인은 필연적으로 구도상 같은 라인이 된다. 이는 장면의 명확함을 떨어뜨리는 결과를 초래할 수 있다. [그림 7.13]의 왼쪽은 원하지 않는 탠전시가 계속 거슬린다. 일단 지붕의 윗선이 너무 완벽하게 그 뒤의 수평선과 일치하고 있고 다음 집의 그림자 라인이 보도의 가장자리와 또 일치한다. 오른쪽 그림을 보면 이런 문제들을 수정하기 위해 카메라와 라이트 모두를 조정했다. 집의 형태가 어떻게 더 명확해졌는지, 그림자가 더 자연스러워졌는지 주목하자.

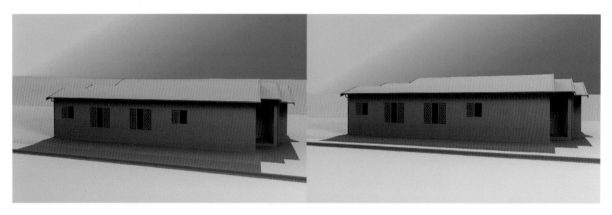

[그림 7.13]
왼쪽 그림을 보면 그림자와 보도 가로변 그리고 지붕 꼭대기와 수평선 간의 탠전시가 구도를 해친다.
카메라와 라이트 각도를 조절해 이 문제를 해결하니 더 강한 이미지가 만들어졌다(오른쪽).

영화와 비디오에서 프레이밍하기 Framing for Film and Video

다른 종류의 매체를 가지고 작업할 때는 필름이냐 TV 포맷이냐에 따라 다른 형태로 프레이밍해야 한다.

포맷과 종횡비

장면을 결정하는 실제 프레임은 필름 포맷이냐 TV 포맷이냐에 따라 렌더링할 때 다른 비율을 갖는다. 이 같은 이미지의 비율을 종횡비(aspect ratio)라고 부른다. 예를 들어 이미지의 너비가 높이보다 정확히 2배라면 종횡비는 2:1이 된다. 종횡비는 때때로 하나의 숫자로 표시한다. 즉 가로를 세로로 나누는 것이다. 예를 들어 4:3은 1.33으로 표현할 수 있다.

필름과 텔레비전에서 사용되는 가장 일반적인 종횡비를 가장 좁은 순에서 넓은 순서로 모아 봤다.

- 1.33 : 표준의 TV 세트는 1.33의 종횡비를 갖는다. 이 표준 TV 세트는 많은 나라에서 점차 와이드 스크린(16:9) 형태로 대체되고 있다.

- 1.66 : 미국에선 덜 대중적이지만 세계 여러 곳에선 여전히 1.66 종횡비를 사용하고 있다.

- 1.78 : HDTV 그리고 와이드 스크린은 1.78의 종횡비를 갖는 발전된 TV 시스템이다. 보통 16:9라고 불린다. 이것은 영화관의 익숙한 와이드 스크린을 집에서 가장 비슷하게 볼 수 있도록 해준다.

- 1.85 : 세계적으로 대부분의 영화에서 가장 널리 사용되는 비율이 1.85:1이다.

- 2.35 : 미국에서 두 번째로 널리 사용되는 종횡비가 2.35 비율이다. 이 비율은 때로 시네마스코프cinemasope 또는 파나비전panavision이라고도 불린다. 이 용어들은 2.35 종횡비를 사용하는 특정 포맷의 트레이드마크가 되었다.

종횡비를 알거나 샷의 장변 해상도를 알고 있다면 비율로 나누어서 세로변이 어느 정도 해상도를 가져야 하는지 결정할 수 있다. 예를 들어 필름용으로 렌더링한 1.85 비율의 가로 2048픽셀 프레임이 있다면 세로변의 픽셀은 2048/1.85, 즉 1107이 된다.

필름 포맷

사진용 필름은 천천히 쇠퇴하고 있으며, 디지털 사진이나 디지털 영화가 이를 대체하고 있다. 그러나 필름에서 디지털로의 전환 속도는 레코드에서 CD로의 전환처럼 빠른 '디지털 혁명'은 아니다. 오히려 넓은 영역에서 느리고 점진적으로 일어나는 변화라고 할 수 있다. 왜냐하면 많은 아티스트들이 개인적으로 계속 필름으로 찍는 것을 선호하기 때문이다. 그리고 영화도 여전히 필름 형태로 가장 먼저 배급된다. 대부분의 영화관들이 아직 디지털 프로젝터에 투자하지 못하고 있기 때문이다. 많은 시각 효과 스튜디오들은 감독들에게 DI(digital intermediate process ; 디지털 중개 프로세스)*를 제공한다. 이것은 필름의 이미지를 디지털화해서 가공하고 다시 배급을 위해 필름으로 녹화하는 방식이다. 여전히 필름으로 촬영해서 배급하는 프로덕션들은 모든 색상 영역의 디지털

DI
촬영 후 디지털로 스캔된 필름에 특수 효과 등의 처리를 한 후 다시 극장 상영을 위해 색 보정이나 전체 필름의 색감, 톤, 퀄리티를 맞추는 작업.

컬러 보정(digital color correction)과 이펙트 그리고 합성에서 유리하다. 결과적으로 시각 효과의 전문가들은 앞으로 수년간은 다양한 형태로 섞인 디지털과 필름을 다루게 될 것 같다.

35mm 영화 필름은 1.33 종횡비의 표준으로 사용되어 왔으며, 이에 따라 텔레비전도 처음에 이 필름과의 호환성 때문에 1.33의 비율로 디자인되었다. 그러나 1950년대 할리우드 스튜디오들은 점점 증가하는 텔레비전의 인기에 위협을 느꼈고, 텔레비전의 작은 스크린과 차별화 전략으로 와이드 스크린 영화 포맷을 고안했다. 극장 배급망을 갖고 있는 여러 스튜디오들도 더 넓은 이미지를 평범한 35mm 필름에 맞출 수 있는 여러 가지 방법들을 개발했다.

일반적인 2.35 필름은 애너몰픽 렌즈로 촬영되고 상영된다. 이것은 [그림 7.14]처럼 이미지를 가로로 압축해서 35mm 필름에 맞추는 방식이다. 2.35 비율은 야외의 스쳐 지나가는 풍경을 파노라마로 찍는 데 인기가 있었기 때문에 큰 예산의 영화에 사용되곤 했다. 애너몰픽 필름을 상영할 때는 2.35 비율로 꽉 차게 이미지를 넓히는 애너몰픽 렌즈에 프로젝터가 맞춰진다.

2.35 필름이 장점을 많이 가지고 있다고 해도 최근 극장들은 한번에 여러 가지 영화를 보여 주기 위해 보통 여러 개의 작은 스크린으로 나누어져 있다. 영화 스크린은 극장 크기보다 더 넓어질 수 없으므로 와이드 스크린 영화를 상영할 때 스크린의 가로 폭은 종횡비를 따르고 대신 세로 폭이 줄어들게 된다. 2.35 필름을 HDTV에서 틀 때도 비슷한

[그림 7.14]
애너몰픽 와이드 스크린 이미지(왼쪽)는 일반적인 35mm 필름(오른쪽)에 맞추기 위해 특별한 카메라 렌즈를 이용해 수평적으로 스케일을 줄였다. 이것을 극장에서 원래 넓이로 상영하려면 애너몰픽 프로젝터 렌즈가 필요하다.

일이 벌어진다. 즉 이미지의 양쪽 변이 1.78의 비율로 크롭되거나 아니면 위아래에 검은 띠를 남기게 된다.

영화가 처음부터 1.85 종횡비로 촬영되면 대부분 애너몰픽하게 촬영되지 않는다. 오히려 와이드 스크린 이미지가 [그림 7.15]처럼 필름 프레임의 중앙에 맞춰진다. 극장에서는 오직 필름의 중앙부만이 스크린에 상영된다. 이 말은 많은 필름 용지가 버려진다는 뜻이다. 필름 프레임의 중앙부가—그레인grain*과 잡티를 포함해서—스크린 가득 확대된다.

때로는 프레임의 위아래가 검게 가려져서 오직 프레임의 중앙 부분만(극장에서 나타나게 되는) 노출된다. 그러나 [그림 7.15]처럼 1.85의 완전한 종횡비의 풀 게이트full gate 대로 상영되는 영화들이 점차 늘어나는 추세이다. 필름이 풀 게이트로 촬영되면 여분의 이미지 영역들은 극장에서 보여지는 부분의 위, 아래쪽에 기록된다. 이때 보여지는 부분이 중앙부뿐이라 해도 네거티브 필름은 이미지로 꽉 차 있다.

시각 효과를 추가할 때 전체 필름 프레임은 풀 게이트로 디지털화된다. 이것은 VFX 아티스트에게 작업할 여분의 이미지 영역을 주는 것이다. 최종 합성 시 실사 촬영분의 중앙부만 사용되는 대신에 풀 게이트 이미지가 있으면 전체 샷을 이동시켜 높거나 낮게 다시 프레이밍을 할 수가 있다. 카메라 셰이킹이나 작은 카메라의 움직임을 흉내 내기 위해 실사 배경 이미지의 위치에 움직임을 줄 수 있는데, 이를 통해 카메라가 샷에 추가된 시각 효과나 그 밖에 CG 크리처에 반응한 듯한 움직임을 아주 손쉽게 구현할 수 있다.

그레인
노출에 따라 촬영 시 생기는 일종의 노이즈. 필름의 광학적 특성 중 하나로 필름 종류별로 다른 굵기, 밀도의 노이즈를 갖는다.

[그림 7.15]
1.85 와이드 스크린 포맷은 오직 필름 프레임의 중앙부에서만 사용된다(왼쪽). 하지만 종종 시각 효과 프로덕션에서 이용되거나 비디오로 출시되었을 때 보이게 될 추가적인 이미지 영역을 담기 위해 풀 게이트로 촬영되기도 한다(오른쪽).

풀 게이트 촬영은 또한 와이드 스크린 영화가 TV에 맞춰질 때 드러낼 이미지 영역을 여유 있게 제공한다.

TV용으로의 변환

필름이나 다른 와이드 스크린 제작물을 표준 TV나 홈 비디오용으로 만들 때는 1.66, 1.85, 또는 2.35 종횡비 모두 1.33의 스크린에서 볼 수 있도록 변환할 필요가 있다.

레터박스letterbox 기술은 이 같은 변환의 한 방법이다. 레터박스가 사용된 이미지는 전체가 다 드러나는 원래의 와이드 스크린 화면과 세로 축이 더 긴 포맷의 나머지 영역을 채우기 위한 위, 아래의 검은 영역이 있다. [그림 7.16]의 왼쪽은 1.33 TV 프레임상에서 완전한 1.85 이미지를 볼 때 나타나는 레터박스다. 레터박싱은 와이드 필름의 구도를 유지하는 좋은 방법이지만 많은 시청자들은 TV 화면에서 몇 인치가 사라져 버리는 것을 달가워하지 않는다.

[그림 7.16]
1.85 비율의 프레임은 레터박스를 이용하거나(왼쪽) 팬이나 스캔되어(오른쪽) 1.33으로 변환된다.

와이드 스크린 필름을 표준 TV에 맞추는 방법으로 팬pan과 스캔scan이라고 불리는 또 다른 기술이 있다. 이 과정은 영화를 꼼꼼히 살펴본 후 각 샷의 좌우 일정 부분을 선택적으로 크롭하는 과정을 포함한다. 보통은 이미지의 중앙부만이 TV에 나타난다. 만일 프레임의 왼쪽이나 오른쪽에서 주요 사건이 벌어지면 가운데를 보여주는 대신 와이드 스크린상의 한쪽 부분으로 패닝된다. 어느 방법이든 간에 TV 화면을 가득 채우는 그림은 극장에서 보이는 장면의 일부분에 불과하다. [그림 7.16]의 오른쪽은 1.33 비율로 크롭된 결과를 보여 준다. 이것은 감독의 원본 작품에 불필요한 수정을 할 때, 특히 필름에서 비디오로의 변환을 허용하지 않는 감독들의 클래식 필름들에 행해졌을 때 눈에 띈다.

팬과 스캔 과정은 또한 각 프레임에서 크롭된 영역 간의 애니메이션을 포함할 수 있다. 예를 들면 비디오의 한 샷은 실제로는 원본 필름 프레임을 가로지르는 (왼쪽에서 시작해서 오른쪽으로 끝나는) 패닝일지도 모른다. 이것은 원본 필름의 카메라가 패닝되는 결과와 흡사하게 나타나야 하지만 이미지를 스크롤하는 것처럼 다소 과도하게 보인다. 영화를 비디오로 볼 때 (레터박스가 들어가 있지 않은) 때로는 수평으로 작은 패닝이 들어가 있다는 사실을 눈치챌 수 있다. 이것은 와이드 스크린 영화를 비디오로 전환하면서 생긴 것이다.

만약 필름이 풀 게이트로 촬영됐다면 키 큰 1.33 비율의 이미지는 와이드 스크린 영역 밖의 부분부터는 모두 크롭될 수도 있다. 이런 경우 TV 시청자는 간단하게 극장에서 보이는 것 이상으로 주요 액션의 위아래를 더 보고 있는 것이다.

크로핑과 오버스캔

불행하게도 이미지의 모든 픽셀이 스크린 위로 옮겨지리라는 기대는 할 수 없다. 디지털 이미지를 필름 레코더로 보낼 때 15에서 30열의 픽셀들이 필름으로 기록되는 과정에서 이미지의 에지별로 크롭된다. 또한 영화가 상영될 때 극장은 프로젝터를 조정해서 완전한 스크린 크기보다 더 크게 이미지를 조정하므로 프레임의 에지에서 다시 한 번 크롭이 일어난다.

텔레비전의 경우 오버스캐닝overscanning이라는 과정에서 스크린 신호가 없는 비디오 부분을 크롭할 때 비슷한 문제가 발생한다. TV의 픽처 튜브picture tube는 실제 스크린 크기보다 약간 크게 그림을 쏘아 이미지를 오버스캔한다. 오버스캐닝은 TV 수신기의 전류 흐름상 생기는 변화량 때문에 발생할 수 있는, 그림이 파동 치는 현상을 숨기기 위해 초기 TV에서 디자인되었다. 오버스캔의 양과 이미지를 중앙에 비추는 것은 텔레비전마다 차이가 심했다.

중요한 액션은 스크린의 90% 중앙에 있어야 한다. 어떤 시청자들은 (위치에 따라) 너무 가장자리에서 액션이 발생하면 놓칠 수 있기 때문이다. 글자나 제목을 비디오에 넣을 때는 더 주의해야 한다. 시청자들은 화면에서 보이지 않는 어떤 글자나 문자열도 확실히 알아챌 수 있다. 경험적으로, 글자는 이미지의 80% 중앙에 있어야 오버스캔으로부터 안전하다. 대부분의 3D 소프트웨어는 뷰포트에 나타나는 이미지 영역을 보호하기 위한 가이드 옵션을 가지고 있다.

Exercises

샷을 프레이밍하는 방법은 셀 수 없이 많다. 좋아하는 영화의 구도나 프레임을 공부한 후 작업에 맞는 구도를 조사하고 다시 생각해 보자.

1 영화나 비디오 장면을 보고 어떤 다른 종류의 샷들이 쓰였는지 확인하자. 어떤 샷 크기와 앵글이 사용되었는가? 샷과 카운터샷의 적용 범위, 설정 샷, 그리고 리액션 샷을 찾아낼 수 있는가?

2 자신의 렌더링 작업 중 하나를 2D 페인팅 프로그램상에서 불러내어 더 작은 프레임으로 자세하게 크로핑을 실험해 보자. 다른 종횡비가 더 좋아 보이는가? 이미지의 한쪽을 없애고 주제를 중앙에서 먼 곳으로 옮겨 놓으면 디자인이 더 좋아지는가?

3 기존의 3D 장면을 여러 가지 퍼스펙티브로 렌더링해 보자. 여러 다른 렌더링을 통해 장면의 크기와 배경 공간에 영향을 미칠 수 있는지 살펴보자. 다른 물체들이 뒤에 남겨진 동안 어떤 물체를 전경에, 카메라 바로 앞에 위치시키면 장면이 더 나아지는가?

MEMO

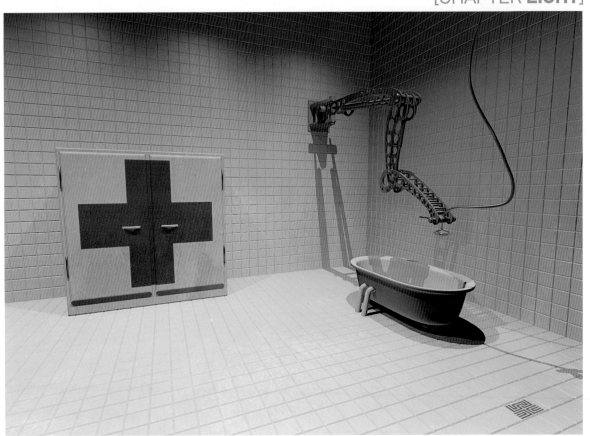

08

CHAPTER

색의 예술과 과학
The Art and Science of Color

관객의 감정을 마음대로 요리하고자 한다면 컬러를 지능적으로 사용하는 것만큼 강력한 수단은 없다. 이번 장에서는 3D 아트에서 컬러가 갖는 시각적 위력에 대해 알아볼 것이다. 올바른 컬러 스킴color scheme(컬러 사용 계획)은 특정 분위기를 만들거나 확장시키고, 심지어 이미지의 의미마저 바꾼다. 컬러의 사용은 기술적인 측면도 있으므로, 이번 장에서는 디지털 컬러의 재현과 함께 여러 종류의 광원에 어울리는 현실적인 컬러를 어떻게 선택하는지 깊이 있게 살펴보겠다.

색상 혼합 Color Mixing

3D 그래픽에서 컬러는 보통 RGB(Red, Green, Blue) 값으로 저장된다. 즉 red, green, blue를 나타내는 세 가시 숫자가 조합되이 최종 컬러를 만든다. 이 책에서는 특별한 언급이 없는 한 RGB 값을 0–1 스케일로 표시한다. 예를 들어 (0,0,0)은 순수 black, (1,1,1)은 순수 white를 나타낸다.

가산 컬러

red, green, blue는 가산 원색 또는 가산 1차색(additive primary color)이라고 불린다. 빛의 어떤 색깔도 이 RGB를 다양한 비율로 조합해 만들어 낼 수 있기 때문이다. [그림 8.1]처럼 RGB가 같은 비율로 더해질 때 완벽한 화이트가 만들어진다.

[그림 8.1]
가산 원색들(1차색)은 섞여서 순백색의 조명을 만든다.

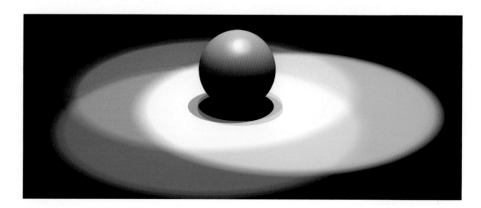

가산 원색 사이의 색상들은 가산 2차색(additive secondary colors)이라고 한다. 이것은 어떤 색이든 두 가지의 가산 원색들이 같은 양으로 섞일 때 나타난다. [그림 8.2]에서 보듯이 가산 2차색은 yellow(1,1,0), cyan(0,1,1) 그리고 magenta(1,0,1)가 된다.

가산 2차색은 가산 원색의 보색(complementary color)이라고도 한다. 보색은 색상환에서 서로 마주 보고 있는 한 쌍의 색상을 가리킨다. cyan은 red의 보색이고, magenta는 green의 보색이며, yellow는 blue의 보색이다.

[그림 8.2]
가산 2차색(yellow, cyan, magenta)
은 두 개의 가산 원색이 겹치는 부
분에 존재한다.

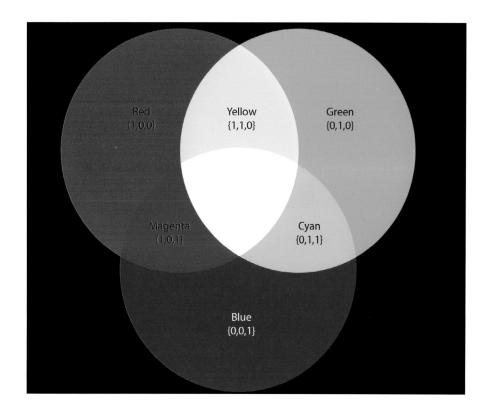

[그림 8.2]
가산 2차색(yellow, cyan, magenta)
은 두 개의 가산 원색이 겹치는 부
분에 존재한다.

감산 컬러

프린터로 출력된 결과물은 모니터에서 보는 것과 색상이 다르다. 모니터는 순수 black 에서 시작해서 red, green, blue 빛을 더해 나간다. 프린터는 하얀 종이에서 시작해서 감산 원색 또는 감산 1차색(subtractive primary color)으로 점점 어둡게 만들어진다.

세 가지 감산 원색의 잉크는 어떤 색상이라도 표현할 수 있지만, 그것들이 전부 섞이면 black이 아닌 짙은 brown이 된다. 이걸 보강하기 위해 대부분의 컬러 프린터들은 cyan, yellow, magenta 그리고 black의 4가지 색 잉크를 사용하는 것이다. 흔히 CMYK라고 부르는 그것이다(여기서 K는 blacK의 K다). black 잉크는 또렷한 글지를 인쇄하고 컬러 이미지의 음영을 강화한다. 일반적인 4색 잉크 컬러 프린터로 출력한 이미지를 확대해 보면 [그림 8.3]과 같이 cyan, magenta, yellow 그리고 black으로 된 점들이 종이 위에 촘촘히 찍혀 있다.

[그림 8.3]
감산 원색들은 4도 인쇄 과정에
사용된다.

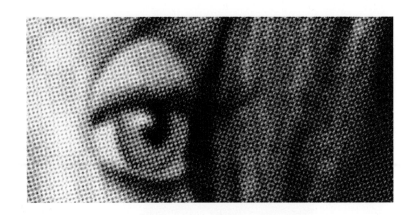

색상, 채도, 밝기의 조절

대부분의 그래픽 프로그램들은 RGB 값 대신 HSV(Hue, Saturation, Value) 값으로 색상을 선택할 수 있는 옵션을 제공한다. 그러나 HSV 형식으로 컬러를 선택하는 것은 인터페이스 측면에서 그런 것이지 실제로는 RGB 값으로 저장과 내부 계산이 이루어진다.

HSV를 사용하면 아티스트가 컬러를 좀 더 직관적으로 선택할 수 있다는 이점이 있다. 컬러에 대해 생각할 때 우리는 색상(hue) 기준(붉은 계열인가, 푸른 계열인가?), 채도(saturation) 기준(옅은 핑크인가, 거의 회색 아니면 진한 빨강인가?), 그리고 밝기(value) 기준(어두운가, 밝은가?)을 같이 묶어서 생각하는 경향이 있다.

색상을 분류하고 묘사하는 방법으로 색상, 채도, 밝기라는 기준을 사용함으로써 시각적으로 훨씬 이해하기 쉽다. [그림 8.4]는 색상을 HSV로 구성했을 때 RGB에 비해 상대적으로 어떻게 나타나는지 보여 준다.

[그림 8.4]
RGB 컬러(왼쪽)는 red, blue, green을 섞는 반면에 HSV(오른쪽)는 색상, 밝기 그리고 채도를 다양하게 변형시킨다.

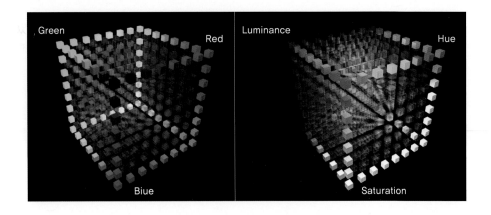

3D에서도 내부 계산은 RGB상으로 이루어진다. 가능한 모든 파장의 스펙트럼 대신 단지 3가지 빛의 파장(red, green, blue)만을 사용하는 것이 빛을 받고 있는 서피스의 컬러를 훨씬 빠르고 쉽게 묘사할 수 있기 때문이다.

빛이 서피스 컬러를 만났을 때

렌더링되는 동안에 컬러는 아주 다른 두 가지 방법으로 섞인다. 이번 장의 초반부에 설명했듯이 다른 빛들이 겹쳐질 때 각 색싱 값이 전부 더해신나(added). 그러나 색이 늘어간 빛이 색이 들어간 서피스를 비추고 있다면 그 둘은 서로 곱한 값을 갖는다(multiplied). 예를 들어 오렌지 컬러 (1,.28,.08)의 서피스는 그것을 비추는 red 라이트를 100% 반사, green 라이트를 28% 반사, blue 라이트를 8% 반사하고 있다. 서피스 컬러가 red, green, blue 라이트를 각각 얼마나 반사시킬지 제어하는 필터 역할을 한다고 보면 된다.

라이트의 색상이 서피스 컬러에 의해 곱해질 때 보통은 덜 밝게 보인다는 것에 주목하자. 이것은 컬러가 1보다 작은 분수 값으로 곱해지고 있기 때문이다. 어떤 프로그램에서는 RGB 값을 편의상 0-1 스케일이 아닌 0-255 스케일로 표현하기도 하지만 컬러의 연산을 수행하는 렌더러는 내부적으로 여전히 0-1 스케일의 컬러 값을 이용한다. 0-255 스케일 규격은 오늘날의 렌더링 소프트웨어에서는 더 이상 존재하지 않는, 각 색상별로 256 계조만 사용했던 한계 때문에 생긴 것이다. 많은 3D 프로그램들은 최고 밝기를 255로 표현할 것인지 1로 표현할 것인지 고를 수 있다. 그리고 RGB 값을 정밀한 소수점의 숫자로 나타내는 것이 0-255 스케일 표시보다 더 정확하다. 물론 이러한 인터페이스상의 선택은 렌더링 시 아무런 영향을 미치지 않는다.

서피스의 RGB 컬러 중 어느 것이라도 값을 0으로 두었다면 해당 컬러의 빛은 0% 반사하는 게 된다. [그림 8.5]는 이것 때문에 생기는 몇 가지 문제점을 보여 준다. 왼쪽 그림에서 흰 라이트가 여러 색상의 구(sphere)를 비추고 있는데 모든 색상이 선명하게 보인다. 오른쪽 그림에서 라이트는 순수 green(0,1,0)이고 그것이 순수 red(1,0,0)를 비추고 있을 때 그 결과는 black이 돼 버렸다. 이것은 예상했던 결과다. 왜냐하면 순수한 빨간색 표면은 초록색 빛을 전혀 반사하지 않기 때문에 어떤 빨간빛 파장도 서피스로부터 반사되어 나오지 않기 때문이다. 그러나 현실에선 이렇게 완전한 순도를 갖는 경우가 거의 없기 때문에 어떤 색상이건 충분히 보일 만큼 밝은 빛을 기대할 수 있는 것이다.

[그림 8.5]
white 라이트는 6개의 램버트 lambert 셰이딩된 볼을 균일하게 비춘다(왼쪽). 하지만 green 라이트로만 비추면 어떤 볼은 완전히 검은색으로 나타난다.

차분한 조명의 사진에서 컬러를 추출할 때 물체들 대부분이 어느 정도의 red, green, blue 값을 반사하고 있다는 걸 쉽게 발견할 수 있다. 밝은 red로 칠해진 물체를 보면 거기에 어떤 green도 없을 것 같지만 [그림 8.6]에서 보듯이 미세하게 green 값이 존재한다.

[그림 8.6]
RGB 컬러 값을 사진에서 추출했다.

(.886, .153, .196) ———

——— (.686, .075, .075)

사진에서 컬러를 추출하는 것은 컬러 스킴의 근본을 세우는 아주 훌륭한 출발점이다. 대부분의 그래픽 프로그램이 아이 드롭퍼eye dropper를 포함한 컬러 추출 도구를 가지고 있다. 그림에서 추출된 컬러는 사진 안의 조명에 의해 이미 영향을 받았기 때문에 원래 서피스 컬러와 정확하게 일치하지는 않을 것이다. (또한 카메라의 화이트 밸런스에 의해서도 그렇다. 이에 대해서는 이 장 후반에서 다룬다). 주변의 반사도 추출한 컬러에 영향을 미친다. 특히 금속이 아닌 유리 같은 반사체는 더욱 그렇다. 금속의 경우는 반사 역시 서피스 컬러를 따라가기 쉽다. white 라이트로부터 골고루 조명을 받고 있는 이미지에서 컬러를 추출할 때 가장 효과적이다.

종종 우리가 '검정'이라고 부를 만한 서피스도 여전히 최소한 15~20% 정도의 빛을 반사하고 있다. 따라서 검은 고무 조각의 실제 RGB 값은 (0,0,0)이 아닌 (0.17,0.16,0.19) 정도가 된다. 마찬가지로 '하얀' 종이 역시 그것을 때리는 빛의 100%를 반사하지 않는다. 그래서 (0.82, 0.76,0.79) 같은 값이 (1,1,1)보다 더 사실적으로 보일 수 있다.

3D 그래픽 초보자들은 서피스 컬러를 선택할 때 채도가 너무 높은 색이나, 혹은 순수 black, 순수 white에 가까운 색으로 선택하는 실수를 한다. 이 때문에 서피스가 빛에 대해 실제처럼, 그리고 일관되게 반응하지 않는다. 대부분의 RGB 값을 대략 0.2에서 0.8 사이로 잡는다면 도드라져 보이거나 빛에 이상하게 반응하는 서피스 대신 장면 내 밝기를 결정하기 위해 라이팅을 이용할 만한 여유를 가질 수 있다. 이것은 경험적으로 아주 널리 쓰이는 방법이다. 어떤 프로젝트에서는 좀 더 중성적인 파스텔 톤으로 갈 수도 있고, 다른 프로젝트에서는 필요에 따라 강한 컬러로 할 수도 있는 것이다.

극단적인 순수 RGB 컬러를 사용하지 않더라도 라이트 컬러가 서피스 컬러와 보색 관계라면 서피스는 전체적으로 어둡게 나타난다. [그림 8.7]은 red 라이트와 green 라이트에 비춰지는 장미를 보여 준다. red 라이트에서는 꽃잎은 밝지만 줄기와 잎이 어둡다. green 라이트에서는 줄기와 입은 밝아졌지만 꽃잎이 어둡게 나타난다.

보색 관계의 라이트는 또한 서피스 컬러의 채도를 떨어트린다. 분홍색 피부를 갖는 캐릭터에 blue 라이트를 비추면 피부는 좀 더 회색으로 보이며, white나 pink 라이트를 사용하는 것보다 채도가 떨어진다.

여러 가지 라이트 컬러와 서피스 컬러의 조합으로 3D 장면이 뒤범벅되기 쉽다. 하지만 때로는 어떤 컬러가 장면 안에 나타나야 할지 아티스트가 책임지고 통제할 필요가 있다. 그리고 명확히 규정된 컬러 스킴상의 컬러를 사용하는 데 중점을 두어야 한다.

[그림 8.7]
red 라이트로 비췄을 때 꽃잎이
더 밝게 보인다(왼쪽), green 라이
트에서는 잎이 더 밝게 나타난다
(오른쪽)

컬러 스킴 Color Scheme

인상적인 이미지들은 전체 컬러 팔레트에서 무작위로 선택된 컬러 대신 명확히 규정된 컬러 스킴을 가지고 있다. 컬러 스킴—이미지 전반에 걸쳐 나타나는 전체 컬러 세트—은 장면의 첫인상과 분위기를 잡는 걸 도와준다. 영화에서 새 장면이 시작될 때 관객은 표현된 대상과 모양을 이해하기도 전에 컬러 스킴을 먼저 인지한다.

일단 작고 일관된 범위 안에서 컬러를 선택하는 것부터 시작하여 강력한 컬러 스킴으로 발전시켜 나간다. 그리고 장면 내 모든 요소를 한 가지 특정 컬러로 칠해 본다. 때때로 컬러 스킴을 유지하기 위해 여러 다른 물체에 같은 컬러를 적용하기도 할 것이다. 예를 들어 [그림 8.8]에서 전체 그림은 약간의 blue 톤과 yellow 톤만으로 이루어져 있다.

같은 세트의 컬러를 재사용하는 것은 이미지도 같은 것으로 묶어 버린다. 달의 yellow 가 별에 재사용되었고 건물에도 비슷한 색의 점들이 보인다. 제한된 컬러 스킴을 충실히 지킴으로써 이미지의 모든 부분이 확실하게 합쳐졌다.

새로운 컬러를 오브젝트나 라이트에 더할 때 그 색 하나만 단독으로 사용하지 말고 컬러 스킴에도 추가하도록 한다. 예를 들어 다시 [그림 8.8]에서 어떤 물체가 밝은 red나 green을 가지고 있다면 전체 장면은 달라 보였을 것이다. 사람들은 각 컬러를 컬러 스킴상의 다른 컬러와 연계해서 이해한다. 따라서 가장 효과적인 컬러 스킴을 계획하려면 선견지명이 필요하다.

[그림 8.8]
컬러 스킴은 구도의 통합을 돕는다.
이 이미지는 Jorge R . Gutierrez가
제작했다(www.super-macho.com.).

색상 대비

보는 사람의 시선을 잡아 끄는 튀는 색상을 만들기 위해 자신의 컬러 스킴에서 색상 대비(color contrast)를 이용할 수 있다. [그림 8.9]는 색상 대비의 좋은 예다. orange 색 공에 눈길을 주지 않고 이미지를 바라보기는 어렵다. 색상 값이나 채도의 차이가 아니라 단지 orange 색과 나머지 컬러 사이의 대조로 인해 눈에 확 띈다.

색상의 독점

오직 한 지역에 컬러를 집중하는 것은 색상 대비를 증가시킨다. [그림 8.9]에서 orange 색이 여러 곳에 흩어져 있다면 같은 정도의 시각적 무게를 갖거나 관객의 눈을 쉽게 끌지 못할 것이다.

보색

색상 대비는 한 컬러가 보색에 둘러싸여 있을 때 가장 크게 일어난다. 앞에서 언급했듯이 보색(complementary color)은 색상환에서 서로 마주 보는 위치에 있는, 쌍을 이루는 컬러들을 말한다([그림 8.10] 왼쪽 참조). 이것은 최대치의 대비를 가져오며 purple 색을 한층 강하고 두드러진 색으로 만든다.

보색이 '반대'가 아닌 '보충'의 의미를 갖는 것은 서로 잘 어울리기 때문이다. 긴 시간 동안 함께 등장하는 두 캐릭터를 계획하고 있다면 서로 보색으로 매치시키는 것을 고려해 보라.

[그림 8.9]
장면 안의 유일한 orange 색은 바로 시선을 잡아챈다.

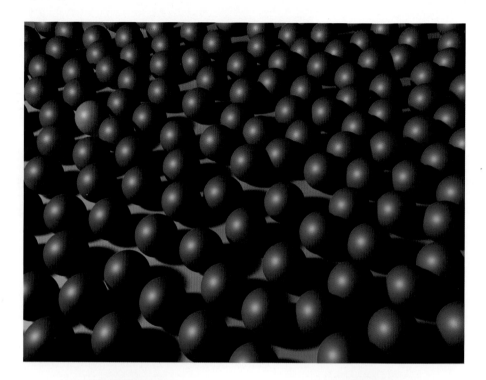

[그림 8.10]
보색(왼쪽)은 색상환의 반대편 색과 짝을 이룬다. 어떤 아티스트들은 색상환의 세 점 근처에서 컬러 스킴을 선택하기 좋아한다(오른쪽).

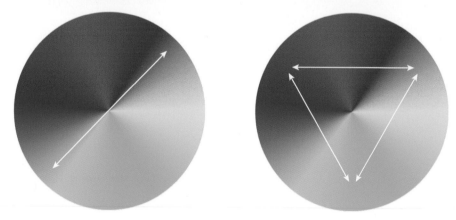

그저 한 쌍의 두 가지 색상 대신 [그림 8.10]에서 보듯이 색상환에서 같은 간격으로 색을 골라 냄으로써 때로는 세 가지 이상의 색상을 컬러 스킴에 사용할 수 있다.

컬러 스킴 구성을 돕기 위해 사용하는 소프트웨어들이 있다. 에니 오켄Eni Oken과 그렉 패튼Gregg Patton이 만든 컬러 스킴Color Schemes이라는 프리웨어 프로그램은 위에서 보듯 색상환 주변으로 같은 간격의 세 점을 추출하거나 그 밖에 컬러를 섞고 조합하는 많은 공식을 따르고 있다(이 프로그램은 www.oken3d.com/html/tips.html에서 다운로드할 수 있다). 산업용 프로그램을 원한다면 Tigercolor.com에서 나온 컬러임팩트Color Impact나 Color schemer.com에서 나온 컬러스키머ColorSchemer 같은 제품도 있다. 이런 프로그램은 실제 작업에 사용되는지의 여부와 관계없이 다른 컬러 스킴을 알아보는 교육용 툴로서 흥미로운 건 사실이다.

시간 흐름에 따른 색의 대비

애니메이션에서는 시간의 흐름에 따라 색이 어떻게 보일지 계획하는 것이 큰 효과가 있다. 예를 들어 아주 밝고 이글거리는 red와 yellow 계열의 폭발은 폭발 전 배경이 어두운 blue 톤이었을 때 더 강렬해 보인다. blue는 관객들을 가라앉히고 어두운 장면에 익숙해지게 한다. 그리고 나서 느닷없이 '쾅!' 하는 폭발이 관객의 눈을 때리면 두 배는 밝고 화려하게 보인다.

편집에서 장면 사이의 전환은 색상 대비를 이용할 또 다른 기회이다. 특히 여러 가지 사건이 한꺼번에 일어나고 있다면 각각의 장소에 다른 컬러 스킴을 부여하는 것이 장면 전환 이후 관객이 흐름을 따라가는 데 도움이 된다. 예를 들면 범죄 소굴에서 어떤 사건이 일어나고 동시에 경찰 본부에서도 다른 일이 일어나고 있다면 범죄 소굴의 모든 장면에는 blue 톤을 깔면 어떤 장소인지 관객이 즉시 파악하기 쉽다.

색상의 의미

왜 은행이나 보험사 병원의 로고는 blue 계열이 많은가? 왜 패스트푸드점의 로고는 orange나 yellow 계열인가? 자신의 컬러 스킴에서 골라낸 색은 미묘한 느낌을 전달한다. 그리고 이것은 관객에게 다른 연상을 불러일으킨다.

차가운 색상, 따뜻한 색상

일반적으로 red, orange, yellow 계열을 따뜻한 색상이라고 하고, 반대로 blue, green 계열을 차가운 색상이라고 한다. 가장 세고 강한 채도의 red나 orange는 뜨거운 색상으로 본다.

red는 아마 경종을 울리는 색상일 것이다. 그것이 피와 불의 색깔이기 때문이다. 사람들은 빨간 문을 통과하거나 빨간 버튼을 누르는 것을 주저한다. 강한 경고나 금지 표시에도 보통 red를 사용한다. [그림 8.11]은 차가운 색상과 비교해서 따뜻한 색상에서 오는 다른 느낌을 보여 준다.

따뜻한 색상은 일반적으로 맵고 짜릿하고 혈기왕성하고 시선을 잡아끄는 색상으로 본다. 패스트푸드점에서는 이런 특징을 이용하여 orange나 yellow를 로고와 실내 장식에 사용한다. 또는 손님이 서둘러 먹고 빨리 자리를 비우게 하려는 것일지도 모른다.

yellow, 태양의 색깔은 종종 밝고 활기찬 색으로 인식된다. 밝은 yellow가 깔린 장면이 전환될 때 관객은 스토리상 행복한 지점에 이르길 기대한다.

[그림 8.11]
따뜻한 색은 흥분과 자극을 유발하고(왼쪽) 보다 차가운 색들은 장면을 누그러뜨리는 데 어울린다(오른쪽).

태양빛의 yellow처럼 보편적인 연상 작용이 있는 반면 문화적으로 아주 독특한 경우도 있다. 미국에서는 red가 너무 강하게 공산주의를 연상시켜 정치적 좌파에 관한 캠페인을 할 때는 광고, 포스터, 그리고 자동차 스티커 등에 두드러진 red의 컬러 스킴 사용을 피한다. red를 전체 다 사용하는 경우는 보통 많은 양의 blue, white와 균형을 이룰 때이다. 그러나 캐나다에서는 red와 white가 국기 색이므로 정치적인 광고와 현수막은 red를 기초로 한 컬러 스킴이 특징이며, 그것이 애국적으로 보인다.

공통적인 경험은 공통적인 연상 작용을 이끌어 낼 수 있다. 범세계적인 미디어의 확장은 영화, TV, 그림, 패션, 광고 등을 통해 세상의 많은 부분을 공통적인 이미지와 색상으로 표현했다. red는 피나 불같이 자연물의 색깔일 뿐 아니라 코카콜라 같은 상표의 색깔로도 인식된다.

차가운 색상

blue와 green은 차분하고 편안한 색으로 여겨진다. 물, 하늘, 유리 그리고 나무는 blue와 green으로 이루어져 있다. 그리고 그것들은 중립적인 배경의 역할을 한다.

깊고 진한 blue는 단단하고 위엄 있어 보인다. 그래서 많은 은행이나 보험사가 로고에 blue를 사용한다. red 중심의 컬러 스킴이 "나를 두려워해!"라고 말한다면, 깊은 ocean blue는 "나를 믿어"라고 말하는 것 같다.

blue 라이트에 젖어 있는 장면은 슬픈 느낌을 자아낸다. 아주 미묘한 정도의 색조라 할지라도 장면에 대한 인상을 형성하는 데 도움이 된다. blue 계열의 라이트는 겨울이나 밤공기의 느낌을 표현하고, 사람이나 장소를 추워 보이게 만든다.

green은 그 자체로 아주 자연스러워 보이거나 혹은 아주 부자연스러워 보이는 매혹적인 색상이다. green은 주변 자연환경에서 아주 많이 보는 색이며 자연을 상징하는 색이기도 하다. 그러나 green 빛을 띤 사람은 매우 아파 보이고, 옅은 green은 종종 병원 벽에 쓰이며, 형광등에서 나오는 green 톤의 조명은 불안해 보인다. [그림 8.12]는 질병을 암시하는 듯한 이미지를 만들기 위해 green을 이용한 예다. 화면의 균형을 돕기 위해 두 군데의 작은 부분—하나는 캐비닛 그리고 다른 하나는 오른쪽 아래의 작은 디테일—에 보색인 red를 사용했다. 이렇게 함으로써 시선이 캐비닛에만 꽂히는 걸 피하게 됐다.

[그림 8.12]
Vaclav Cizkovsky가 만든 이 이미지는 green 라이트를 이용해 분위기를 잡고 있다.

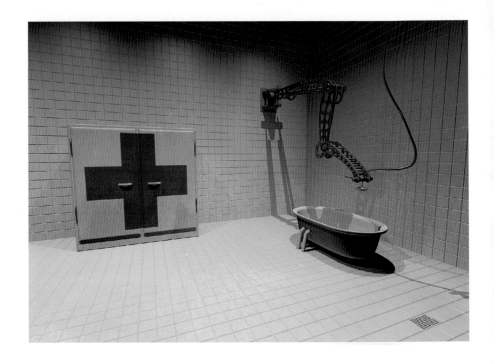

색상의 문맥적 관계

영화 속에서 특정 컬러의 의미는 다른 심볼들처럼 재정의될 수 있다. 캐릭터나 캐릭터의 무리는 집 배경이나 옷, 소품 심지어 피부 색깔에도 적용되는 자신들만의 컬러 스킴을 갖는다. 일단 무의식중에 악당에게서 나타나는 색에 익숙해진 관객은 같은 색을 사용하여 새롭게 등장한 요소에 대해서도 나쁜 것이란 느낌을 받게 될 것이다. 음악적인 동기와 마찬가지로 컬러 스킴도 단지 캐릭터가 아닌 테마, 감정, 또는 영화의 다른 순환되는 모습들을 따라갈 수 있다.

이야기를 풀어 나가는 데 있어 가끔은 색상의 확실한 의미에서 멀어지는 것도 도움이 된다. 예를 들면 로봇을 사악하고 위협적인 존재로 그리고자 한다면 가장 상투적인 수법은 눈에서 빨간 광채가 나도록 하는 것이다. 그러나 관객들은 이미 그런 식의 표현을 익히 보아 왔으므로 좀 더 참신한 표현을 시도해 본다. 그리고 로봇이 눈에 붉은 광채 없이 사악한 짓을 행하도록 한다.

색상과 깊이

사람들은 종종 차가운 색상을 더 멀리 있는 것으로, 따뜻한 색상을 가까이 있는 것으로 인식한다. 예를 들어 아무런 깊이 정보가 없는데도 [그림 8.13]의 왼쪽 그림은 가운데 구멍이 있는 것이라고 생각하고, 오른쪽 그림은 큰 사각형 위에 작은 박스가 놓여 있는 것으로 보기 쉽다.

[그림 8.13]
다른 요소들이 모두 동일한데도 빨간색은 파란색보다 더 가까워 보인다.

왜 이런 일이 일어나는지에 대해선 여러 가지 이론이 있다. 그중 하나는, 자연 상태에서 많은 물체들이 파란색 하늘이나 초록색 잎을 배경으로 하여 보이기 때문에 자연스럽게 blue나 green 영역을 '배경'으로 본다는 것이다. 또한 사람들은 하늘이나 수풀의 색상보다 빨간 과일 열매, 상처, 사람이나 동물의 살색 같은 따뜻한 톤의 물체에 더 주목하는 경향이 있다.

또 다른 이유는, 사람 눈의 색수차 때문이다. 빛이 수정체를 통해 굴절될 때 파장마다 다른 각도로 굴절된다. 이런 차이를 바로잡기 위해 사람의 눈은 빨간 물체를 볼 때 같은 위치에 있는 파란 물체보다 살짝 가까운 거리에 초점을 맞춰야 한다.

3D 렌더링에서는 배경을 blue 라이트로 칠하고 전경은 red로 라이팅하는 것이 깊이감을 주는 데 효과적이다. 물론 이것이 모든 장면에 어울리거나 그럴듯해 보이는 것은 아니다.

지하철 터널 구간을 라이팅하는 데 있어서 색이 들어간 신호등들로 장면을 그럴듯하게 비출 수도 있지만 [그림 8.14]처럼 붉은 전경과 푸른 배경은 전체 장면에 큰 효과를 더한다.

[그림 8.14]
전경의 붉은빛은 이미지의 깊이감을 확장시킨다.

색조를 띤 black&white 이미지

심지어 흑백 이미지조차도 컬러를 사용함으로써 이득을 볼 수 있다. 어떤 페인팅 프로그램이든 합성 프로그램에서 옅은 빛깔을 띤 흑백 이미지를 만들어 낼 수 있다. 일단 아무 색이든 채도를 완전히 없애고 이미지 전체에 색상(hue) 또는 채도(saturation) 값을 재지정한다.

컬러 필름이 발명되기 전에도 영화감독들은 컬러의 정서적인 영향력을 알아봤다. 초기의 몇몇 흑백 영화에는 컬러 염료로 물들인 장면이 들어 있다. 예를 들어 불타고 있는 빌딩 장면은 붉은 염료에 담가 물을 들였고, 원래 필름에 포개어 이어졌다. 흑백 사진도 때때로 유성 물감으로 물들였다.

의도적으로 컬러를 넣지 않더라도 아주 오래된 사진들은 세월과 함께 누렇게 변해 간다. 그리고 사람들은 yellow나 sepia 톤에서 오래된 이미지를 연상한다. [그림 8.15]는 sepia 톤으로 물들여 향수에 젖은 느낌을 만들어 냈다.

[그림 8.15]
black&white 톤으로 색조를 바꿔 보면 오래되거나 향수에 젖은 이미지를 만든다.

컬러 밸런스 Color Balance

만약 광원이 실사처럼 보이는 방법을 정확하게 따라 하고 싶다면 컬러 밸런스color balance를 이해하는 것에서부터 출발해야 한다.

조명의 색상은 사진에서 재현된 색조로 바로 변환되지 않는다. 그보다는 오히려 사용된 필름의 컬러 밸런스가 사진에 나타난 컬러와 관계가 있다.

필름의 컬러 밸런스는 어떤 색의 라이트가 white로 나타날 것인지 결정한다. 일반적인 전구(보통 백열등)와 함께 사용할 목적의 컬러 밸런스를 가진 실내용 필름(indoor film)은 평범한 전구에서 오는 빛을 하얗게 보이게 한다. 그러나 이것은 [그림 8.16]에서처럼 야외에선 파랗게 나온다.

야외용 필름(outdoor film)은 낮 시간대 야외에서는 평범하게 보이지만 실내의 전구는 [그림 8.17]에서 보듯이 노랗거나 붉게 표현한다.

[그림 8.16]
실내의 컬러 밸런스(3200K)상에선 우리가 문을 통해 보는 것들이 푸르게 나타낸다.

[그림 8.17]
야외의 컬러 밸런스(5500K)상에서 주광(daylight)은 정상적으로 보인다. 하지만 실내의 전구에서 나오는 빛은 붉거나 오렌지색을 띤다.

컬러 밸런스를 맞추는 것은 필름만을 위한 것이 아니다. 비디오 카메라나 디지털 카메라에도 화이트 밸런스라고 부르는 전자적으로 수행되는 비슷한 조절 장치가 있다.

심지어 사람의 눈까지도 다른 색상의 빛을 보정하기 위해 자동적으로 조절된다. 예를 들어 모닥불 앞에서 흰색 셔츠를 입고 있다고 상상해 보자. 주변에 모든 것이 붉은 모닥불 빛에 영향을 받는다. 눈이 일단 이 불빛에 익숙해지면 입고 있는 셔츠를 희다고 인지한다. 여전히 붉은 불빛 아래에 물든 셔츠를 본다 해도 말이다. 디지털 카메라의 자동 화이트 밸런스가 빛의 색깔에 맞춰서 신호를 조정하는 것과 아주 유사하게 뇌에서 다른 색깔의 빛을 보정하고 붉게 보이는 흰 셔츠를 용케 알아보는 것이다.

대부분의 3D 프로그램은 다른 컬러 밸런스를 흉내 내는 장치가 없다. 오히려 머릿속으로 컬러 밸런스를 고려해 라이트 컬러를 조절해야 한다. 이것은 실제 같은 라이트 컬러를 고르기 전에 두 가지를 알아야 한다는 뜻이다. 하나는 표현하고 싶은 광원의 종류에 따른 고유한 색상이고, 다른 하나는 렌더링에서 흉내 내고 싶은 컬러 밸런스이다.

빛의 색상과 사진 필름의 컬러 밸런스는 둘 다 켈빈 도수(Kelvin degree)로 측정되는 색 온도(color temperature)를 가지고 설명된다. 이것은 영화감독과 사진사들이 빛의 색깔에 대해 논할 때 사용되는 표준이다. 3D상의 라이트에 실제 같은 컬러를 골라 넣기 위해 약간의 시간을 내어 색 온도와 사진의 컬러 밸런스를 맞추는 법을 이해하는 것은 의미 있는 일이다.

색 온도

1800년대 후반에 활동했던 영국의 물리학자 윌리엄 켈빈은 탄소 블록을 가열하면 각각 다른 온도대마다 다른 색상을 내며 빛난다는 것을 발견했다. 탄소 블록은 처음엔 희미한 빨간빛을 내다가 온도가 올라갈수록 노란색으로 밝아지며 마침내 가장 높은 온도에서는 밝은 파란색 광채를 뿜었다.

오늘날 색 온도는 섭씨 온도를 변형한 켈빈 도수로 측정되며, 물이 어는 온도에서 출발하는 섭씨와 달리 섭씨의 −273도에 해당하는 절대 0도에서 출발한다. 따라서 켈빈kelvin 온도에 273을 더하면 섭씨와 같은 값을 얻게 된다.

색 온도는 다른 종류의 불빛들이 광원의 실제 온도가 아니라는 것에서 출발한다. 색 온도는 탄소 블록이 해당 온도까지 달궈지면 보이는 색깔과 비교해서 만들어진 불빛 색의 실명서에 불과하나.

[표 8.1]은 현실에서 쉽게 볼 수 있는 여러 종류의 광원과 연관된 색 온도를 보여 준다. 낮은 색 온도 값(성냥불이나 촛불에서 시작하는)은 좀 더 붉은 계열의 색상을 띠고, 높은 값으로 갈수록 파랗게 나타나는 경향이 있다.

[표. 8.1] 광원별로 다른 색 온도

광원	켈빈 온도(K)
성냥불	1700~1800
촛불	1850~1930
태양이 뜨거나 질 때	2000~3000
가정용 텅스텐 전구	2500~2900
500~1K의 텅스텐 램프	3000
수정빛	3200~3500
형광등	3200~7500
텅스텐 램프 2K	3275
텅스텐 램프 5K, 10K	3380
태양, 한낮의 직사광선	5000~5400
주광(태양과 하늘)	5500~6500
구름이나 안개를 통과하는 태양	5500~6500
RGB 모니터의 white 포인트	6000~7500
잔뜩 흐린 하늘	6500
야외의 그늘진 부분	7000~8000
부분적으로 구름 낀 하늘	8000~10000

자, 그럼 어떻게 이 색 온도 값을 라이트의 RGB 값으로 변환할 것인가? 답은 흉내 내고자 하는 필름의 컬러 밸런스에 달려 있다. 만약 지금 꺼내 놓은 라이트가 장면을 위해 선택한 컬러 밸런스와 정확히 같은 색 온도를 갖고 있다면 라이트 컬러는 gray나 white가 될 것이다. 하지만 이런 일은 좀처럼 일어나지 않는다. 우리는 다른 컬러 라이트의 범위가 필요하다.

다른 컬러 밸런스의 시뮬레이션

실내용(indoor) 또는 야외용(outdoor)이라는 이름이 달려 있지만 컬러 밸런스는 장소가 아니라 가장 우세한 광원에 따라 결정된다. 실내에 있어도 창문이나 문을 통해 들어오는 태양빛이 대부분의 조명을 차지하고 있다면 5500K 컬러 밸런스를 사용하고 싶을지 모른다. 반대로 야외라도 인공 조명(특히 밤의 경우)으로 장면을 비춘다면 3200K 컬러 밸런스를 쓰고 싶을 수 있다.

[표 8.2]는 야외용 컬러 밸런스(5500K) 상황에서 여러 종류의 빛에 상응하는 샘플 RGB 값을 보여 준다. RGB 값은 0–1 스케일과 0–255 스케일 모두 가능하다.

[표 8.2] 5500K 컬러 밸런스상의 광원별 RGB 값

광원	RGB(0–255)	RGB(0–1)
성냥불	177, 94, 88	.69, .37, .35
촛불	180,107, 88	.71, .42, .35
태양이 뜨거나 질 때	182, 126, 91	.71, .49, .36
가정용 텅스텐 전구	184, 144, 93	.72, .56, .36
500~1K의 텅스텐 램프	186, 160, 99	.73, .63, .39
수정빛	189, 171, 105	.74, .67, .41
형광등	191, 189, 119	.75, .74, .47
텅스텐 램프 2K	192, 186, 138	.75, .73, .54
텅스텐 램프 5K, 10K	192, 189, 158	.75, .74, .62
태양, 한낮의 직사광선	192, 191, 173	.75, .75, .68
주광(태양과 하늘)	190, 190, 190	.75, .75, .75
구름이나 안개를 통과하는 태양	189, 190, 192	.74, .75, .75
RGB 모니터의 white 포인트	183, 188, 192	.72, .74, .75
잔뜩 흐린 하늘	174, 183, 190	.68, .72, .75
야외의 그늘진 부분	165, 178, 187	.65, .70, .73
부분적으로 구름 낀 하늘	155, 171, 184	.61, .67, .72

[표 8.3]은 실내용 필름(3200K)을 흉내 내는 데 사용하는 RGB 값들이다. 장면의 조명을 위해 일반적인 가정용 전구를 사용해서 그것이 평범한 하얀빛으로 보이기를 원할 때 사용하는 전형적인 값들이다.

[표 8.3] 3200K 컬러 밸런스상의 광원별 RGB 값

광원	RGB(0-255)	RGB(0-1)
성냥불	188, 174, 109	.74, .68, .43
촛불	191, 181, 120	.75, .71, .47
태양이 뜨거나 질 때	192, 186, 138	.75, .73, .54
가정용 텅스텐 전구	192, 189, 154	.75, .74, .60
500~1K의 텅스텐 램프	191, 190, 169	.75, .75, .66
수정빛	191, 191, 183	.75, .75, .72
형광등	191, 197, 189	.75, .77, .74
텅스텐 램프 2K	186, 190, 191	.73, .75, .75
텅스텐 램프 5K, 10K	182, 187, 191	.71, .73, .75
태양, 한낮의 직사광선	174, 183, 190	.68, .72, .75
주광(태양과 하늘)	166, 179, 188	.65, .70, .74
구름이나 안개를 통과하는 태양	159, 173, 184	.62, .68, .72
RGB 모니터의 white 포인트	254, 254, 255	1.0, 1.0, 1.0
잔뜩 흐린 하늘	143, 159, 185	.56, .62, .73
야외의 그늘진 부분	134, 147, 189	.53, .58, .74
부분적으로 구름 낀 하늘	124, 134, 193	.49, .53, .76

이 숫자들을 입력하는 게 귀찮으면 www.3drender.com/light에 가서 숫자 대신 색상 컬럼으로 만들어 놓은 표를 다운로드해 원하는 컬러를 직접 따서 사용하면 손쉽다.

색 온도와 관련된 주의 사항

실제처럼 정밀한 사진조차도 어떤 식으로 라이트의 색상, 채도, 밝기를 표현할 것인지에 대해서는 수많은 변수를 가지고 있다. 다른 종류의 필름, 다른 상표의 디지털 카메라, 그 디지털 카메라의 다른 설정 등이 컬러를 전부 다르게 기록한다.

색 온도가 작동되는 방식은 많은 사람들에게 오히려 직관적이지 않다. 앞에서 언급했듯이 우리는 일상 경험에 비추어 blue를 red보다 차가운 색이라고 생각한다. 이 때문에 더 낮은 색 온도가 red로 나타나고 높은 색 온도가 blue로 나타나는 것은 대부분의 사람들이 생각하는 것과는 반대이다. 이것은 우리의 일상생활이 푸르게 빛날 때까지

5000K 이상의 초고온으로 가열되는 탄소 블록과 관계가 없기 때문이다.

색 온도는 오직 red에서 blue로 이동하는 것으로만 표시되고 있다. 빛 안의 green 양에 대해선 아무런 언급도 없다. 많은 경우 형광등(fluorescent light)은 다른 라이트에 비해 좀 더 green 색조를 띠는 경향이 있다. 앞의 [표 8.3]에서도 형광등 항목을 보면 RGB 값 중 green이 가장 높다. 그러나 많은 형광등 제조 업체에서 더 보기 좋은 빛을 만들기 위해 green을 형광등 튜브 내에서 필터링해 버린다. 결국 형광등은 상표에 따라 다른 hue 값을 갖게 된다.

텅스텐 스포트라이트 같은 안정적이고 일관된 라이트에서조차도 촬영감독들은 투명하거나 혹은 색이 들어간 플라스틱 판을 앞에 대서 빛을 누그러뜨린다([그림 8.18] 참조). 또한 실내를 촬영할 때 창문 밖에 플라스틱 판을 대거나 컬러 필터를 직접 카메라에 쓰기도 한다. 심지어 촬영이 모두 끝난 후에도 DI라고 부르는 디지털 파일 형태로 모든 이미지가 마무리되는 단계에서 추가로 독창적인 색 보정 작업을 한다. 요약하면 TV나 극장에서 보는 빛의 색깔은 의도한 게 아니라면 앞의 표들에 써놓은 것과 전혀 같지 않다는 것이다.

[그림 8.18]
라이트 앞에 장착된 색이 들어간 젤gel(연한 플라스틱 판을 이용해 빛의 색 온도를 조절할 수 있다.

색 온도에 대해 공부하면서 정할 수 있는 단 한 가지 법칙이라면 색 온도가 낮을수록 좀 더 빨갛게 보인다는 정도이다. 예를 들어 [그림 8.19]를 보면, 창문에서 들어오는 빛이 테이블 위의 램프 빛보다 더 파랗다. 실제 사진에서는 전구 종류, 카메라 설정, 그 밖에 다른 여러 요소에 의해 램프 빛이 자연광보다 얼마나 붉게 보일지가 달라지지만 램프 빛이 자연광보다 붉다는 것만은 틀림없는 사실이다.

[그림 8.19]
빛이 섞이는 상황에서 주광은 인테리어용 라이트보다 자연스럽게 좀 더 blue 톤으로 나타난다.

어떤 3D 프로그램에는 라이트의 색 온도에 대한 메뉴가 있다. 하지만 카메라의 컬러 밸런스에 대한 설정은 없다. 여기서 사용된 색 온도 메뉴들은 언제나 5500K 야외용 필름을 흉내 내거나 아니면 특정한 컬러 밸런스를 위해 만들어졌다. 따라서 색 온도의 프리셋을 사용할 때에는 지금 자신의 장면에 가장 알맞은 컬러 밸런스를 근거로 한 것이 아님을 주의해야 한다. 앞의 표에서 값 하나를 선택하거나 아니면 합성할 실사 배경에서 색을 따는 것이 장면 내 라이트를 위해 가장 적절한 컬러를 제공할 수 있을 것이다.

사진에서 컬러 추출하기

CG 장면을 라이팅하는 데 특별한 소스가 없다면 색 온도에서 시작하는 게 유일한 방법일 것이다. 그러나 출발점으로서 이용할 만한 이미지가 있다면 그것을 이용하자.

스튜디오의 아트 부서는 처음에 컬러 계획부터 세우는 경우가 있다. 작업물에 관련된 컬러링된 스토리 보드나 중요한 장면의 컬러 일러스트레이션이 만들어질 것이다.

이미지에서 직접 컬러를 선택해 라이트에 적용하는 것은 좋은 출발점이다. 물론 여러 번의 테스트 렌더링이 필요하고 라이트뿐 아니라 셰이더상 컬러까지 포함해서 최종적으로 일러스트레이션상의 컬러처럼 보이기 위해 잘 어울리는지 확인해야 한다.

특수 효과 같은 비주얼 이펙트 작업을 할 때는 종종 렌더링된 요소를 라이브 액션 백그라운드에 합성할 것이다. 라이트 컬러를 어떻게 설정할지 결정하기 위한 첫 번째 선택은 직접 실사에서 컬러를 추출하는 것이다. 하늘로부터 오는 필 라이트나 림 라이트에는 배경 이미지의 하늘에서 추출된 컬러를 적용하고, 땅으로부터의 바운스 라이트는 배경 이미지의 땅에서 추출된 컬러를 적용한다. 태양 같은 요소가 배경에 보이지 않는다면 태양빛 느낌을 위해 앞에서 소개한 색 온도 표를 참고해서 좀 더 따뜻한 컬러를 만들 필요가 있다.

RGB 컬러의 이해 Understanding RGB Color

RGB 컬러는 실제로 빛에 존재하는 컬러 스펙트럼을 아주 제한적으로 표현한다. 컬러 TV와 컴퓨터 모니터는 모든 파장의 컬러를 방출하는 대신 오직 세 가지 색깔(RGB)의 빛을 뿜는 형광 물질을 사용한다. 모니터는 이러한 세 가지 영역 스펙트럼상의 빛의 강도에 변화를 줌으로써 컬러를 표현한다. 모니터의 R, G, B 형광 물질 색깔 사이에서는 어떤 빛의 파장도 방출되지 않는다. 결과적으로 빛의 스펙트럼상 분포는 [그림 8.20]의 그래프처럼 나타난다.

연속적인 스펙트럼 대신 오직 red, green, blue 파장으로 이루어져 있으며 그 사이에는 간격을 두고 있다.

[그림 8.20]
RGB 컬러는 연속된 스펙트럼이 아닌 빛의 일부 파장만을 다시 만든다.

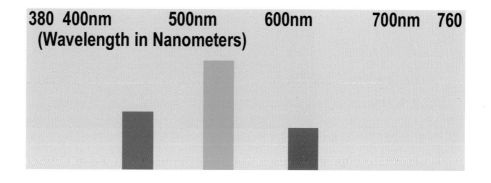

이러한 제한적인 표현이 '풀 컬러full color'로 인식된다는 것은 놀랄 만한 일이다. RGB 컬러가 그럴듯하게 효과를 보는 이유는 사람의 눈이 오직 이 세 가지가 겹쳐지는 일반적인 스펙트럼 영역의 양만 추출하기 때문이다. 그리고 RGB 파장의 각 영역 안에서 빛의 상대적인 강도에 근거해서 컬러를 인지하기 때문이다. 콘cone(눈의 원뿔체, 눈의 망막 중심에 있는 감광 세포)이 컬러를 탐지하는 역할을 담당하는데, 3가지 종류가 있다. 첫 번째 유형은 빛을 투과시키기 위해 착색되어 있고, 짧은 파장에 가장 강하게 반응한다([그림 8.21]에서 S자가 붙은 스펙트럼 영역). 두 번째 유형은 중간 파장(M 영역), 세 번째 유형은 긴 파장(L 영역)에 반응한다. 컬러의 인식은 이 콘들이 일으키는 반응의 상대적인 강도에 의한 것이다.

사람은 스펙트럼의 세 가지 영역의 상대적 강도만 느끼기 때문에 RGB 컬러가 빛의 스펙트럼상 분포를 불완전하게 재현해도 대부분의 컬러를 표현하기엔 충분하다.

맨눈으로는 빛의 컬러에 담겨 있는 많은 정보를 볼 수 없다. 광원에 따라 다른 컬러 구성을 갖고 있는 경우도 있으나 관객에겐 똑같아 보인다. 프리즘으로 빛을 분해해 보면 스펙트럼상 아주 다른 에너지 분포로 구성되어 있다는 것이 드러난다. 그러나 한편으론 맨눈으로 그 차이를 인식할 방법이 없다. 예를 들어 [그림 8.22]에서 blue와 yellow로 이루어졌고 그 사이에 아주 적은 양의 green을 가진 스펙트럼상 분포를 볼 수 있다. 그러나 사람들은 여전히 green으로 보이는 빛만 보게 된다(blue와 yellow가 섞여서). 만약 이 색상이 RGB 모니터상에서 재현되면 빛의 실질적인 스펙트럼상 분포는 [그림 8.20]에서 보는 것과 좀 더 닮아 있을 것이다. 하지만 시청자는 같은 green을 보고 있다고 생각한다.

[그림 8.21]
빛이 섞이는 상황에서 주광은 인테리어용 라이트보다 자연스럽게 좀 더 blue 톤으로 나타난다.

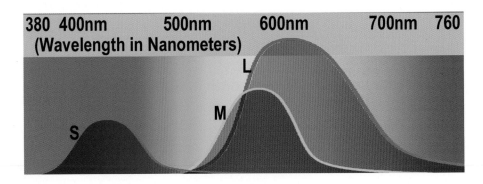

[그림 8.22]
blue와 yellow의 혼합처럼 파장의
복합적인 조합은 완전한 green으
로 인지된다.

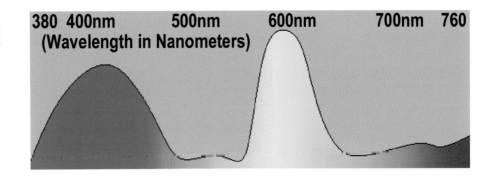

[그림 8.22]
blue와 yellow의 혼합처럼 파장의 복합적인 조합은 완전한 green으로 인지된다.

음악에선 화음 사이의 차이를 듣고 그것이 각각 연주되고 있음을 안다. 그러나 컬러에서는 진동수의 동일한 차이에 대해선 장님이 되어 버린다. 같은 양으로 두 가지 컬러가 섞여 버리면 그 파장의 조합은 마치 스펙트럼상의 중간 파장에 위치한 순수한 컬러와 같아 보일 수 있다. 마치 피아노 건반에서 'A'와 'C'를 동시에 쳤을 때 단독으로 'B'가 연주되고 있다고 말할 수 없는 것과 같다. 우리는 'A'와 'C'가 'B'를 만들었다고 말하지 않는다. 그러나 우리 모두 미술 선생님이 "빨간색과 노란색을 섞으면 오렌지색이 된다"라고 말하는 걸 들어 왔다.

빛의 색상에서 유용한 정보를 많이 놓치고 있는 것처럼 보일 수도 있다. 그러나 빛의 파장을 단순하게 이해하는 것은 그 나름대로 이점이 있다. 이로 인해 그런 대로 괜찮은 RGB 컬러를 만들고, 중간 컬러를 흉내 내는 색상 혼합을 페인트나 잉크, 빛 등에 응용할 수 있다.

RGB 컬러의 중요성

RGB 모니터상에서 red, green, 그리고 blue 성분은 픽셀의 밝기에 같은 정도로 기여하지 않는다. 순수한 white 빛에는 55%의 green, 35%의 red, 그리고 15%의 blue가 각각 사용된다.

많은 페인트 프로그램들은 이미지를 그레이 스케일grayscale로 변환할 때 각기 다른 비율로 R, G, B를 계산에 넣음으로써 변환된 R, G, B는 다른 정도의 gray로 바뀐다. 페인트 프로그램에서 순수한 R, G, B 이미지를 만들고 이것을 모노크롬monochrome으로 변환시켜 보면 이 같은 사실을 확인할 수 있다. blue로 칠해진 이미지보다 green으로 칠해진 이미지에서 훨씬 밝은 gray를 볼 수 있을 것이다.

또한 3D 그래픽 프로그램에서도 R, G, B가 동등하게 다뤄지지 않는 흔적을 찾아볼 수 있다. 예를 들면 마야에선 콘트라스트 스레스홀드contrast threshold의 기본 값이 red level은 0.4, green level은 0.3 그리고 blue level은 0.6으로 되어 있다(콘트라스트 스레스홀드는 추가적인 안티에일리어싱을 일으키는 콘트라스트의 수준을 결정한다). 이것은 blue 채널의 작은 변화는 그다지 중요하게 여겨지지 않거나 최고 수준의 안티에일리어싱을 사용할 정도로 눈에 띄는 것이 아닌 데 비해 green 값에서 작은 차이를 만드는 에지는 더 중요하며 더 많은 안티에일리어싱을 얻는다는 것을 의미한다. 이러한 값들이 디폴트로 설정돼 있지 않은 프로그램에서는 이미지의 전체적인 밝기에 관여하는 컬러의 안티에일리어싱을 최적화시키기 위해 임의로 값을 정해야 한다.

디지털 컬러 Digital Color

최종 이미지를 렌더링할 때 전문가들은 애니메이션을 프레임 번호가 매겨진 무압축의 시퀀스sequence 파일로 뽑는다. 일반적으로 TIFF(.tif), TGA 등을 포함하여 다른 3D 프로그램에서도 사용 가능한 파일 형식을 쓴다. 렌더링된 이미지는 대개 3개의 채널(red, blue, green)을 갖지만 알파alpha 채널까지 렌더링되었을 때는 4개의 채널을 갖는 것이 보통이다. 알파 채널에는 트랜스페어런시transparency 정보가 담겨 있다. 11장 '렌더링 패스와 컴포지팅'에서 합성에 어떻게 알파 채널을 이용하는지 설명한다.

각 채널별로 사용되는 메모리의 양과 정확성은 가장 일반적인 표준 8bits/채널에서 가장 재주가 많은 선택적인 32bits/채널 HDRI(High Dynamic Range Images) 사이에 여러 가지가 존재한다.

8비트 컬러

8비트 컬러란 red, green, blue(그리고 경우에 따라 알파) 채널이 각각 256 단계의 가능한 레벨을 가질 수 있다는 말이다. 이것은 채널당 0에서 255 사이의 값으로 표현된다.

대부분의 3D 이미지들은 8비트 컬러로 렌더링된다. 각 R, G, B 채널당 256개의 값은 전체적으로 16만 색 이상의 컬러를 표현하고, 이것은 일반적으로 대부분의 프로젝트에 적합한 수준이다.

채널당 비트 수를 픽셀당 최종 비트 수와 혼동하지 않기를 바란다. 각각의 픽셀이 R, G, B, 그리고 알파 채널을 가지고 있을 때 채널당 비트 수보다 4배나 많은 픽셀당 비트를 갖는 게 된다. 표준 8비트 컬러(8bit per channel)를 사용하는 그래픽 카드가 대부분 24 비트 컬러나 32비트 컬러를 지원한다고 광고한다. 이것은 간단히 말하면 모든 채널을 더했을 때 픽셀당 24비트 또는 32비트를 갖는다는 말이다.

16비트 컬러

16비트 컬러는 8비트 컬러보다 두 배 많은 디스크 용량을 차지한다. 그러나 채널당 256 대신 65500 이상의 값을 허용한다.

채널당 16비트로 렌더링하는 것은 프로젝트의 합성 단계에서 이미지의 컬러와 톤을 조절하는 데 훨씬 넓은 범위의 융통성을 제공한다. 예를 들면 3D 요소가 낮 시간대의 배경 이미지에 맞춰 렌더링됐는데 대본이 갑자기 바뀌어서 석양 무렵에 사용돼야 한다고 할 때, 이러한 극단적인 컬러 변화는 표준 8비트보다 16비트에서 렌더링되었을 때 훨씬 조작하기가 좋다.

HDRI

HDRI(High Dynamic Range Images)는 이미지의 R, G, B 값을 표현하는 부동소수점 값을 저장하기 위해 채널당 32비트(4바이트)를 사용한다.

HDRI를 사용한 렌더링은 8비트 컬러 렌더링보다 디스크 용량을 4배나 더 차지하지만 합성 시 렌더링된 요소에 대해 독창적인 조절을 가능케 한다.

8비트에서 16비트로 바꾸는 것은 0과 1 사이에 더 세밀한 그라데이션 값을 부여함으로써 저장된 데이터의 정밀성을 증가시킬 뿐이지만 HDRI로의 전환은 정밀성 이상의 의미가 있다. 이것은 다이내믹 레인지dynamic range—한 이미지 안의 가장 밝은 톤과 가장 어두운 톤 사이의 범위—를 증가시킨다. HDRI는 1(순수 white) 이상의 값 또는 0(순수 black) 이하의 값을 저장할 수 있다.

그렇다면 HDRI는 뭐가 좋은가? 만약 값이 모니터가 표현할 수 있는 밝기보다 더 밝다면 왜 그 값을 저장하는가? 8비트나 6비트 컬러로 렌더링하게 되면 장면 내 과다 노출된 부분은 잘리거나 또는 1 값으로 낮아진다. 왜냐하면 그 영역은 파일 형식이 저장할 수 있는 가장 큰 값 이상으로 너 나갈 수 없기 때문이다. [그림 8.23]에서 보듯이 잘린 영역에서는 모든 픽셀 값이 변동 없이 1이 돼 버리기 때문에 전혀 디테일이 없다. 히스토그램을 통해 살펴보자. 히스토그램의 가장 오른쪽 '절벽'은 최고 값까지 이르렀던 톤들을 보여 준다. 만일 [그림 8.23]의 오른쪽처럼 이미지의 밝기를 줄이면 잘린 영역은 일률적이고 텍스처가 없는 영역이 돼 버린다.

[그림 8.23]
8비트 이미지는 과다 노출된 부분에서 잘려 나간다(왼쪽). 그리고 잘려 나간 부분은 합성 프로그램이나 페인트 프로그램에서 어둡게 만들면 디테일을 살릴 수 없다(오른쪽).

반면 HDRI로 렌더링했다면 [그림 8.24]의 테이블 위처럼 과다 노출된, 즉 픽셀에 1 이상의 값이 저장된 부분까지 포함해서 디테일과 텍스처가 이미지의 모든 부분에 살아난다. 합성할 때 과다 노출된 영역의 밝기를 줄여도 원래의 모든 텍스처와 디테일이 드러난다([그림 8.24] 오른쪽 참조). 11장에서 HDRI의 다른 장점에 대해 다룰 것이다.

8비트에서 16비트 컬러로, 또는 HDRI로의 변환이 렌더링에 수행되는 계산을 엄청나게 증가시키진 않지만 저장되는 파일의 용량은 증가시킨다. 경우에 따라 용량이 큰 파일을 읽고 쓰는 것이 네트워크를 느려지게 할 수도 있다. 그래서 저장 및 로딩되는 데이터의 양이 증가한다는 이유만으로 HDRI를 사용하면 렌더링과 합성 작업이 느려지기도 한다. 그러나 HDRI가 라이팅을 바꿔서 렌더링을 다시 하는 대신 렌더링된 이미지만 가지고 문제를 해결할 수 있다면 추가의 저장 용량이나 데이터 전송 시간은 쉽게 해결할 수 있다.

[그림 8.24]
HDRI로 이미지를 렌더링하면(왼쪽) 과다 노출된 이미지라 할지라도 여분의 디테일과 텍스처를 살려 드러내면서 어두워진다(오른쪽).

[그림 8.24]
HDRI로 이미지를 렌더링하면(왼쪽) 과다 노출된 이미지라 할지라도 여분의 디테일과 텍스처를 살려 드러내면서 어두워진다(오른쪽).

압축된 데이터 양식

렌더링할 때 보통 채널당 8, 16 또는 32비트의 RGB나 RGBA 파일로 저장할 것이다. 그러나 때로는 이미지를 렌더링한 후 좀 더 효율적인 데이터 형식으로 변환할 필요도 있다.

모노크롬 이미지

장면을 흑백(B&W) 이미지로 렌더링할 때조차도 렌더링 소프트웨어는 각 이미지당 R, G, B 채널을 뽑아낸다. 이미지를 가공할 때 그 파일을 모노크롬monochrome 이미지(1채널)로 변환한다면 3개 채널을 갖는 파일의 3분의 1 용량만 차지하게 된다.

때로는 흑백 이미지를 만드는 데도 컬러 렌더링이 유용한 경우가 있다. 키 라이트는 green, 필 라이트는 blue식으로 라이트마다 다른 컬러를 입힐 수 있는데, 이런 경우 페인트나 합성 프로그램에서 모노크롬 이미지로 변환하기 전에 각 라이트의 밝기와 콘트라스트를 더 많이 제어할 수 있다.

인덱스 컬러

디지털 컬러의 최소 메모리 절약형이 인덱스 컬러index color이다. 이것은 이미지에 제한된 숫자의 컬러만 사용한다는 의미이며 이때 사용되는 모든 컬러는 컬러 룩업 테이블 color look-up table(CLUT)에 포함돼 있다. 1980년대엔 인덱스 컬러가 대부분의 개인용 컴퓨터에서 지원하는 유일한 컬러 모드였나. 그래서 3D 그래픽조차도 인덱스 컬러로 렌더링되어야 했다. 인터랙티브 게임이나 웹상의 .gif 파일을 위해 대부분의 페인트 프로그램에서 인덱스 컬러로 변환이 가능하다.

픽셀당 사용되는 비트 수는 CLUT에서 컬러를 결정한다. [표 8.4]는 픽셀당 비트 수에 따라 사용 가능한 컬러 수를 보여 준다.

[표 8.4] **픽셀당 비트 수에 의해 지원되는 컬러 수**

픽셀당 비트	컬러 수
1	2
2	4
3	8
4	16
5	32
6	64
7	128
8	256

CLUT는 픽셀당 8비트 이상에서는 잘 사용하지 않는 방법이다. 픽셀당 비트 수에서 컬러의 수를 이끌어내기 위해 2^{bits}로 계산해서 [표 8.4]를 다시 만들 수 있을 것이다. [그림 8.25]는 픽셀당 8비트(혹은 256컬러)로 줄인 이미지에 사용된 CLUT를 보여 준다.

[그림 8.25]
컬러 룩 업 테이블이 인덱스 컬러 이미지에서 나타날 수 있는 컬러들을 보여 주고 있다.

인덱스 컬러를 사용해서 만든 .gif 파일은 웹상에서 아이콘이나 그림을 표현하는 데 유용하다. 그 이유는 용량이 작기 때문이다. 하지만 이미지가 뭉개질 만큼 압축해서는 안 된다.

압축 이미지

각 프레임을 렌더링한 후 웹상에 올린다든가 하는 이유로 압축할 필요가 있을지 모른다. JPEG(.jpg)는 인터넷상에 사용되는 가장 일반적인 압축 포맷이다. JPEG 포맷으로 저장했다면 고품질의 큰 용량과 낮은 품질의 작은 용량 사이에서 선택해야 한다. 낮은 품질의 경우 용량은 아주 작지만 이미지가 뭉개지거나 압축으로 인해 깨진 픽셀들이 생길 수 있다.

압축된 이미지를 최종 결과물로 사용하더라도 나중에 편집이나 출력을 위해 압축하지 않은 원본 이미지를 보관해 놓아야 한다.

Exercises

컬러를 알아보는 것은 재미있다―컬러를 가지고 놀아 볼 기회를 가져 자신의 작업에서 컬러의 효과를 좀 더 공부해 보자.

1 예전에 만든 장면을 불러와 다른 컬러의 라이트로 렌더링해 보자. 좀 더 활기차거나, 슬프거나, 무섭게 이미지의 분위기를 바꿀 수 있다면 다시 장면의 시간적 배경을 밤이나 동틀 무렵처럼 보이게 만들어 보자. 새롭게 바꾼 장면을 동료에게 보여 주고 그들이 다른 버전에 어떻게 반응하는지 이야기해 보자.

2 페인트 프로그램에서 작업한 이미지를 꺼내 컬러를 없애 본다. 많은 경우 사람들은 자신의 몇몇 렌더링 이미지를 높은 콘트라스트의 흑백으로 바꾼 걸 더 좋아한다. 또한 다른 색조로 물들여 본다. 렌더링 이미지의 명확한 컬러 스킴을 확인할 수 있는가?

3 두 개의 다른 소스에서 오는 라이트로 장면을 조명해 보자. 관객이 광원을 장면 내에서 볼 수 없다면 선택한 컬러를 가지고 라이트의 종류를 분명하게 알도록 할 수 있는가?

09

CHAPTER

셰이더와 렌더링 알고리즘

Shaders and Rendering Algorithms

이번 장에서는 셰이딩과 렌더링의 주요 단계를 통해 우리가 쓰는 렌더링 소프트웨어의 수행 능력과 결과물의 품질을 최고로 끌어내기 위한 방법을 제안한다. 렌더링 과정은 물체의 표면이 어떻게 빛에 반응할지 셰이딩을 설정하는 것으로 시작하는데, 여기서 다양한 종류의 셰이더와 조절법을 살펴보게 될 것이다. 그리고 좀 더 부드럽고 품질이 좋은 렌더링을 위한 안티에일리어싱 기능을 살펴보면서 각 장면들이 어떻게 샘플링되고 필터링되는지도 알아본다. 또한 여러 가지 렌더링 알고리즘과 레이트레이싱, 레이즈 알고리즘reyes algorithms, Z-버퍼와 스캔라인scanline 렌더링, 그리고 GPU-가속 등 이미지를 생성하기 위해 소프트웨어가 이용하는 기본적인 접근법에 대해서도 살펴볼 것이다.

서피스 셰이딩 Shading Surface

셰이더란 3D 물체가 빛에 어떻게 반응하는지에 대한 정의로, 물체 표면이나 외관이 어떻게 렌더링되는지를 묘사해 준다. 셰이딩은 디자인, 지정(assign) 그리고 3D 장면에서 물체의 독특한 외관을 발전시키기 위해 셰이더를 조절하는 과정으로 나뉜다. [그림 9.1]은 한 물체에 각각 다른 셰이더를 사용해 얻을 수 있는 몇 가지 다양한 형상을 보여 준다.

[그림 9.1]
다른 셰이더를 사용한 네 개의 구는 빛에도 각각 다르게 반응한다. 이 예제들은 이번 장에서 언급하는 속성들(attribute)을 조정함으로써 표현할 수 있다.

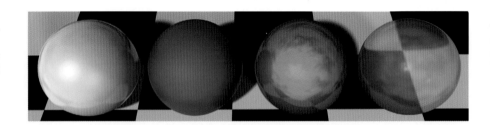

몇몇 3D 프로그램들은 선택할 수 있는 내장된 셰이더를 뜻하는 단어로 매터리얼 material(재질)을 쓰며, 렌더러에 옵션으로 가능한 플러그인을 지칭할 때만 '셰이더 shader'라는 단어를 사용한다. 매터리얼이나 셰이더들이 소프트웨어의 인터페이스에 따로 나열되어 있는 반면, 진짜 셰이더들은 서피스의 외관에 대한 모든 정의를 렌더러에 (직접) 제공한다.

디퓨즈, 글로시 그리고 스펙큘러 리플렉션

[그림 9.2]는 빛이 물체의 표면에서 반사되는 가장 일반적인 세 가지 방식을 보여 준다. 디퓨즈 리플렉션diffuse reflection(왼쪽)은 빛이 모든 방향으로 일정하게 분산되는 경우이고, 글로시 리플렉션glossy reflection(가운데)은 광선의 방향은 보존되지만 역시 일부는 분산되거나 흐릿해지는 경우이다. 스펙큘러 리플렉션specular reflection(오른쪽)은 빛을 선명하게 완벽히 보존하면서 분산 없이 모든 광선을 반사한다.

[그림 9.2]
빛은 디퓨즈 리플렉션(왼쪽), 글로시 리플렉션(가운데) 그리고 스펙큘러 리플렉션(오른쪽)의 세 가지 방식으로 반사된다.

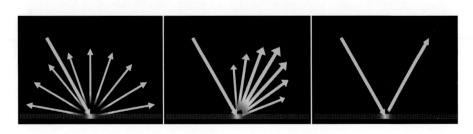

[그림 9.3]에서 세 가지 반사 형태가 물체의 표면에 어떻게 나타나는지 볼 수 있다. 디퓨즈 리플렉션(왼쪽)은 물체를 뿌옇게 보이게 해서 어떤 반사나 하이라이트도 나타나지 않는다(무광). 글로시 리플렉션(가운데)은 부드럽고 자연스럽게 광선이 갈라져, 그림에서 머그컵이 바닥에 반사되는 것과 같이 물체를 좀 더 부드럽고 거리감 있어 보이게 한다. 스펙큘러 리플렉션(오른쪽)은 물체를 또렷하게, 마치 거울처럼 보이게 한다.

[그림 9.3]
완전히 디퓨즈로만 렌더링된 이미지(왼쪽)와 글로시(가운데), 그리고 스펙큘러 리플렉션으로 렌더링된 이미지(오른쪽).

물체 표면은 대부분 빛의 전달 과정에서 디퓨즈, 글로시, 스펙큘러 리플렉션이 조합되어 나타난다. 실제 물체는 빛을 완전한 스펙큘러 리플렉션으로 반사하지는 못한다. 심지어 거울조차도 일부 반짝임이나 디퓨즈 리플렉션을 보여 준다. 마찬가지로 실생활에서 물체들도 완전히 빛을 확산시키지는 못한다.

물체를 볼 때 표면에 비친 어떤 반사나 밝은 부분을 찾지 못한다면, 머리를 앞뒤로 움직여 보라. 시점이 옆으로 이동함에 따라 하이라이트나 반사가 (시각적으로 디퓨즈 리플렉션된 빛에서 퍼져 나와) 표면을 따라 움직이며 시시각각 변하는 것을 볼 수 있을 것이다. 머리를 양쪽으로 움직이면 이 책의 페이지들이 얼마나 반짝거리는지 알 수 있다. 때로 우리가 갈색 종이가방 같은 물체를 보면 그것이 주로 디퓨즈 리플렉션을 일으킨다고 생각할지 모르나, 만약 잘 라이팅된 방에서 머리를 옆으로 움직이며 바라본다면 실제로는 반사되고 있는 넓은 하이라이트를 발견할 수 있다.

셰이더상의 디퓨즈, 글로시 그리고 스펙큘러 리플렉션

일반적인 많은 셰이더 파라미터들이 디퓨즈, 글로시 그리고 스펙큘러 리플렉션을 흉내내어 구현하는 명령을 갖고 있다. 물체 표면의 주 컬러가 디퓨즈 셰이딩을 결정한다. 우리가 "어떤 색이니?"라고 물을 때의 색은 하이라이트나 반사, 또는 기타 셰이딩의 구성 요소가 아니라 디퓨즈 리플렉션의 색을 의미한다.

많은 셰이더들은 또한 (아예 이름이) 디퓨즈diffuse라 불리는 파라미터를 가지고 있는데, 그것은 단순히 표면의 색을 증폭시키는 기능만 담당한다. 이 경우에 디퓨즈 값을 원래의 반으로 설정하면 디퓨즈 밝기가 줄어드는데, 이는 표면 컬러의 밝기를 절반 값으로 설정하는 것과 같다.

스펙큘러 하이라이트는 빛이 정반사되는 것처럼 보이도록 한다. 그러나 사실, 대부분의 스펙큘러 하이라이트가 스펙큘러 리플렉션이 아닌 글로시 리플렉션이라는 것을 알게 된다면 놀랄 것이다. 만약 빛이 공간상 무한히 작은 지점에서 나오는 점 광원이라면, 무한히 작은 포인트에서의 완벽한 스펙큘러 리플렉션은 아마 1픽셀보다 훨씬 작은 무한히 작은 점이 될 것이다. 이를 바로잡기 위해 대부분의 셰이더들은 하이라이트의 크기를 조정할 수 있도록 만들어졌다. 하이라이트의 크기는 물체 표면의 거칠기를 사실적으로 표현하는 동시에 대부분의 경우는 광원이 무한히 작다는 사실을 감추기 위한 속임수로 사용된다. 일단 하이라이트 크기가 추가되고 나면, 스펙큘러 하이라이트는 사실 광원의 글로시 리플렉션이 되기 위해 퍼져 나간다.

표준 레이트레이싱 반사는 완벽한 스펙큘러 리플렉션, 즉 완벽히 모아진 것이다. 리플렉션 블러나 소프트 리플렉션으로도 불리는 글로시니스glossiness는 거리에 따라 흐리게 레이트레이싱된 반사를 만들 수 있게 해준다. 렌더링 글로시 리플렉션에 관해서 더 알고 싶다면 이 장의 뒷부분에 나오는 레이트레이싱 절을 살펴보라.

대부분의 글로벌 일루미네이션 기법들은(4장에서 설명한) 한 물체에서 확산 반사된 빛이 다른 물체의 확산 조명에 추가되는, 즉 디퓨즈-투-디퓨즈diffuse-to-diffuse 광선 전이로 본다. 커스틱스는 예외이다—그것은 스펙큘러-투-디퓨즈specular-to-diffuse 광선 전이이다. 빛이 물체의 표면을 스펙큘러 리플렉션 또는 글로시 리플렉션으로 튕겨낼 때, 커스틱스는 그 조명을 다른 물체의 디퓨즈 셰이딩으로 전이시킨다.

마이크로패시트 모델

마이크로패시트 모델microfacet model은 3D가 아닌 실제 재질에서 확산, 반짝임 또는 정반사를 일으키는 것이 무엇인지 이해하는 한 가지 방법이다. 마이크로패시트 모델은 물체 표면의 거칠기와 울퉁불퉁함을 아주 미세한 수준까지 시뮬레이션한다. 거친 표면의 세세한 부분이나 작은 면들이 빛을 다른 방향으로 바로 분산시켜 반짝임이나 확산광의 이동을 만드는 장본인이다. 쿡-터런스Cook-torrance와 같은 몇몇 유명한 셰이더들은 물체 표면의 마이크로패시트 모델을 기초로 프로그래밍되어 있다.

[그림 9.4]는 마이크로 수준의 질감이 만들어 낼 수 있는 다양함을 보여 준다. 거친 표면(왼쪽)에서는 평행한 광선이 들어왔다가 디퓨즈 리플렉션을 이루며 각각 다른 각도로 튕겨져 나간다. 보다 부드러운 표면(가운데)에서는 광선이 덜 흩어지며 방향성을 일부 보존하여 글로시 리플렉션을 이루어 낸다. 완벽히 평평한 표면(오른쪽)에서는 모든 광선이 평행하게 반사되며 완벽한 스펙큘러 리플렉션을 만들어 낸다.

[그림 9.4]
마이크로패시트 모델의 디퓨즈(왼쪽), 글로시(가운데) 그리고 스펙큘러 리플렉션(오른쪽) 모습.

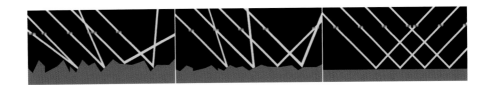

퍼져 나가는 스펙큘러 하이라이트를 만드는 표면의 특성을 러프니스roughness(거칠기)라고 부른다. 러프니스는 항상 눈에 보일 정도로 큰 범프bump를 가지고 있진 않다. 표면 구조상 미세한 러프니스는 비록 여전히 디퓨즈 리플렉션을 유발하지만 표면을 좀 더 부드럽게 보이게 한다. 예를 들어 보기엔 부드럽게 느껴지는 고무 연필 지우개의 표면도 구조상 마이크로 수준의 러프니스에 의해 빛을 디퓨즈 리플렉션시킨다. 같은 맥락에서 광택 마감의 표면 대신 매트 마감의 표면은 (더) 거칠다고 말할 수 있다.

스펙큘러 하이라이트

일반적으로 사람들은 스펙큘러 하이라이트가 디퓨즈 셰이딩의 가장 밝은 부분에 집중되어 있다고 오해한다. 하지만 실제로 스펙큘러 하이라이트의 위치는 디퓨즈 셰이딩과는 별개로 파생되어 나온다. 디퓨즈 셰이딩은 빛과 관련된 표면 위치와 각도를 기초로 한다. 한편 스펙큘러 셰이딩은 오직 구체적인 카메라 앵글로만 계산되며 라이트와 서피스 그리고 카메라 간의 각도를 기초로 한다. 이 때문에 스펙큘러 하이라이트는 뷰-디펜던트 셰이딩view-dependant shading의 예가 된다.

뷰-디펜던트 셰이딩이란 렌더링된 카메라의 각도에 따라 나오는 다양한 효과들을 말한다. 스펙큘러, 리플렉션 그리고 굴절은 모두 뷰-디펜던트 셰이딩의 한 예이다. 그것들은 다른 각도에서 볼 때마다 표면 위를 이동하는 것처럼 보인다. 이를 카메라 앵글과는 상관없이 계산되는 디퓨즈 셰이딩이나 캐스트 섀도cast shadow 같은, 논-뷰-디펜던트 셰이딩non-view-dependant shading과 비교해 보라.

실제 같은 스펙큘러

크고 밝으며 에어 브러시처럼 보이는 스펙큘러 하이라이트는 3D 그래픽에서 가장 잘 알려진 상투적인 방법 중 하나이다. 많은 렌더링 이미지에서 스펙큘러 하이라이트는 가짜처럼 보이는데, 이는 잘못 사용했거나 서투르게 조절했기 때문이다. 하지만 실세계에서는 대부분의 물체 표면이 어느 정도의 정반사성을 보이며, 이를 적절히 이용하면 렌더링에 사실성을 부여할 수 있다.

스펙큘러 하이라이트의 크기, 색깔, 모양 그리고 위치를 적당히 조절하면 셰이딩의 질을 보다 높일 수 있다. 스펙큘러 하이라이트를 조절할 때 가장 집중해야 할 부분은, 모방하려는 실제 대상물을 현실에서 찾아내어 그것이 빛에 어떻게 반응하는지를 연구하는 것이다. 실제 물체의 참조 이미지나 샘플을 살펴봄으로써 머릿속에 갖고 있던 선입견이나 소프트웨어의 프리셋 대신 사실적인 관찰을 토대로 스펙큘러 하이라이트를 조절할 수 있다.

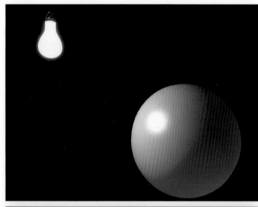

[그림 9.5]
하이라이트의 크기는 광원의 크기와 거리에 시각적으로 부합될 때까지 조절해야 한다.

하이라이트의 크기

실제 생활에서 하이라이트의 크기는 광원과 표면 두 가지에 의해 결정된다. 큰 광원이나 표면에 좀 더 가깝게 위치한 광원은 더 큰 하이라이트를 만들어 낸다. 물체 표면의 타입 또한 하이라이트의 크기에 영향을 미친다. 매우 부드럽고 단단한 표면을 지닌 물체들, 예를 들어 금속이나 유리 같은 것들은 하이라이트가 더 작고 촘촘해 보인다. 종이나 나무같이 표면이 좀 더 거친 물체는 하이라이트가 더 넓다(비록 옅지만).

많은 3D 프로그램에서 하이라이트 크기는 오직 셰이더에서만 조정 가능하며 라이트의 속성이 아니다. 만약 이런 경우라면, 각 하이라이트들이 진짜로 그 동기가 되는 광원을 반사한 것처럼 보이는지 확인하자. 만약 광원이 작거나 멀리 떨어져 있다면 하이라이트는 [그림 9.5]의 위쪽 그림처럼 작을 것이다. 만약 물체 가까이에 있는 큰 광원을 흉내 내려고 한다면, 아래쪽 그림과 같이 매우 큰 스펙큘러 하이라이트가 될 때까지 셰이더상의 하이라이트 크기를 키워야 한다.

스펙큘러 컬러

셰이더의 스펙큘러 컬러는 대부분의 경우 회색 음영으로 표현된다. 흰색 또는 회색의 스펙큘러 컬러는, 대개 스펙큘러 하이라이트의 가장 자연스러운 색깔인 광원 컬러를 기초로 한다는 뜻이다.

금속류 표면에는 색이 들어간 스펙큘러가 필수적이다. 이 경우 스펙큘러 컬러에 금속 자체의 색과 비슷한 색상을 준다. [그림 9.6]은 황동 시설물의 사진이다. 하이라이트와 반사에 황농색이 어떻게 들어갔는지 주목하라. 종종 금속 물체들은 매우 어두운 디퓨즈 컬러를 가지고 있는데, 그 때문에 대부분의 컬러와 셰이딩을 (자신과 비슷한) 색이 들어간 스펙큘러에서 얻어 낸다.

[그림 9.6]
오직 금속 질감의 반사만이 색이 들어간 스펙큘러와 리플렉션을 갖고 있다.

프레넬 효과

프랑스 물리학자인 어거스틴-진 프레넬(1788-1827)은 빛이 다른 물체로 어떻게 이동되고 전파되는지를 연구해 빛의 파장 이론을 발전시켰다. 그의 관찰 결과 중 하나는 프레넬 효과fresnel effect라는 이름으로 컴퓨터 그래픽 분야에서 알려져 있다. 이것은 표면에서 반사되는 빛 중 눈에 보이는 양이 시점에 따라 달라진다는 것이다.

예를 들어 [그림 9.7]에서 옆 창문이 반사된 이미지로 어떻게 가득 차 있는지 주목하고, 그래서 그 안을 들여다볼 수 없음을 유념하자. 반면 전면 유리에는 그런 반사가 나타나지 않고 훨씬 투명하다. 물론 각 창문의 유리는 같은 반사성을 지닌 물질이다. 유리를 보는 각도가 (반사되어 보이는) 영상의 양을 변화시키는 것이다.

[그림 9.7]
프레넬 효과는 전면 유리보다 옆 유리에서 더 많은 반사가 일어나는 것처럼 보이게 만든다.

[그림 9.8]은 프레넬 효과가 일어나는 또 다른 경우를 보여 준다. 만약 풀장에서 아래에 있는 물을 직선으로 내려다본다면, 풀장 표면에서 그리 많은 반사가 일어나지 않는다. 보다 높은 각도에서는 반사 현상 없이 표면을 뚫고 풀장의 바닥까지 내려다볼 수 있을

것이다. 흘끗 보면(물가 가장자리에서 수면 높이로 눈을 맞추고 보면) 물 표면에서 일어나는 스펙큘러와 리플렉션으로 물 아래에 무엇이 있는지 전혀 볼 수 없을 것이다.

색칠된 벽을 정면으로 쳐다보면 반사된 자신의 모습을 볼 수 없다. 그러나 [그림 9.9]와 같이 흘끗 보는 각도에서는 복도 끝에 있는 전구와 창문의 반사된 영상을 명확하게 볼 수 있다. 대부분 그런 것은 아니지만 많은 경우 표면을 정확한 각도에서 보면 다소 반사된다. 비록 길가의 포장도로라도 충분히 낮은 각도에서 본다면 반사되는 것처럼 보일 수 있다.

[그림 9.8]
프레넬 효과는 비스듬한 각도에서 표면 위의 리플렉션과 스펙큘러를 증가시킨다(오른쪽).

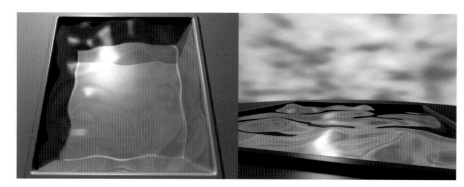

[그림 9.9]
정면에선 전혀 반사가 없을 것 같은 표면조차도 비스듬한 각도에선 리플렉션이 보인다.

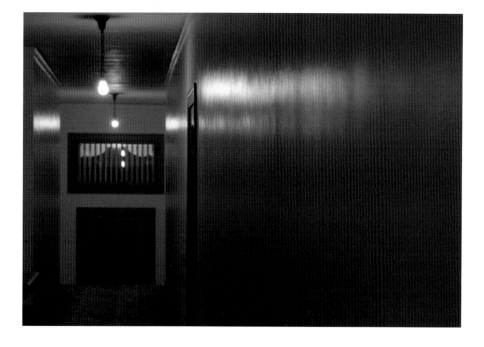

표면을 바라보는 시점에 따라 스펙큘러와 다른 파라미터들을 다양하게 만들어 주는 셰이더를 종종 프레넬 셰이더라고 부른다. 프레넬 셰이더를 이용해 카메라를 직접 향하는 표면에 사용할 스펙큘러 컬러와 카메라와 직각을 이루는 부분에 사용할 스펙큘러 컬러를 다르게 설정할 수 있다. 물체의 가장자리에서는 스펙큘러 컬러뿐만 아니라 스펙큘러 하이라이트 크기, 그리고 반사성 또한 증가할 것이다.

프레넬 효과를 만드는 또 다른 방법은 물체 표면의 앵글(또는 페이싱 레이쇼facing ratio)을 바꾸고 싶은 셰이더의 속성, 예를 들어 [그림 9.10]에서 볼 수 있는 스펙큘러 밝기 같은 것에 링크시키는 것이다.

[그림 9.10]
마야의 Hypershade 창에서 물체 표면의 페이싱 레이쇼 속성은 램프 노드를 통해 서피스의 스펙큘러로 연결된다. 램프를 매개로 사용해 가운데에서 가장자리 쪽으로 스펙큘러를 그라데이션으로 조정할 수 있다.

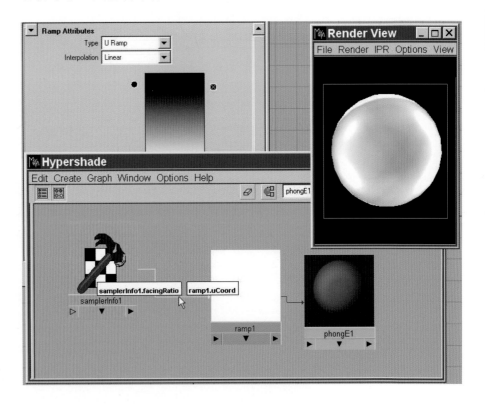

혼란을 피하기 위해서, 필름 프로덕션에서 흔히 쓰이는 것 중 하나도 어거스틴-진 프레넬의 이름을 땄다는 것을 알아 두자. 그는 프레넬 렌즈도 발명했는데, 등대에서 나오는 광선을 쏘기 위한 것이었다. 오늘날에도 여전히 널리 쓰이는 프레넬 렌즈는 필름과 텔레비전 라이팅 장비의 앞면에 장착되며, 필름 제작자들은 이런 집중 조명 방식의 기구를 프레넬이라고 부른다.

언아이소트로픽 하이라이트

빛의 확산을 일으키는 미세한 거칠기는 (표면 위에) 항상 랜덤하게 분포되어 있지는 않으며, 모든 빛을 항상 모든 방향으로 랜덤하게 분산시키지도 않는다. 몇몇 물체의 표면은 랜덤하게 오돌토돌한 대신 특정 방향으로 파인 작은 홈이나 가볍게 긁힌 자국이 있다. 결이 있는 금속, 사람의 머리카락, 레코드 플레이어, DVD, 콤팩트 디스크 그리고 몇 가지 나무 재질의 물체가 셰이딩에 영향을 미치는 홈이 있는 표면의 예이다. 반사와 하이라이트는 표면 홈과 직각 방향으로 뻗어져 나가며 그 결과를 언아이소트로픽 anisotropic(이방성) 셰이딩이라 부른다. 반대로 반사된 빛을 모든 방향으로 고루 퍼뜨리는 표면은 아이소트로픽isotropic(등방성) 셰이딩이라고 부른다. [그림 9.11]에서 그 차이를 알 수 있다.

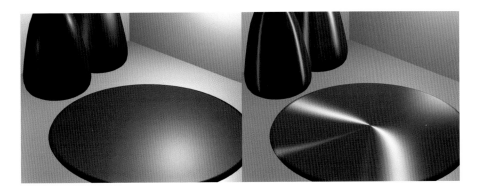

[그림 9.11]
아이소트로픽 셰이딩(왼쪽)은 스펙큘러 하이라이트를 모든 방향으로 일정하게 퍼뜨리는 반면, 언아이소트로픽 셰이딩(오른쪽)은 스펙큘러 하이라이트를 길게 늘인다.

[그림 9.12]에서 보듯이 아주 미세한 수준에서는 넓게 분산되도록 파인 홈과 부딪히는 광선을 그려 볼 수 있다. 그러나 홈([그림 9.12]의 수직)을 따라 튕겨지는 광선들은 분산과 상관없이 평행하게 반사된다. 이는 홈과 부딪히는 하이라이트들을 넓혀 주는데, 반면 그 하이라이트들은 더 작아지고 홈을 따르는 곳에 너욱 집중된다.

[그림 9.12]
언아이소트로픽 표면의 마이크로 패시트 구조는 표면에 부딪힐 때만 분산되는 광선을 보여 준다.

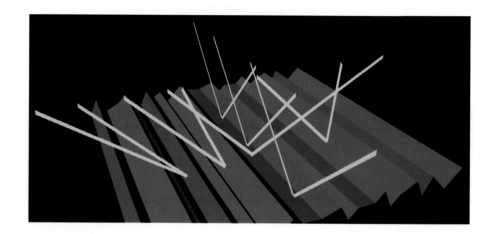

BRDF와 BSSRDF

실제 표면의 BRDF(Bidirectional Reflectance Distribution Function ; 양방향 반사율 분배 기능)는 다른 각도에서 들어오는 빛을 어떻게 반사하거나 흡수하는지 설명해 준다. 램버트Lambert, 퐁Phong, 그리고 블린Blinn과 같이 대부분의 평범한 셰이더들은 간단하고 평준화된 BRDF를 제공한다. 몇몇 렌더러들은 실제 상황에서 측정·수집한 정보를 기초로 빛에 대한 실제 반응을 흉내 내도록 디자인된 BRDF 셰이더를 갖고 있다.

실생활에서 모든 물체는 다른 각도로 보이거나 조명을 받았을 때 어떻게 빛을 흡수하고 반사할 것인가를 나타내는 고유의 BRDF를 가지고 있다. BRDF는 현실의 특정 물체에서 측정이 가능하다. 연구원들은 재질의 샘플이나 사람의 얼굴을 다양한 각도에서 빛을 비추며 사진을 찍을 수 있도록 특별한 장치를 고안했다. 이를 통해 그들은 BRDF 셰이더가 실제 물체의 방향과 각도에 따라 빛에 어떻게 반응하는지를 맞춰 보며 사용하는 빛 반사율 범위를 디지털화할 수 있었다.

BRDF는 빛이 부딪히는 표면상 지점에서 반사돼 나온다는 가정하에 시작된다. 5장 '크리처와 캐릭터의 라이팅 그리고 애니메이션'에서 논의한 것처럼, 서브서피스 스캐터링 subsurface scattering이 일어나는 반투명한 물체들은 반대편 혹은 다른 지점에 부딪히는 빛에 의해 밝아지며 전이된다. BRDF에 분산을 더 가중시키면 BSSRDF(Bidirectional Surface Scattering Reflectance Distribution Function ; 양방향 표면 분산 반사율 분배 기능)를 얻게 된다. 이름이 꽤나 길지만, 사실 이것은 실제 같은 반투명 효과를 지원하는, 실제 빛의 전이 현상을 측정한 데이터를 기반으로 한 셰이더를 의미하는 것뿐이다

안티에일리어싱 Anti-Aliasing

안티에일리어싱은 고품질의 렌더링을 위해 필수적이다. 안티에일리어싱 없이는 대각선을 따라 지글거리는 계단 현상 부작용이 나타나는데, 애니메이션되는 동안 텍스처가 지글거리거나 고르지 않게 나타날 수 있다. 안티에일리어싱은 렌더링 이미지를 부드럽고 자연스럽게, 사진과 더 비슷하게 만들어 준다.

안티에일리어싱의 두 가지 주요 요소는 오버샘플링over-sampling과 필터링filtering이다.

오버샘플링

오버샘플링은 필요 이상의 정보를 수집하는 것을 일컫는다. 렌더러가 장면을 오버샘플링할 때는 최종 이미지의 픽셀 수보다 더 많은 포인트나 광선을 계산한다.

[그림 9.13]은 8픽셀×8픽셀로 보이는 폴리곤 그림이다. 오버샘플링하지 않고 이미지를 렌더링하기 위해 픽셀당 오직 한 샘플(그림 왼쪽 부분의 노란 점)만 사용됐다. 샘플이 폴리곤을 건드리면 그에 상응하는 픽셀이 폴리곤으로부터 색 샘플을 채취해 낸다. 샘플이 배경을 건드리면 픽셀은 배경색을 갖게 된다. 오른쪽 그림이 그 결과를 보여 준다. 오버샘플링을 하지 않은 상태에서의 폴리곤은 구획으로 나누어진 계단 형태로 나타난다.

[그림 9.13]
픽셀당 1샘플(왼쪽)은 계단 모양의
결과물을 만들어 낸다(오른쪽).

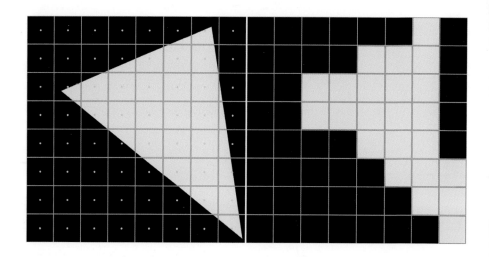

[그림 9.14]는 픽셀당 4샘플을 사용한 소량의 오버샘플링을 보여 준다. 폴리곤의 가장
자리가 픽셀을 통과하는 지점에는 샘플의 일부가 만나기도 하고 만나지 않기도 한다.
그 결과는 각 픽셀에 평균 계산되며, 회색의 중간 셰이딩을 만들어 낸다. [그림 9.14]의
오른쪽 그림을 보면 픽셀당 4샘플의 평균 값으로 셰이딩된 결과물을 볼 수 있다.

[그림 9.14]
픽셀당 4샘플(왼쪽)은 보다 정확한
안티에일리어싱이 적용된 결과물
을 만들어 낸다(오른쪽).

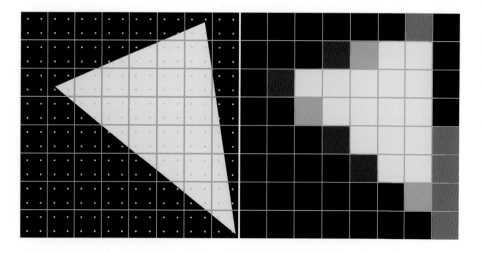

오버샘플링을 통한 안티에일리어싱은 이미지를 흐릿하게 만들지는 않으며, 이미지에
디테일을 더하면서 서브 픽셀 수준의 디테일을 표현하기 위해 정확하게 셰이딩을 사용
한다. 더 많은 오버샘플링을 한다고 해도 이미지는 절대 부드러워지지 않는다—단지

보다 더 정확해질 뿐이다. 오버샘플링의 유일한 단점은 샘플들이 많을수록 계산이 오래 걸려 렌더링 속도가 느려진다는 것뿐이다.

어댑티브 오버샘플링

어댑티브 오버샘플링adaptive over-sampling은 이미지의 각각 다른 부분에서 채취되는 샘플들의 수를 바꾼다. 렌더러는 안티에일리어싱이 필요한 중요 가장자리에는 더 많은 샘플을, 그리고 오버샘플링한 결과가 이전과 그다지 차이 나지 않는 부드러운 부분에는 보다 적은 샘플을 취할 것이다. 어댑티브 안티에일리어싱으로 오버샘플링의 양을 일관적으로 유지하는 한 가지 값 대신 샘플링의 최솟값과 최댓값 수준을 지정할 수 있다.

렌더러는 [그림 9.15]에 보이는 큰 붉은 점처럼 샘플의 수를 최소로 정해 두고 시작한다. 그리고 나서 추가 샘플이 필요한 부분을 결정해야 한다. 이를 위해 일반적으로는 샘플들 간의 콘트라스트를 측정한다. 렌더러는 각 샘플의 색깔을 인접한 다른 샘플의 색깔과 비교하면서 그 값이 얼마나 다른지를 확인한다. 인접한 샘플 간 색깔 값의 차이가 지정된 콘트라스트 스레스홀드contrast threshold보다 클 경우 더 많은 샘플을 채취한다. 노란 점들은 하이 콘트라스트high-contrast 부분에서 추가된 샘플들이다. 이 과정은 새로운 샘플들 간의 콘트라스트 값이 콘트라스트 스레스홀드보다 작을 때까지, 혹은 오버샘플링의 최댓값이 얻어질 때까지 계속된다.

[그림 9.15]
어댑티브 오버샘플링은 필요한 부분에만 추가적인 샘플을 사용한다.

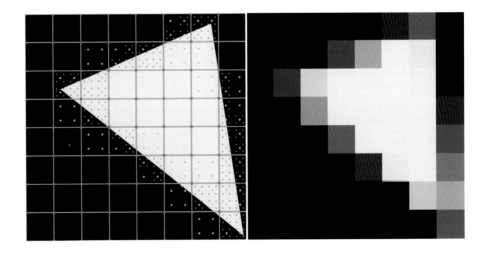

오직 최소의 샘플들(붉은색 점)만 이미지상에 고르게 분포되어 있다는 사실에 유념하기 바란다. 다음 레벨의 샘플들(노란색 점)은 오직 처음 샘플들 간 콘트라스트가 있던 곳에만 존재한다. 최대 레벨의 샘플들(초록색 점)은 오직 전 단계의 샘플들 간 콘트라스트가 있던 곳에만 나타난다. 이 모든 샘플은 각 픽셀의 색깔을 계산하기 위해서 평균 내어질 것이다. 결과적으로 폴리곤의 가장자리는 철저하게 샘플링됐지만, 빈 공간에서까지 많은 샘플을 채취하기 위해 시간이 낭비되지는 않았다.

이런 예([그림 9.15] 참조)는 픽셀당 추가 샘플들을 채취하며, 화면 공간에 기반을 둔 오버샘플링을 보여 준다. 많은 프로그램에서 나머지 부분에 비해 특정 표면만 오버샘플링되어 그 값이 특정 셰이더, 텍스처 혹은 오브젝트를 만나는 곳에서 증가되도록 설정할 수 있다.

콘트라스트 스레스홀드의 조절

보통 콘트라스트 스레스홀드의 값을 낮출 때에는 안티에일리어싱을 더 많이 설정하게 된다. 반면 콘트라스트 스레스홀드를 높이면 미세한 색깔 변화가 많을수록 추가로 오버샘플링을 덜 일으키는 것처럼 보이기 때문에 안티에일리어싱을 적게 설정하게 된다.

대부분의 렌더러들은 red, green, blue 세 컬러 값의 조합으로 콘트라스트 스레스홀드를 설정한다. 효율성을 극대화하기 위해 이 세 가지 색의 중요도가 똑같지 않음을 기억할 필요가 있다. RGB 이미지에서 밝기(brightness)는 세 컬러로부터 동등하게 추출되는 것이 아니다. 대신 white는 밝기의 59%를 green에서, 30%를 red에서, 그리고 나머지 11%를 blue에서 영향받는다. 따라서 같은 값으로 blue 채널에서 변화를 주는 것보다 green 채널에서 변화를 주면 눈에 띌 만큼 밝기가 달라진다.

이와 같이 콘트라스트 스레스홀드의 red, green, blue 값을 모두 같게 설정하는 대신 red 0.2, green 0.15, blue 0.3과 같이 이미지에 주는 영향력의 차이를 고려하여 값을 설정할 수 있다.

만약 콘트라스트 스레스홀드의 알파 채널에서도 이런 차이를 고려하여 설정할 수 있다면, 그 값은 예를 들어 green의 절반 값 정도로 가장 낮은 수치가 되어야 할 것이다.

언더샘플링

언더샘플링under-sampling은 렌더링된 픽셀의 수보다 더 적게 포인트나 레이ray를 샘플링하는 것을 말한다. 이는 흐릿하거나 품질이 낮은 이미지를 만들어 낸다.

그러나 언더샘플링은 자주 어댑티브 오버샘플링과 병행하여 사용된다. 예를 들어 음수의 값이 언더샘플링을 뜻하는 멘탈 레이에서 샘플의 최솟값을 종종 −2로 설정하고 최 댓값은 0이나 1에 맞추는데, 그 이유는 빠른 테스트나 프리뷰를 렌더링하기 위해서이 다. 렌더러는 이 방법으로 초기에 언더샘플링 패스로 이미지를 샘플링하기 시작하지만, 하이 콘트라스트 부분에서 더 많은 샘플들을 채취하여 필요한 곳으로 오버샘플링한다.

초기 언더샘플링이 (샘플링 값 이하의 픽셀을 갖는) 얇은 선을 통째로 빼놓고 애니메이션 내에서 빈 공간을 만들 위험이 있는 것은 사실이다. 비록 최솟값을 융통성 있게 설정했 다 하더라도 언더샘플링은 오직 테스트에서만 안전할 뿐 최종 프로덕션 작업에서는 안 심할 수 없다.

필터링

필터링은 서브픽셀 샘플의 마지막 이미지를 구조화시키는 작업이다. 대부분의 프로그 램들은 이미지를 재구조화시켜 주는 다양한 필터링 타입을 선택할 수 있다. 이런 필터 링 기능은 대부분 한 픽셀 안의 샘플에 의존하지만 인접한 픽셀들의 일부 샘플도 인수 분해하여 값을 도출해 낸다.

필터링은 오버샘플링 사용에 비해 상대적으로 추가 렌더링 시간이 거의 들지 않는다. 필터링은 제한된 수의 샘플에서 가장 부드러운 이미지를 얻게 해준다.

적은 양을 사용하면 소량의 필터링만으로도 울퉁불퉁한 가장자리를 부드럽게 만들어 보다 자연스러운 이미지를 뽑아 낼 수 있다. 그러나 서브픽셀 수준에서의 필터링은 마 치 포토샵의 필터처럼 이미지를 흐릿하게 만들어 놓는다. 결과적으로 지나친 필터링은 이미지를 흐릿하게 만들기 때문에 필터링을 과도하게 사용하거나 그 값을 너무 높여 이 미지가 지나치게 부드러워지지 않도록 최소한 이미지의 작은 부분이라도 테스트 렌더 링해 보자.

높은 해상도의 렌더링

안티에일리어싱의 효과를 얻는 또 다른 방법은 최종 단계에서 필요한 수치보다 높은 해 상도로 렌더링하는 것이다. 예를 들어 최종 이미지가 가로 720픽셀로 예정되어 있다면 1440픽셀로 렌더링해 볼 수 있다. 최종 크기의 200% 혹은 400%까지 사용해서 더 부드러운 결과를 이끌어 낸다. 렌더링과 합성이 끝나면 마지막 단계는 이미지 크기를 최종 (납품) 크기에 맞춰 줄이는 일이 될 것이다. 높은 해상도로 렌더링하면 렌더링 속도가 어느 정도 느려지는데, 이것은 낮은 품질의 안티에일리어싱 기능을 사용해 보완할 수 있다.

높은 해상도에서 렌더링하고 다시 크기를 줄이는 것은, 자신만의 오버샘플링을 만들어 내는 일종의 수동적 방법이다. 물론 이미지 전체를 해상도의 4배로 렌더링한다면 우리 가 만드는 오버샘플링이 적용되진 않겠지만 품질은 그만큼 좋아진다. 여기에 어떤 필터 링을 추가하고 싶다면 크기를 줄이기 전에 높은 해상도의 이미지를 조금 흐릿하게 만들 게 될 것이다.

이와 같은 방식으로 작업하면 파일들이 커져서 더 많은 네트워크 대역폭과 입출력 시 간, 저장 공간이 필요해진다. 하지만 높은 해상도에서 합성과 리터칭 작업을 할 수 있으 며 그 과정이 완전히 끝난 후에만 크기를 줄일 수 있다. 이미지 회전이나 매트 추출 같 은 작업들이 높은 해상도에서 이루어진다면 합성 과정에서 잠재적으로 높은 품질의 결 과물을 제공한다.

레이트레이싱 Raytracing

레이트레이싱은 3D 표면에서 빛의 자연스러운 리플렉션reflection(반사) 및 리프랙션 refraction(굴절)과 섀도shadow(그림자를 드리우는 방법)를 시뮬레이션하는 추가적인 렌더 링 과정이다. 레이트레이싱 작업은 현실과는 반대로 거꾸로 진행된다. 실제로 빛은 광 원에서 시작하여 장면 내 요소에 부딪혀 튕겨 나가 마지막으로 카메라와 만난다. 반면 레이트레이싱에서는 광선이 카메라에서부터 시작해 장면 안으로 뻗어 나간다.

렌더러는 레이트레이싱 작업을 시작하기 위해 우선 렌더링된 이미지의 해상도를 기반 으로 카메라의 화각을 픽셀 배열에 따라 나눈다. 각 픽셀마다 하나의 광선이 카메라로 부터 뻗어 나와 부딪히는 물체로부터 한 포인트를 샘플링한다([그림 9.16] 참조). 안티에 일리어싱 기능을 사용하면 픽셀당 한 포인트 이상을 샘플링하며 레이트레이서가 해야 할 작업량을 훨씬 증가시킨다.

한 광선이 물체에 부딪치면 그 물체가 반사성인지, 굴절성인지, 혹은 그림자를 받는지 체크된다. 다른 광선들의 샘플링 계산에 필요하기 때문이다. 예를 들어 그 물체가 반사성을 가지고 있다면 표면의 포인트에 디퓨즈 셰이딩과 스펙큘러 셰이딩 값을 계산한 다음 렌더링되는 지점에 여타 물체의 리플렉션이 나타나는지 확인하며 물체에 맞고 튕겨져 나오는 추가 광선이 3D 공간 안으로 추적된다.

만약 또 다른 반사성 물체를 만나게 되면 새로운 광선이 그 물체로부터 뿌려져 해당 픽셀에 더 많은 렌더링 작업 거리를 만들어 낼 것이다.

[그림 9.16]
레이트레이싱 과정에서 광선(노란색 선)은 카메라에서 시작해 보이는 물체에 부딪혀 나온다.

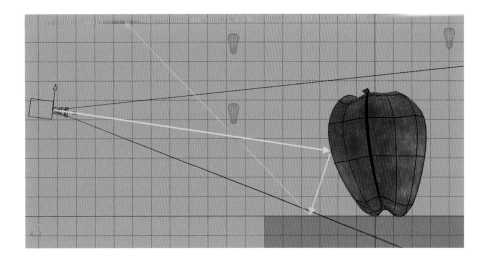

렌더링 가속 구조

레이트레이싱 소프트웨어는 다음을 위한 공간 탐색에 많은 시간을 할애한다.

- 빛과 레이트레이싱된 그림자를 받을 물체 표면의 한 점 사이에서 광선이 해당 물체와 부딪히는지 여부를 알기 위해

- 어떤 물체가 반사되어 특정 픽셀에 나타날 것인지 결정하기 위해

- 광선이 유리를 통과해 굴절을 일으킨 후 어떤 물체와 만날 것인지 알기 위해

이와 같은 공간 탐색은 각 광선이 물체와 충돌할 때마다 한 번씩, 그리고 장면 내 각 픽셀에 대해 모두 실시해야만 한다.

레이트레이서는 특정한 3D 공간의 일부에서 어떤 물체를 보일 것인지 빨리 결정하기 위해 장면 내 모든 지오메트리를 폴리곤 혹은 그들의 위치를 기초로 한 다른 기본 구성

요소들로 분류해야 한다. 이 리스트를 레이트레이싱 가속 구조(ray tracing acceleration structures)라고 부른다. 이것들을 계산하는 데는 많은 시간이 필요하며 그와 비례해 컴퓨터 메모리를 차지하지만, 이것들이 없다면 레이트레이싱에 걸리는 시간이 원래보다 훨씬 길어질 것이다.

테설레이팅
최소 단위 폴리곤으로 표면을 분할하는 과정.

렌더러는 모든 표면을 폴리곤으로 테설레이팅tessellating*하면서 레이트레이싱 가속 구조화를 시작한다. 어떤 넙스NURBS나 서브디비전subdivision 표면들도 폴리곤으로 분할되며, 디스플레이싱 매핑displacing mapping 또한 보다 많은 폴리곤으로 나누어진다. 이 모든 폴리곤은 리스트로 정리되는데, 이 리스트는 점유한 공간을 세분화시키며 더 작은 리스트로 분류된다. 모든 리스트가 적당히 작아지거나 분류화의 정도가 한계에 도달할 때까지 그 과정이 계속하여 반복된다.

레이트레이싱에서 리커전 뎁스recursion depth나 옥트 트리 뎁스Oct tree depth를 조절하는 것은 메모리 사용과 렌더링 속도 사이에서 일종의 교환 협상이다. 만약 렌더링 과정에서 메모리 공간이 충분하다면 레이트레이싱의 속도를 잠재적으로 올릴 수 있다. 만약 레이트레이싱이 컴퓨터의 메모리를 모두 사용해 하드 디스크에서 충돌이 일어나거나 스와핑하게 되면, 그 값을 줄이는 것이 메모리를 일부나마 유지하고 스와핑을 피하는 데 도움이 될 것이다. 그러나 메모리를 다 쓰지 않더라도 리커전 뎁스를 지나치게 줄이면 렌더링 시간이 더 느려진다.

레이트레이싱된 리플렉션

레이트레이싱된 리플렉션은 스펙큘러 셰이딩과 매우 유사한 기능을 수행한다. 스펙큘러 셰이딩이 광원의 스펙큘러 리플렉션인 반면 레이트레이싱된 리플렉션은 장면 내 다른 물체의 스펙큘러 리플렉션이다.

종종 밝은 물체의 레이트레이싱된 리플렉션은 빛으로부터의 스펙큘러 하이라이트보다 더 실제적인 하이라이트를 만들어 내기도 하는데, 이는 레이트레이싱된 리플렉션의 모양을 조절하기가 더 쉽기 때문이다. [그림 9.17]은 오직 스펙큘러 하이라이트만 넣은 사과와 레이트레이싱된 창문의 리플렉션을 넣은 사과를 비교해 준다. 리플렉션을 덧붙이기 위해서는 원하는 모양의 간단한 모델을 생성하여 광원 근처에 가져다 두면 된다. 리플렉션을 위해 만들어진 모델은 오직 한 폴리곤이며 어떤 텍스처 맵에서도 표현 가능하다. 렌더링된 표면이 충분히 밝고 반사성이 있는 한 만들어진 모델이 렌더링에 나타날 것이다.

[그림 9.17]
물체는 반사된 빛이 스펙큘러 하이
라이트로 보이거나(왼쪽) 레이트레
이싱된 리플렉션으로 보이거나(가
운데) 둘 다를 이용해 보이도록 할
수 있다(오른쪽).

리플렉션과 스펙큘러 하이라이트의 통합

때로는 표면에 스펙큘러 하이라이트와 레이트레이싱된 리플렉션이 동시에 나타나기를 원할 때가 있다. 키 포인트는 리플렉션과 하이라이트가 함께 어울려 같은 리플렉션의 한 부분으로 보여야 한다는 것이다.

만약 금속 재질의 표면을 나타내기 위해 컬러링된 리플렉티비티reflectivity(반사성)를 사용한다면, 대개 그 컬러는 스펙큘러 컬러와 같아야 한다.

만약 표면에 반사된 장면을 보고 있다면, 그것은 광원이 반사되는 지점에서만 보이는 하이라이트와 같이 완전히 반사된 장면을 보고 있어야 한다.

둘러싼 주변 환경

만약 반사성이 있는 물체가 검은 빈 공간에 둘러싸여 있다면 어떤 리플렉션도 발생하지 않으며, 리플렉션 값을 올리면 올릴수록 물체는 더욱 더 까맣게 변할 것이다. 레이트레이싱된 리플렉션을 사용할 때는 반사성이 있는 물체에 반사할 무엇인가를 제공해 주어야 한다.

레이트레이싱된 리플렉션을 사용할 때 초보자들이 흔히 저지르는 실수는 모델 주위의 완벽한 장면을 제대로 표현해 내지 못한다는 것이다. 어떤 3D 아티스트들은 세 개의 벽으로만 이루어진 공간을 만들고 네 번째 면은 비워 두어 카메라가 열린 부분을 통해 볼 수 있도록 하는 습관이 있다. 그런 3면 공간 내에서는 물체의 리플렉션에 까맣게 빈 사각 공간이 생겨난다. 만약 카메라가 네 번째 벽을 통해 봐야 할 필요가 있다면 그 벽의 primary rays이나 primary visibility 등은 invisible 상태로 실정해 두되 리플렉션은 visible 상태로 두어야 한다.

글로시 리플렉션

표준 레이트레이싱된 리플렉션은 다른 물체의 스펙큘러 리플렉션을 완벽하게 생성한다. 종종 리플렉션은 비현실적일 정도로 생생해 보인다.

글로시니스glossiness, 다른 말로 리플렉션 블러reflection blur 혹은 리플렉션 소프트니스 reflection softness는 자연스럽게 흐릿한 리플렉션을 만들기 위해 반사된 광선을 분산시키거나 랜덤하게 만들도록 대부분의 레이트레이서에서 제공하는 옵션이다. 글로시니스를 적용하면 광선은 리플렉션을 렌더링할 때 약간씩 다른 방향으로 분산되어 나간다. 처음에는 랜덤하게 분산된 모든 반사 광선으로부터 약간의 디더링dithering이나 노이즈가 생길 수 있다. 이를 바로잡으려면 리플렉션 속에 뿌려지는 광선 수를 증가시켜야 한다. 더 많은 광선을 계산하기 위해 렌더링 시간은 크게 증가하겠지만 보다 부드럽고 현실적인 리플렉션을 만들어 낼 수 있다.

리플렉션(횟수)의 제한

반사성 표면이나 굴절성 표면이 많은 장면에서는 레이 트레이서가 무한 루프에 갇혀 한 표면에서 다른 표면을 향하는 한 광선만 영원히 좇을 위험이 있다. [그림 9.18]은 한 방에서 각 벽의 거울들이 서로를 반사하는 장면을 보여 준다. 오른쪽 거울을 렌더링하려면 레이트레이서가 왼쪽 거울의 리플렉션도 계산해야 하는데, 그러기 위해서는 왼쪽 거

[그림 9.18]
서로 마주 보고 있는 거울들은 레이트레이싱에서 끝없는 루프를 만들어 낸다.

울에 반사된 오른쪽 거울의 장면을 계산해야 하고, 그러자면 또다시 왼쪽 거울을 계산해야 하는 형태가 반복된다. 광선이 두 거울 사이에서 무한히 튕겨지는 것처럼 보이기 때문에 레이트레이싱을 계산하기 위해 무한대의 시간이 소모될 수 있다.

레이트레이싱 단계는 렌더러가 끝없이 루핑하지 않도록 하기 위해 엄격하게 제한되어 있다. 많은 프로그램들은 리플렉션 횟수가 렌더링 시간에 큰 영향을 끼칠 수 있기 때문에 리플렉션 횟수를 2번으로 제한하고 있다. 첫째, 렌더 글로벌 세팅에서 리플렉션의 최대 횟수와 총체적인 레이트레이싱의 단계를 포괄적으로 설정한다. 둘째로는 셰이더상의 레이트레이싱 옵션 중 하나로 설정된 리플렉션 리미트reflection limit(리커전 뎁스recursion depth나 트레이스 뎁스trace depth라고도 불린다)를 이용해서 셰이더별로 제한한다.

만약 반사의 반사가 필요 없다면 리플렉션의 수를 글로벌 세팅에서 1회 혹은 셰이더상에서 설정하면 렌더링 시간이 빨라질 것이다. 빛이 표면들 사이를 몇 번 동안 번갈아 반사하는 것을 보고 싶다면, 셰이더와 글로벌 세팅에서 수치를 높이 설정하면 된다. 다만 기다릴 준비가 되어 있어야 한다.

그림자

3장 '그림자와 오클루전'에서 레이트레이스드 섀도raytraced shadow와 뎁스 맵 섀도depth map shadow가 어떻게 다른지 설명했다. 그 차이점을 요약하면 다음과 같다.

- 뎁스 맵 섀도는 레이트레이싱된 섀도보다 일반적으로 더 빠르게 렌더링되며 더 적은 메모리를 사용한다.

- 레이트레이싱된 섀도는 어떤 해상도의 렌더링에서도 정확하고 생생하게 남아 있는 반면, 뎁스 맵은 제한된 해상도를 갖고 있다.

- 투명하거나 트랜스페어런시 맵transparency map이 적용된 물체는 레이트레이싱을 이용하면 (반)투명한 그림자를 뿌릴 수 있다. 그러나 대부분의 뎁스 맵 섀도는 물체의 투명도 수준을 무시한다.

- 레이트레이싱된 섀도는 부드럽게 만들면 매우 현실적인 방법으로 거리감에 따라 (흐트러져) 흐릿해지지만 렌더링하는 데 많은 시간이 든다. 뎁스 맵은 일정하게 필터링되며 덜 현실적으로 보인다.

뎁스 맵 섀도와 레이트레이싱

뎁스 맵 섀도는 레이트레이싱과 완전히 공존할 수 있다. 레이트레이싱으로 변환할 때도 여전히 뎁스 맵 섀도를 계속 사용할 수 있는데, 특별한 조정 없이도 레이트레이싱된 리플렉션과 굴절된 표면을 통해 나타날 수 있다.

만약 반사나 굴절 등 다른 효과를 위해 레이트레이싱을 사용하고 있었다면, 레이트레이싱이 여분의 메모리를 이미 사용하고 있는 상태이므로 레이트레이싱된 섀도를 사용하는 것은 뎁스 맵을 사용하는 것만큼 효율적인 해결책이 될 수 있다. 그러나 만약 머리카락이나 털, 혹은 빽빽한 잎사귀들을 장면 안에 포함하고 있다면 이것들을 레이트레이싱으로부터 제외시켜 뎁스 맵 섀도 방식으로 그림자를 만들고 싶을 것이다.

트레이스 뎁스와 그림자 개수

빛의 레이 뎁스 리미트ray dapth limit(트레이스 뎁스trace depth 혹은 넘버 오브 섀도number of shadows라고도 불린다) 파라미터 값이 충분히 높지 않은 이상 레이트레이싱된 섀도가 반드시 반사나 굴절된 표면상에 나타날 필요는 없다. 레벨 1에서는 직접적으로 봤을 때 그림자가 나타나지만 반사를 통해 봤을 때는 나타나지 않는다. 레벨 2에서는 반사를 통해 보거나 굴절을 통해, 즉 간접적으로 봤을 때도 그림자가 나타난다. 레벨이 높아질수록 그림자는 가시적이 되며, 이는 각 유리층의 레벨을 추가하는 한 다중의 굴절된 유리층이나 반사의 반사를 통해서도 보일 수 있다.

투명도와 반사

물체를 투명하게 만들 때는 레이트레이싱된 리플렉션과 마찬가지로 주의를 기울여야 한다. 물체를 둘러싸고 있는 환경은 셰이딩에 영향을 미친다. 온통 새카만 환경에 어중간한 상태로 존재하는 투명한 표면은 투명해질수록 더 까맣게 나타날 뿐이다. 일단 물체가 투명해지고 나면 그 뒤에 볼 수 있는 다른 물체나 배경이 있는지 확인하자.

굴절은 투명한 표면을 통해 보이는 이미지에 렌즈와 같은 왜곡의 느낌을 추가하는 레이트레이싱 효과 중 하나이다. 굴절을 사용하게 되면 3D 모델들은 눈의 수정체처럼 그 형태와 (크기) 비율에 따라 각자 다르게 광선을 집중시킨다. [그림 9.19]의 모델들은 각자 다른 형태 때문에 광선을 다르게 집중시키고 있다. 모델이 얼마만큼 오목한지 혹은 볼록한지에 따라, 또한 한 면으로만 보는지 혹은 앞면과 뒷면 모두로 보는지에 따라 완전히 다른 굴절이 나타난다.

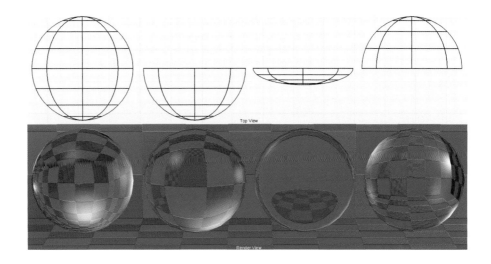

[그림 9.19]
굴절 지수(IOR) 값으로 모두 1.44
를 사용하지만 모델의 모양에 따라
각기 다른 굴절 효과를 만든다.

굴절 지수

모델의 모양 외에 굴절을 결정하는 다른 요소는 굴절 지수(index of refraction, IOR)이다. [그림 9.20]은 몇 가지 다른 굴절 지수 값으로 렌더링된 물체를 보여 준다. 1의 수치는 어떤 굴절도 주지 못하고 물체를 그대로 통과시킨다. 값을 1보다 높거나 낮은 수치로 설정하면 굴절량이 증가한다. 구 같은 볼록한 면에서는 값을 1보다 높게 설정해야 확대경같이 굴절된 이미지가 커진다. 반면 값이 1보다 낮아지면 굴절된 이미지의 크기는 줄어든다.

[그림 9.20]
왼쪽부터 시작하여 순서대로 굴절
지수 값이 1.0(굴절 없음), 1.04,
1.15, 1.44(유리)로 렌더링된 유리병
이다. 유리병들의 투명도에는 어떠
한 차이도 없다—오른쪽 병에 나
타난 검은 가장자리 선은 환경으로
부터 생성된 순수한 굴절 효과이다.

[표 9.1]은 몇 가지 일상적인 물질들과 그들의 굴절 지수를 나타낸다. 굴절은 공기에서 나와 유리잔으로 들어가거나 물에서 나와 공기로 들어가는 것처럼, 빛이 한 물질에서부터 뻗어 나와 다른 물질로 들어갈 때 발생한다. 이 때문에 굴절 지수는 두 물질에 모두 관련되어 설정된다. 그것들은 한 물질에서 나와 다른 물질로 들어갈 때 빛의 꺾임을 나타낸다. [표 9.1]의 수치는 나열된 물질들이 공기에 둘러싸여 있다고 전제하며, 예외는 단 한 가지이다. '공기(물 밑에서 보는)' 목록은 수중에서 수면 위의 공기를 쳐다볼 때, 혹은 물 밑에서 보는 공기 방울에 사용될 수 있다.

[표 9.1] 재질별로 유용한 굴절 지수(index of Refraction, IOR) 수치

재질	IOR
공기(물 밑에서 보는)	0.75
공기/중성 물질	1.00
연기	1.02
얼음	1.30
물	1.33
유리	1.44
석영	1.55
루비	1.77
크리스털	2.00
다이아몬드	2.42

[표 9.1]의 수치들은 시작 시 설정해야 하지만 보면서 조정하는 것이 가장 좋을 것이다. IOR이 원하는 이미지를 만들어 내는지 확인하기 전에 모델의 굴절을 살펴볼 필요가 있다.

색의 굴절

현실에서의 빛은 파장별로 다른 각도로 굴절된다. 6장 '카메라와 노출'에서 이 차이점이 렌즈의 색수차에 영향을 준다는 것에 대해 살펴봤다. 파란빛의 물질은 약간 높은 IOR 수치를, 붉은빛은 약간 낮은 IOR 수치를 가진 것처럼 굴절하는 경향이 있다. 프리즘이나 다이아몬드를 통해 보는 무지개 색은 이 같은 굴절 효과로 생기는 것이다.

몇몇 셰이더들은 다양한 색채의 굴절을 추가할 수 있는 dispersion(분산) 혹은 chromatic aberration(색수차)라 불리는 옵션을 가지고 있다. [그림 9.21]은 색이 들어

간 굴절이 만드는 차이점을 보여 준다. 만약 렌더러가 이 효과를 지원하지 않는다면 다음 세 가지 패스pass—조금 낮게 IOR을 설정한 붉은빛, 일반 IOR로 설정한 초록빛, 그리고 조금 높게 IOR을 설정한 파란빛—로 표면을 렌더링하여 같은 효과를 만들어 낼 수 있을 것이다. 빨강, 초록 그리고 파랑의 세 가지 경우를 합치면 광학적 분광(분산)을 흉내 낼 수 있다.

[그림 9.21]
광학적 산란이 없으면 굴절은 블랙&
화이트로 나타나며(왼쪽), 반면 광학
적 산란이 있을 땐 각기 다른 빛의
파장별로 다른 굴절이 일어난다.

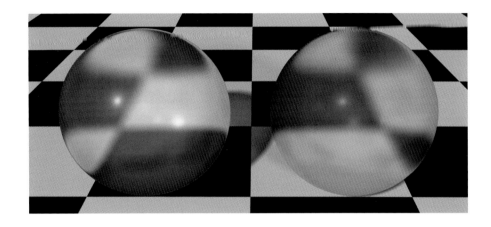

광학적 분광을 시뮬레이션하는 것은 RGB 컬러로 렌더링할 때의 결점이 드러나는 한 가지 경우로, 빛의 여러 파장 중 오직 세 파장만 흉내 낼 수 있을 뿐 연속된 스펙트럼을 계산하지 못한다. 만약 시각적인 분광을 모방하면서 밴딩banding 현상*을 봤다면 이와 같은 한계에 부딪힌 것이다. 몇몇 렌더러들은 연속적인 스펙트럼을 모방할 수도 있지만, 대부분의 CG 산업계에선 RGB에서 렌더링하는 것이 표준으로 남아 있다. [그림 9.21]은 RGB에서 렌더링한 것이지만 시각적인 밴딩을 피하기 위해 부드러운 굴절 효과를 사용했다.

밴딩
의도하지 않은 빨강, 초록, 파랑의
줄무늬가 발생하는 현상.

굴절 횟수의 제한

반사(reflection)와 레이트레이싱된 섀도가 함께 할 때처럼, 굴절(refraction) 역시 제한이 있다. 그러나 굴절된 표면을 통해 보기 위해서는 그 한계가 매우 높아져야 할 때가 있다. [그림 9.22]를 보면 굴절 제한이 2인 경우 선반 위의 유리판을 모두 통과해 볼 수 있을 만큼 그 값이 충분치 않다(왼쪽). 제한 값을 8로 올리자 모든 유리판을 꿰뚫어 볼 수 있게 되었다(오른쪽).

굴설이 없는 투명한 표면은 굴절 횟수에 제한을 두지 않는다. 이처럼 굴절될 필요가 없는 투명한 표면을 위해서는 별도의 유리 셰이더를 만들고 굴절에 관한 설정은 꺼놓는다. 그러면 리프랙션 리미트refraction limit를 그렇게 높이 올릴 필요가 없을 것이다.

얼마나 많은 표면이 굴절돼 보여야 하는지 세어 보고, 통과해서 보이는 투명한 물체들이 그다지 굴절돼 보일 필요가 없다면 그 표면에는 굴절을 없앤 별도의 유리 셰이더를 만들자. 그러면 리프랙션 리미트를 너무 높이 올릴 필요가 없을 것이다.

[그림 9.22]
너무 낮은 트레이스 뎁스(왼쪽)에서는 물체가 덜 투명하게 보이지만, 트레이스 뎁스를 올리면(오른쪽) 모든 굴절된 물체를 통과해 볼 수 있다.

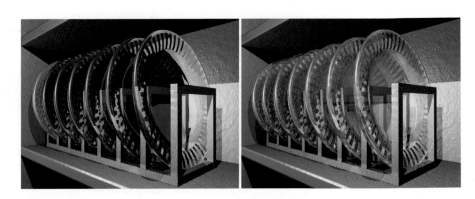

레이즈 알고리즘 Reyes Algorithms

레이즈 알고리즘reyes algorithm은 수년간 하이엔드 피처 필름high-end feature film 작업의 선두 주자인 픽사 렌더맨의 심장이다. 다른 렌더러들도 레이즈나 레이즈 타입의 알고리즘을 채택하고 있다.

레이즈 렌더러의 핵심 요소들은 1980년대 루카스 필름의 컴퓨터 그래픽 연구 그룹, 즉 나중에 픽사 애니메이션 스튜디오가 되는 초기 멤버들에 의해 개발되었다.

레이즈는 Renders Everything You Ever Saw의 약자이다. 그 머리글자들은 미국 캘리포니아 주 머린 카운티의 루카스 필름 근처에 있는 포인트 레이즈의 물속에서 수영을 하던 한 연구원이 지었다. 이 알고리즘은 높은 수준의 디테일과 부드러운 곡면, 픽셀 레벨의 디테일을 가진 디스플레이스먼트 매핑displacement mapping, 모션 블러motion blur, 그리고 피사계 심도(DOF)—영화의 실제 같은 그래픽을 재현해 내기 위해 중요한 모든 측면—를 당시 컴퓨터의 속도와 메모리 한계 내에서 구현해 내기 위해 창안된 것이다.

레이즈는 넙스나 서브디비전으로 표현되는 곡면을 각 사이즈가 1픽셀 정도이거나 그보다 작은 사변형의 마이크로폴리곤으로 나누어 세분화된 표면들을 렌더링한다. 각 곡면들은 정확하게 마이크로폴리곤 수준으로 나누어져 렌더링 해상도에서 완전히 부드럽게 나타난다. 만약 셰이더가 디스플레이스 매핑을 적용하고 있다면, 그 변환 정도 역시 마이크로폴리곤 수준으로 나뉜다.

그 다음, 마이크로폴리곤별로 컬러와 불투명도(opacity)를 적용하기 위해 셰이더가 계산된다. 모든 라이팅, 섀도 그리고 텍스처 맵핑은 이 단계에서 적용된다. 예를 들어 스펙큘러 하이라이트는 흰색의 마이크로폴리곤을 가져오게 된다. 만약 텍스처 맵의 일부가 초록색 픽셀을 포함하고 있으면, 그것은 초록색의 마이크로폴리곤으로 구현된다.

셰이딩된 마이크로폴리곤들은 렌더링된 이미지를 만들어 내기 위해 스크린 공간에서 샘플 채취된다. 셰이딩된 마이크로폴리곤들을 샘플링하는 것은 그리 오래 걸리지 않는다. 이는 기존의 레이트레이서들과 비교할 때 중요한 점인데, 왜냐하면 기존 방법은 오버샘플링의 양을 두 배로 확대시키기 위해 두 배의 광선을 쏘아야만 했고 그에 따라 두 배의 시간이 소요되었기 때문이다. 결과적으로 레이즈 알고리즘에서는 좋은 품질의 안티에일리어싱을 쉽게 얻어낼 수 있게 되었다. 보다 부드러운 렌더링을 위해 전형적으로 많은 수의 샘플을 요구했던 모션 블러나 피사계 심도 같은 렌더링 효과들도 지나치게 추가 시간을 들이지 않고 얻을 수 있게 되었다.

레이즈 알고리즘은 일반적으로 버킷buckets이나 16픽셀×16픽셀의 그룹들로 나뉜다. 마이크로폴리곤으로 분할, 셰이딩, 렌더링이 한 버킷에서 동시에 이루어진다. 결과적으로 마이크로폴리곤의 전체 물체나 장면들은 메모리에 한 번에 저장될 필요가 없는 대신 각 버킷마다 필요할 때 생성될 수 있으며, 이 버킷은 렌더링되고 난 후 메모리에서 깨끗이 지워진다.

렌더맨 인터페이스 표준

픽사가 렌더맨을 개발했을 때 단지 렌더링 소프트웨어만을 창안해 낸 것이 아니었다. 그들은 또한 렌더맨 인터페이스 표준(RenderMan interface standard)도 만들어 냈다.

HTML이 웹사이트를 표현하는 언어이고 포스트스크립트PostScript가 프린트된 페이지를 설명하는 것과 똑같은 식으로, 렌더맨 인터페이스 표준은 렌더링될 3D 장면을 설명하는 방식의 하나로 개발되었다.

렌더맨 인터페이스 표준의 수요 요소는 다음과 같다.

- .rib(RenderMan Interface Bystream) 확장자를 사용하는 파일들은 장면의 설명을 담고 있다.

- 렌더맨 셰이더를 서술하는 셰이딩 언어를 포함한 파일은 .sl 확장자를 사용한다.

픽사뿐 아니라 다른 회사들도 렌더맨 인터페이스 표준을 따라 렌더맨-컴플라이언트 렌더러RenderMan-compliant renderers들을 만들었으며, 픽사의 렌더맨과 같은 형태의 파일로부터 렌더링을 뽑아 낼 수 있다. 이 렌더맨-컴플라이언트의 예로는 렌더닷씨RenderDotC, 쓰리디라이트3Delight, 젤라토Gelato(뒤에서 다시 다룸), 그리고 무료 프로그램인 아큐시스Aqsis 등이 있다. 대부분의 주요 애니메이션&모델링 패키지들은 특정 프로그램에만 사용 가능하든 혹은 플러그인을 통해서 가능하든 간에 렌더맨-컴플라이언트 렌더러에서 렌더링 가능한 파일을 만들어 낼 수 있다.

레이즈와 레이트레이싱

전통적으로 대부분의 레이즈 렌더링은 레이트레이싱 없이 수행되어 왔다. 레이즈 알고리즘으로 렌더링된 많은 피처 필름에서 그림자는 모두 뎁스 맵 섀도이며, 반사는 모두 리플렉션 맵이다. 레이즈 알고리즘의 숨겨진 주 아이디어, 즉 전체 장면을 위해 메모리에 폴리곤을 담아 둘 필요 없이 한 버킷당 한 번에 렌더링해 버리는 것은, 광선이 장면 안에서 마음대로 튕겨져 돌아다니며 다른 물체에서 반사, 굴절 또는 그림자의 형태로 나타나지 않을 때는 꽤 잘 먹힌다.

지난 5년간 컴퓨터 속도가 빨라지고 메모리가 충분해지면서 레이트레이싱은 마침내 피처 필름 프로덕션에서 보편적으로 사용되게 되었다. 레이트레이싱과 글로벌 일루미네이션이 픽사의 렌더맨과 다른 렌더맨-컴플라이언트 렌더러들을 완전히 지원하게 되었고, 덕분에 오늘날 레이트레이싱은 종종 레이즈 알고리즘과 공존하기도 한다. 그러나 많은 스튜디오에서는 여전히 레이트레이싱을 필요할 때만 사용하고, 머리카락이나 초목이 들어간 복잡한 장면에서는 되도록 사용하지 않으려 한다.

Z-버퍼 렌더링 Z-Buffer Rendering

Z-버퍼 렌더링z-buffer rendering은 대개 리얼타임 렌더링을 위해 그래픽 카드에서 취하는 방법으로, 애니메이션 테스트를 렌더링할 때에도 사용된다.

초창기 3D 그래픽 분야에서는 숨겨진 면을 제거하기 위한 효율적인 알고리즘을 찾아내는 것이 큰 숙제 중 하나였다—전경의 표면이 배경의 표면보다 앞에 나타나도록 해야만 했다. 그에 때면 초기의 볓빛 해실책늘, 에블 늘어 장년 내 모는 쏠리곤을 그리기 전에 뒤에서 앞으로 순차적으로 정렬하는 방법 등은 매우 느렸다.

Z-버퍼 렌더링은 숨겨진 면을 실시간으로 제거해 주는 문제의 해결책이었는데, 이것은 폴리곤의 렌더링 순서와 카메라 앵글과 상관없이 물체를 빠르게 앞으로 보여 주었다. Z-버퍼란 이미지의 깊이 정보를 저장하고 있는 메모리 영역이다.

첫 번째 폴리곤이 앞으로 보내지면 컬러링된 픽셀들이 프레임 버퍼에 추가되며, 동시에 깊이 정보가 Z-버퍼에 입력되어 카메라로부터 끌어내어진 각 폴리곤들 위치까지의 거리를 기록한다. 다른 폴리곤들이 앞으로 보내지면 각 픽셀당 깊이가 Z-버퍼에 입력되어 있는 깊이 정보와 비교 분석된다. 만약 한 폴리곤이 앞으로 나와 있던 다른 폴리곤보다 카메라에 더 가깝다고 판단되면 그것은 다시 프레임 버퍼 쪽으로 들어간다. 만약 폴리곤의 한 부분이 기존에 나와 있던 폴리곤들보다 카메라에서 멀다고 판단되면, 그 부분은 자신의 깊이와 Z-버퍼의 값 사이를 비교해 이를 근거로 다시 숨겨진다.

스캔라인 렌더링 Scanline Rendering

스캔라인 렌더링scanline rendering은 폴리곤 하나하나에 근거한 방법 대신에 가로 세로 1픽셀의 공간을 기초로 렌더링되는 과정을 말한다. 픽셀들의 수평선(혹은 스캔라인)이 완성되고 나면 이미지가 완성될 때까지 렌더러는 (계속해서) 다음 선으로 움직인다. 이 과정은 그래픽 카드에서 Z-버퍼 렌더링을 대신해 수행되거나, 소프트웨어에서 애니메이션을 위한 기본 렌더링 방식 중 하나로 수행되기도 한다.

스캔라인 렌더링은 대개 레이트레이싱이나 글로벌 일루미네이션 같은 기법을 사용하지 않는, 평범하고 기교 없는 렌더링이다.

GPU 가속과 하드웨어 렌더링 GPU-Accelerated and Hardware Rendering

최근 PC는 대부분 두 가지 타입의 프로세서를 탑재하고 있다.

- 중앙처리장치(Central Processing Unit; CPU)는 컴퓨터에서 3D 렌더링을 포함한 계산의 대부분을 책임진다.

- 그래픽 카드에는 그래픽 프로세싱 유닛Graphic Processing Unit(이하 GPU)이 있는데, 실시간 그래픽 디스플레이에 필요한 과정을 책임지는 칩이다. GPU는 비디오 게임에서부터 3D 프로그램의 뷰포트상 셰이딩 디스플레이까지 실시간, 인터랙티브한 그래픽을 담당한다.

최근 그래픽 카드의 GPU는 융통성 있고 프로그래밍이 가능한 칩이라서 일부 그래픽 소프트웨어는 이를 게임 플레이용 이상으로 사용하곤 한다. GPU는 소프트웨어 렌더링 과정부터 하드웨어 렌더링hardware rendering, 인터랙티브 프리뷰잉interactive prevewing, 혹은 하드웨어 가속을 위해 사용할 수 있다.

하드웨어 렌더링

하드웨어 렌더링은 그래픽 카드에 의해 생성된 이미지를 렌더링 과정의 최종 결과물로 사용하는 것을 말한다.

그래픽 카드는 인터랙티브한 그래픽을 위해 실시간으로 그려질 수 있는 이미지를 만들기 위해 고안되었다. 그래픽 카드는 초당 30~60프레임을 완성해 내야 하는 제한에서 벗어나, 실제로 비디오 게임에서 보이는 것보다 고품질의 이미지를 만들어 낼 수 있다. 나아가 하드웨어 렌더링된 이미지들은 멀티패스 합성 과정에서 레이어나 패스로 사용될 수 있다.

현시점에선 하드웨어 렌더링만으로도 프리비주얼라이제이션previsualization과 애니메이션, 그리고 FX 시뮬레이션의 테스트 렌더링에 폭넓게 사용되고 있다. 그러나 아직까지 품질은 텔레비전이나 필름 프로덕션 작업에서 요구하는 수준만큼 올라가지 못하고 있다.

GPU 가속

GPU 가속(acceleration)은 기타 작업 과정의 속도를 향상시켜 주는 리소스로 GPU의 프로세싱 파워를 활용하는 소프트웨어의 렌더링 방식을 말한다. GPU 가속은 품질이 떨어진 렌더링을 처리하는 것을 의미하지는 않는다. 이는 단지 GPU가 최고 품질의 소프트웨어 렌더링의 픽셀 값을 계산하는 데 사용되는 프로세서 중 하나라는 것을 뜻한다. GPU 가속은 GPU를 필요로 하지만, 단지 특정한 종류의 계산에 한해서만 선택적으로 사용할 뿐이다.

GPU 가속은 최고급 렌더러들 대부분이 사용하고 있거나 사용을 고려하는 기술이다. 이것은 아티스트 컴퓨터의 시스템 리소스를 더 원만히 이끌어 내도록 보상해 주며, CPU만으로 렌더링할 때보다 더 빠른 렌더링을 제공한다.

GPU 렌더링에도 약점은 있다. 그중 하나는 GPU가 컴퓨터의 메인 메모리가 아닌 그래픽 카드의 메모리 정보만을 수용하도록 만들어졌다는 것이다. 텍스처와 기타 정보들을 그래픽 카드의 메모리로 불러오기 위해 별도의 시간이 더 소요된다.

두 종류의 다른 프로세서에 맞도록 한 번에 프로그래밍하는 것은 매우 힘든 일이다. 렌더링 소프트웨어를 다중 CPU나 멀티플 코어의 다중 스레드(multi thread) 상태에서 잘 동작시키는 것만으로도 이미 충분히 도전적이지만, 다른 종류의 작업이 다른 종류의 프로세스상에서 동시에 돌아가도록 만들 때의 복잡함은 렌더링 소프트웨어가 읽고 디버깅하는 것을 매우 어렵게 만든다.

마지막 문제는 그래픽 카드에 의존적이라는 점이다. 메이저 스튜디오에서 렌더 팜은 보통 그래픽 카드를 가지고 있지 않은 수천 개의 컴퓨터들이 물려서 구성되어 있다.

이런 난관에도 불구하고 최근 들어 GPU는 CPU보다도 급속한 발전을 이루었다. 만약 이런 추세가 계속된다면 GPU 가속 렌더링은 CPU 계산 능력을 훨씬 압도하는 GPU로 점점 더 매력적으로 보일 게 확실하다. 그래픽 카드 제조사인 엔비디아nvidia는 GPU 가속 렌더러 젤라토(http://film.nvidia.com)를 개발 중이며, 미래의 GPU는 풀 퀄리티의 렌더링 과정을 가속화하는 데 보다 적합하게 변모해 갈 것이 틀림없다.

인터랙티브 프리뷰잉

인터랙티브 프리뷰잉은 라이팅 아티스트들이 제한된 시간 안에 더 많은 작업을 할 수 있도록 도와주는데, 중요한 것은 같은 시간 안에 보다 완성도 높고 정교한 결과물로 다듬을 수 있도록 만들어 준다는 것이다.

라이팅의 인터랙티브 프리뷰잉은 모델, 카메라, 셰이더는 그대로인 반면 라이팅만 변하는 리얼타임 렌더링과는 다르다. 대개 인터랙티브 프리뷰잉 이전에는 각 픽셀에 대한 특정 정보를 미리 계산하는 프리렌더링 단계가 존재한다. 프리렌더링은 몇 분에서 몇 시간이 소요될 수 있으나 특정 프로그램의 감독 없이 수행된다. 프리렌더링을 완료하고 난 후에는, 사용자가 라이팅과 섀도, 리플렉션을 움직이고 조절하는 동안 GPU와 CPU가 함께 상호 작용하여 장면을 갱신한다.

만약 여러 샷에 나타나도록 라이팅을 설정하면 인터랙티브 프리뷰잉 시스템의 일부는 몇 장의 샷으로부터 동시에 프리렌더링된 정보를 사용해 각 샷마다 빛을 어떻게 조절하고 움직이는지 반영해 보여 준다.

인터랙티브 프리뷰잉에서 얻을 수 있는 최종 결과는 렌더링된 이미지가 아니라 개선된 3D 장면인데, 이것은 라이팅의 조절이 끝난 후 렌더 팜에서 밤새 렌더링된다.

인터랙티브 프리뷰잉을 가속화하는 데 GPU를 사용하고 최종 결과물을 밤새 렌더링하는 것은, 블린의 법칙(Blinn's Law)과 함께 스튜디오가 계속해서 존재할 수 있도록 만들었다.

블린의 법칙은 소프트웨어와 하드웨어가 아무리 발전하더라도 그와 상관없이 필름 스튜디오에서 프레임 렌더링에 할애하는 시간은 일정하게 지속된다는 것이다. 만약 스튜디오가 10년 혹은 15년 전 프레임당 8시간을 산정했다면 오늘날에도 각 프레임당 8시간을 투자해야 한다는 뜻이다. 달라지는 것은 점점 더 빨라지는 컴퓨터를 사용함으로써 보다 높은 품질의 정교한 장면을 얻을 수 있다는 것과 매년 점점 거창한 알고리즘을 적용하게 된다는 것뿐이다. 블린의 법칙은 오랫동안 많은 스튜디오에서 진리로 여겨져 왔다.

Exercises

현실감 있는 렌더링에 진정으로 몰입하기 위해서, 주변에 보이는 것들을 어떻게 렌더링할 수 있는지 하루 내내 생각해 보자.

1 우리가 있는 공간 주변의 표면들을 보라. 만약 그것을 3D로 재창조해야 한다면, 그들 중 어느 정도가 반사적이어야 하는가? 또 그중에 어느 정도가 글로시 리플렉션을 사용해야 하는가? 반사적이라고 여겨지지 않는 표면들 중에 흘깃 보는 각도로 바라보았을 때 더 반사적이 되는 물체가 있는가?

2 이번 장 초반부 [그림 9.1]에서 각각 다른 모양의 구 4개를 보여 주었다. 이 공들을 3D 소프트웨어에서 다시 만들어 보라. 스펙큘러·글로시 리플렉션, 리프랙션, 스펙큘러 크기와 색깔, 그리고 프레넬 효과 등 이번 장에서 설명한 사항들을 유념하라.

3 표현하려는 물체와 똑같은 셰이더를 만들 수 있는지 시험하기 위해, 장면 정황상 명확하지 않은 매터리얼을 만들어 낸 다른 누군가에게 당신의 결과물을 보여 주라. 다른 사람들에게 공이 어떤 물질로 만들어졌다고 생각하는지 물어보라. 그 사람들은 차나 주전자의 모델에 적용됐을 땐 금속으로 불리던 물체가 따로 떼어놓고 봤을 때는 플라스틱처럼 보이는 예를 찾아낼 수 있을 것이다.

10 CHAPTER

텍스처의 디자인과 지정
Designing and Assigning Textures

텍스처 매핑은 지오메트리 모델링을 능가하며 수준에 따라 디테일을 달리하여 3D 표면상에 다양성과 세밀함을 첨가하는 기술이다. 텍스처 맵을 만드는 과정에서 사진, 2D 페인팅, 이미지 조작 등의 기술이 3D 장면에 더해진다. 우리는 석탄 덩어리에서 인간의 피부에 이르기까지 어떤 종류의 재질이든 모델이 그럴듯하게 보이도록 텍스처를 만들고 적용해 사물이 오래됐는지 새로운지, 깨끗한지 더러운지, 또는 광택이 나는지 패였는지를 결정할 수 있다. 마지막 장에서 논의할 셰이더의 모든 속성을 표면의 여러 부분에서 텍스처 맵으로 대체해 변경하고 조절할 수 있다. 이번 장에서는 우리가 만들 수 있는 텍스처의 종류와 여러 가지 만드는 방법들과 함께 모델에 텍스처를 어떻게 적용할지 논의해 보겠다.

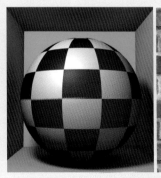

텍스처 매핑의 종류 Type of Texture Mapping

텍스처는 표면의 여러 가지 속성들을 조절하고, 렌더링의 여러 다른 효과들을 만들기 위해 사용한다. 가장 흔한 매핑 기법으로는 컬러color, 스펙큘러specular, 인캔더선스 incandescence, 트랜스퍼런시transparency, 디스플레이스먼트displacement, 범프bump, 노멀nomal의 7가지가 있다.

컬러 매핑

[그림 10.1]
기본 컬러 맵이 들어간 구(sphere).

디퓨즈 매핑diffuse mapping이라고도 부르는 컬러 매핑은 텍스처를 이용하여 모델의 주된 서피스 컬러를 바꾼다. [그림 10.1]을 보면 B&W 그리드grid가 컬러 맵으로 적용됐다.

컬러 맵은 서피스에서 반사된 디퓨즈 라이트diffuse light(확산광)의 색조(tint)와 강도 (intensity)를 결정한다. 몇몇 렌더러들은 컬러 매핑과 디퓨즈 매핑을 두 가지 다른 항목 으로 나열하기도 한다. 이런 경우는 컬러 맵의 톤이 디퓨즈 맵의 톤에 곱해진다. 예를 들어 디퓨즈 맵에서 50%의 회색은 컬러 맵의 밝기를 절반으로 낮출 수 있다.

컬러 매핑은 디퓨즈 라이트diffuse light 아래에선 물체의 색을 바꾸지만 라이팅과 셰이 딩보다 우선하지는 않는다. 렌더링 시 빛은 (3D)라이트에 의해 더해지므로 하이라이 트, 그림자, 또는 라이팅의 변화가 컬러 맵상에 나타나지 않도록 하는 것이 가장 좋다. 컬러 맵의 한 부분으로 그려진 하이라이트는 마치 물체의 표면에 페인트를 칠한 것처 럼 가짜로 보일 수 있다. 결과적으로 [그림 10.2]의 사람 얼굴처럼, 그 자체로 볼 때 아 주 평평하게 보이는 것이 일반적으로 가장 좋은 맵이다.

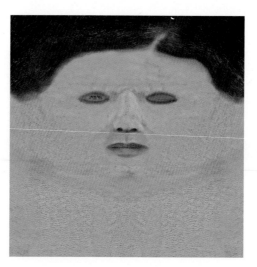

[그림 10.2]
컬러 맵은 기본으로 설정된 어떠한 조명도 보여 주어선 안 된다.

사실적인 렌더링에 있어서, 물체의 색깔은 대개 순검은색이나 순백색을 담고 있어서는 안 되며, red, green, blue도 순색으로 완전히 치우치는 걸 피해야 한다. 100% 흰색은 표면에 닿 은 빛이 100% 확산 반사(diffuse reflect)되었다는 의미로 현실에서는 일어날 수 없다. 마찬가지로 완전한 검은색의 표면은 확산광의 반사가 없음을 보여 주는 것이고, 이것 역시 비현실적이다. 대부분의 경우 여러분의 텍스처에 15~85% 정도의 red, green 그리고 blue를 남겨두는 것이 좋다. [그림 10.3]처럼 텍스처 맵이 자체적으로는 약간 평면적으로 보이더라도 최종 렌더링에서 라이팅을 통해 대비와 방향성을 얻을 수 있다.

[그림 10.3]
[그림 10.2]의 컬러 맵으로 텍스처링된 머리 모델.

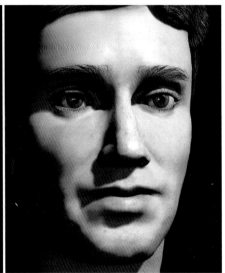

스펙큘러 매핑

스펙큘러 매핑은 물체 표면의 밝기(brightness)와 스펙큘러 하이라이트 색에 변화를 준다. [그림 10.4]를 보면 전체적으로 물체 주변에 체크 패턴이 스펙큘러 맵으로 적용되었지만 그 효과는 스펙큘러 하이라이트 부분에서만 보인다.

스펙큘러 맵은 자체만으로는 스펙큘러 하이라이트를 만들어 내지 못한다. 하이라이트는 여전히 광원으로부터 와야 한다. 우리가 쓰는 스펙큘러 맵은 하이라이트에 색조를 넣을 수 있고 밝기를 변화시킬 수도 있으며 심지어 모델의 특정 부분으로부터 하이라이트를 완전히 격리시킬 수도 있다. 그러나 스펙큘러 매핑의 효과는 스펙큘러 하이라이트가 어떻게든 드러나는 부분에서만 보일 것이다.

스펙큘러 맵의 밝은 부분은 하이라이트를 더욱 밝게 만들며 더 반들반들하고 빛나 보이는 영역을 만든다. 스펙큘러 맵을 어두운 톤으로 처리하면 하이라이트가 덜 보이고,

맵 중 완전히 검은색인 부분은 모델의 해당 부분에서 하이라이트가 만들어지지 못하게 된다. 예를 들어 [그림 10.5]의 사람 얼굴 스펙큘러 맵을 보자. 맵에서 흰 부분은 밝게 빛나는 이마나 콧등을 만들고 어두운 부분은 뺨이나 턱의 거무스름한 수염 부분에 하이라이트가 생기는 걸 막아 준다.

[그림 10.4]
그리드를 스펙큘러 맵으로 적용한 구.

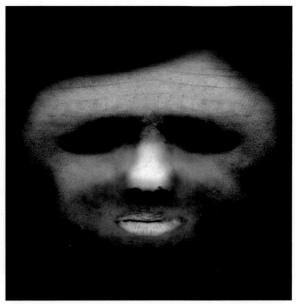

[그림 10.5]
사람의 얼굴에서 스펙큘러 맵은 어디가 빛나고 어디가 탁한지 보여 준다.

스펙큘러 맵의 효과는 이미 스펙큘러 하이라이트를 받고 있는 모델에서만 보인다. 맵이 모델에 어떤 역할을 하고 있는지 철저히 파악하기 위해서 턴테이블 테스트turntable test(모델을 카메라 앞에서 360도 돌려 가며 보는 루프 애니메이션)가 필요하다. 카메라와 라이트는 같은 자리에 그대로 있기 때문에 모델이 돌면서 그 표면을 따라 하이라이트가 어떻게 흐르는지 볼 수 있는데, 하이라이트가 가장 밝게 빛나는 부분과 다소 덜 받는 부분, 그리고 전혀 받지 않는 곳을 집어낼 수 있다.

스펙큘러 맵과 밀접하게 관련된 것이 리플렉션 맵reflection map(또는 리플렉티비티 맵 reflectivity map)이다. 스펙큘러 하이라이트가 광원의 반사를 표현하는 것이기 때문에 우리는 보통 리플렉션이 보이는 부분에서 스펙큘러를 볼 수 있으리라 기대한다. 리플렉션 맵은 물체의 표면이 다른 물체, 혹은 물체를 둘러싼 주변 환경을 어떻게 반사할지 결정한다. 종종 스펙큘러 맵을 물체의 Reflectivity 항목에 연결시켜 두 가지 기능을 수행하도록 할 수도 있다. 반짝임이 스펙큘러 영역에 나타나길 원하는 광택 나는 자동차 페인트 같은 경우, 즉 리플렉션과 스펙큘러가 서로 다른 경우에는 거울 반사 같은 리플렉션은 광택 나는 범위 안으로 제한된다.

인캔더선스 매핑

프로그램에 따라 루미너시티luminosity, 앰비언스ambience 또는 콘스턴트 매핑constant mapping이라고도 불리는 인캔더선스incandescence(백열광) 매핑은 텍스처 맵을 사용하여 물체의 자기 발광(self-illuminating) 속성을 흉내 낸다. 인캔더선스 맵의 컬러는 빛을 고려하지 않고 최종 렌더링에 그 컬러를 추가한다. [그림 10.6]에서 보듯이 인캔더선스 맵은 그림자가 진 표면 위에서도 보이며 발광을 위한 광원을 필요로 하지 않는다.

[그림 10.6]
그리드를 인캔더선스 맵으로 적용한 구.

인캔더선스 맵은 빌딩이나 배의 옆면에 조명을 비추는 등을 추가하거나 TV나 모니터의 빛나는 화면, 전구의 표면을 묘사하는 작업에 이상적이다. 또한 2D 그림과 3D 렌더링 이미지를 합치고 별도의 추가 조명 없이 원래 조명을 그 그림에서 유지하고 싶을 때 편리하다.

인캔더선스 맵이 전혀 스펙큘러가 없거나(스펙큘러 컬러가 완전 블랙) 디퓨즈 셰이딩이 없는(디퓨즈 컬러가 완전 블랙) 물체에 적용된다면 소스 맵으로부터 정확한 음영과 톤을 가진 완전히 평평한 컬러 면을 만들어 낸다. 어떤 렌더러들은 인캔더선스 맵처럼 다른 셰이딩 효과와 섞이는 게 쉽지 않음에도 같은 효과를 내는 서피스 셰이더surface shader나 라이트 소스lightsource 매터리얼을 렌더링할 수 있는 별도의 옵션이 있다.

멀티플라이
화면상에 다른 색이 만났을 때 색상 값이 서로 곱해지는 연산.

에일리어스Alias 소프트웨어에서 앰비언트 컬러를 매핑하는 것은 인캔더선스를 매핑하는 것과 다르다. 앰비언트 컬러는 빛이 더해지기 전에 먼저 메인 셰이더 컬러와 멀티플라이multiply*된다. [그림 10.7]에서 그 예를 보자. 앰비언트 컬러에 맵을 사용해서 전등갓을 밝게 만들면(왼쪽), 앰비언트 컬러는 컬러 맵과 멀티플라이된다. 그리고 그 텍스처는 보존되고 강화된다. 인캔더선스 맵으로 램프갓을 밝게 만들면(오른쪽) 표면은 밝아 지지만 컬러맵을 통과하지 못한다.

[그림 10.7]
앰비언스 맵(왼쪽)이 컬러 맵과 멀티플라이되는 반면 인캔더선스 맵(오른쪽)은 서피스 컬러와 상관없이 더해진다.

트랜스페어런시 맵

트랜스페어런시 맵transparency map(투명 맵)에는 여러 가지 유용한 기능이 있다. 가장 간단한 기능은 표면의 투명도에 따른 패턴을 만들어 내는 것이다. 균일하게 투명한 표면을 만드는 대신 더러워진 창문처럼 부분적으로 덜 투명하게 만들거나 스테인드글라스 창처럼 다른 색깔의 투명도를 줄 수도 있다.

[그림 10.8]을 보면 블랙과 화이트의 체커보드checkerboard가 표면의 투명도에 적용되어 있다. 트랜스페어런시 맵의 어두운 부분은 표면을 덜 투명하게 만들고 밝은 부분은 더 맑은 표면을 만든다.

트랜스페어런시 매핑은 표면의 패턴이나 정교한 모양을 잘라내는 데도 쓰인다. [그림 10.9]는 머리카락이나 속눈썹의 표현을 위해 만들어진 트랜스페어런시 맵이다. 대부분의 3D 프로그램들은 해당 서피스의 투명도를 결정하는 데 텍스처 맵의 알파 채널을 사용할 수 있다. 속눈썹의 텍스처 맵은 컬러 맵에 적용될 컬러 정보뿐 아니라 그 알파 채널에 투명도 정보도 함께 담고 있다.

[그림 10.8]
체커보드를 트랜스페어런시 맵으로 적용한 구.

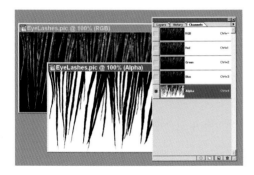

[그림 10.9]
눈썹 텍스처는 투명도를 표현하기 위해 알파 채널을 사용한다.

[그림 10.10]
귀 털과 눈썹은 트랜스페어런시 매핑으로 만들어졌다.

속눈썹 텍스처를 사용하여 [그림 10.10]에 나오는 하마의 속눈썹과 귀의 털을 만들었다. 이 맵은 투명한 줄 안에 속눈썹의 일부를 감춰서 분리된 속눈썹이나 머리카락 등의 착시를 만들어 낸다. 잔디밭의 풀이라든가 가지런히 잘라 늘어뜨린 캐릭터의 머리카락, 또는 저 멀리 언덕 위의 줄지어 선 나무 등을 만드는 데도 같은 방법을 쓸 수 있다.

투명한 표면이 반드시 안 보이는 건 아니다. 리플렉션, 리프랙션 그리고 스펙큘러 하이라이트는 여전히 투명한 표면 위에서도 보인다. 만약 표면의 투명한 부분이 완전히 안 보이기를 원한다면 트랜스페어런시 맵을 스펙큘러나 리플렉션 맵으로 사용하여 투명도가 1인 부분에 스펙큘러나 리플렉션은 0으로 만들 수 있다.

복잡한 3D 오브젝트를 트랜스페어런시 맵이 적용된 평평한 면으로 대체하는 방법을 빌보딩billboarding이라고 부른다. 빌보딩은 대신할 물체를 렌더링하고, 그 렌더링된 이미지를 평평한 서피스의 컬러 맵으로 사용한다. 동시에 이때 렌더링된 알파 채널은 트랜스페어런시 맵으로 사용한다. 빌보딩은 카메라가 표면에 가까이 있을 때는 그다지 효과적이지 않을 수 있다. 하지만 좀 더 멀리 있는 물체에 대해서는 설득력이 있어 보이며 복잡한 물체를 대신하여 사용될 때 많은 메모리와 렌더링 시간을 절약할 수 있다.

디스플레이스먼트 매핑

디스플레이스먼트 맵displacemen map의 밝기는 물체 표면의 모양을 바꾸는 데 사용된다. 맵의 톤이 밝으면 밝을수록 표면 포인트가 더 많이 이동한다. [그림 10.11]은 체크무늬의 디스플레이스먼트 맵이 스피어 위에 적용된 모습이다. 스피어 모양의 변화는 가장자리 부근에서 가장 눈에 띈다.

변위되는 높이(displacement height)는 디스플레이스먼드 맵이 서피스를 얼마나 멀리 밀고 당길지를 결정한다. 많은 셰이더들이 맵상의 완전 블랙인 지점에서 시작되는 디스플레이스먼트 양을 결정하는 오프셋 파라미터offset parameter를 가지고 있다. 오프셋 값을 0으로 두어 블랙에서는 전혀 변형이 일어나지 않게 할 수도 있고, −0.5 값에서 시작해 블랙이 표면을 안쪽으로 밀어 넣고 오히려 중간 회색에서는 아무 영향을 미치지 않도록 만들 수도 있다.

[그림 10.11]
구의 형태는 디스플레이스먼트 맵에 의해 변형된다.

정교한 디스플레이스먼트 맵은 서피스가 렌더링되는 동안에 디스플레이스먼트 맵을 쓰지 않았을 때보다 훨씬 높은 폴리곤 숫자로 테설레이트tessellated(수많은 작은 폴리곤으로 나누어지는 것)되길 요구한다. 디스플레이스먼트 맵이 적용된 서피스가 너무 적게 서브디비전되면 덩어리가 들쑥날쑥하거나 형편없이 거친 변형이 일어난다. 서브디비전 수를 늘리거나 디스플레이스먼트 맵의 질을 높이면 더 디테일하고 정확한 맵의 표현을 볼 수 있다. 하지만 이것은 렌더링을 끝내기 위해 메모리와 렌더링 시간을 엄청나게 증가시킨다.

픽사의 렌더맨 같은 레이즈 렌더러에서는 테설레이션tessellation 조절이 필요 없다. 셰이딩 래이트shading rate가 충분히 낮다면 어떤 해상도에서든 디스플레이스먼트 맵은 정확하게 렌더링된다. 셰이딩 래이트가 1보다 낮을 때는 심지어 1픽셀보다 작게 변형이 일어난다. 이때 신경 써야 할 것은 단지 셰이더의 디스플레이스먼트 범위(bound)가 디스플레이스먼트 맵의 최대 높이를 반영하는지 확인하는 것뿐이다. 그리고 물체의 모든 그림자는 디스플레이스된 셰이더의 수치 값을 계산하므로 변형된 물체는 올바른 형태의 그림자를 드리운다.

디스플레이스먼트 맵은 렌더링하기 전까진 서피스의 형태를 변화시키지 않으므로 애니메이터들은 캐릭터의 포즈를 잡는 동안 이런 변화를 볼 수 없다. 지표면이나 정확한 접촉이 필요한 피부 표면에 디스플레이스먼트 맵을 적용할 때는 아주 조심하도록 하자. 변형을 보지 못해서 캐릭터의 발이 솟아 올라온 땅의 일부분에 잘리거나 움푹 들어간 땅의 윗부분에 둥둥 뜨게 만들어 버릴 수도 있다. 때로는 애니메이터들에게 디스플레이스먼트가 적용된 모양을 표현한 폴리곤 메시polygon mesh를 레퍼런스로 제공할 필요가 있을 것이다.

범프 매핑

범프 매핑bump mapping은 실제로 지오메트리를 정확하게 이동시키지 않고 물체의 표면 위에 작은 디테일들을 흉내 내는 수법이다. [그림 10.12]는 체커보드가 범프 맵으로 적용됐을 때의 작용을 보여 준다. 범프 매핑은 디스플레이스먼트 매핑만큼 실제적이지는 않지만 훨씬 빨리 렌더링된다.

[그림 10.12]
범프 맵은 구의 형태 변화 없이 돌출만 흉내 낸다.

범프 매핑은 작은 디테일이 나타나는 셋지덤 서페이스 셰이딩을 바꿔 줌으로써 작동한다. 표면의 셰이딩은 서피스 노멀surface normal이라고 부르는 각도에 근거한다. 이것은 보통 물체의 기하학적인 표면의 수직 방향이다. 범프 맵은 서피스 노멀을 바꿔서 별도의 디테일이 지오메트리상에 보이는 것처럼 물체가 빛에 반응하도록 만든다.

범프 맵은 더 밝은 톤이 높은 높이를, 어두운 톤이 낮은 높이를 갖도록 인코딩되었다. 흰 점은 표면에서 볼록 솟아 오고 어두운 점은 표면 안쪽으로 움푹 들어간다. 어두운 쪽에서 밝은 곳으로 변화되는 부분은 다른 높이별로 산마루를 만든다. 사람들은 보통 50% 회색을 범프 맵(에 의한 변화)의 시작점으로 사용한다. 하지만 어떤 일정한 톤이라도 같은 방식으로 작동한다. 범프 맵에서 음영의 변화가 없는 일관된 컬러 영역은 표면에 어떠한 영향도 미치지 않는다.

범프 맵은 실제 지오메트리의 모양을 변화시키는 것이 아니기 때문에 다음과 같은 몇 가지 제약을 갖는다.

- 물체의 아웃라인이나 실루엣은 범프 맵에 의해 변하지 않는다. 그리고 맵이 아주 거친 표면을 흉내 낸다고 해도 (그 가장자리 부분은) 여전히 부드럽거나 직선 형태로 남아 있을 것이다. 예를 들어 범프 맵이 들어긴 스피어는 여진히 완벽한 원형의 아웃라인을 갖는다.

- 범프 맵이 들어간 물체의 그림자는 여전히 원래 오브젝트 모양을 따른다.

- 범프 맵이 들어간 표면으로 떨어지는 그림자는 범프 맵에 따른 변형을 반영하지 않는다.

- 모델링되거나 디스플레이스먼트 맵을 사용한 것과는 달리 범프 맵을 통해 표면 위에 생기는 디테일은 그것에 붙은 그림자를 표면 위로 뿌리지 않는다.

- 범프 맵이 들어간 물체와 다른 물체가 교차하는 라인은 범프 맵으로 변형되지 않고 실제 오브젝트의 모양을 드러낸다.

이러한 제한은 디스플레이스먼트 맵에서는 모두 수정된다. 왜냐하면 디스플레이스먼트는 표면의 모양을 실제로 변형시키기 때문이다. 하지만 범프 매핑은 이러한 제한에 간섭받지 않을 때는 상당히 유용한 방법이다. 범프 맵이 정확하게 흉내 낼 수 있는 주요 효과들을 이야기하자면 다음과 같다.

- 실제로 요철이 표면에 존재하는 것처럼 디퓨즈 셰이딩diffuse shading이 변한다.

- 스펙큘러 하이라이트가 깨져서 흩어진다. 미세한 하이라이트들이 각각의 범프 맵으로 튀어나온 부분(흰색 픽셀 부분) 위에 맺힌다.

- 리플렉션(레이트레이싱됐든, 아니면 리플렉션 맵으로 만들었든)이 (범프 맵에 맞춰) 변형되고 흩어진다.

- 리플렉션이 (투명하고 레이트레이싱된 표면을 통해서 볼 때) 올바르게 변형되고 수정된다.

[그림 10.13]은 범프 맵이 어떻게 하이라이트와 리플렉션을 깨서 흐트러트리는지 보여준다. 물의 표면은 완벽하게 부드럽고 균일하게, 아무 범프 맵도 없이 시작된다(왼쪽). 하지만 범프 맵이 적용되면(오른쪽) 레이트레이싱된 리플렉션들이 잔물결을 일으키며 변형된다. 추가적인 하이라이트들도 오른쪽에 생긴다. 범프 맵 덕택에 완벽한 원형 대신 얼룩덜룩한 모양으로 흐트러진다. 표면에 맺히는 하이라이트나 리플렉션이 왜곡되는 현상처럼 미묘한 효과를 위해 범프 매핑은 쉽고도 확실한 도구가 될 수 있다.

[그림 10.13]
Gladys Leung(www.runtoglad.com)가 만든 장면에서 물은 부드러운 표면(왼쪽)이지만 범프 맵을 추가하여 리플렉션이나
하이라이트를 왜곡시켰다(오른쪽).

노멀 매핑

노멀 매핑normal mapping은 실제 모델의 모양을 변형시키지 않고 셰이딩을 바꾼다는 점에서 범프 매핑과 비슷하다.

노멀 매핑은 범프 매핑과 비교해서 서피스 노멀을 더 직접적이고 구체적으로 교란시킨다. 범프 매핑에서는 픽셀의 밝기가 곧 튀어나오는 높이로 해석된다. 그리고 인접 픽셀 간의 높이 차이에서 나오는 경사는 서피스 노멀에 적용되는 각도를 결정한다. 그러나 노멀 맵에서는 직접적으로 맵의 컬러 채널에 저장된 픽셀의 세 가지 값(RGB)에 의해서 노멀의 3D 각도가 규정된다.

노멀 매핑의 가장 일반적인 사용법은 고해상도의 하이 폴리곤 모델high-polygon model과 간단한 로 폴리곤 모델low-polygon model 사이의 디테일 차이를 가리는 것이다. [그림 10.14]에서 고해상도 모델(왼쪽)과 아무 텍스처 없이 간략화된 로 폴리곤 모델(가운데), 그리고 노멀 맵이 적용된 같은 로 폴리곤 모델(오른쪽)을 볼 수 있다. 오른쪽 모델은 비록 작은 평면 에지들이 모델의 지오메트리가 실제로 바뀐 게 아님을 드러내긴 하지만 그래도 훨씬 많은 폴리곤으로 만들어진 것처럼 보인다.

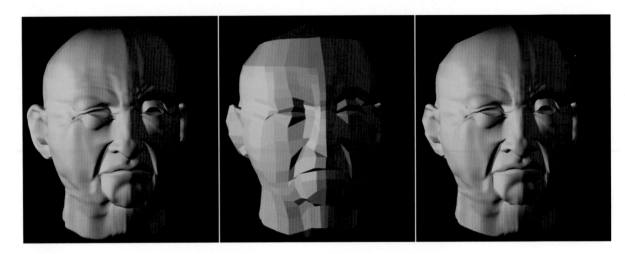

[그림 10.14]
노멀 맵(오른쪽)을 이용하여 더 높은 해상도로 보이게 만들 수 있다면 하이 폴리곤 모델(왼쪽)은 로 폴리곤 모델(가운데)로
대체될 수 있다.

노멀 맵은 한 모델의 두 가지 버전 간 차이를 근거로 자동으로 계산된다. [그림 10.15]
에서 보이는 노멀 맵은 로 폴리곤 모델과 하이 폴리곤 모델 간의 차이를 표현한다. 노멀
매핑은 비디오 게임 개발자들이 로 폴리곤 모델을 이용해서 더 높은 수준의 디테일을
표현해 낼 수 있도록 해준다. 노멀 매핑은 영화와 TV용 작품에선 널리 사용되고 있지
않지만 복잡한 장면의 작은 배경 물체에 사용되기도 한다.

[그림 10.15]
노멀 맵은 로 폴리곤 모델과 하이
폴리곤 모델의 차이를 보여 준다.
그림에서 노멀 맵은 로 리솔루션
모델low resolution model의 컬러
맵으로 보여진다.

 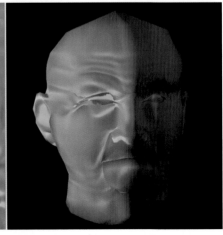

폴리노미얼 텍스처 매핑

폴리노미얼 텍스처 매핑polynomial texture mapping(이하 PTM)은 범프 매핑이나 노멀 매핑 같은 셰이딩에 대한 또 다른 속임수이다. 범프 매핑과 비교하여 PTM은 표면상의 작은 디테일을 표현하는 데 더 새롭고 정교하며 실제처럼 보이는 방법이다. 범프 매핑과 달리 PTM은 요철 사이의 그림자와 디테일의 트랜스루선시translucency—예를 들면 작은 밥풀 알갱이 같은—그리고 심지어 서피스 간 빛의 상호 반사까지 흉내 낸다. PTM은 디스플레이스먼트 매핑이나 범프 매핑보다 더 섬세하고 정확한 방법으로 천이나 수건의 짜임새 같은 고운 질감을 흉내 낼 수 있다.

범프 맵처럼 하나의 그레이 스케일 이미지 대신 PTM은 여섯 개의 채널로 시작한다. 이것은 6개 채널의 TIFF 파일 형식으로 저장되거나 각각 RGB 채널을 담고 있는 두 개의 파일로 저장된다. PTM 데이터는 라이트 프로브light probe를 통해 얻을 수 있다. 라이트 프로브는 스트로보 라이트를 줄지어 놓고 여러 각도에서 비춰지는 실제 물체를 디지털화한 것이다(예를 들어 크롬 볼을 여러 단계 노출로 촬영하여 프로브 형태의 HDR 이미지를 만들었다면 이것이 라이트 프로브이다). 또한 PTM 데이터는 지정된 매터리얼의 특성 중 소스가 되는 디스플레이스먼트 맵에 근거해서 3D상에서 베이크bake될 수도 있다.

이 책을 쓰는 시점에서 PTM은 자신만의 셰이더를 만드는 스튜디오에서 사용될 수 있는 기술이라고 발표되었으나 대부분의 유저들은 여전히 PTM을 지원하는 소프트웨어를 기다리고 있다. 많은 유저들은 좀 더 현대적이고 완전한 범프 맵의 대안이 필요하다고 느낀다. 희망적이게도 PTM, 또는 다른 비슷한 것이 상용 소프트웨어에서도 널리 사용될 날이 머지않았다.

다른 매핑 기법들

텍스처 맵이 좌우할 수 있는 효과는 사실 제한이 없다. 특정 맵들을 사용해 어떤 종류의 시각 효과든 거의 모두 제어할 수 있다. 예를 들면 어떤 프로그램들은 특정 맵 타입을 사용해서 렌즈 플레어lens flare나 파티클particle의 모양과 컬러를 조정한다. 심지어 플러그 인조차 특별한—표면에서 나오는 머리카락의 길이, 방향, 곱슬거림의 결정 같은—목적으로 자신만의 고유한 텍스처 맵 타입을 사용한다.

사진을 이용한 텍스처 Photographic Textures

대부분의 전문적인 텍스처 페인터들은 페인팅 시 디지털화된 이미지를 많이 사용한다. 크리처나 캐릭터, 운송 수단, 또는 배경을 위한 오리지널 텍스처를 만들어 낼 때 실제 표면에서 스캔을 받거나 촬영된 이미지의 일부를 맵에 포함시켜 리얼리즘의 수준을 엄청나게 올릴 수 있다. 사진의 일부를 바로 맵에 사용하는 대신 직접 텍스처를 그린다고 해도 고품질의 레퍼런스 이미지를 모으는 것은 텍스처 맵핑 프로젝트를 시작할 때 빼놓을 수 없는 부분이다.

가상의 주제를 렌더링할 때라도 밖에 나가 현실 제품들을 캡처할 만한 가치가 충분히 있다. 우리가 촬영하는 대상은 우리가 만들고 있는 것과 공통점이 있다. 예를 들면 시내버스 광고판에서 UFO 동체의 텍스처를 만들거나 해산물 식당의 잔반을 클로즈 업으로 촬영하여 외계 생물을 텍스처링할지도 모른다.

사진에서 만든 맵은 맵의 품질과 신뢰도를 높이는 것 외에도 맵 제작 시간을 단축시킨다. 디지털화하는 것으로 텍스처 맵 제작에 들어가는 여러 작업들을 전부 생략할 수는 없다. 하지만 만들려는 것과 유사한 실제 표면 사진을 잘 찍어 놓는 것은 더 적은 시간을 들여 더 나은 맵을 얻는 훌륭한 출발점이 된다.

촬영 팁

모든 사진이 텍스처 맵을 만드는 데 똑같이 유용한 건 아니다. 텍스처 맵 수집을 위해 카메라를 들고 나갈 때는 다음 6가지 팁을 따르도록 노력하자.

- 서피스 컬러surface color 텍스처를 캡처하기 위해서는 하이라이트나 그림자, 그 밖에 사진상의 빛의 변화를 피해야 한다. 때로는 태양이 (촬영하려는) 대상물 뒤에 있거나 태양이 구름 뒤에 숨어 있을 때 그늘 속에 균일한 라이팅을 찾아낼 수 있다. 하이라이트 받는 것을 피할 수 없다면, 예를 들어 사람의 눈동자를 클로즈 업하는 경우처럼, 그 하이라이트를 최대한 작게 집중시켜서 나중에 리터치가 쉽도록 만든다. 넓고 부드러운 라이트가 큰 영역을 덮도록 해서는 안 된다.

- 가능한 한 표면을 비스듬하지 않게 정면으로 촬영한다. 카메라의 높이와 각도를 맞추는 시간을 갖고 수평으로 찍어야 할 부분이 정말로 수평으로 나오는지 확인한다. 모래나 얼룩덜룩하고 지저분한 거리 표면을 바로 내려다보며 찍기 위해 다리나 부

두 위에 서게 될 수도 있다.

- 렌즈 디스토션lens distortion(렌즈 왜곡)을 줄이도록 노력하자. 벽돌이나 격자 패턴을 시험 삼아 몇 번 찍어 봄으로써 자신의 카메라나 렌즈에 대해 알아 두도록 한다. 많은 줌 렌즈는 줌 아웃 될 때 배럴 디스토션barrel distortion*을 일으키고 미디엄이나 텔레포토telephoto 세팅에서는 왜곡이 덜 일어난다. 촬영 후 페인트 프로그램에서 휘어진 부분을 바로 펴는 것보다는 현장에서 거리와 줌 세팅을 잘 맞추는 편이니 쉽니.

- 표면의 중심부뿐 아니라 가장자리도 촬영한다. 벽이 땅과 만나는 부분처럼 표면의 가장자리에 가까워질 때 텍스처는 종종 변한다. 두 개의 재질이 만나거나 교차하는 부분에 집중하고 거기에 추가적인 텍스처 촬영을 해놓도록 하자. 이런 부분 중 일부는 그들 본래의 맵이 필요하다는 것을 나중에 발견할 것이다.

배럴 디스토션
피사체 화면의 가장자리 부분이 휘어지는 현상.

[그림 10.16]
바나나 껍질을 촬영해서 만든 텍스처(위)는 복사되어 완전한 텍스처로 만들어진다(아래).

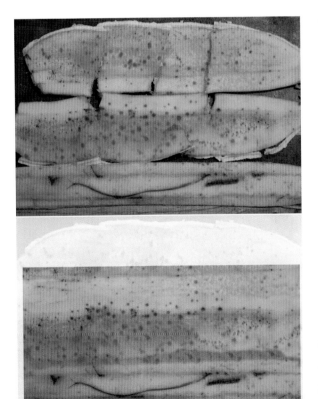

- 같은 장소에서 촬영한 연관된 텍스처 그룹이나 전부 하나에서 나온 텍스처 맵들을 모아놓자. 예를 들어 떡갈나무 잎이 필요하다고 했을 때 같은 나무에서 나온 여러 장의 다른 나뭇잎을 모아놓았다면 무성한 잎사귀들이 자연스럽게 변화되며 어우러진 나무를 만들 수 있다.

- 필요하다고 생각하는 것보다 더 넓게 그리고 더 근접해서 촬영한다. 주제를 클로즈 업이나 와이드 촬영하게 되면 하나의 사물에 대해 다른 패턴과 텍스처 세계가 드러난다. 둘러싸인 배경 안에서 텍스처를 보여 주는 와이드 샷은 텍스처의 스케일을 체크하는 데 아주 요긴하다. 예를 들면 매핑을 하면서 얼마나 많은 수의 벽돌로 담벼락을 쌓을지 결정할 필요가 있을 것이다. 이럴 때 와이드 샷은 텍스처 스케일을 제대로 가늠하는 이상적인 레퍼런스가 될 수 있다.

이러한 가이드라인을 따르다 보면 때론 별도의 일거리와 셋업이 필요하다. 예를 들면 균일한 라이팅으로 똑바른 각도에서 바나나 텍스처를 촬영하기 위해서는 일단 껍질을 벗겨 두미 위에 옮겨놓아야 한다([그림 10.16] 위 참조). 일벽한 텍스처 맵을 만들기 위해서 나는 포토샵의 Cloning 툴을 사용해서 빈 틈을 메웠고 결과 이미지를 크롭했다([그림 10.16] 아래 참조).

텍스처 맵의 이미지를 찍을 땐 자유롭게 촬영하자. 디지털 카메라를 사용하고 있다면 주변에 재미있다고 생각되는 어떤 것이든지 얼마든지 촬영할 수 있다. 여러 번의 촬영에서 많은 샷을 모아놓을수록 예전의 이미지들이 유용하다는 걸 발견할 것이다. [그림 10.17]은 눈의 흰자위를 촬영한 익스트림 클로즈업extreme close up 샷이다. 나는 이걸 촬영한 후에 여러 크리처와 캐릭터의 텍스처에 사용해 왔다.

[그림 10.17]
눈의 익스트림 클로즈업에서 아주 유용한 혈관 텍스처.

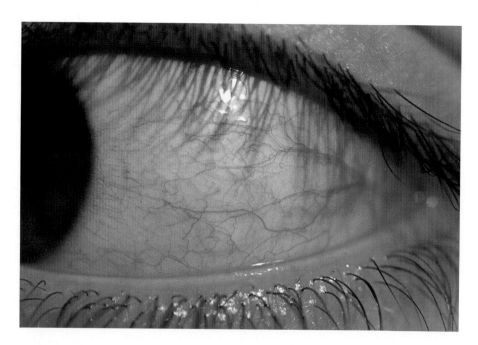

평판 스캐너

평판 스캐너flatbed scaner는 요즘 3D 아티스트들이 종종 간과하는 유용한 주변 기기이다. 스캐너는 디지털 카메라만큼 원하는 이미지를 빠르게 확인하거나 촬영 기능이 없어 사용 시 재미는 없을지도 모른다. 그러나 완전하게 균일한 라이팅 상태로 이미지를 만들어내고, 퍼스펙티브의 변화가 전혀 없으며, 끝에서 끝까지 완벽한 포커스로 텍스처 맵을 제작하는 데 이상적인 소스 매터리얼을 제공한다.

[그림 10.18]
평면 스캐너에서 스캔한 머리카락
텍스처.

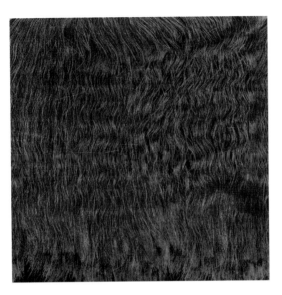

더욱이 평판 스캐너는 디지털 카메라에 비해 아주 높은 해상도를 갖는 경향이 있다. 가로 세로 8인치의 천 조각을 600dpi로 스캔하면 4800×4800 정도의 해상도 또는 23메가 픽셀의, 흐림이나 왜곡 현상 없는 깨끗한 이미지를 얻게 된다.

평판 스캐너는 옷감이나 천, 벽지 샘플, 그림, 사진을 비롯해 평평하고 문서 크기의 스캐너 유리판에 맞는 모든 걸 스캔하기에 아주 좋다. 생고기, 김치, 또는 남성용 가발같이 이상한 물체들조차도 스캐너 위에 평평하게 놓을 수 있고 고해상도 스캔이 가능하다. [그림 10.18]은 스캐너 위에 바로 머리카락을 올려놓고 스캔해서 만든 머리카락 텍스처를 보여 준다.

스타일화된 텍스처 Stylized Textures

어떤 프로젝트에서는 실존하는 소재들을 이용하는 대신 모든 맵을 직접 그릴 때 더 많은 이점이 있다. 이러한 접근법은 전통적 매체의 드로잉과 페인팅에 대한 경험이 있다면 특히 더 유용하다. 대부분의 비주얼 스타일에서 손으로 그린 페인팅 맵을 만들지만 비현실적이고, 기발하고, 회화적인 렌더링에서는 특히 중요하다. [그림 10.19]는 2D 페인팅 프로그램에서 손으로 그린 맵으로만 텍스처링됐다.

[그림 10.19]
3D 스튜디오 맥스에서 제작된 Eni
Oken(www.oken3d.com)의 상상
으로 가득 찬 장면에서, 손으로 그
린 텍스처 맵은 일러스트레이션 같
은 스타일을 유지한다.

텍스처 맵 아래의 모델들은 [그림 10.20]에서 보는 건물들처럼 아주 간단하다. 텍스처 맵은 비현실적이고 장식적인 모델링 스타일을 보존하면서도 장면에 풍부함을 더한다.

[그림 10.20]
텍스처가 없는 건물들은 기초적인 형태를 갖고 있다.

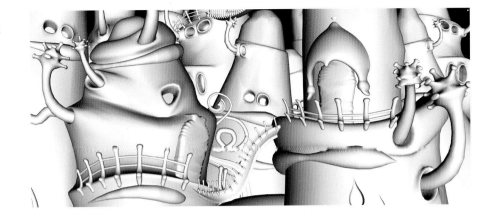

[그림 10.21]은 건물의 차양에 적용된 텍스처 맵 중 하나를 보여 준다. 맵은 모델 지오메트리의 모양과 일치한다. 또한 적절한 색상과 디테일한 장식을 차양에 더하고 있다. 맵의 색상은 다른 서피스에도 사용된 같은 자주, 노랑 그리고 오렌지 톤들을 사용하여 장면의 컬러 스킴color scheme(색상 계획)과 잘 융화되도록 주의 깊게 선택했다.

[그림 10.21]
장식용 텍스처 맵들이 건물의 컬러와 범프에 추가되었다.

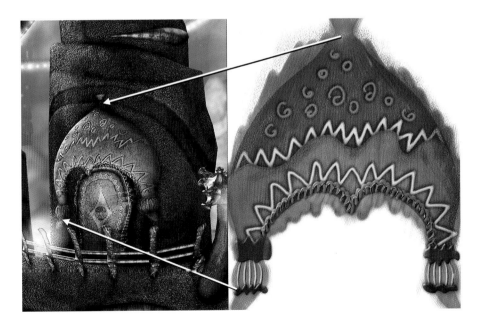

장면 내 라이팅을 보강하거나 지오메트리 아래에 절대 존재하지 않는 공간의 디테일을 흉내 내기 위해서 빛과 그림자가 이들 맵에 그려져 있다. [그림 10.22]에서 문의 텍스처 맵이 어떻게 음영과 그림자를 이미 포함하고 있는지 주목하자. 최종 렌더링에서는 지오메트리의 셰이딩과 그림자에 이것들이 함께 더해진다.

[그림 10.22]
양식화된 렌더링에 사용된 컬러 맵은 이미 셰이딩과 그림자를 포함하고 있다.

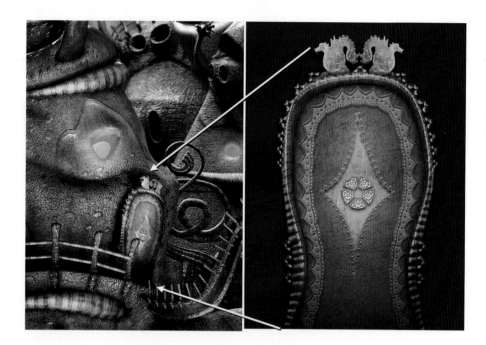

텍스처 맵의 해상도 Texture Map Resolution

텍스처 맵의 해상도는 얼마나 높아야 하는가?

최종 결과물의 해상도에 대해서 생각해 보는 것부터 시작하자. 720픽셀의 비디오 프레임을 렌더링할 때보다 1920픽셀의 필름용으로(또는 최고 화질의 HDTV의 경우로) 렌더링하고 있다면 좀 더 높은 해상도의 텍스처가 필요할 것이다.

어떤 텍스처 맵은 렌더링된 프레임보다 해상도가 낮을 수 있다. 텍스처 맵이 프레임 중간 사이즈의 작은 오브젝트에 적용됐다면, 결과물 해상도의 절반 크기 정도면 된다. 만일 맵이 서피스상에 세 번에 걸쳐 반복되고 있다면 그 맵은 해상도의 1/3 크기면 충분하다.

반면에 더 높은 해상도의 맵이 필요한 때도 있다. 만일 맵이 캐릭터의 머리 전체를 감싸고 있다면 오직 맵의 일부만이 캐릭터 얼굴을 텍스처링하게 된다. 풀 스크린에서 클로즈 업하게 되면 얼굴은 그 자체로 화면을 꽉 채울 만큼 충분한 디테일을 가져야 한다. 만일 텍스처 맵이 산이나 행성 전체를 담당하고 있다면, 물체의 작은 부분을 클로즈 업하는 데 화면 해상도보다 몇 배 큰 맵이 필요하기도 한다.—극단적인 경우 아마도 클로즈 업만을 위해 별도의 맵을 쓴다고 할지라도 말이다.

대부분의 그래픽 카드와 렌더러들은 텍스저 맵의 규모가 256, 512, 1024 또는 2048처럼 2의 제곱일 때 가장 효과적으로 작동한다. 사실 몇몇 소프트웨어와 하드웨어들은 내부적으로 다른 규모의 맵을 다음 2제곱으로 스케일을 키운다. [표 10.1]은 가장 일반적인 텍스처 맵 해상도와 4채널(RGBA) 파일에서 사용되는 메모리의 크기를 보여 주고 있다.

[표 10.1] 텍스처 맵이 사용하는 메모리

맵 해상도	사용되는 메모리
256 X 256	256KB
512 X 512	1MB
1024 X 512	2MB
1024 X 1024	4MB
2048 X 1024	8MB
2048 X 2048	16MB
4096 X 4096	64MB

맵을 디지털화할 때, 또는 페인트 프로그램에서 작업할 때는 3D상에서 필요한 최종 맵 크기보다 좀 더 고해상도로 텍스처를 디자인하자. 예를 들어 512×512 맵을 사용할 것이라면 원본 파일은 최소한 1024픽셀에서 시작한다. 이미지의 로테이션rotation 같은 단계를 페인트 프로그램에서 여러 번 거치면 이미지의 품질이 살짝 떨어진다. 원래 필요한 것보다 높은 해상도로 시작한다면 작업하는 모든 이미지는 최종 완성 크기로 그 스케일을 낮춘 후에도 이음새 없이 보인다.

텍스처 맵의 디테일 규모는 제한되어 있다. 만약 텍스처 맵의 해상도가 필요 이상으로 낮으면 맵의 스케일을 올리는 것으로 원하는 디테일을 얻을 수 없다—저해상도의 맵 스케일을 올리면 그저 부드러운 이미지가 만들어질 뿐이다. 반면 필요 이상의 고해상노로 만들어진 텍스처는 메모리 문제로 더 작은 맵이 필요할 때 나중에 그 스케일을 줄일 수 있다.

완성된 텍스처 맵에서 문제가 되는 단 한 종류의 해상도는 픽셀에서의 크기이다. 만들어진 텍스처의 dpi(dot per inch) 세팅은 3D상에선 문제가 되지 않는다. 따라서 우리는 이것이 어떻게 보이든 그냥 두어도 된다(72dpi가 일반적인 기본값이다). 스캐닝에 dpi를 조정하기 위해 평판 스캐너나 슬라이드 스캐너 등의 장치를 사용하고 있다면 어떤 것이든 맵을 만드는 데 필요한 만큼 많은 픽셀을 제공하는 걸 사용하라.

텍스처 맵을 정렬하는 방법 Alignment Strategies

텍스처를 쓱쓱 그려서 만들든 이미지를 스캔해서 만들든 간에 완성한 텍스처를 서피스에 정렬시키는 전략이 필요하다. 텍스처 맵을 볼 때 맵의 어떤 픽셀들이 3D 모델 표면의 어떤 지점에서 보일지 알아야 한다. 이 문제에 대한 몇 가지 접근법을 소개한다.

타일링 맵

타일링 맵tiling map은 서피스 위에 여러 번 반복해서 쓸 수 있도록 디자인된 텍스처 맵이다. 마치 벽지에 프린트된 패턴처럼 반복될 때마다 바로 옆의 복사된 텍스처와 이음새 없이 딱 맞아떨어질 것이다. 타일링 맵의 왼쪽 면은 그것의 오른쪽 면과 이음새 없이 연결된다. 그리고 위쪽 면은 같은 맵의 아래쪽 면과 연결된다. 따라서 우리는 [그림 10.23]에서 보는 것처럼 어디서 반복이 시작되고 끝나는지 말할 수 없다. 흰색 십자가는 반복되는 지붕 널빤지 텍스처의 네 귀퉁이를 가리킨다—만약 이것들이 포개지지 않았다면 어디서 패턴이 반복되는지 말할 수 없었을 것이다.

[그림 10.23]
흰색 십자가는 타일링 맵의 이음새 없는 모서리 부분을 표시한다.

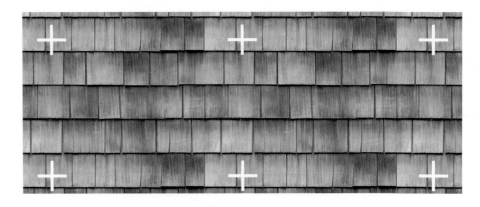

타일링 맵 만들기는 대부분의 페인트 프로그램에서 가능하다. 반복하기를 원하는 사진이나 그린 맵을 크롭하는 것으로 시작해서 윗면과 아랫면, 그리고 왼쪽 면과 오른쪽 면이 같은 지점에서 잘린 것처럼 보이게 만든다. 프레임 안에서 일관된 텍스처만 보이게 된다.

그 다음 단계는 이미지를 오프셋시켜서 반대편끼리 딱 맞아떨어지게 만드는 것이다. [그림 10.24]는 크롭된 텍스처 이미지를 가지고 어떻게 포토샵의 Filter 〉 Other 〉 Offset 명령을 사용하는지 보여준다(왼쪽). 이미지는 그 이미지 넓이의 절반만큼 오른쪽으로 옮겨지고, 높이의 절반만큼 아래쪽으로 옮겨진다. 프레임의 한쪽 면으로 빠져나간 픽셀들은 다시 반대편으로 돌아 나온다. Offset 명령을 적용한 오른쪽 그림을 보면 이미지의 네 귀퉁이에 사용된 이미지가 이제는 모두 프레임 중앙에 위치하고 있다는 걸 알 수 있다. 왼쪽 위 귀퉁이에 있던 붉은 계열의 이파리가 아래로 내려와 중앙부 오른쪽으로 이동했다는 데 주목하자. 오프셋이 적용되면 반대편 면들 간에 이음새 없이 딱 맞는 타일링 맵이 만들어진다. 이제는 이미지의 중앙에 보이는 틈 자국들만 수정하면 된다.

이 틈을 메우는 몇 가지 방법이 있다. 먼저 포토샵의 Cloning 툴이나 Healing Patch를 사용할 수 있다. 둘 다 텍스처의 한 부분을 복사해서 틈새 부분을 덮는다. Healing Patch가 전 영역을 복사해서 한 번에 덮는 반면, Cloning Brush는 다른 단계의 불투명도(opacity)를 이용한 페인팅과 컬러 보정까지 해줌으로써 주변과 이질감 없이 섞어 준다. 이 방법 외에 [그림 10.25]에서 보는 것처럼 레이어를 복사해서 시작할 수도 있다. 원래 레이어 위에 오프셋시킨 레이어를 놓고 레이어 마스크를 만들어 맨 위 레이어의 이음새 자국을 감춘다. 이런 방법들을 결합해서 사용하면 처음엔 레이어를 이용해 시작하고 수정한 이미지의 레이어를 합친 다음(flatten) 거기에 다시 남아 있는 부분에 대해 Cloning 툴을 적용할 수 있겠다.

[그림 10.24]
원본 이미지(왼쪽)에서 가장자리의 이음새를 없애고 이음새를 중앙으로 끌어놓기 위해 오프셋을 적용했다(오른쪽).

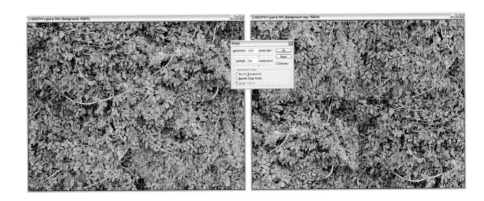

[그림 10.25]
상위 레이어의 이음새는 레이어 마
스크를 칠해서 가릴 수 있다.

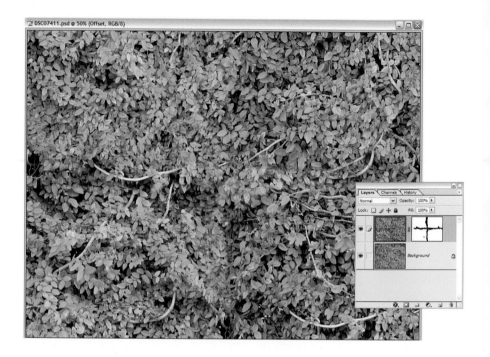

[그림 10.25]
상위 레이어의 이음새는 레이어 마스크를 칠해서 가릴 수 있다.

만든 맵이 진짜 이음새 없이 연결되는지 테스트해 보기 위해 Offset 필터를 사용해서 수평, 수직으로 각각 아무렇게나 이미지를 돌려 보며 이음새 자국이나 끊어짐이 남은 곳이 있는지 살펴본다. 여러 번 반복해 보여 주는 테스트를 하려면 맵의 스케일을 작게 만든 다음 그것을 (포토샵의) 패턴pattern으로 지정하고 그 패턴으로 큰 이미지 파일의 배경을 채워 보면 된다.

밝기 수정과 컬러 값 이동

만일 사진 자료를 가지고 작업을 시작했다면 그 사진의 밝기를 수정하거나 컬러 값을 전체적으로 이동하는 것은 타일링 맵을 준비하는 데 장벽으로 작용한다. 사진의 경우 종종 가장자리보다 중앙 부위가 더 밝거나, 혹은 전반적으로 한쪽 면에서부터 다른 컬러로 그레이디언트 이동(gradient shift)*이 있을 수 있다. 이런 맵들은 가장자리가 이음새 없이 만들어진다 해도 3D상에서 여러 번 반복되다 보면 밝기와 컬러 값의 이동이 서피스 전체에 걸쳐 반복되면서 먼 거리에서 볼 때 눈에 보이는 또 다른 패턴을 만든다.

그레이디언트 이동
컬러가 한쪽 값으로 점진적으로 치우쳐 특정 색상만 그라데이션되는 것.

[그림 10.26]을 보면 타일링되는 나무 껍질 텍스처를 만들기 위해 나무 그림을 크롭해서(왼쪽) 오프셋을 적용했다(오른쪽). 여기에 원래 이미지 전체에 걸친 밝기와 컬러가 전반적으로 이동했다. 특히 오프셋이 이것을 중앙 연결 부위를 따라 보이게 만든다.

이런 전반적인 컬러 값의 이동을 수정하기 위해서 Gradient 툴을 사용해서 Gradient 선택 마스크를 만들고 이미지의 다른 부분에 Level 값을 조절한다.

밝기와 색상을 동일화시키는 또 다른 훌륭한 툴은 Filter 〉 Other 〉 Highpass 필터이다. 오프셋 전에 Highpass 필터를 적용시킨다면 지정한 Blur radius보다 작은 범위의 텍스처와 디테일은 유지하면서 레이어 안의 변화량을 전부 무력화시킬 수 있다. Highpass 필터는 이미지의 전반적인 콘트라스트를 크게 줄이는 효과가 아주 큰 필터이다. Highpass를 사용한 후에는 텍스처의 콘트라스트와 컬러를 복원하기 위해 이미지의 red, green, blue 레벨을 조절할 필요가 있을 것이다.

Highpass 필터가 제공하는 것 이상의 조절을 원한다면 비슷한 결과를 스스로 만들어 낼 수도 있다. 먼저 컬러와 톤을 균등하게 만들 레이어를 복사한다. 텍스처가 (뭉개져) 안 보일 만큼 큰 radius 값으로 복사본에 blur를 적용한다. 그리고 그 레이어를 invert 시킨 다음 invert된 레이어를 50%의 opacity로 원본 레이어와 섞는다면 [그림 10.27]에서 보는 것처럼 Highpass 필터를 적용한 결과가 만들어진다.

[그림 10.26]
컬러와 밝기의 이동은 Offset 필터에 의해 드러난다.

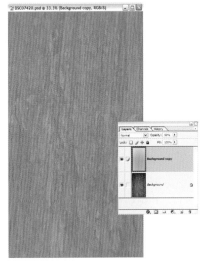

[그림 10.27]
여러 레이어를 사용해서 Highpass 필터를 흉내 내는 것은 이후 과정에 더 많은 조작을 가능케 한다.

이렇게 Highpass 필터와 비슷한 결과를 만든 후에는 더 세밀한 조정을 위해 상위 레이어의 opacity를 50%보다 작게 얼마든지 조절할 수 있고 luminance 같은 블렌딩 모드를 변화시켜 색상 값을 완전히 빼버릴 수도 있다. 각 레이어들을 머지merge시킨 뒤에도 여전히 이미지는 낮은 콘트라스트 상태로 남아 있을 것이므로 여기에 콘트라스트 값만 올려 주거나 Auto Level을 이용해서 텍스처 맵과 콘트라스트를 복원한다. [그림 10.28] 을 보면 이렇게 수정된 맵이 밝기의 변화 없이 세 번씩 반복되어 있다.

[그림 10.28]
밝기 값을 균등하게 만든 후, 그 맵은 하나의 톤으로 변화 없이 반복된다. 흰색 십자가는 한 개 단위의 맵을 표시한다.

타일링 맵의 확장

여러 번 반복된 타일링 맵을 보다 보면 때론 너무 자주 반복되어 맵의 반복 패턴을 알아챌 수 있는 두드러진 모양을 발견할 수 있다. 예를 들어 [그림 10.29]에서 여러 가지 색으로 변색된 벽돌 벽의 타일링 맵을 보자. 이것은 4번 반복되었고 무작위적으로 보이는 대신 명백한 반복 패턴을 만들고 있다.

[그림 10.29]
이렇게 타일링된 벽돌 텍스처에서는 반복 패턴이 너무나 금방 보인다.

이 문제를 줄이는 한 가지 방법은 텍스처 맵을 확장하는 것이다. 맵을 확장하기 위해서 가로, 세로 길이가 원본의 2배가 되는 새로운 이미지를 만든다. 이 새로운 이미지를 위해 원본 이미지를 네 번 복사하여 [그림 10.30]의 왼쪽처럼 네 번 반복되는 패턴을 형성하며 꼭 맞아떨어지게 한다. 복사본들을 하나의 레이어에 flatten으로 합치고 여기서 Cloning 툴이나 Lasso, Cut, Past 등을 사용하여 벽돌의 일부분을 근처로 옮긴다(또는 패턴의 반복을 깰 수 있는 다른 어떤 것도 좋다). 결과는 그림 오른쪽과 같아진다. 이렇게 새로 만든 확장된 타일링 맵은 반복되는 패턴 없이 더 넓은 영역에 사용할 수 있다.

[그림 10.30]
네 번 반복된 타일링 텍스처를 함께 붙여(왼쪽) 덜 반복적으로 보이는 하나의 큰 텍스처로 만들기 위해 편집했다(오른쪽).

그러나 맵의 확장을 시작하기 전에 3D 장면에서 테스트 렌더링해 보는 게 좋다. 때로 패턴 반복은 페인트 프로그램상에선 극명하게 드러나지만 다른 조명과 그림자로 해석되는 서피스상에선 다른 텍스처 맵이나 다른 오브젝트에 의해 여러 부분이 가려지므로 여러 번 반복되는 맵도 그렇게 뚜렷이 드러나지 않은 채 넘어갈 수 있다.

[그림 10.31]
지면에서 벽까지의 더욱 현실감 있는 변화를 만들기 위하여 이 맵은 수직 상태
가 아닌 수평 상태로 층을 쌓았다.

[그림 10.32]
디캘 맵은 다른 맵들 위에 어떻게
겹쳐질지 조절하기 위해 알파 채널
과 같이 만들어진다.

수평과 수직의 타일링

맵이 언제나 수평, 수직 양쪽으로 다 반복돼야 하는 선 아
니다. 어떤 맵은 오직 수평으로만, 어떤 맵은 수직으로만
반복되도록 디자인할 수 있다. [그림 10.31]의 맵은 콘크
리트 벽의 아랫부분을 위한 맵이다. 이 맵은 수직으로만
타일링되었고 표면의 낮은 높이를 따라가고 있다.

디캘(판박이 그림)

디테일하고 실제 같은 물체를 텍스처링할 때 우리는 보통
하나 이상의 텍스처 맵 레이어를 필요로 한다. 그런 맵 중
일부는 컬러 맵이나 범프 맵 등과 같이 다른 속성을 가지
고 지정된다. 그러나 그런 맵 중 또 다른 일부, 예를 들어
표면의 가장자리 가까운 곳에는 분리된 맵을 쓰는 식으로,
모델상의 부분별로 다르게 지정된다. 독특한 디테일을 물
체 특정 부위에 더하기를 원한다면 그 부분에 이미 같은
속성의 다른 텍스처가 입혀져 있다 하더라도 이때 디캘
decal(판박이 그림)을 만들고 싶을 것이다.

레이어드 텍스처layered texture, 스텐실stencil 또는 라벨 맵label map이라고도 불리는 디
캘은 다른 텍스처의 최상위에 마스크mask를 사용해 물체 특정 부분에 독특한 디테일을
추가한다. [그림 10.32]에서 보는 바와 같이 디캘을 만드는 것은 보통 컬러 이미지(위)와
마스크(아래)가 모두 필요하다. 컬러 이미지는 디캘되는 영역의 텍스처를 포함하고 있
으며 마스크는 디캘 이미지가 나타나야 하는 부분을 흰색으로, 배경 매터리얼이 나타나
야 하는 부분을 검은색으로 표시하고 있다. 마스크는 보통 컬러 맵의 알파 채널에 저장
된다. 하지만 별도의 분리된 이미지 파일로 만들 수도 있다.

알파 채널 레이어를 사용하면 많은 디캘 맵들을 차곡차곡 위로 쌓아 [그림 10.33]처럼
보다 디테일한 장면을 만들 수 있다.

[그림 10.33]
화살표는 장면 전체에 걸쳐 [그림 10.32]의 맵이 사용된 부분들을 가리킨다.

더러움

디캘의 가장 유용한 쓰임새 중 하나가 모델에 '더러움'(dirt)을 더하는 것이다. 지저분함, 얼룩, 그리고 표면상의 다른 결함을 표현하는 맵을 만들어 다른 텍스처 위에 올릴 수 있다. [그림 10.34]는 세로축으로 반복해서 사용할 물때 자국의 맵(왼쪽)과 그 알파 채널 마스크(오른쪽)이다. 이처럼 세로로 긴 맵은 [그림 10.31] 같은 가로로 긴 맵 위에 다채로움을 더하거나 일정 패턴을 흩어져 보이게 만든다.

[그림 10.34]
수직으로 타일링된 물때 자국(왼쪽)은 알파 채널을 통해 다른 텍스처 위에 얹혀진다.

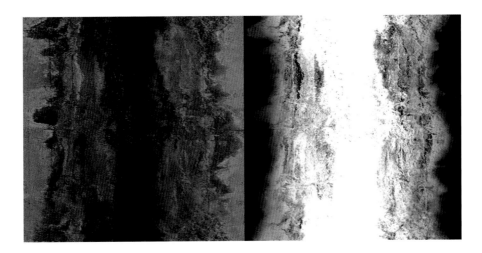

단지 어지럽혀진 것(noise)이 아닌 징후(signal)를 더하기 위해 더러움을 사용한다. 어떤 것을 의도적으로 더럽게 만들 필요가 있다면 그저 무작위로 노이즈noise 패턴을 ㄱ 위에 얹는 대신 물체에 구체적이고 동기를 가진 디테일을 줄 수 있는 더트 맵dirt map을 선택하자. 표면의 모든 얼룩과 불완전함 뒤에 숨어 있는 이야기들을 들여다보자—더러움과 긁힌 자국, 또는 우리가 보는 얼룩을 만든 어떤 일들이 있었는지. 더트 맵의 모양과 위치에 영향을 미치는 몇 가지 동기들의 예를 보자.

- 스크래치는 바닥에 무작위적으로 생겨나지 않는다. 이것들은 문을 열 때 부딪히는 부분에서 좀 더 드러나기 쉽다.

- 카펫은 사람들이 걸어 다니는 부분에서 더 닳는다.

- 곰팡이는 구석과 벽 틈 근처 등 어두운 곳에서 자란다.

- 물은 최고 수위선이나 뚝뚝 떨어지는 표면 위에 자국을 남긴다.

[그림 10.35]는 시멘트 벽 위의 녹슨 자국을 촬영한 사진이다. 무작위적으로 생긴 게 아니라는 것에 주목하자. 얼룩 줄은 녹의 원인이 되는 금속 기둥 아래에 집중되어 있다. 이런 종류의 생각은 상상 속의 환경을 실감 나게 만들 때 특히 중요하다. 우리는 그 환경에 어울리는 납득할 만한 더러움을 만들어 내기 위해 어떤 일들이 벌어졌는지 생각할 필요가 있다.

[그림 10.35]
녹 자국은 금속 부착물 어디에 물방울이 떨어졌는지 나타낸다.

또한 더럽다고 모두 까만 것은 아니다. 따라서 표면에 더러움을 표현하는 것이 곧 그것을 까맣게 만드는 걸 의미하진 않는다. 단지 채도(saturation)를 떨어뜨릴 뿐이다. 어떤 종류의 더러움은 표면의 컬러를 더 밝게 만든다. 먼지나 스크래치, 물 자국, 그리고 새 똥 등이 그렇다. 녹이나 곰팡이, 부패는 노화된 표면에 풍부함과 다채로움을 더하기도 한다.

프로젝션

프로젝션projection은 2D 이미지를 3D 공간에 뿌려 주는 기기이다. 영사기와 비슷한 프로젝션은 필름을 극장 스크린에 투사하는데 여기서 화면은 작은 렌즈에서 시작해서 공간 전체에 걸쳐 확대된다—이것이 카메라 프로젝션camera projection이다. 3D 그래픽에서는 비단 카메라 프로젝션뿐 아니라 플레너planar, 실린드리컬cylindrical, 스페리컬 spherical 프로젝션을 선택할 수 있다.

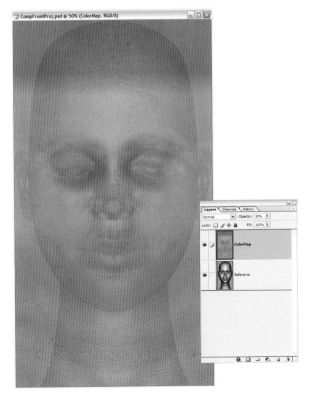

[그림 10.36]
컬러 맵(부분적으로 투명한)이 상위 레이어에서 합성되는 동안에 front view를 배경에 깔고 레퍼런스로 사용한다.

플레너 프로젝션

플레너planer(평면) 프로젝션은 텍스처 맵을 모델 위에 투사해서 그것이 3차원 공간에 투사된 것처럼 같은 크기와 방향을 유지한다. 플레너 프로젝션은 모델의 정면이나 측면 또는 다른 직각(orthogonal) 방향으로 텍스처를 그린 듯이 보이도록 정확히 모델 위에 텍스처를 투사한다.

플레너 프로젝션 맵을 그리고 있다면, 참고 삼아 모델의 orthogonal view를 페인트 프로그램 안으로 가져오고 싶을 것이다. 예를 들어 캐릭터 머리 정면에 투사될 맵을 그리기 위해서는 캐릭터의 front view를 페인트 프로그램 안으로 가져온다. 만일 자신이 그리고 있는 맵이 모니터의 해상도보다 크다면, 단지 화면을 캡처해 사용할 것이 아니라 직각 프런트 뷰에서 맵의 해상도와 동일하게 머리를 렌더링하자.

이미지를 페인트 프로그램 안으로 불러들이면 정확한 크기로 잘라 상하좌우 어디에도 빈 공간이 없는 맵상의 모델을 갖게 될 것이다. 여기에 머리 이미지는 레퍼런스 이미지로 백그라운드에 두고 [그림 10.36]처럼 새로운 레이어를 만든다. 이것은 페인트 프로그램 안에서 텍스처 맵을 새로 그리거나 합성하는 것을 가능하게 한다. 그리고 캐릭터의 코를 주근깨 투성이로 만들고 싶다면 백그라운드 이미지에서 캐릭터 코의 위치를 참조해서 넣으면 된다. 만들어진 모든 레이어는 합치고(flatten) 저장해 3D 프로그램 안으로 텍스처 맵을 불러온다.

플레너 프로젝션 맵의 주된 이점은 평면에 그리는 것과 쉽게 융화된다는 점이다. 또 다른 이점은 다른 방식으로 캐릭터를 텍스처링하는 것에 비해 프로젝션이 지오메트리와 분리된다는 것이다. 그래서 심지어 모델 자체를 수정할 때도 맵은 여전히 같은 방식으로 프로젝션될 수 있다.

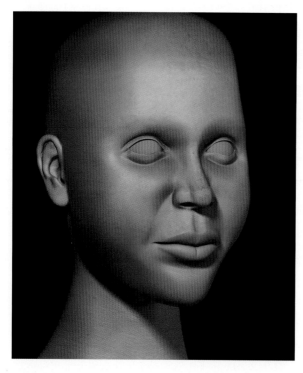

[그림 10.37]은 위에 보이는 맵을 사용해 머리를 렌더링한 것이다. 플레너 프로젝션의 문제점 중 하나는 모델의 정면을 완벽하게 덮는 프로젝션이 옆을 따라 늘어나거나 줄무늬로 변한다는 것이다. 그래서 귀의 정면이나 목의 왼쪽 가장자리를 따라 줄무늬가 지는 걸 발견할 수 있다. 또 다른 문제는 플레너 프로젝션이 모델 전체를 통과해 한 방향으로만 투사됨으로써 정면에 투사된 얼굴이 뒤통수에도 나타난다는 점이다.

플레너 프로젝션은 모델의 한 면을 커버할 때만 제대로 작동하기 때문에 모델의 여러 면에 텍스처를 입히기 위해서는 하나 이상의 플레너 프로젝션이 필요한 경우가 많다. 예를 들면 머리 앞쪽을 위한 텍스처를 그리고 다른 면을 위해선 다른 텍스처가 필요하다.

정면의 프로젝션과 측면의 프로젝션을 결합하기 위해서 모델의 다른 폴리곤별로 다른 맵을 지정하거나 알파 채널 마스크를 사용해서 보다 유기적으로 맵을 섞기도 한다.

[그림 10.37]
플레너 프로젝션은 머리의 앞 부분을 따라 정렬됐지만 측면은 늘어났다.

어떤 프로그램들은 마야의 'Convert to File Texture' 명령같이 프로젝션을 서피스상 UV 좌표를 직접 따르는 맵 파일로 바꿔 주는 기능을 갖고 있다. 만약 두 개 이상의 프로젝션을 갖고 있고 그것을 각자 UV 맵으로 변환한다면 그것들을 하나의 텍스처로 합치기 위해선 페인트 프로그램을 사용하게 될 것이다.

실린드리컬 프로젝션과 스페리컬 프로젝션

실린드리컬cylindrical(원통형) 프로젝션과 스페리컬spherical(구형) 프로젝션은 모델을 감싸는 원통이나 구 형태로 이미지를 안쪽으로 뿌린다. [그림 10.38]은 그리드 패턴을 실린드리컬(왼쪽)과 스페리컬(오른쪽)로 프로젝션시킨 머리 모델을 보여 준다. 한 점으로 모이는 구의 극점을 제외하면 서로 비슷한 모양으로 모델의 위에서 아래까지 균일하게 투사하고 있다는 점에 주목하자. 위쪽 표면(정수리 쪽)을 볼 일이 없다면 왜곡 없이 머리 전체를 감싸는 내는 실린드리컬 프로젝션이 더 나은 선택이 될 수 있다.

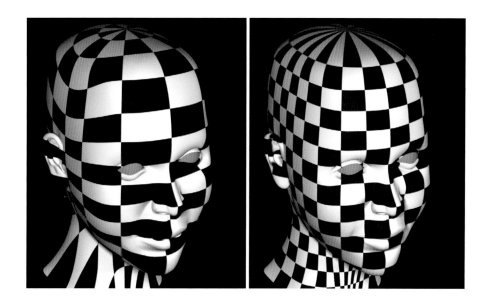

[그림 10.38]
실린드리컬 프로젝션(왼쪽)과 스페리컬 프로젝션(오른쪽)으로 매핑한 머리.

실린드리컬과 스페리컬 프로젝션은 3D 프로그램의 어떤 뷰와도 정확하게 일치하지 않는다. 따라서 플레너 프로젝션처럼 레퍼런스로 놓고 딱 맞춰서 그리기가 쉽지 않다. 그러나 캐릭터의 팔과 다리를 감싸는 피부 텍스처에는 안성맞춤이다. 팔, 다리와 몸통을 텍스처링하는 데 이런 프로젝션을 여러 개 사용할 필요가 있을지 모른다.

카메라 프로젝션

퍼스펙티브perspective 또는 프런트front 프로젝션이라고도 불리는 카메라camera 프로젝션은 영화 프로젝터나 슬라이드 프로젝터와 가장 유사한 형태로, 장면상의 특정 카메라의 뷰와 정확하게 일치시킬 수 있다. 만일 디지털 매트 페인팅을 이용해 그리거나 합성할 일이 있다면 이 프로젝션을 이용해 실제 지오메트리 위에 렌더링한 것처럼 그린 다음 카메라에 비치는 지오메트리와 정확하게 일치되도록 새로운 이미지를 장면 안으로 프로젝션시킨다.

카메라 프로젝션은 또한 실사 배경 화면을 3D 장면으로 투영할 때도 유용하다. 그럼으로써 서피스는 카메라에서 보이는 것과 정확하게 일치된 장면으로 텍스처링된다. 이 방법은 실제 환경의 반사를 일치시킬 때 유용하게 사용된다. [그림 10.39]를 보면 실제 장면의 카메라 프로젝션이 간단하게 지오메트리와 맞춰져 있다. 이 방법은 레이트레이싱 리플렉션이 일어날 때, 3D 오브젝트 위에 합성된 환경을 반사한 것처럼 보이는 리플렉션을 만든다.

[그림 10.39]
육면체는 카메라 프로젝션(왼쪽)을 사용한 배경으로 텍스처링되어 CG 오브젝트들이 실제와 같은 환경을 반사할 수 있다(오른쪽).

기타 프로젝션

소프트웨어별로 다른 종류의 프로젝션을 지원한다. 많은 프로그램들이 큐빅cubic 프로젝션을 제공하는데, 이것은 다른 각도의 여러 가지 플레너 프로젝션을 합친 것이다. 커스텀custom 또는 디포머블deformable 프로젝션도 유용하다. 이것은 어떤 모양의 텍스처도 휘거나 수정해서 프로젝션시킬 수 있다.

UV 좌표

U와 V상의 좌표라 함은 텍스처 맵상의 픽셀 위치를 X와 Y로 표시하는 것과 같은 방식으로 서피스상의 위치를 표시한다. 어떤 사람들은 UV 좌표의 V가 vertical(수직)을 상징한다고 생각하지만 사실은 UVW가 XYZ 앞에 있는 세 글자이기 때문에 UV라고 붙여진 것이다.

기본적으로 두 종류의 UV 좌표가 있다, 하나는 넙스NURBS 서피스 위에 원래 존재하는 내장된(implicit) UV 좌표이고, 다른 하나는 폴리곤이나 서브디비전 메시meshes 위에 사용자가 지정하는 명시된(explicit) UV 좌표이다.

내장된 UV 좌표

넙스 서피스는 내장된 UV 좌표를 가지고 있다. 넙스 서피스는 만들어진 순간부터 내장된 UV 좌표 정보를 각 포인트마다 갖고 있다. 넙스 서피스를 어떻게 편집하든 간에 항상 독자적인 UV 좌표가 서피스의 각 포인트 위에 있는 것이다. [그림 10.40]은 각기 다른 컬러와 숫자가 기록된 맵(왼쪽)과 그것을 넙스의 UV 좌표상에 적용한 모습을 보여준다(오른쪽).

[그림 10.40]
숫자와 색상이 정렬된 디자인의 맵은(왼쪽) 넙스 모델의 UV 좌표를 따른다.

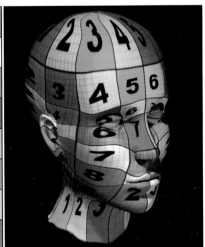

내장된 UV 좌표는 넙스 서피스 구조에 의해 가능한 것으로, 언제나 그리드(격자) 형태를 띤다. 넙스는 U 방향으로 가로지르는 일련의 커브와 그 직각 방향인 V 방향으로 가로지르는 또 다른 커브들의 조합으로 이루어져 있는데 각 포인트는 UV 좌표 값을 가지고 있으며 그 값은 곧 서피스의 그리드 안에 위치를 표시한다. 이 서피스가 휘거나 다른 모양으로 변형될 때조차도 항상 그리드는 남아 있다. 넙스 모델링 소프트웨어들은 이 격자 구조를 유지하기 위해 각 포인트를 따로 삭제하지 못하도록 하기 때문에 전체 포인트들의 행과 열은 한 번에 다 지워지게 된다.

넙스 서피스에 적용된 맵은 그것의 UV 좌표를 따른다. 보통은 텍스처 맵의 X축(가로)은 U 방향을 따르고 Y축(세로)은 V 방향을 따른다. 이런 식으로 맵의 각 픽셀은 정확히 한 번에 서피스 어딘가에 나타난다.

넙스 서피스를 구성하는 방법에 따라(모델링 시 어떻게 넙스 스페이스의 그리드 구조를 배치하는가에 따라) 모델 위에 분포되는 UV 좌표 모양이 결정된다. [그림 10.41]은 다른 구성을 가진 넙스 모델이 [그림 10.40]의 모델에서 쓰였던 맵을 어떻게 받아들이는지 보여 준다. 이번 모델은 입 주변을 지오메트리상의 하나의 정점으로 만들어서 맵의 한 가장자리가 입에 집중돼 있다.

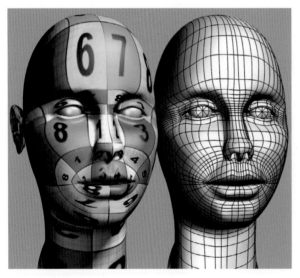

[그림 10.41]
입 중심의 지오메트리상에서 입을 중심으로 방사형으로 퍼지는 맵.

명시된 UV 좌표

폴리곤 메시polygon mesh와 서브디비전 서피스subdivision surface는 자유로운 지오메트리 구조를 가지고 있어서 그리드 패턴을 갖거나 4면 폴리곤을 유지할 필요가 없다. 이들 지오메트리 안에는 그리드 구조가 포함되어 있지 않기 때문에 폴리곤은 넙스처럼 내장된 UV 좌표를 갖지 않는다. 대신에 폴리곤 메시는 명시된(또는 할당된) UV 좌표를 갖는다. 폴리곤 메시로 시작해 스무드smooth가 적용된 서브디비전 서피스 또한 명시된 UV 좌표를 사용한다. 이것은 보통 서브디비전을 컨트롤하는 폴리곤 메시에 지정된 좌표를 기반으로 한다.

명시된 UV 좌표는 메시의 각 버텍스vertex를 따라 저장된다. 각 버텍스에는 어떤 UV 좌표라도 지정할 수 있다. 심지어 메시 중 일부가 같은 좌표 값에 재사용된 경우라 해도 가능하다. 좌표 값이 중복된 곳에선 텍스처 맵의 일부가 반복된다. 게임 개발자들은 때론 이런 방법을 의도적으로 이용해서 맵을 부분적으로 모델의 여러 부분에 재사용하고, 텍스처 맵을 제한된 크기 이상으로 활용한다. 필름이나 TV 작업에서는 보통 모델의 각 부분이 독자적인 UV 좌표를 가질 확률이 높다. 그래서 그려진 디테일을 서피스 위에 한 번 이상 드러내는 일 없이 부분별로 맵을 그리는 게 가능하다.

사용하는 소프트웨어가 새로운 폴리곤 메시를 만들 때 처음부터 UV 좌표를 제공한다고 해도 이 UV 좌표는 서피스를 편집하기 시작하면 곧 불완전하게 된다. 메시상에 새로운 폴리곤을 더하는 모델링 방법은 UV 좌표 없는 폴리곤을 만들 것이다.

[그림 10.42]
UV 텍스처 에디터는 텍스처 맵과 정렬된 폴리곤의 펼쳐진 모습을 보여 준다.

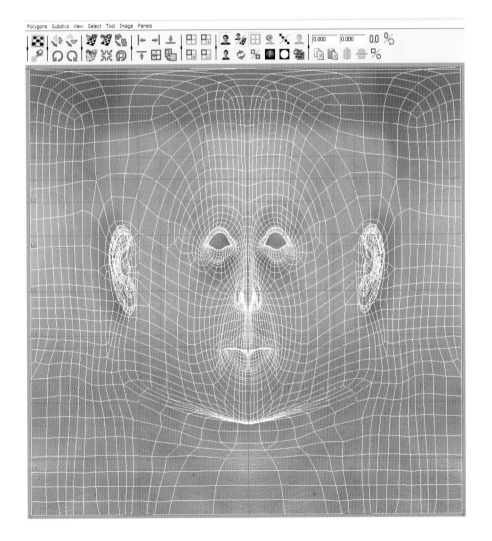

명시된 UV 좌표는 일반적으로 모델링이 완전히 끝난 후 적용되어야 한다. 새로운 UV 좌표를 적용하기 위해선 보통 프로젝션 종류를 선택하는 것부터 시작하는데, 어떻게 공간상에 UV 좌표를 분포할지 결정하는 근거가 되기 때문이다. UV 텍스처 에디터를 갖고 있는 대부분의 3D 프로그램들은 [그림 10.42]처럼 오브젝트 지오메트리를 전부 펴서 맵 위에 겹쳐 보여 준다. 이 창에서 포인트를 움직이면 UV 좌표가 변하면서 텍스처 맵을 재정렬한다.

UV 텍스처 에디터 창에서 보여지는 펼쳐진 폴리곤은 페인트 프로그램의 배경 레이어로 사용하기에도 좋다. 이것은 텍스처 맵을 수정하거나 그리는 데 레퍼런스 역할을 한다.

오늘날 3D 프로그램에서 매핑 툴의 발전은 내장된 텍스처와 명시된 텍스처 간의 차이를 점차 줄이고 있다. 어떤 시스템에서는 심지어 내장된 UV 좌표를 갖고 있는 넙스 서피스를 텍스처링할 때조차도 사용자가 이것을 명시된 UV 좌표로 재정의하거나 포인트의 UV 값을 수정할 수 있게 해준다.

다중 UV 세트

모델에 맞는 다중 UV 세트(multiple UV set)를 만들어서 텍스처 맵마다 각기 다르게 편집된 UV 좌표를 따라가도록 만들 수 있다. 예를 들어 다중 UV 세트 상태에서는 각 천 구획이 균일하게 덮인 천 질감의 텍스처 맵을 옷에 지정할 수도 있다. 또 다른 UV 세트는 천의 가장자리를 따라 꿰맨 자국들이 어디에 나타나는지 안내할 수도 있다. 다른 UV 세트를 가짐으로써 두 맵이 반복되고 다른 방향으로 정렬될 수 있다.

꼭지점 텍스처링하기

텍스처 맵의 한쪽 전체 면이 같이 몰리는 한 꼭지(또는 극점)가 생길 수 있다. 이 꼭지는 스페리컬 프로젝션의 위쪽이나 아래쪽에서 발생하며, 넙스 서피스의 기하학적 극점 부분에서도 역시 일어날 수 있다.

포토샵의 Filter > Distort > Polar Coordinates 기능을 이용해 이미지 중앙에 극점을 갖고 있는 맵을 펴서, 즉 한쪽 면을 따라 극점을 표현하는 이미지로 바꿀 수 있다. [그림 10.43]은 이 필터를 적용하기 전(왼쪽)과 적용한 후(오른쪽)의 눈 텍스처 맵을 보여 준다. 만일 안구가 중심에서 벗어나 있다면 수평선으로 그려진 홍채의 가장자리 대신에 파도 치는 선으로 나타날 것이다.

[그림 10.43]
플레너 프로젝션용으로 만든 안구
텍스처 맵(왼쪽)과 극점에서 방사
형으로 펼쳐질 디자인(오른쪽).

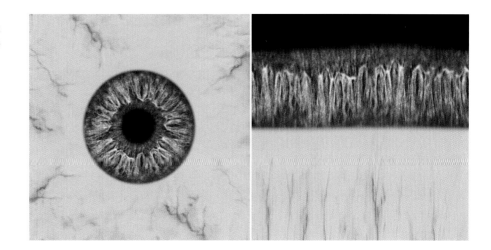

이런 변환은 극점이 바깥으로 향하고 있는 안구 형태의 UV 좌표에 적용될 안구 텍스처 맵에 최적화되어 있다. 이런 변환의 또 다른 이점은 그림에서 하이라이트나 속눈썹을 수정하기 쉽다는 것이다. 단지 왼쪽, 오른쪽에서 유사한 형태의 텍스처를 부분으로 복사해 쓰면 되기 때문이다. 또한 일시적으로만 이 방식을 사용하고 싶다면, 같은 필터를 사용해 이 효과를 역으로 되돌리는 변환도 가능하다.

사과 텍스처링은 맵의 일부가 극점을 덮는 또 다른 경우이다. [그림 10.44]의 왼쪽과 같은 넙스 사과는 위와 아래에 각각 극점이 있다. 지오메트리는 아래쪽 하나의 극점으로 모이지만 그림 오른쪽 렌더링처럼 한 점으로 몰리듯이 보이면 안 된다.

[그림 10.44]
넙스 사과(왼쪽)는 이음새 없이 텍스처링된 매끈한 사과(오른쪽)를 만들기 위해 사과의 바닥 면에 극점을 두었다(가운데).

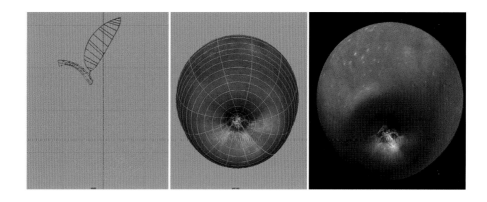

사과를 덮는 맵은 [그림 10.45]처럼 위아래 극점에서 펼쳐져서 사용된다. 위아래 부분은 Polar coordinated 필터를 사용해 만들어졌다.

[그림 10.45]
사과의 컬러 맵은 위, 아래 양극을
모두 포함한다.

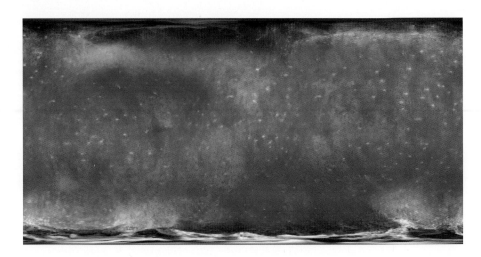

[그림 10.46]은 사과의 아래쪽을 촬영한 사진(왼쪽)과 그것을 Polar coordinates 필터를 이용해 변환한 모습(오른쪽)을 보여 준다. 이 결과 맵의 아랫부분을 맞추기 위해 더 작은 높이로 크기가 줄어들었다.

[그림 10.46]
사과의 아랫부분 사진(왼쪽)이 극
좌표(polar coordinates) 이미지로
변환되었다(오른쪽).

3D 페인트 프로그램

3D 페인트 프로그램에서 텍스처 맵을 그리는 것은 간단하고 직접적인 진행을 위해 고안되었다. 일반적으로는 UV 좌표를 갖는 3D 모델을 임포트하여 매번 새로운 각도로 돌려 가며 표면 위에 직접 그리거나 서피스 위에 프로젝션되는 레이어에 그린다.

3D 페인트 프로그램은 최종 완성된 텍스처 맵을 만드는 데 사용돼 왔다. 그러나 많은 3D 아티스트들은 평범한 2D 페인팅 프로그램에서 텍스처를 보고 작업하는 방식을 선호한다. 또한 포토샵같이 모든 기능이 완전히 갖추어진 프로그램에서 텍스처 맵과 씨름하길 원한다. 절충점은 '마크업 맵markup map' 을 모델 위에 그리고 모델의 주요 부위만 표시하는 텍스처를 만드는 데 3D 페인트 프로그램을 이용하는 것이다. 예를 들면 입술, 코, 눈썹 그리고 턱 선 주변 등에 색깔별로 선을 그릴 수도 있다. 그 다음 이 마크업 맵을 2D 페인트 프로그램의 배경으로 깔고 최종 텍스처 맵 제작의 길잡이로 사용하는 것이다.

프로시저 텍스처 | Procedural Textures

프로시저 텍스처procedure texture는 입력된 변수 값을 근거로 컬러 패턴을 만들어 내는 컴퓨터의 알고리즘이다. 이것은 별도의 이미지 파일을 불러 낼 필요가 없다. 프로시저 텍스처는 텍스처 맵을 만드는 또 다른 방법으로 생각할 수 있다. 비록 많은 사람들이 이것으로 완전히 대체하기보다는 텍스처 맵과 혼합하여 사용하고 있지만 말이다.

일반 텍스처 맵과 비교하여 프로시저 텍스처는 몇 가지 유리한 점과 불리한 점을 가지고 있다.

독립된 해상도

프로시저 텍스처는 독립된 해상도를 가지고 있다. 높은 해상도의 렌더링을 하거나 익스트림 클로즈업으로 줌 인할 때 프로시저 텍스처는 얼마든지 디테일을 드러낼 수 있다. 절대 일반 텍스처 맵이 늘어날 때처럼 흐려지지 않는다. 일부 프로시저 패턴은 반복되는 횟수나 계산될 디테일 수준의 세팅을 갖고 있기는 하나 대부분은 어떤 크기든지 수학적으로 유도될 수 있다.

이렇게 해상도의 독립이 가능하기 때문에 프로시저 텍스처는 지형이나 풍경 같은 장면 내 넓은 면적을 커버하는 데 적절하다. 프로시저 텍스처는 반복 없이 무한히 넓은 지표 면을 덮을 수 있다.

그러나 독립된 해상도가 확대했을 때 언제나 우리의 기대와 요구를 만족시킨다는 보장 은 없다. 어떤 텍스처를 사용하든지 간에 익스트림 클로즈업 상태에서도 디테일하고 사 실적인 3D 장면을 연출하려면 테스트 렌더링과 적절한 수준의 텍스처 디테일 개선을 통해 접사 범위에서 주제가 어떻게 보일지 연구해야 한다.

3D 텍스처

프로시저 텍스처 중 일부는 솔리드 텍스처solid texture라고도 불리는 3D 텍스처다. 3D 텍스처는 일반 텍스처 맵처럼 2차원이 아니라 공간 내 3차원 좌표에 근거해 패턴을 만 들어 내는 방식을 취한다. 어떤 모양으로 모델링하든지 3D 텍스처는 항상 모든 부분에 균등하게 적용된다. 예를 들어 [그림 10.47]에 보이는 대리석 텍스처는 한쪽 면에서 다 른 면까지 큐브를 이음새 없이 둘러싸고 있다. 심지어 오브젝트 안으로 잘려 들어간 구 멍 안까지도 적용되었다. 각 면을 텍스처 맵으로 매핑하려면 일일이 셋업하는 수고가 필요하지만 3D 텍스처상에서는 자동으로 이루어진다.

많은 프로그램들이 2D 프로시저 텍스처도 지원한다. 이것은 일 반 텍스처 맵처럼 UV 좌표를 따라 적용되고 프로젝션될 수 있다.

애니메이션

프로시저 텍스처는 숫자 매개 변수를 조절해서 컨트롤된다. 이 변수 값을 애니메이션시켜 적용된 텍스처에 여러 가지 방법으로 변화를 줄 수 있다. 애니메이션된 프로시저 텍스처는 독특한 무 늬를 만들어 내고, 이것은 VFX나 트랜지션 효과 또는 타이틀이 나 로고 배경의 추상적인 그래픽으로 이용할 수 있다.

[그림 10.47]
3D 프로시저 텍스처는 공간 내의 모든 평면을 균일하게 텍스처링한다.

(텍스처의 종류에 따라 최종 표현되는) 외형

독립된 해상도나 이음새 없는 3D 텍스처링, 그리고 애니메이션이 가능한 변수 값 같은 특징은 사실 대단한 기술적 진보이다. 반면 어떤 텍스처링 방법을 사용할지 선택할 때 고려해야 할 가장 중요한 조건은 우리가 만들 수 있는 최종 모양이다. 대부분의 3D 프로그램들은 일반적인, 즉 표면에 여러 가지 패턴이나 노이즈를 더하는 용도의 프로시저 텍스처 세트를 가지고 출시된다. 만약 여러 가지 장면을 아주 빨리 모아서 3D 프로그램에 남겨둘 필요 없이 텍스처를 제작해야 한다면 일반식 용노의 프로시서 텍스처를 서피스에 지정하는 것이 물체별로 컬러 패턴을 입히는 빠른 방법이 될 수 있다.

범용의 3D 텍스처는 우리가 정확히 흉내 내려 하는 것들과 좀처럼 비슷해 보이지 않는다. 예를 들어 프로시저 우드wood 텍스처는 어떻게 보면 나무처럼 보이지만, 좀 더 정확히는 나뭇결 무늬를 흉내 낸 것처럼 보일 수 있다. 하지만 오래된 오크 가구나 향나무, 단풍나무, 또는 기타 특정 나무처럼 보이진 않는다. 만일 정말 비슷하게 보이는 데 신경을 쓴다면 프로시저 텍스처에 의존하는 대신 실제 텍스처 맵을 만들어야 할 것이다 [그림 10.48]은 일반적인 용도의 프로시저 텍스처(왼쪽)와 손수 제작한 비트맵 텍스처(오른쪽)를 비교해서 보여 주고 있다. 프로시저 텍스처는 실제처럼 보이지 않을 수도 있지만 아주 빠른 시간 안에 만들어진다.

[그림 10.48]
사과를 텍스처링하기 위한 프로시저 접근법(왼쪽)은 비트맵 텍스처를 만드는 것보다 더 단순하다.

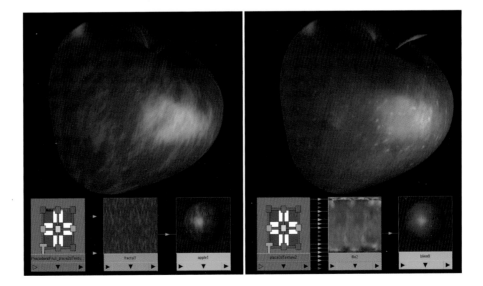

품질을 중요시하는 프로덕션에서 작업하는 아티스트들도 때로는 일반 텍스처 맵과 프로시저 텍스처를 조합해서 사용한다. 예를 들어 사진을 기본으로 해서 사과의 텍스처 맵을 만들지만 사과의 스펙큘러 컬러는 프로시저 노이즈를 사용해서 표면의 다양한 반짝임을 표현하는 식이다. 여러 가지 프로시저 텍스처가 같이 사용되고 일반 텍스처 맵과 혼용될 때 프로시저 맵은 유용한 도구가 될 수 있다.

하이엔드high-end 프로덕션에서 사용되는 프로시저 텍스처의 또 다른 용법은 커스텀 셰이더custom shader의 개발을 통해서 이루어진다. 모든 대형 스튜디오와 많은 작은 회사들은 프로그래머나 셰이딩 TD(Technical Director)를 고용해서 커스텀 셰이더를 짠다. 커스텀 셰이더는 특수한 제작부의 요구를 충족시키기 위해 짜인 셰이더를 말하는데, 특정 서피스의 고유한 룩look을 달성하기 위해 개발된 프로시저 텍스처를 포함한다. 커스텀 셰이더를 짜는 것은 텍스처 맵을 그리는 것보다 시간이 걸리긴 하지만 행성 전체나 다른 크고 다양한 물체들을 패턴의 반복 없이 커버할 수 있기 때문에 유용하게 쓰인다.

프로시저 텍스처를 텍스처 맵으로 베이크하기

프로시저 텍스처는 일반 텍스처 맵으로 베이크bake될 수 있다. 예를 들면 마야의 Hypershade 창에서 'Convert to File Texture' 명령을 이용하면 어떤 프로시저 맵이라도 비트맵 텍스처로 바꿀 수 있다. 만일 사용 중인 소프트웨어에 베이킹이나 변환 기능이 없다면 대신 사용할 수 있는 일반적인 방법이 프로시저 텍스처를 평평한 서피스에 적용시켜 렌더링하는 것이다. 렌더링된 텍스처는 다른 오브젝트에 맵으로 지정될 수 있다.

프로시저 텍스처를 비트맵으로 변환하는 가장 큰 이유는 이를 통해 추가적으로 창조적인 컨트롤을 할 수 있기 때문이다. 프로시저 패턴은 우리가 만든 텍스처의 주요 부분이 될 수도 있지만 특정한 부분에 다른 디테일을 그려 넣고 싶어할지도 모른다. 예를 들어 독특한 상처나 흠집 등을 더하는 것처럼 말이다.

대부분의 3D 소프트웨어에 실려 있는 일반적인 용도의 텍스처들이 텍스처링의 모든 바람을 만족시켜 주지 못한다 할지라도 때론 좀 더 재미있고 정교한 텍스처를 그리는 데 훌륭한 출발점이 될 수는 있다. 랜덤한 노이즈 기능을 이용하는 대신 3D 프로그램에서 텍스처들을 베이크하는 것이 맵을 그리는 출발점으로 사용될, 훨씬 더 큰 또 다른 프로시저 텍스처 라이브러리에 접근할 기회를 준다. 최종적인 텍스처로 보기엔 프로시저 텍스처가 너무 단순하거나 평범할 때라도 비트맵으로 베이크해서 페인팅 프로그램으로 불러오는 출발점으론 여전히 유용할 것이다.

프로시저 텍스처를 비트맵으로 변환하는 또 다른 이유는 텍스처가 들어간 모델들을 서로 다른 프로그램상에서 이동하기 위해서다. 프로그램마다 가능한 프로시저 텍스처가 서로 다르지만 텍스처 맵은 모두 렌더링 가능하기 때문이다.

비트맵으로 변환하면 일부 텍스처의 렌더링이 빨라진다. 특히 모션블러에서 시간에 따른 샘플링의 경우에 그렇다. 그러나 이것은 하나의 프로시저 텍스처가 얼마나 복잡한가에 따라, 그리고 얼마나 고해상도 텍스처로 변환될 것인지에 따라 다르다. 예를 들어 프로시저 텍스처를 가로 세로 4096픽셀의 비트맵으로 변환한다면 본래의 프로시저보다 더 많은 메모리와 렌더링 시간을 사용할 것이다.

프로시저 맵과 비트맵 텍스처 둘 다 제작 과정에서 자신만의 쓰임새가 있다. 텍스처 맵은 추가적인 조절과 오브젝트의 특정 지점 컬러링에 대한 자유로운 접근이 가능하기 때문에 보다 보편적이다. 그러나 우리는 특정한 작업에서는 최적의 도구가 될 수 있는 프로시저 텍스처의 가능성을 결코 간과해서는 안 된다.

룩의 개선 Looks Development

룩의 개선이란 셰이더와 모든 텍스처 맵을 포함해서 전반적인 서피스의 외관을 발전시키는 걸 의미한다. 3D 스튜디오 맥스 같은 프로그램은 모든 텍스처가 첨가된 셰이더를 언급할 때 'material'이라는 단어를 사용한다.

이 장에서 논의한 모든 종류의 텍스처들은 서피스의 새로운 룩을 창조해 내기 위해 이전 장에서 설명한 여러 종류의 셰이더들과 함께 사용될 수 있다. 남은 질문은 이런 다른 종류의 맵들이 함께 사용될 때 어떻게 각각의 요소가 함께 작용하는가, 컬러 맵, 범프 맵 그리고 스펙큘러 맵 등 서로 잘 조절될 필요가 있는 복잡한 서피스 표면의 외관을 어떻게 계획하고 실행할 것인가, 언제 시작할 것인가 등이다.

복잡한 재질을 만들어 내기 위한 몇 가지 다른 접근법이 있다. 일반적으론 레이어별로 그리거나 컬러(맵)를 먼저 그리거나 디스플레이스먼트displacement 맵을 먼저 그리는 방법이 있다.

레이어별로 그리기

텍스치 맵을 스캔하거나 사진에서 시작하시 않고 아무것도 없는 상태에서부터 그리기 시작할 때 가장 좋은 점 중 하나는 텍스처의 요소별로 다른 레이어로 그릴 수 있다는 것이다.

예를 들어 피부 텍스처를 그린다고 할 때, 주근깨나 모공, 솜털, 얼룩 그리고 햇볕에 그을린 자국 등을 각기 다른 레이어별로 그릴 수 있다. 레이어별로 분류된 이런 요소들은 우리가 만든 컬러 맵을 기반으로 종류별로 다른 맵을 아주 쉽게 만들어 준다.

범프 맵을 만드는 데 있어서 우리는 어떤 요소를 범프의 한 부분으로 넣을지 말지 결정할 수 있다. 주근깨는 오직 컬러의 변화만 표현한다. 그래서 주근깨 레이어는 범프 맵에서 빠질 수 있다. 모공은 피부 안으로 옴폭 들어가 있다. 그래서 이것은 범프 맵상에 어두운 점으로 변하게 될 것이다. 면도한 남자의 턱에 남아 있는 수염은 바깥쪽으로 오돌토돌하다. 그래서 레이어는 하얀 점들로 범프 맵에 추가돼야 한다.

텍스처에 얼룩을 그릴 때, 때론 사진 이미지에서 시작하는 커스텀 브러시를 만들어 사용한다. 그리고 이런 커스텀 브러시는 존재하는 레이어에 실제 같은 디테일을 더할 수 있다. 얼룩은 서피스의 여러 가지 텍스처 맵에 영향을 미치기 쉽다. 물론 얼룩은 표면 컬러를 바꾸지만 동시에 표면의 윤기도 감소시킨다. 그래서 얼룩은 스펙큘러나 리플렉션 맵에서 어두운 영역으로 표현된다. 때 자국 패턴의 텍스처나 얼룩은 때로 범프 맵에도 더해질 수 있다. 그리고 만일 표면이 투명하다면, 그런 경우 얼룩은 트랜스퍼런시 맵에서 어두운 (덜 투명한) 영역을 만드는 경향이 있다.

우리는 이런 모든 요소—표면의 흠집이나 얼룩—를 어떤 텍스처 맵에 나타낼지 결정해야 한다. 보통 재창조하려고 노력하는 재질의 실제 예제를 연구하는 것이 가장 좋은 방법이다. 각 표면 요소들을 고려하여 이것들을 추가적인 텍스처 맵에 넣기에 앞서서 이것들이 얼마나 반질거리는지, 울퉁불퉁한지, 투명한지 또는 다른 속성이 있는지 스스로 물어보자. 다른 종류의 맵들에 이런 요소들을 나타나게 만듦으로써 서피스에 지정되는 맵들은 좀 더 사실적인 룩을 만드는 데 서로 힘을 실어 준다.

컬러 먼저 그리기

컬러부터 시작하는 접근법은 다른 종류의 보조 맵을 만들기 전에 컬러 맵부터 시작하는 방법이다. 사진이나 스캐닝된 이미지에서 시작되는 텍스처들이 이 분류에 들어가기 쉽다.

때로 컬러 맵을 보고 있자면, 맵의 더 밝은 톤들이 솟은(튀어나온) 표면에서 드러나게 하고 어두운 톤은 들어간 표면에서는 드러나도록 결정할지도 모른다. 그래서 그만 컬러 맵을 범프 맵처럼 중복되도록 만들 수도 있다. 컬러 맵의 어두운 요소들이 실제로 튀어나온 요소들을 표현하고 있다면 컬러 맵을 범프 맵으로 인버트invert한다. 예를 들어 어두운 적벽돌 사이에 하얀 석회가 발라진 벽돌 벽을 인버트시켜 석회 부분이 어둡게 보이도록 해서 훌륭한 범프 맵을 만들 수 있다. 그러나 종종 컬러 맵상에서 높이에 전혀 변화를 줘서는 안 되는 일부 디테일을 발견하게 될 것이고, 범프 맵으로 사용하기 전에 시각적으로 좀 더 표면상 요철이 심해져야 하는 요소들을 강조하면서 이런 것들을 제거하기 위한 리터치가 필요할 것이다.

스펙큘러 맵은 때로 컬러 맵의 블랙&화이트 버전에서부터 시작할 수 있다. 그러나 컬러 맵의 각 요소들이 정말로 반짝임(윤기)에 영향을 미치는지 생각해 볼 필요가 있다. 반짝임(윤기)의 다른 변화 없이 그저 표면 컬러만 바꾸는 거라면 많은 요소들이 별다른 영향을 미치지 않는 것이다. 만일 이런 요소들이 표면의 스펙큘러에 영향을 미치지 않아야 한다면 스펙큘러 맵으로 사용하기 전에 컬러 맵을 리터칭해야 한다.

무엇이 컬러 맵에 포함되고, 범프 맵에 포함되고, 스펙큘러 맵에 포함될지 결정하는 과정은 컬러 맵으로 시작할 때 멀티레이어 페인팅으로 시작하는 것과 같다. 차이는 모든 다른 종류의 요소들이 하나의 이미지로 모아진다는 것이다. 그래서 그것들을 분류하려는 모든 시도는 요소들을 보이게 하는 다른 조합의 새로운 레이어 세트를 만드는 대신에 리터칭과 이미지 프로세싱을 통해서 완성해야 한다.

디스플레이스먼트 먼저 그리기

디스플레이스먼트(또는 범프)를 먼저 그리는 것은 컬러가 지정되기 전에 맵의 기본 구조를 어디에 그려야 하는가에 대한 접근법이다. 예를 들면 얼룩진 유리창의 룩을 만들고 있다면 개별 유리 조각을 둘러싸고 있는 금속 프레임의 구조를 그리는 것부터 시작해야 할 것이다. 이 맵은 범프 맵으로 사용될 수도 있다. 또한 컬러 맵을 그리는 시작점으로도 사용되곤 한다. 이 컬러 맵은 다른 컬러를 가진 금속 프레임 사이의 공간을 채워 넣음으로써 만들어진다. 트랜스페어런시 맵은 금속 프레임 사이에 회색을 채워서 만들 수 있다. 아마도 가장자리 주변에 어두운 톤의 때 자국이 약간 추가될 수도 있겠다. 결과적으로, 여러 가지 속성을 바꾸는 완성된 룩은 기본적인 구조를 범프 또는 디스플레이스먼트 맵 안에 포함시켜 그려진다.

페인트 프로그램에서 디스플레이스먼트 맵을 그리는 것은 어렵다. 우리는 새로운 모양으로 변형되는 복잡한 3D 서피스를 시각화시키려고 노력하겠지만 결국 우리가 볼 수 있는 것은 평평한 이미지에 그려진 회색 톤들뿐이다. 이미지의 감마gamma 값을 살짝 조절하는 것은 디스플레이스먼트 맵 안에서 정교한 톤 사이의 변화와 정점을 둥글게 할 것이냐 납작하게 할 것이냐 하는 차이를 만들어 낸다. 하지만 이런 조절은 페인트 프로그램과 3D 프로그램 사이에서 맵의 버전을 옮겨 가며 시도와 에러를 반복하여 일의 진행을 느리게 만들 수 있다. 다행히도 복잡한 디스플레이스먼트 맵을 만드는 다른 방법이 있다.

유기체 모델링 툴

픽소로직Pixologic의 지브러시Zbrush나 센스에이블테크놀로지SensAbleTechnology의 클레이툴ClayTools 같은 유기체 모델링 툴이 점점 더 디스플레이스먼트 맵을 가진 지오메트리를 만드는 보편적인 방법이 되고 있다. 이런 툴들은 3D 서피스를 여러 종류의 조소 도구를 이용하여 찰흙처럼 다룰 수 있도록 인터페이스를 제공한다. 이를 통해 우리는 서피스를 인터랙티브하게 그리거나 조각할 수 있다.

일단 유기체 모델링 프로그램에서 풍부하게 변화된 서피스가 만들어지면 다른 3D 애플리케이션으로 익스포트될 수 있다. 이때 간단하게 변형된 베이스 메시base mesh와 서피스상의 추가적인 픽셀 수준 디테일을 표현하는 디스플레이스먼트 맵(또는 옵션으로 노멀 맵)이 같이 나간다. 이런 디스플레이스먼트 맵들은 아주 정밀한 32bit 이미지들이다. 이것은 일반적인 페인트 프로그램에서 그린 맵보다 더 많은 디테일을 담고 있다. 그리고 그저 블랙에서 화이트로 변하며 3D 소프트웨어에서 디스플레이스먼트 높이를 조절하게 만드는 대신 각 포인트별로 실제 변화되는 높이를 명시적으로 반영한다.

지오메트리를 디스플레이스먼트 맵으로 베이크하기

디스플레이스먼트 맵을 만드는 또 다른 방법은 3D 모델을 가지고 시작해서 그것의 높이와 깊이에 근거한 렌더링을 하는 것이다. [그림 10.49]의 왼쪽은 동전에 쓰일 디스플레이스먼트 맵으로 변환할 3D 모델을 보여 준다. 이 경우에 그레이디언트가 위에서 아래로 모델의 컬러로써 지정되었다. 이걸 렌더링하면 오른쪽에서 보이는 것처럼 모델에서부터 모든 높이 정보를 가진 디스플레이스먼트 맵을 형성한다.

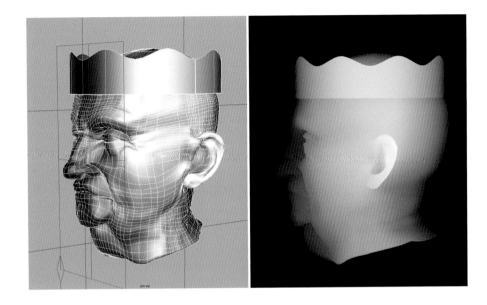

[그림 10.49]
머리 모형(왼쪽)은 디스플레이스먼트 맵(오른쪽)으로 전환된다.

[그림 10.50]의 오른쪽 이미지는 동전 생김새를 위한 출발점이다. 디테일과 글자를 페인트 프로그램에서 더 추가하도록 한다. 이것을 클로즈 업 상태에선 디스플레이스먼트 맵으로 렌더링하고 광각 샷에서는 범프 맵으로 렌더링한다.

[그림 10.50]
[그림 10.49]의 디스플레이스먼트 맵을 동전에 적용했다.

훌륭한 텍스처 맵은 어떤 종류의 이미지에서도 나올 수 있다. 그것이 3D에서 렌더링되었건, 프로시저 텍스처를 베이크했건, 사진이건, 스캔 이미지건 아니면 그냥 그렸든 간에 상관없다. 성공적인 텍스처 매핑의 핵심은 원하는 것을 시각화하는 방법을 배우는 것이다. 그리고 어떻게 그 목표를 달성할지에 대해 유연한 사고를 갖는 것이 중요하다.

Exercises

1 작은 야외 공간을 찾아보라—나무 밑동, 소화전, 화분 근처 혹은 1미터 내외의 어느 공간이 될 수도 있다. 이들 공간에서 모델링 레퍼런스가 될 만한 것을 찾아내 디지털 카메라를 이용해 다양한 각도에서 광각으로 촬영한다. 그 다음 텍스처 맵의 완성도를 높이고 해당 부분의 모델과 텍스처 맵을 가능한 완벽하게 재창조해 내기 위해서 넓은 세트에서 클로즈 업 사진들을 촬영하자.

2 일반적으로 흰 벽과 같이 텍스처가 없거나 비어 있다고 여겨지는 표면을 찾아보자. 눈으로 봐서 이 재질이 무엇으로 만들어졌는지 말할 수 있는가? 예를 들어 종이인지, 플라스틱인지, 혹은 석고인지 표면만 보고 말할 수 있겠는가? 그 표면을 나타내기 위해 어떤 종류의 텍스처 맵을 사용할 것인가? 그리고 어떻게 그것들을 만들 것인가?

3 다음은 3D 모델을 만들고, 모델링하기 위해 어떤 디테일이 필요한지, 텍스처 맵을 어떤 것들로 대체할 수 있는지 알아보자. 예를 들면 만약 어떤 표면에 범프 맵으로 대체할 수 있는 디테일이 있거나, 혹은 복잡한 가장자리나 오려진 무늬가 트랜스퍼런시 맵으로 대체될 수 있다면 더 간단한 모델을 만들고 텍스처 매핑을 이용하여 디테일을 추가하도록 노력해 보자.

CHAPTER ELEVEN

이 책의 표지 이미지로 사용한 패스들은 글로벌 일루미네이션 패스, 림과 스펙큘러 패스, 키 라이트 패스,
앰비언트 패스, 안개를 포함한 이펙트 레이어, 그리고 앰비언트 오클루전 패스를 포함하고 있다.

11

렌더링 패스와 컴포지팅
Rendering Passes and Compositing

영화와 TV 프로덕션은 관객들로부터 사용하는 소프트웨어와 하드웨어의 한계를 넘어서는 장면들을 만들어 내라는 요청을 끊임없이 받고 있다. 대부분의 전문적인 작업들은 이들이 요구하는 난이도와 품질, 그리고 속도를 만족시킬 만한 3D 이미지를 완성하기 위해 여러 개의 레이어나 패스로 렌더링되고 합성을 통해 마무리된다. 컴포지팅compositing은 여러 이미지를 하나의 최종 장면으로 통합하는 기술이다. 멀티패스 렌더링multipass rendering과 컴포지팅은 샷의 창의적인 조절, 라이브 액션 장면과의 설득력 있는 조합, 그리고 빠른 수정 등이 보강된 효율적인 렌더링을 가능케 한다.

레이어별 렌더링 Rendering in Layers

'레이어별로 렌더링한다'는 것은 장면 내 다른 물체들을 나중에 하나로 합쳐질 여러 개의 이미지로 나누어서 렌더링하는 방법을 말한다.

레이어별 렌더링의 간단한 예로 [그림 11.1]의 행성에 착륙하는 우주선을 살펴보자. 전경 레이어(foreground layer)로는 우주선이, 배경 레이어(background layer)로는 행성이 분리되어 렌더링되었다.

[그림 11.1]
별도로 렌더링된 배경 레이어(행성)와 전경 레이어(우주선)가 합성되어 완성된 그림이 만들어진다.

전경 레이어와 배경 레이어는 같은 3D 장면에서 출발한다. 그리고 같이 연출되고 애니메이션된다. 그러나 렌더링하는 동안에 배경 레이어만 자체적으로 렌더링할 수 있다. 많은 3D 프로그램은 레이어별로 오브젝트를 분류하고 어떤 레이어를 렌더링할지 선택할 수 있는 기능을 제공한다. 만일 자신이 사용하는 프로그램에 그런 기능이 없다면 오브젝트를 그룹별로 구분하고 렌더링할 레이어만 보이는 동안에 나머지 오브젝트군은 숨기도록(hide) 한다.

전경의 우주선 레이어는 [그림 11.2]에서 보는 것처럼 검은 바탕으로 렌더링되었다. 이 그림에서 우주선과 함께 렌더링된 알파 채널—이미지의 투명도(transparency)에 대한 정보를 담고 있는 채널—도 보인다. 합성에서 알파 채널의 white 픽셀은 우주선이 보이게 되는 불투명한 레이어를 나타내고, black 픽셀은 배경 레이어가 보일 수 있도록 투명한 레이어 부분을 나타낸다. 알파 채널에 대해서는 뒤에서 좀 더 자세히 다룬다.

[그림 11.2]
전경 레이어(왼쪽)는 알파 채널(오른쪽)을 가지고 렌더링되었다.

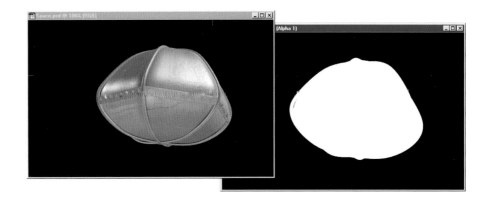

배경 레이어

카메라가 샷에서 움직이지 않는 동안, 그리고 행성에서 애니메이션되는 개체가 없을 때 행성은 고정된 레이어로 렌더링될 수 있다. 이것은 딱 한 번만 렌더링하면 되는 한 장의 스틸 이미지라는 말이다. 대개 첫 번째 프레임이 여기에 해당하는데, 애니메이션이 들어가는 다른 레이어의 나머지 프레임들과 합성할 때 사용한다.

이렇게 하면 렌더링 시간을 절약하는 효과 이외에도 나중에 페인트 프로그램에서 배경에 리터칭을 하거나 디테일을 추가하기에 좋다.

하늘은 종종 별도의 레이어로 나누어 렌더링하는데, 나머지 배경이나 환경이 배경 레이어에 고정되어 있더라도 구름이 흘러가거나 별이 반짝이는 것 같은 움직임이 필요할지 모르기 때문이다.

만약 하늘이 그 앞의 레이어보다 훨씬 밝다면 다른 레이어의 가장자리를 둘러싸는 글로glow를 만들어 낸다. 이때 지평선과 하늘 사이의 콘트라스트가 너무 선명하면 하늘 근처에 글로를 추가함으로써 좀 더 자연스러운 변화를 만들 수 있다([그림 11.3] 아래 참조).

[그림 11.3]
밝은 하늘을 물체 뒤에 합성할 경우 (위) 때로는 하늘의 가장자리 주변에 글로를 넣는 것이 도움이 된다.

매트 오브젝트

장면을 레이어별로 분석히는 가장 쉬운 방법은 가장 먼 뒤쪽에서 시작해서 앞쪽으로 진행시키며 보는 것이다. 하지만 때로 어떤 오브젝트들은 뒤에서 앞으로 진행되는 순서에 깔끔하게 맞아떨어지지 않는다. 예를 들면 [그림 11.4]의 풀과 알을 다른 레이어로 분리했다면 풀은 알의 앞과 뒤쪽 모두에 존재한다.

하나의 레이어가 공간적으로 다른 레이어를 둘러싸고 있을 때, 깔끔하게 뒤쪽 혹은 앞쪽에 있는 대신에 몇몇 오브젝트들은 매트 오브젝트matte object로서 렌더링할 필요가 있다. 매트 오브젝트는 완전 black으로 렌더링되는 오브젝트를 말한다. 또한 알파 채널 상에서도 완전 black으로 나타난다. 많은 셰이더가 black 알파 채널을 만들기 위한 alpha 또는 matte opacity 세팅을 가지고 있다.

[그림 11.5]는 매트 오브젝트로서 풀과 함께 렌더링된 알을 보여 주고 있다. 이 경우 풀 레이어를 알 레이어 위에 합성할 수 있다. 그 결과는 [그림 11.4]와 같다. 풀 레이어를 알 레이어 위에 얹는다고 해도 매트 오브젝트에 구멍이 난 풀 레이어가 알을 뒤쪽 풀보다 앞에 나타나게 할 것이다.

[그림 11.4]
풀 레이어가 전경과 배경 모두에 확장되어 있다.

[그림 11.5]
매트 오브젝트로 알을 렌더링하면 풀 레이어 안에 검은 구멍처럼 보인다(왼쪽). 오른쪽은 알파 채널이다.

풀을 매트 오브젝트로 놓고 알을 렌더링해도 비슷한 결과를 얻을 수 있다. 그러면 알은 풀 모양의 구멍을 갖게 된다. 이 경우엔 알 레이어를 풀 레이어 위에 합성하면 된다. 움직이는 캐릭터를 렌더링할 때 땅과 땅의 표면을 매트 오브젝트로 사용하는 것은 흔한 일이다. 그래서 캐릭터의 발이 땅 위에 합성될 때 발 아래 부분은 지형의 일부로 적당히 가려진다.

자, 이로써 양쪽 레이어상의 모든 물체가 보이면서 렌더링하는 방법을 알게 되었다. 단, 풀이든 알이든 간에 하나는 매트 오브젝트로 렌더링되어야 한다. 이 방법을 사용한다면 레이어를 합치기 위해 더 이상 알파 채널을 사용할 필요도 없다. 간단히 레이어들을 서로 더하는 것으로 완벽하게 합성된다.

이펙트 레이어

이펙트 레이어effect layer(또는 이펙트 패스effect pass)는 특수 효과를 위해 따로 렌더링된다. 비나 눈, 연기, 불, 텀벙거리는 물, 또는 렌즈 플레어나 눈부신 빛 같은 광학적 효과가 될 수도 있다. 특수 효과에 필요한 요소들을 별도의 레이어로 나누는 것은 최종 합성 단계에서 표현의 조절 범위를 상당히 넓혀 준다. 어떤 종류의 이펙트라도 이렇게 레이어별로 나누는 것은 특수 효과를 포함한 대부분의 샷에 대해 좋은 생각이다.

광학 효과

광학 효과(optical effects)란 빛의 번쩍거림이나 렌즈 플레어 같은 현상을 말한다. 이것은 카메라 렌즈나 필름에서 발생할 수 있는 효과를 흉내 낸다. 이 요소는 합성 과정에서 보통 다른 요소 위에 맨 나중에 추가되어 얹어진다.

광학 효과 자체만으로는 렌더링이 빠르다. 그러나 조금씩 달라지는 렌즈 플레어의 변화만을 보기 위해 복잡한 장면을 반복해서 렌더링하고 싶지 않다면, 빠르게 렌더링되고 조절이 가능한 별도 레이어로 분리해서 그 룩을 발전시키는 게 낫다.

너무 눈에 띄는 광학 효과를 사용한 장면은 가짜 같고 볼품없어 보일 수 있다. 별도의 레이어로 갖고 있으면 나중에라도 광학 효과의 중요성에 대한 생각이 바뀌었을 때 그 정도를 조정하거나 혹은 지워버리기도 편하다.

파티클 효과

파티클 효과(particle effects)는 별도의 레이어로 렌더링하면 그 확장성이 매우 크다. 렌더링된 파티클을 다른 이미지 프로세싱 효과를 관리하는 마스크로 사용할 수도 있고, 컬러나 투명도를 조정하며 배경 이미지와 여러 가지 방법으로 합쳐서 사용할 수도 있다.

[그림 11.6]은 아주 간단한 파티클 구름이다. 이것을 마치 파티클이 굴절을 일으키는 것처럼 보이도록 왜곡(distortion) 효과를 위한 마스크로 사용했다. 최종적으로 파티클에 green 컬러를 입히고 우주선이 방출하는 것처럼 배경 위에 넣었다.

파티클이 장면 전체에 걸쳐 넓게 퍼져 있을 때 어떤 것은 오브젝트 앞에, 또 어떤 것은 그 뒤에 각각 나타난다. 파티클로 둘러싸인 오브젝트는 때로 파티클 레이어 안에 매트 오브젝트로 렌더링해야 할 필요가 있다.

[그림 11.6]
이펙트 레이어(왼쪽)는 디스플레이스먼트 이펙트의 마스크로 사용될 수도 있다(가운데). 이것으로 합성 단계에서 굴절 효과를 흉내 내 추가했다(오른쪽).

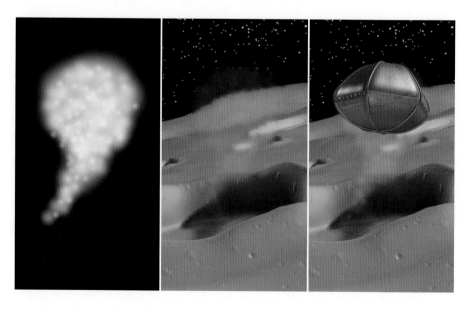

왜 레이어에 신경 써야 하는가?

레이어로 렌더링하는 것은 한 장면 내에서 모든 것을 한 번에 렌더링하는 것보다 확실히 더 많은 셋업 과정을 포함한다. 그래서 대부분의 전문적인 작업들이 대체 왜 다양한 레이어로 렌더링되는지 의아할 수도 있다. 레이어에서 렌더링 과정을 건너뛰어 합성할 필요가 없게 되면 더 많은 시간을 절약할 수 있지 않을까? 레이어별로 렌더링했을 때 얻을 수 있는 몇 가지 현실적인 이득은 다음과 같다.

- 레이어별로 렌더링하는 것은 아주 크고 복잡한 장면을 가능하게 만든다. 모든 오브젝트를 한 번에 렌더링해야 한다면 컴퓨터의 메모리는 한계 용량을 초과해 버릴 것이다. 큰 프로젝트에서 레이어가 없다면 하드디스크에서 데이터를 스왑하느라 느려지거나 바로 다운되어 버릴 수도 있다.

- 애니메이션의 매 프레임마다 움직이지 않는 오브젝트를 렌더링하는 것보다는 고정 레이어 (held layer)를 사용해서 렌더링 시간을 절약한다.

- 고품질의 캐릭터 애니메이션에서 렌더링을 다시 하는 경우는 대부분 캐릭터에 관련된 것이다. 이런 경우에 전체 장면을 모두 렌더링하는 대신 전경 레이어로서 캐릭터만 빠르게 렌더링할 수 있다.

- 초점이 흐려진 배경을 만들기 위해 3D상에서 느린 피사계 심도(Depth of Field ; DOF)를 이용해 렌더링하는 대신 합성 프로그램에서 배경 레이어에만 블러blur 효과를 주어 만들 수 있다.

- 렌더링 효율을 최대로 끌어내기 위해 레이어별로 다른 세팅으로 렌더링하는 것이 가능하다. 예를 들면 필요한 레이어에는 모션 블러나 레이트레이싱을 사용하고, 멀리 있는 물체나 후에 합성 시 블러 등을 적용할 오브젝트는 속도에 좀 더 최적화된 방법으로 렌더링할 수 있다.

- 이미 렌더링된 요소들을 다양한 장소와 시간에 맞게 재사용할 수 있다. 따라서 객체 수만큼 렌더링을 할 필요는 없다. 다른 샷에서 만들어진 연기 구름이나 터져 나오는 불덩이를 재활용하는 경우를 예로 들 수 있다.

- 컬러의 미세한 조정이나 장면 일부의 밝기를 조정하는 것처럼 마지막까지 계속되는 수정들을 각 레이어에서 합성을 통해 보다 쉽게 해낼 수 있다.

- 소프트웨어의 버그나 한계, 부조화는 작업 내내 늘 따라다니는 일이므로 다른 효과들을 다른 레이어로 나누어 렌더링한다. 예를 들어 투명한 서피스 위에서 렌더링이 안 되는 효과를 사용한다고 할 때 그 효과를 다른 레이어에서 렌더링하고 그 서피스 위에 투명한 전경 레이어로 합성할 수 있다.

레이어 렌더링과 합성을 파이프라인의 일부로 셋업하는 데 투자가 필요더라도 일단 그것이 일상적인 워크플로 중 하나로 징착되면 임청난 양의 시간과 돈을 질약할 수 있다.

알파 채널 사안들 Alpha Channel Issues

알파 채널은 투명도를 나타내거나 이미지 레이어가 보이는 영역을 표시한다. 알파 채널의 픽셀이 white이거나 값이 1이면 이는 거기에 상응하는 컬러 픽셀이 완전히 불투명해야 한다는 걸 의미한다. 반면 black이거나 0 값을 갖는 영역은 완전히 투명하거나 레이어에 의해 보이지 않는 픽셀들을 나타낸다. 알파 채널의 0에서 1 사이 값들은 변화하는 투명도를 나타낸다.

트랜스퍼런트transparent 셰이더가 사용된 영역을 렌더링한 이미지를 보면, 안티에일리어싱을 갖는 오브젝트의 가장자리 부분이나 움직이는 오브젝트의 모션 블러가 들어간 픽셀들이 투명하거나 부분적으로 흐릿해진 것을 볼 수 있다. 부분적인 투명도는 항상 알파 채널에서 분명히 나타난다. 또한 이미지의 프리멀티플라이premultiply 여부에 따라서 컬러 채널에서도 분명하게 나타난다.

대부분의 3D 렌더링은 프리멀티플라이된premultiplied 알파 채널을 사용한다. 검은 배경 위에 프리멀티플라이된 알파 채널을 갖는 것이 대부분의 3D 소프트웨어에서 나타나는 기본적인 반응이다. 그리고 전문적인 작업에서 레이어나 패스가 렌더링되는 가장 일반적인 방법이기도 하다.

이미지가 알파 채널을 프리멀티플라이한다는 것은 알파 채널이 R, G, B 채널과 정확하게 일치했다는 의미이다. 프리멀티플라이되지 않는 알파 채널(straight alpha channel)은 다른 컬러 채널과는 완전히 독립적으로 존재하고 매트나 마스크로 쓰일 수 있다.

많은 렌더러에서 premultiply 옵션은 원하지 않는다면 꺼놓을 수 있다. [그림 11.7]에서 왼쪽은 프리멀티플라이된 이미지이고, 가운데는 프리멀티플라이되지 않은 이미지다. 안티에일리어싱이 들어간 가장자리나 모션 블러, 투명한 부분은 프리멀티플라이되는 게 훨씬 자연스럽고 사실적으로 보인다.

[그림 11.7] 오른쪽의 알파 채널은 프리멀티플라이 여부에 관계없이 변하지 않는다. 프리멀티플라이된 컬러 이미지(왼쪽)에서 오브젝트는 배경에 대해 안티에일리어싱을 가졌고 스푼의 모션 블러도 배경과 잘 섞여 있다. 프리멀티플라이 과정이 없으면 적용 범위와 트랜스퍼런시transparency 정보는 알파 채널에만 독점적으로 저장되고 컬러 픽셀은 절대로 배경과 섞이지 않는다. 투명한 유리잔과 움직이는 스푼, 그리고 안티에일리어싱이 들어간 가장자리를 보면 그 차이를 알 수 있다

[그림 11.7]
모션 블러, 투명도 그리고 안티에일리어싱은 프리멀티플라이된 이미지에서 검은 배경과 부드럽게 섞인다(왼쪽). 프리멀티
플라이되지 않은 이미지에서는 검은 배경과 섞지 않도록 하자(가운데). 알파 채널(오른쪽)은 바뀌지 않는다.

프리멀티플라이되지 않은 알파 채널로 합성하기

프리멀티플라이되지 않은 알파 채널은 실사 합성의 마스킹이나 매트의 전통에서 유래됐다. 이미지가 카메라로 촬영될 때는 알파 채널을 포함하고 있지 않다. 합성 단계에서 로토스코핑된 매트matt나 그린 스크린green screen에서 키를 따낸 것이 알파 채널로 저장된다. 하지만 이것은 원래 이미지의 컬러 채널을 바꾸지 않는다. 결과적으로 실사 촬영된 요소를 다루기 위해 고안된 합성 과정에서 알파 채널은 이미지의 컬러 채널과 직접적인 관련 없이 독립적인 마스크mask로 분리되려는 경향이 있다.

프로그램마다 프리멀티플라이되지 않은 B&W 이미지로서의 알파 채널을 각각 다른 방법으로 다룬다. 포토샵은 모든 알파 채널과 레이어 마스크가 변형 없이 원래의 것(straight)이라는 가정하에 만들어졌다. 애프터 이펙트에서는 사용자가 불러온 요소에 알파 채널을 프리멀티플라이할 것인지 그대로 둘 것인지 정할 수 있다. 셰이크Shake 같은 노드 기반의 합성 툴에서는 스트레이트straight 알파 채널을 Keymix 노드의 인풋input에 연결되는 마스크로 사용할 수 있다. 이것은 알파 채널을 마치 키잉keying 작업의 결과처럼 사용한 것이다.

스트레이트 알파 채널을 사용한 렌더링은 합성할 때 여러 가지 제한이 있다. 스트레이트 알파 채널로 작업할 때 발생하는 몇 가지 불리한 점을 살펴보면 다음과 같다

- 이미지는 알파 채널과 멀티플라이되기 전까지는 안티에일리어싱이 적용되지 않을 것이다.

- 컬러 채널은 매트 오브젝트에 대해 안티에일리어싱을 갖지 않기 때문에 프리멀티

상태로 렌더링된 것이 아니라면 쌍으로 된 레이어는 제대로 더해지지 않는다.

• 피사계 심도나 모션 블러 효과 등을 위해 합성할 때 블러를 적용하면 컬러가 알파와 정확히 맞지 않고 어긋날 수 있다. 이것은 이미지 주변을 지저분하게 만든다.

반면 다음과 같은 장점도 있다.

• 어떤 편집 프로그램이나 간단한 합성 프로그램에서는 프리멀티플라이된 것보다 스트레이트 알파를 다루기가 더 쉽다.

• 어떤 컬러 콜렉션 연산color correction operation*은 프리멀티플라이되지 않은 컬러 채널에 좀 더 정확히 적용된다. 예를 들어 이미지의 감마를 수정한다고 할 때, 알파에서 50% 투명한 가장자리 부분은 스트레이트 이미지에서는 적당한 컬러 콜렉션을 받지만 프리멀티플라이가 적용된 이미지에서는 잘못 처리되어 더 어두운 톤으로 나타나기도 한다.

• 합성에서 배경과 멀티플라이될 이미지는 대부분 렌더링을 할 때 프리멀티플라이될 필요가 없다. 오클루전 패스 같은 요소는 프리멀티플라이시키지 않고 렌더링되어야 한다(이에 관해서는 뒤에서 다시 언급하겠다).

컬러 콜렉션 연산
세이크 프로그램의 컬러 콜렉션이라는 노드로 수행되는 작업. 여기서는 일반적으로 '색상 보정 작업'이라고 풀어 말할 수 없는 프로그램 툴 안의 연산 과정이다.

프리멀티플라이된 알파 채널로 합성하기

프리멀티플라이된 알파 채널을 가지고 합성하는 것은 프리멀티플라이되지 않은 이미지를 가지고 작업하는 것보다 대부분 더 빠르고 간단하다. 알파 채널과의 멀티플리케이션 multiplication 연산은 여러 레이어를 하나로 합성할 때 사용하는 연산의 일부분이다. 그래서 많은 컴포지터들은 시간 절약을 위해 모든 요소를 프리멀티플라이시킨다.

셰이크에서 over 노드는 프리멀티플라이된 알파 채널을 가지고 여러 레이어를 하나로 합치는 데 완벽한 역할을 한다. 포토샵은 알파 채널이 프리멀티플라이될 것이라는 기대를 하지 않는다. 하지만 레이어의 백그라운드 이미지를 지워 버리기 위해 프리멀티플라이된 알파를 사용하고 싶다면 Layer 〉 Matting 〉 Remove Black Matte 명령을 사용해 프리멀티플라이된 알파를 따라 키를 완벽하게 따낼 수 있다.

프리멀티플라이된 레이어를 렌더링했다면 합성 프로그램에서 그것들을 언프리멀티플라이unpremultiply 이미지로 변환하는 것도 언제나 가능하다. [그림 11.8]에서 셰이크의

MDiv(matte divide) 노드와 Mmult(Premultiply) 노드를 볼 수 있다. 이 노드들은 반투명한 가장자리 픽셀에서 컬러 콜렉션 연산이 일정하게 보이지 않는 문제가 생길 때 유용하다. 여러 가지 조합의 컬러 콜렉션 연산이 프리멀티플라이된 이미지의 가장자리 주변을 지저분하게 만든다면 이 과정 전에 프리멀티플라이를 해제하고 과정 후에 다시 프리멀티플라이함으로써 이 문제를 수정할 수 있다([그림 11.8]의 오른쪽 노드 구조 참조).

[그림 11.8]
씰뇨하나번 컬러 콜렉션 전에 이미지를 언프리멀티플라이했다가 수정 이후에 다시 프리멀티플라이할 수 있다(셰이크에선 이 과정을 각각 Mdiv와 Mmult 노드를 사용해 수행할 수 있다).

3D에서 렌더링하고 합성을 위해 패스pass별로 레이어를 나누었다면 가끔은 프리멀티된 이미지보다 스트레이트 알파를 가지고 작업하는 것이 더 익숙한 컴포지터compositor를 만날 때도 있을 것이다. 만일 "당신이 준 매트(alpha)가 약간 벗어나 있었지만 우리가 수정했어요"라든가 또는 "이걸 블랙 말고 다른 색으로 렌더링해 주시겠어요?"라는 말을 듣는다면 그것은 당신과 일하는 컴포지터가 프리멀티플라이된 이미지로 작업하는 것에 낯설다는 경고 신호이다(첫 번째 경우는 한두 픽셀의 에지를 밀어넣었다는 말인데, 이것은 모션 블러가 들어간 프레임의 퀄리티를 상당히 떨어뜨린다. 이것은 진정한 의미의 수정이 아니다. 두 번째 경우는 그들이 프리멀티플라이된 알파 채널에 익숙하지 못해 블랙 배경에서 이미지를 분리하는 데 애를 먹고 있다는 걸 의미한다).

자신의 알파 채널 합성이 결함 없이 제대로 작동하고 있는지 확인하는 좋은 방법은 [그림 11.9]처럼 white 배경에 white 오브젝트가 있는 장면을 렌더링해 보는 것이다. white 배경을 하나의 레이어로 렌더링하고 black 배경의 오브젝트를 다른 레이어로 렌더링해서 오브젝트 레이어 주변 가장자리에 검은 티 나는 픽셀 없이 두 레이어가 이음새 없게 잘 합성될 수 있어야 한다.

[그림 11.9]
합성 단계에서 두 개의 하얀 물체 사이에서조차 블랙 매트 라인을 피했는지 살펴보자.

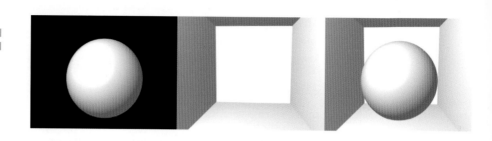

만일 특정 합성 프로그램에서 어떻게 프리멀티플라이된 알파 채널을 가지고 작업하는지 잘 모른다면 어떤 프로그램에서나 사용할 수 있는 대체 방안이 있다. 배경에 전경 레이어를 얹기 위해 알파 채널을 사용하는 대신 배경 레이어에 검은 구멍을 내기 위해 알파 채널을 사용하는 것이다([그림 11.10] 참조).

검은 구멍이 생긴 배경 위에다 상위 레이어로 전경 이미지를 얹는다. [그림 11.11]은 매트나 마스크를 쓰지 않고 간단한 'add'(또는 'linear dodge') 명령으로 어두운 가장자리 줄무늬(fringes)나 매팅 에러 없는 레이어 간의 합성을 보여 준다.

[그림 11.10]
배경 레이어에서 구멍을 내기 위해 알파 채널을 사용해서 다른 레이어를 추가로 얹을 준비 작업을 한다.

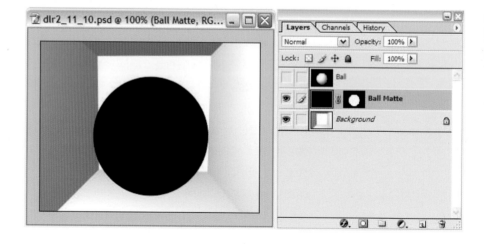

[그림 11.11]
엌을 레이어의 알파가 이미 배경
레이어에 검은 구멍을 내기 위해
사용됐다면 그 레이어는 합성 마지
막 단계에 특별한 마스크 없이 더
해질 수 있다.

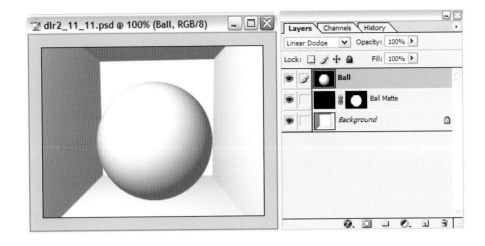

패스별 렌더링 Rendering in Passes

패스별 렌더링은 장면을 각기 다른 속성별로 분류해 렌더링하는 방법이다. 패스의 이름
은 종종 각자 독립된 속성을 본떠서 붙인다. 장면 내 그림자만 보여 주는 섀도 패스
shadow pass가 그런 예이다. 레이어별 렌더링이 오브젝트별로 분리해 렌더링하는 걸 의
미한다면, 패스별 렌더링은 장면의 라이팅lighting, 섀도shadow 그리고 뎁스depth 같은
여러 특징별로 분리하는 것이다. 가장 일반적인 10가지 종류의 렌더링 패스는 다음과
같다.

- 디퓨즈diffuse
- 오클루전occlusion
- 스펙큘러specular

- 뷰티beauty
- 리플렉션reflection
- 섀도shadow

- 마스크mask
- 앰비언트ambient
- 뎁스depth

- 글로벌 일루미네이션global illumination

패스별 렌더닝은 레이어빌 렌더닝과 서로 배타직인 관계가 아니다. 예를 들이 전경 게
릭터 레이어의 스펙큘러 패스specular pass같이 두 가지가 동시에 이루어질 수 있다. 어
떤 프로그램에서는 레이어를 다루는 메뉴가 패스를 셋업하는 데도 역시 사용된다.

디퓨즈 패스

디퓨즈 패스diffuse pass는 디퓨즈 일루미네이션, 컬러, 텍스처 등을 포함하여 모든 대상 물을 완전한 색상으로 렌더링하지만 리플렉션, 하이라이트, 섀도 등은 포함하지 않는다 (이것들은 별도의 다른 패스로 렌더링될 것이다). 디퓨즈 패스는 빛으로부터 오는 디퓨즈 일루미네이션을 포함하기 때문에 서피스상에서 광원을 대하는 부분은 밝게, 광원에서 멀어지는 부분은 어둡게 음영이 진다. [그림 11.12]는 우주선의 디퓨즈 패스이다. 기본 적인 텍스처와 셰이딩을 포함하고 있지만 하이라이트와 리플렉션은 빠져 있다.

많은 프로그램들이 디퓨즈 패스를 렌더링해 주는 독자적인 기능으로 프리셋을 가지고 있다. 프리셋 없이 디퓨즈 패스를 셋업하고 싶다면 셰이더의 리플렉션과 스펙큘러 하이 라이트를 끄고 라이트가 섀도를 만들지 않도록 해서 수동으로 만들 수 있다. 또 다른 방 법으로는 라이트의 스펙큘러리티specularity를 방출하지 않도록 조정하고 글로벌 렌더링 설정에서 레이트레이스드 리플렉션raytraced reflection을 꺼서 만드는 방법도 있다.

[그림 11.12]
우주선의 디퓨즈 패스.

스펙큘러 패스

스펙큘러 패스specular pass(또는 하이라이트 패스highlight pass)는 오브젝트의 스펙큘러 하이라이트만을 분리시킨다. 모든 앰비언트 라이트를 끄고 오브젝트의 디퓨즈 셰이딩 과 컬러 맵을 완전히 black으로 만듦으로써 스펙큘러 패스만 렌더링할 수 있다. 그 결과는 [그림 11.13]에서 보듯이 장면 내 모든 스펙큘러 하이라이트만 렌더링될 뿐 다른 종류의 세이딩은 없다.

분리된 스펙큘러 패스는 하이라이트를 보다 창의적으로 다룰 수 있게 해준다. [그림 11.13]을 보면 하이라이트를 부드럽게 만들고 변화를 주는 범프 맵이 더해졌는데, 이때 범프 맵은 디퓨즈 패스의 렌더링엔 전혀 나타나지 않고 하이라이트 표현에만 적용됐다. 좀 더 멋진 하이라이트를 만들 수 있다면 라이트의 위치를 약간 조정해도 괜찮다. 원래 는 디퓨즈 패스와 섀도 패스에 사용되는 조명과 같은 각도에서 빛이 들어와야 하지만 좀 더 나은 룩을 만들기 위해 약간의 속임수를 사용하는 것도 나쁘진 않다.

[그림 11.13]
우주선의 스펙큘러 패스.

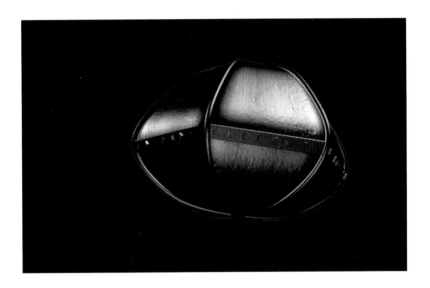

합성하는 동안 별도의 패스로 스펙큘러 하이라이트를 갖고 있으면 나중에 색이나 밝기 를 따로 조절해서 합성되는 나머지 부분과 더 잘 조화시킬 수 있다. 하이라이트가 넓은 영역의 순수 white로 클리핑되면 안 된다. 스펙큘러 패스는 그 하이라이트가 가능한 많 은 단계의 그레이 스케일 세이딩으로 나타날 때 가장 효과적이다. 이렇게 해야 다른 패 스들과 합쳐져 더해졌을 때 사실직으로 보인다.

합성 단계에서 더해지는 글로 같은 효과를 조절하기 위해 하이라이트를 분리해 렌더링 할 수도 있다. [그림 11.14]처럼 스펙큘러 패스를 복사해서 블러를 더하면 하이라이트 주변에 근로 효과가 만들어진다. 이 방법을 쓰면 3D상에서의 테스트 렌더링 없이 글로 효과를 최종 합성 단계에서 조절할 수 있다.

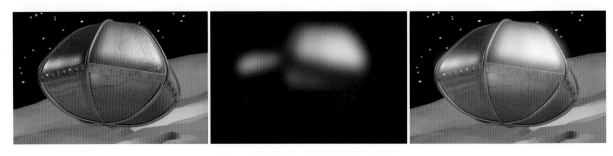

[그림 11.14]
모든 패스를 합친 이미지(왼쪽), 스펙큘러 패스에 블러 효과를 주어(가운데) 하이라이트 주변에 글로 효과를 만들었다(오른쪽).

리플렉션 패스

리플렉션 패스reflection pass는 자신의 리플렉션, 다른 오브젝트의 리플렉션, 그리고 주변 환경의 리플렉션을 모두 포함할 수 있다. 경우에 따라 리플렉션 패스만 따로 몇 개를 렌더링할 필요가 있다. 특히 다른 오브젝트별로 생긴 레이트레이스드 리플렉션을 분리시키려 할 때 그렇다.

우주선 위에 주변 환경이 반사되어 나타나는 리플렉션 패스를 만들기 위해서 셰이더의 디퓨즈와 스펙큘러 없이 리플렉션만 보이도록 하이라이트 사이즈를 0, 컬러를 black으로 설정하여 적용한다. 리플렉션돼야 할 오브젝트는 primary visibility를 끄고 리플렉션에서만 보이도록 만든다. 결과적으로 어떤 디퓨즈나 스펙큘러 일루미네이션 없이 우주선(표면) 위에 오직 리플렉션만 나타나게 된다. 우주선 자체에 나타난 리플렉션 패스는 차후에 필요할지 모르는 다른 리플렉션 패스, 예를 들어 매끄러운 땅 표면에 반사된 우주선 같은 리플렉션 패스와는 구별된다.

리플렉션 합성

[그림 11.15]에서 보이는 것처럼 리플렉션 패스, 디퓨즈 패스 그리고 스펙큘러 패스 등을 add 오퍼레이션(포토샵에서는 linear dodge 모드)으로 한꺼번에 모두 합성할 수 있다. 이렇게 해서 리플렉션과 스펙큘러 패스의 밝은 영역이 디퓨즈 패스를 더 밝게 하고 black 영역에는 아무런 변화도 주지 않는다.

어떤 사람들은 이런 패스들을 결합할 때 add 대신 screen을 사용한다. add는 두 값(a,

b)을 그저 더하는 것에 반해 screen은 1−(1−a)*(1−b) 같은 공식으로 계산한다. 그 결과는 비슷해 보이나 사실 add만큼 밝지 않다. add가 3D상에서 한 번에 디퓨즈, 스펙큘러, 리플렉션 패스를 렌더링한 결과와 좀 더 가깝다면, screen은 완전한 white에 다소 미치지 못한 것으로 보이며 밝은 영역에서 클리핑 문제를 겪게 된다. add에서는 값 a와 b가 각각 50% gray라면 그 결과가 완전한 white 1로 나타나지만, screen을 적용하면 결과는 0.75의 밝은 회색으로 완전한 white가 되기 위해선 밝기가 더 필요하다.

경우에 따라 합성 시 리플렉션 패스에 살짝 블러를 주는 게 가장 좋은 결과를 내기도 한다. 만약 이렇게 할 생각이면 리플렉션 패스의 안티에일리어싱 값과 샘플 값을 줄여서 렌더링 시간을 절약할 수 있다. 렌더링 당시에는 리플렉션 패스가 완벽하게 세련되어 보이진 않더라도 합성에서 블러를 적용한 후에는 한층 보기가 좋아지기도 한다.

[그림 11.15]
디퓨즈, 스펙큘러 그리고 리플렉션 패스가 최종적으로 합성됐다.

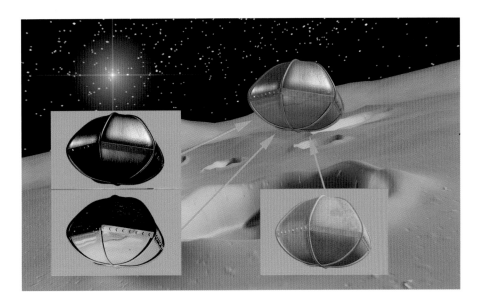

실제 물체에 리플렉션 추가하기

때로는 3D 오브젝트가 반짝이는 바닥이나 선반 또는 수면 위 같은 실사 환경 위에 리플렉션을 생성하는 경우가 있을 것이다. 이런 경우는 [그림 11.16]의 그리드처럼 던져진 리플렉션을 실제 면을 대체할 3D 모델(위)로 받아 다른 리플렉션 패스로 분리해 렌더링한다.

[그림 11.16]
plane이 우주선의 리플렉션 패스를 받기 위해 놓여졌다.

[그림 11.17]
범프 매핑은 반사를 변형시켜 좀 더 물과 같이 보이도록 만든다(오른쪽).

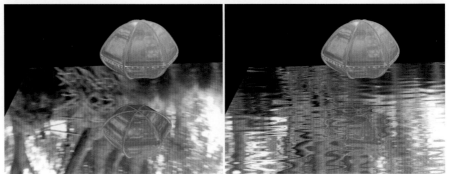

서피스의 리플렉션을 키로 딴 후 합성 프로그램에서 원래 수면 위에 존재했던 리플렉션과 톤을 맞추기 위해서 이 리플렉션을 조절한다([그림 11.18] 참조).

[그림 11.18]
물의 색깔과 맞추기 위해 리플렉션
을 흐리게 만들었다.

[그림 11.18]
물의 색깔과 맞추기 위해 리플렉션
을 흐리게 만들었다.

섀도 패스

섀도 패스shadow pass는 장면 내 그림자의 위치를 보여 주는 패스이다.

겹치는 그림자가 있는 장면에서 다른 그림자를 섀도 패스로 분리해서 유지하는 것은 중
요한 문제다. 우리는 이 패스를 이용해 합성 시 그림자의 모양, 컬러, 그리고 부드러운
정도(softness)를 개별적으로 조절할 수 있다.

여러 개의 광원에서 빛을 받고 있는 [그림 11.19]의 왼쪽을 보자. 모든 그림자를 한 덩
어리로 만들어 버린 섀도 패스는 합성할 때 그림자별로 분리해서 개별적으로 처리할 수
없다. 어떤 프로그램에서는 이런 섀도 패스를 일종의 퀵 프리셋quick preset으로 만들어
두는데, 모든 그림자를 섀도 패스 알파 채널 안에 몰아넣는다. 굳이 이런 프리셋을 써야
한다면 여러 개의 그림자가 하나로 묶이는 걸 피하기 위해 라이트별로 하나씩 혹은 몇
개씩 묶어 렌더링해 보도록 한다.

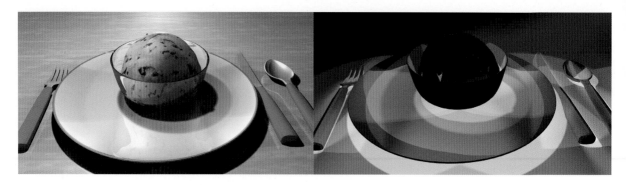

[그림 11.19]
여러 라이트를 겹쳐 사용한 장면(왼쪽)은 섀도 패스에서 감당하기 힘들 만큼 그림자가 겹쳐져 있다.

컬러 섀도 패스

섀도 패스를 렌더링하는 다른 방법은 라이트의 섀도 컬러shadow color를 각기 R, G, B 로 다르게 세팅하는 것이다. 그런 다음 라이트 컬러를 black으로 두면 색이 들어간 그 림자가 같은 패스 안에 다른 컬러로 나타난다. 색이 들어간 섀도 패스를 [그림 11.20]처 럼 렌더링했다면 합성 과정에서 R, G, B 각각의 채널을 분리해서 세 가지의 독립된 섀 도 패스로 사용할 수 있다.

[그림 11.20]
red, green 그리고 blue로 나누어 진 그림자들을 하나의 섀도 패스에 담았다.

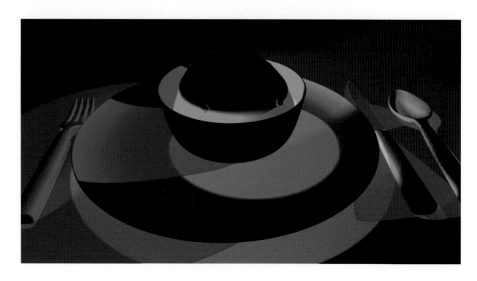

black 라이트 컬러와 R, G, B의 새도 컬러를 사용하는 이 방법을 모든 프로그램에서 사용할 수 있는 것은 아니다. 라이트의 네거티브 인텐서티negative intensity와 네거티브 새도negative shadow 같은 다른 대안이 필요할지 모른다. 어떻게 셋업했든지 간에 세 가지 그림자를 각각의 새도 패스로 만드는 것은 하나의 그림자로 분리되지 않은 채 묶인 새도 패스보다 더 효율적이다.

다른 컬러 채널로 독립된 그림자라 할지라도 그것들을 완벽히 제어하기 위해서는 '하나의 오브젝트에서 다른 오브젝트로 생기는' 캐스트 새도cast shadow를 '오브젝트 자신에 생기는' 어태치드 새도attached shadow에서 분리해 낼 필요가 있다. 그러기 위해서는 그림자를 뿌리는(cast) 오브젝트의 primary ray를 끄고(invisible 상태), 패스 안에서는 오직 그림자를 뿌리는 용도로만 존재해야 한다([그림 11.21] 참조). 그림자는 던지되 레이어 안에서 직접 보이지는 않는 이런 새도 오브젝트는 하나의 레이어에서 다른 레이어로 던지는 그림자를 갖는 데도 도움이 된다.

어태치드 새도가 항상 새도 패스에 포함될 필요는 없다. 때로 어태치드 새도는 오브젝트의 디퓨즈나 스펙큘러 패스의 일부로 렌더링하고 새도 패스상에서는 오직 캐스트 새도만 신경 쓰도록 한다. 여러 가지 새도 패스를 각각 다른 레이어로 렌더링하는 것은 좋은 생각이다. 특히 투명한 물체가 있는 경우 전경 오브젝트와 배경 오브젝트의 그림자를 분리해서 렌더링하면 같이 렌더링하는 것보다 훨씬 융통성 있게 다룰 수 있다.

[그림 11.21]
테이블과 독립된 그림자들은 전경의 모델들과는 별도로 블러를 적용해 흐리게 만들 수 있다.

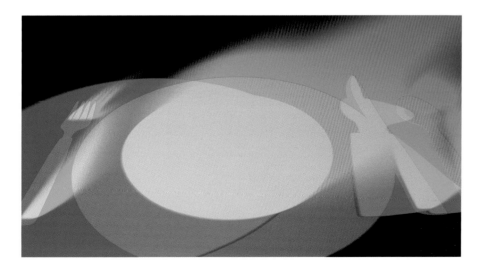

사실 합성 단계에서 섀도 패스를 이용하는 여러 가지 방법이 있다. 어떤 사람은 섀도 패스를 다른 패스 위에 겹쳐서(over) 알파 채널이 확실히 나타나는 부분의 배경 위에 black을 덮기도 하고, 다른 사람은 어둡게 만들 부분의 마스크로 섀도 패스를 다루기도 한다. 또 다른 흔한 방법은 섀도 패스를 거꾸로(invert) 해서 컬러 이미지와 멀티플라이 하는 것이다. 섀도 패스를 다른 요소들과 멀티플라이하기로 마음먹었다면 합성 시 생기는 지저분한 가장자리 문제를 피하기 위해 프리멀티플라이된 방식이 아닌, 스트레이트 straight로 바로 렌더링하기를 바랄 수도 있다.

섀도 패스의 블러링과 디스토션

때로 합성 단계에서 그림자에 블러를 살짝 넣는 것이 보기 좋을 수 있다. 만일 어떤 식으로든 나중에 블러가 적용될 것을 알고 섀도 패스를 렌더링하고 있다면 안티에일리어싱, 섀도 샘플 값, 섀도 레이 값을 낮추거나 또는 낮은 해상도의 섀도 맵을 쓰는 방법을 생각해 볼 수 있다. [그림 11.22]는 테이블 위 그림자에 블러를 넣기 전후의 이미지를 비교한 것이다.

그림자가 평평하고 부드러운 표면 위에 떨어지고 있다면 섀도 패스에 블러를 주는 것은 소프트 섀도로 렌더링하는 것처럼 사실적인 결과를 만들어 낸다. 그러나 그림자를 받는 표면이 거칠고 들쑥날쑥하거나 복잡한 모양을 갖고 있다면 그림자의 일부가 표면의 지오메트리와 어긋나게 블러링되거나 이상한 부분에서 어두워지는 위험을 감수해야 한다. 그림자가 평평한 표면 위에 떨어지는 게 아니라면 렌더링되는 그림자가 충분한 부드러움(softness)을 갖고 있는지 확인해 봐야 한다. 충분하지 않다면 합성 단계에서 줄 수 있는 블러 정도가 제한되기 때문이다.

[그림 11.22]
테이블 위의 그림자들이 별도 패스로 나왔기 때문에 합성에서 선명하게 만들거나(왼쪽) 흐리게 만들 수 있다(오른쪽).

만일 사진이나 실사 배경과 CG를 합성하고 있다면 땅으로 떨어지는 그림자를 분리하는 것은 특히 중요하다. 그림자를 몇 픽셀 옮기기 위해 배경의 밝기를 이용하는 것처럼 때론 합성 과정에 추가적인 변환이 적용된다. 이것은 돌이나 풀, 또는 실제 지표면의 디테일 위에 떨어지는 그림자의 가장자리가 더 거칠게 보이도록 한다.

그림자의 중첩

시각 효과에서 들어간 샷을 합성할 때 흔히 생기는 문제가 그림자의 중첩(doubled shadows)이다. [그림 11.23]에서 보듯이 그림자의 중첩은 이미 존재하는 그림자 위에 같은 광원에서 만들어진 새도 패스가 더해져 생겨난다. 같은 광원에서 생긴 두 개의 새도 패스를 합칠 때는 첫 번째 것이 lighten-only 또는 darken-only 모드인지 확인한 다음 두 번째 그림자를 더하도록 하자.

실사 배경과 새도 패스를 더할 때 중첩된 그림자가 문제가 된다. 특히 태양이 그림자의 유일한 광원이 되는 야외 장면에서 중첩된 그림자는 아주 비현실적으로 보인다. 새도 패스는 촬영된 실제 그림자가 이미 드리워져 있는 부분을 다시 더 어둡게 만들어서는 안 된다. 실제 그림자를 마스크로 가려서 그림자가 없는 부분에만 새도 패스가 떨어지도록 해야 한다. 또한 실제 그림자와 같은 톤으로 그 영역이 단지 확장된 것처럼 보여야 한다.

[그림 11.23]
같은 광원에서 생기는 그림자는 겹치는 부분에서 두 번 어두워져선 안 되며(왼쪽), 이음새 없이 함께 섞여야 한다(오른쪽).

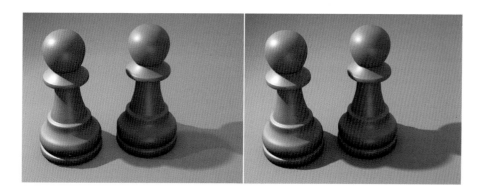

앰비언트 패스

컬러 패스Color pass라고도 불리는 앰비언트 패스ambient pass는 표면의 컬러와 텍스처를 보여 주지만 어떤 스펙큘러 하이라이트나 리플렉션, 새도, 디퓨즈 셰이딩은 포함하고 있지 않다. 앰비언트 패스 내 모든 오브젝트는 균일한 앰비언트 라이트를 받고 있다고 가정하므로 [그림 11.24]처럼 일관되게 평면적이고 균일한 톤을 갖는다. 여기에는 디퓨즈 패스처럼 표면의 명암을 보여 주는 어떠한 셰이딩도 없다. 앰비언트 패스에서 렌더링된 픽셀의 컬러는 정확히 해당 픽셀의 텍스처 맵에서 취한 컬러와 일치한다. 만일 텍스처가 없는 오브젝트라면 빛에 관계없이 서피스 컬러surface color 값을 취한다.

[그림 11.24]
앰비언트 패스는 평면적이고 장면 컬러를 균일하게 셰이딩한다.

마야에서는 앰비언트 패스를 만들기 위해 앰비언트 라이트를 사용한다. 일반적으로 앰비언트 패스에 다른 종류의 라이트는 필요 없다. 앰비언트 패스에서는 장면에 어떻게 조명을 넣든지 똑같아 보인다. 3D 스튜디오 맥스에서 앰비언트 패스를 만들기 위해서는 모든 라이트를 끄고 ambient only 항목만 체크한 라이트를 추가한다. 또한 diffuse texture element lighting 항목을 끄고 디퓨즈 패스를 렌더링함으로써 앰비언트 패스를 만들 수도 있다.

오클루전 패스

오클루전 패스occlusion pass는 섀도 패스의 가까운 친척 격으로 그림자 대신 오직 앰비언트 오클루전만 표현한다. [그림 11.25]는 완성된 장면의 오클루전 패스를 보여 주고 있다.

[그림 11.25]
오클루전 패스는 장면 내 각 서피
스 간의 거리를 측정한다.

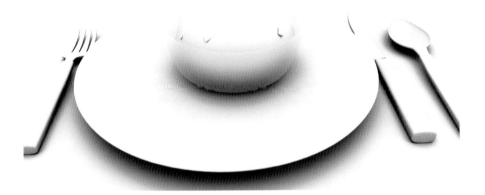

오클루전 패스는 전체 장면 또는 디퓨즈, 스펙큘러, 리플렉션, 앰비언트 같은 각각의 패스에 멀티플라이 모드로 합성한다. [그림 11.26]은 앰비언트 패스에 오클루전 패스가 멀티플라이된 전후 장면을 비교하고 있다. 멀티플라이된 오클루전 패스는 결과적으로 소프트 섀도를 동반한 아주 부드러운 조명과 유사하기 때문에 부드러운 필 라이트를 대체한 것과 같은 효과가 있다.

[그림 11.26]
앰비언트 패스(왼쪽)가 오클루전 패스(오른쪽)에 멀티플라이된 모습.

오클루전 패스는 다른 패스들과 멀티플라이 모드로 합성되므로 렌더링할 때 프리멀티플라이되지 않은 상태로 렌더링한다. 예를 들면 앞에서 본 우주선이 모션 블러를 가지고 빠르게 움직임에 따라 더 어두워지는 것을 원하지는 않을 것이다. 오클루전 패스를 프리멀티플라이해서 렌더링하고 그걸 우주선의 앰비언트나 디퓨즈 패스에 멀티플라이시키면 이런 현상이 나타난다. 오클루전 패스의 빈 공간은 완전한 white 배경이 되어야 한다.

각 지오메트리의 레이어별로 오클루전 패스를 분리해 렌더링했다면 지면과 물체 사이의 오클루전을 개별적으로 조절할 수 있다. 만일 CG 캐릭터를 실사 배경과 합성하고 있다면 캐릭터가 딛고 있는 지표면을 오클루전 효과로 어둡게 만드는 것은 현실감 있는 장면을 만들기 위해 반드시 필요하다.

3장 '그림자와 오클루전'에서 언급했듯이 앰비언트 오클루전은 서피스의 각 포인트에서 빛을 쏜다. 이것이 다른 오브젝트에 부딪히지 못하면 그 부분의 서피스 포인트를 하얗게 남기고 빛이 차단된 많은 부분을 어둡게 만든다. 이것은 이론적으로 보면 밝고 흐릿한 하늘에서 오는 빛이나 방 안을 비추는 균일한 조명을 흉내 내는 것이다.

앰비언트 오클루전은 근처 물체들의 근접도(proximity)를 근거로 장면에 음영을 드리운다. 이때 물체들의 밝기나 컬러 또는 투명도 등은 전혀 고려되지 않는다. 경우에 따라 오클루전 패스에서 일부 오브젝트를 제외시켜 근처 오브젝트의 표면이 어두워지지 않도록 하고 싶을 수도 있다. 예를 들면 오브젝트가 발광하는 전구이거나 투명한 유리로 만들어진 물체라면 그것을 오클루전 패스에서 제외한 후 오브젝트의 primary ray를 켜서 패스 안에서는 보이되 리플렉션이나 그림자는 보이지 않게 해서(secondary visibility를 꺼서) 다른 오브젝트에 오클루전을 만들지 않도록 한다.

뷰티 패스

뷰티 패스beauty pass는 사실 리플렉션, 하이라이트, 그림자 같은 모든 속성을 포함한 장면 전체를 통째로 렌더링하는 것을 일컫는다. 이런 사실을 모른다 하더라도 장면을 각각 여러 패스로 분리하기 전에 렌더링을 하고 있다면 그게 바로 뷰티 패스이다.

만약 다른 패스들을 따로 뽑아서 최종 합성할 것이라면 뷰티 패스를 렌더링하는 것은 중복 작업이다. 예를 들어 디퓨즈, 스펙큘러, 섀도 패스를 렌더링하고 오버over나 멀티플라이multiply로 합쳤다면 그것은 합성 단계에서 완전한 뷰티 패스를 재창조한 셈이 된다.

글로벌 일루미네이션 패스

글로벌 일루미네이션 패스global illumination pass는 글로벌 일루미네이션에 의해 생기는 장면 내 인다이렉트 라이트를 따로 분리한 패스이다([그림 11.27] 참조). 이것은 또한 레이트레이싱을 이용한 리플렉션이나 리프랙션을 포함하고 이것들을 별도의 패스로 뽑아내는 데 유용하다.

[그림 11.27]
글로벌 일루미네이션 패스는 오직 인다이렉트 라이트만 보여 준다.

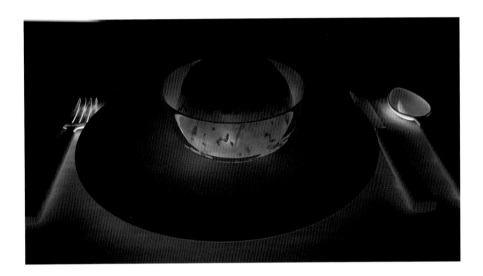

글로벌 일루미네이션 패스는 대부분 글로벌 일루미네이션 효과가 들어 있지 않은 다른 패스들과 조합하여 사용한다. 이 방법으로 다이렉트 라이트와 인다이렉트 라이트 간의 균형을 조절할 수 있다. [그림 11.28]은 글로벌 일루미네이션이 없는 뷰티 패스와 합성 과정에서 글로벌 일루미네이션 패스를 사용해 조금씩 다른 양의 글로벌 일루미네이션 효과를 더한 그림을 비교하고 있다.

글로벌 일루미네이션이 적용된 장면에서 글로벌 일루미네이션의 포톤 강도(photon intensity)를 조절하면서 매번 렌더링을 반복해 다이렉트/인다이렉트 라이트의 균형을 맞추는 것은 시간이 너무 많이 걸린다. 만일 글로빌 일루미네이션 패스를 따로 뽑아서 합성을 통해 밝기나 색상을 인터랙티브하게 변화시킬 수 있다면 장면의 룩을 원하는 대로 만들기가 훨씬 쉬울 것이다.

커스틱스caustics를 사용하는 경우에도 분리된 글로벌 일루미네이션 패스는 큰 도움이 된다. 특히 그림자와 오클루전을 각기 별도의 패스로 렌더링하고 있다면 원하는 커스틱스의 세기를 얻기 위해 합성 과정에서 약간의 미세한 조정이 필요할지도 모른다.

마스크 패스

매트 패스matte pass 또는 알파 패스alpha pass로도 불리는 마스크 패스mask pass는 장면 내 여러 물체의 위치를 나타내는 마스크를 규정하는 패스이다.

합성할 때 마스크로 이용할 수 있는 알파 채널은 렌더링한 각 레이어별로 이미 얻었다. 좀 더 많은 마스크를 한 번에 렌더링하고 싶으면 이미지상의 더 많은 채널을 이용하는 데 그 열쇠가 있다. 하나의 오브젝트에 red 원색을, 다른 것엔 blue, 또 다른 것엔 green을 적용하면 하나의 알파 외에도 마스크 정보를 갖는 세 개의 추가 채널을 얻는다. [그림 11.29]는 장면의 주요 영역을 마스킹하는 세 개의 채널로 만들 수 있는 두 가지 마스크 패스를 보여 준다.

합성 프로그램에서 red, green, blue 그리고 알파 채널을 별도의 마스크로 분리해 색상 보정이나 장면 내 특정 오브젝트에 제한적으로 조절하기 원하는 효과에 대해 사용할 수 있다. 마스크를 필요로 하는 오브젝트의 수와 종류에 따라 여러 마스크 패스를 뽑아야 할 수도 있다.

[그림 11.28]
다른 셰이더를 사용한 네 개의 구는 빛에도 각각 다르게 반응한다. 이 예제들은 이번 장에서 언급하는 속성들(attribute)을 조정함으로써 표현할 수 있다.

[그림 11.29]
자신의 red, green, blue 채널을 사용해 만든 두 개의 마스크 패스는 장면 내 모델의 매트로 사용된다.

뎁스 패스

Z-뎁스Z-depth 또는 뎁스 맵depth map으로도 불리는 뎁스 패스depth pass는 장면에 각 포인트의 깊이 정보를 저장한다. 뎁스 패스는 카메라와 렌더링된 물체 간의 거리 측정 값을 배열한다.

이런 종류의 패스는 거리에 따라 근경과 원경을 다르게 처리하거나 색조를 변화시키는 등의 추가적인 처리를 가능케 한다. 특히 규모가 큰 야외 장면에서 효과적이다. [그림 11.30]은 우주 장면에서 사용된 뎁스 패스를 보여 준다. 회색 부분이 더 밝을수록 카메라와 장면 내 거리가 가깝다는 걸 나타낸다.

[그림 11.30]
안개를 이용해 흉내 낸 뎁스 패스.

뎁스 패스 사용하기

뎁스 패스는 이미지 처리 효과를 위한 마스크로 사용할 수 있다. [그림 11.31]을 보면 뎁스 패스가 배경의 블러 효과와 색조를 차가운 회색 컬러로 변환하는 데 사용되었음을 알 수 있다. 이것은 카메라의 제한된 피사계 심도(DOF)를 흉내 냄으로써 장면에 깊이감을 더하고, 먼지층을 투과하면서 멀리 있는 바위의 색이 바래져 보이는 듯한 대기 원근법을 흉내 낸다.

[그림 11.31]
뎁스 패스를 마스크로 사용하여 대기의 원근과 피사계 심도를 표현했다.

대기 효과나 카메라의 DOF 효과가 필요한 배경이라면 어떤 것이라도 뎁스 패스를 렌더링해 볼 만하다. 안개나 먼지가 두드러지게 보이지 않는 장면이라 할지라도 뎁스 맵을 가지고 있으면 거리에 따른 색상이나 채도 조절이 가능하며 자연환경에서 흔히 볼 수 있는 색상 변화 같은 대기 원근 효과를 줄 수 있다.

뎁스 패스의 종류

사실 진짜 뎁스 패스는 이미지가 아니다. 각 픽셀 위치에 따라 저장된 값은 색상이나 음영의 변화가 아니라 정확한 부동소수점 수치로 카메라와 물체 간의 거리를 표시한다. 만일 진정한 의미의 뎁스 맵이 256단계의 그레이 스케일 이미지로 변환된다면 원래 측정한 거리 값에 비해 그 정확성은 아주 제한적일 수밖에 없다.

장면의 깊이로부터 안티에일리어싱이 들어간 결과물을 뽑아내기 위해 때로는 뎁스 패스를 흉내 낸 그레이 스케일의 렌더링 이미지를 만들기도 한다. 이 이미지는 사실 평범한 렌더링 결과에 불과하다. 어떤 부동소수점의 거리 측정 값과도 상관없다. 이런 뎁스 패스 렌더링을 셋업하기 위해선 장면 내 모든 물체가 평면적이고 일정한(constant) 재질의 화이트 컬러를 가져야 하며, 다른 셰이딩은 아무것도 들어가선 안 된다. 그 다음 뎁스 페이딩depth-fading이나 안개 효과 같은 기능을 활성화시켜 카메라로부터 멀어질수록 블랙으로 페이드 아웃 되도록 한다. 그 결과는 [그림 11.30]에서 보는 것과 비슷하다.

또한 장면 전체의 모든 지오메트리에 걸쳐 ramp를 텍스처 매핑하거나 그레이디언트를 프로젝션시켜 만들 수도 있다. 그래서 가까운 물체는 화이트로, 멀어질수록 블랙으로 만든다.

패스 관리 도구

각종 패스를 셋업하는 기존의 방법은 렌더링하려는 각 패스마다 장면 전체를 손보는 것이다. 예를 들면 스펙큘러 패스를 만들기 위해 장면 내 모든 셰이더의 디퓨즈 일루미네이션을 끄고 스펙큘러 하이라이트만 보이도록 바꾼다. 어떤 프로그램에서나 원하는 패스를 이런 식으로 셋업할 순 있지만 그다지 효과적인 방법은 아니다. 몇 가지 다른 버전으로 장면을 저장하고 필요한 패스를 렌더링하기 위해 그중 하나를 (꺼내) 수정하기 때문에 만일 모델링이나 애니메이션에 수정이 들어가면 이 장면의 각 버전을 모두 수정해야 하는 상황이 생긴다. 지난 수년간 3D 아티스트들이 멀티패스 렌더링을 일일이 이런 식으로 셋업하고 작업해 오는 동안 최신 3D 소프트웨어는 패스들을 훨씬 쉽고 효과적으로 다룰 수 있는 패스 관리 기능(pass management features)을 추가해 왔다.

대부분의 하이엔드 3D 프로그램에는 빠르고 간단하게 패스 렌더링을 만들어 주는 관리기능이 있다. 소프트웨어 안에서 패스 관리를 할 때 유리한 점은 많은 종류의 패스 설정과 유지를 3D 장면 안에서 한 번에 할 수 있다는 것이다. 레이어와 패스는 그 종류별로다른 셰이더, 라이트, 오브젝트를 갖고 렌더링 세팅이나 셰이더 값 또는 특정 오브젝트의 속성까지 모두 바꾸는 오버라이드override를 포함할 수 있다. 결과적으로 하나의 장면 파일을 갖지만 그 안에서 패스와 레이어를 넘나들며 애니메이션의 버전이 끝날 때마다 바로 렌더링할 준비가 갖춰지는 것이다.

여러 패스들은 여러 개의 이미지 파일로 분리하거나 멀티 레이어를 가진 하나의 큰 파일로 렌더링해 낼 수 있다. 하나의 파일 안에 많은 패스와 레이어를 기록하는 것이 편리하지만 대부분의 스튜디오에서는 각 패스별로 파일을 나누어 렌더링한다. 만약 각 패스가 별도의 파일들로 저장된다면 이후에 지우거나 다시 렌더링하거나 다른 컴퓨터에서 렌더링하거나 또는 여러 가지 버전으로 저장한 패스들을 아무 때나 액세스해 선택할 수 있다. 각 패스의 렌더링이 끝나기 전에 렌더링 작업이 충돌을 일으키거나 다운된다고 해도 분리한 파일은 그대로 유지되고 처음부터 다시 시작하지 않아도 된다.

여러 가지 패스를 한 번에 렌더링하기

대부분의 3D 소프트웨어는 최소한 컬러 패스와 알파 채널, 그리고 뎁스 패스 정도는 동시에 렌더링할 수 있다. 그 이상 렌더링하기 위해선 패스들이 순차적으로 렌더링되어야 한다. 많은 패스들을 동시에 뽑기 위해 여러 개의 렌더 잡render job을 수행하는 대신 프로그래밍으로 해결하는 렌더러들도 있다. 픽사의 렌더맨이 지원하는 Arbitrary Output Variables(임의 결과 변수)가 대표적인 예다. 렌더맨은 하나의 메인 이미지(뷰티 패스 같은)를 렌더링하는 동안 동시에 많은 다른 이미지 파일을 기록할 수 있다. 스펙큘러, 리플렉션, 그림자, 여러 개의 마스크뿐만 아니라 심지어 독립된 여러 라이트별로 나누는 것이 가능하다. 만약 각기 다른 오브젝트가 보이는 서로 다른 레이어를 렌더링하고 싶다면 여전히 차례차례 렌더링해야 한다. 하지만 여러 패스를 동시에 렌더링하는 옵션을 쓸 수 있다면 엄청난 시간을 절약하는 셈이 된다.

합성 단계에서의 라이팅 Lighting in the Composite

장면의 규모가 커지면 커질수록 사용한 라이팅 결과를 합성 과정에서 조정할 수 있다. 3D상에서와 같이 라이트를 조절하거나 방향을 잡는 과정을 합성 단계에서 완벽하게 대체할 수는 없더라도 많은 수정 사항을 빠르고 인터랙티브하게 처리함으로써 때로 라이팅을 다시 하거나 장면 전체를 재렌더링해야 하는 상황을 피할 수 있다.

별도의 패스로 라이트 렌더링하기

라이팅 패스lighting pass는 멀티 패스 렌더링 중 하나의 선택 사항으로 합성 과정에 상당한 융통성과 관리를 더한다. 뷰티 패스 전체를 한 번에 렌더링하는 대신 [그림 11.32]와 같은 다양한 라이팅 패스를 렌더링할 수 있다. 각각의 라이팅 패스는 레이어상에서 하나의 라이트(또는 한 그룹의 라이트)의 영향력을 보여 준다. 라이팅 패스는 해당 라이트를 제외하고 나머지를 전부 숨긴 채 렌더링해서 만들어 낼 수 있다.

[그림 11.32]
키 라이트(왼쪽), 필 라이트(가운데), 림 라이트(오른쪽)를 각각 다른 패스로 렌더링했다.

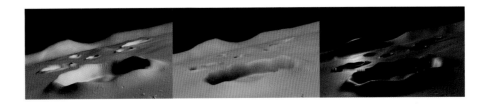

그림상의 세 가지 패스는 합성 과정에서 모두 더해진다. 스펙큘러나 리플렉션 패스를 합성할 때와 마찬가지로 add나 screen 모드를 사용한다. 합성하는 동안에 각 라이팅 패스의 밝기나 컬러를 각기 세부적으로 조정해서 [그림 11.33]처럼 색다른 라이팅 효과를 만들어 낼 수 있다.

[그림 11.33]
각 라이트 패스들을 다른 정도로 합성하여 표현 범위를 인터랙티브하게 조절할 수 있다.

물론 십중팔구는 레이어 및 각 라이트별로 개별적인 라이팅 패스를 렌더링할 만한 시간이 없을 것이다. 하지만 굳이 시간을 들여 라이팅 패스를 따로 렌더링해야 할 몇 가지 경우가 있다.

• 일단 키 라이트는 따로 떼어놓을 가치가 있다. 다른 라이트들과 오클루전 패스는 멀티플라이시키되 키 라이트만 따로 차단해 그림자의 방향성을 유지하도록 한다.

• 글로 효과를 유발하는 스펙큘러 라이트같이 합성 단계에서 처리되는 라이트들은 어떻게든 항상 따로 처리해야 한다.

• 애니메이션이니 합성 과정에서 끄고 켤 생각이 있는 라이트들은 독립시켜야 한다.

예를 들어 폭발 시 섬광은 별도의 라이팅 패스로 렌더링한다. 일단 모든 효과를 장면 내로 합성할 때 별도의 패스로 애니메이션되는 라이팅을 소스의 컬러와 타이밍에 정확히 일치시킨다.

- 너무 밝아서 과다 노출이 될 수 있는 라이트들은 분리된 패스로 뽑아야 한다. 그래서 그 강도를 과도할 만큼 낮춘 후 합성에서 필요한 만큼만 밝게 한다.

- 앰비언스나 인캔더선스 셰이더로 밝아진 오브젝트를 위해 별도의 라이팅 패스를 렌더링한다. 다른 라이팅 패스에 대해서는 해당 셰이더의 파라미터 값을 오버라이드override시킨다. 우리는 여러 라이팅 패스가 더해지면서 너무 밝게 나오는 영역이 생기는 건 바라지 않는다.

필요할 경우 합성 작업을 통해 패스의 밝기나 채도를 언제든지 높일 수 있다. 합성 단계에서 필요에 따라 빛의 밝기나 채도를 증폭시키는 방법을 알고 있다면 패스별로 (필요한 요소만큼) 꼼꼼히 세분화하여 렌더링하게 된다.

리라이팅 툴

어떤 합성 프로그램에서는 플러그인이나 그 외의 방법으로 이미 렌더링된 레이어를 다시 라이팅하는 것을 허용한다. 이런 방법을 사용하려면 서피스상의 각 포인트가 면하고 있는 방향을 나타내는 서피스 노멀surface normal 정보를 3D 장면에서 렌더링해야 한다. 노멀 패스normal pass라고도 불리는 이 정보는 합성하는 동안 다른 방향에서 들어온 라이트를 흉내 낸다. [그림 11.34]는 아이스크림 장면의 노멀 패스를 보여 준다.

처음부터 렌더링을 다시 하지 않고 (합성으로) 만들어지는 라이팅의 변화에는 심각한 한계가 있다. 만약 그림자 모양이 달라지거나 그림자가 다른 방향으로 떨어지기를 바란다면 렌더링 과정은 3D 모델에 달려 있다. 높은 품질의 렌더링은 서브 픽셀sub-pixel 수준의 디테일과 안티에일리어싱에 의존하는데, 이것은 합성 소프트웨어에서 라이팅을 변조시키는 기능으로는 유지할 수 없다. 머리카락이나 풀 등을 담당하는 레이어들은 종종 한 픽셀보다 작은 단위로 달라지는 서피스 노멀에 의존한다. 그래서 합성 과정에서 복잡하거나 털이 많은 장면을 다시 라이팅하는 것은 별 효과가 없다.

[그림 11.34]
노멀 패스는 합성 단계에서 2D 라
이팅에 필요한 서피스 앵글 정보를
제공한다.

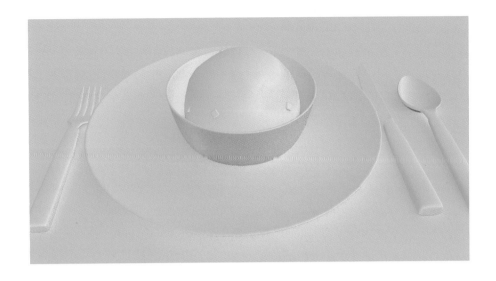

라이브 액션 실사 배경과 일치시키기 Matching Live-Action Background Plates

실사 배경 플레이트(background plate)란 대부분 라이브 액션 필름이나 비디오에서 캡처해 와 CG상의 한 요소로 추가되는 연속된 프레임을 말한다.

많은 3D 프로그램들에는 애니메이션 창에서 실사 배경을 보여 주는 기능이 있다(프로그램에 따라 image plane이나 rotoscope background 같은 기능이 그런 것들이다). 일단 3D 장면이 실제 샷과 동일한 촬영 각도로 정렬되면 다음으로 실제 환경의 조명 상태와 일치시키는 문제가 기다리고 있다. 3D 렌더링 패스를 촬영한 실사 배경과 통합하기 위해서는 실제 광원의 방향, 컬러, 톤을 맞추는 과정이 필수적이다.

레퍼런스 볼과 라이트 프로브

반짝이는 반사 볼(reflective ball)과 무광의 매트 볼matte ball은 해당 장소의 빛의 위치와 컬러를 측정하는 도우미로 이상적인 물건들이다. 반사 볼은 트리의 장식품이나 볼 베어링 또는 천장 감시 카메라의 덮개 용도로 판매되고 있다. 매트 재실의 공으론 석고가 이상적이지만 스티로폼 공이 더 휴대하기 쉽고 사용하기 좋을 수도 있다. 공을 회색으로 칠하고 와이어에 달아 천장에 고정시키면 된다.

매트 볼

조명 환경에서 매트 볼을 포함해 촬영된 사진은 각 방향에서 물체에 닿는 빛의 색을 추출하는 데 아주 훌륭한 역할을 한다([그림 11.35] 참조). 다음 사진처럼 합성될 실사 배경을 촬영한 것과 같은 카메라로, 그리고 같은 세팅으로 동시에 디지털화될 때 가장 이상적이다.

[그림 11.35]
장면 내 다른 색상을 조사하기 위해 매트(무광) 재질의 회색 공을 불과 창문 사이에 놓았다.

[그림 11.36]
레퍼런스 볼reference ball에서 RGB 색상 값을 추출함으로써 3D 라이팅과 맞출 정확한 컬러 값을 알아낼 수 있다.

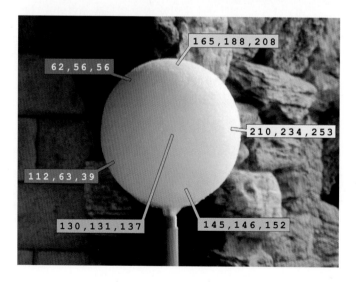

컬러 매치의 정확성을 높이기 위해 [그림 11.36]처럼 공에서 특정 RGB 값을 찍어 보자. 그 다음 이 RGB 컬러를 3D상에 설치한 상응하는 방향의 라이트 컬러에 직접 지정한다 (assign).

3D 장면의 라이팅을 발전시키는 과정에서 공 이미지를 3D 배경으로 불러들여(import) 그 앞에 3D 스피어sphere 오브젝트를 만들자. 이 오브젝트를 기준으로 해서 여기에 생기는 세이딩이 배경에 깔아놓은 사진의 공과 비슷해지도록 인피니트infinite나 디렉셔널 directional 라이트를 조절한다.

실제 환경에서 어떤 지점에 닿은 색깔을 연구해 보는 것은 3D 라이팅 작업을 위한 아주 훌륭한 연습 방법이다. 실사 배경의 라이트와 당장 매치시키는 작업이 아니더라도 이런 과정을 반복하면서 색깔에 대한 감각이 더 좋아지므로 해볼 만한 가치가 있다.

[그림 11.37]
미러 볼은 주변 환경의 반사된 이미지를 캡처한다. 이 이미지는 레퍼런스나 리플렉션 맵으로 사용된다.

미러 볼

[그림 11.37]의 주변 환경을 반사하는 미러 볼mirror ball 은 각 라이트의 각도와 상대적 밝기를 좀 더 정확하게 결정하는 데 도움을 준다. 또한 오브젝트의 하이라이트와 리플렉션을 만드는 가이드 역할을 한다. 최종적으로 합성될 배경과 동일한 위치의 카메라에서 촬영하는 게 가장 좋다.

매트 볼과 마찬가지로 미러 볼도 3D 장면 안으로 불러올 수 있다. 반짝이는 3D 스피어를 만들었다면 가장 밝은 라이트에서 오는 하이라이트를 볼 수 있어야 한다. 그리고 이것을 배경의 미러 볼의 하이라이트와 일치시킨다.

주변 환경을 반사하는 볼의 이미지를 갖고 있을 때 부가적인 이점은 그것을 오브젝트의 리플렉션 맵으로 활용할 수 있다는 점이다([그림 11.38] 참조). 얻은 이미지를 프로젝션시키는 가장 좋은 방법은 3D 전체 화면을 둘러싸는 거대한 스피어 면에 플레너 프로젝션시키고 스피어는 리플렉션만 렌더링되도록 한다.

[그림 11.38]
미러 볼을 통해 얻은 이미지로 완벽한 리플렉션 맵을 만들 수 있다.

라이트 프로브 이미지

앞에서 설명한 것처럼 실제 환경에서 오는 자연광을 3D 환경과 일치시키는 전통적인 접근법은 인피니트 라이트나 디렉셔널 라이트를 배열해서 사용하는 것이다. 일단 각각의 라이트가 적절하게 조절되고 각 방향의 컬러와 밝기가 맞으면 이 방법은 실제와 같은 라이트 매치와 렌더링을 뽑아낼 수 있다.

실제 라이팅 환경을 재창조하는 또 다른 방법은 실사 배경과 같은 장소에서 촬영된 라이트 프로브 이미지light probe image를 이용하는 것이다. 라이트 프로브 이미지는 물체 주위의 모든 방향에서 들어오는 빛을 전부 담는다. 이것들은 현장에서 미러 볼을 촬영해 만들 수 있다. 그 다음 실제 환경에서 기록된 컬러와 톤을 가지고 물체를 조명하는 데 사용한다. 단지 하나의 라이트 프로브 이미지만 가지고도 마치 전체 3D 장면을 둘러싼 거대 스피어가 광원인 것처럼 3D 오브젝트는 모든 방향에서 조명을 받게 된다.

미러 볼을 이용해 촬영된 평범한 사진과 달리 라이트 프로브 이미지는 HDRI(High Dynamic Range Image)에 속한다. 이 말은 보이는 이미지 범위를 크게 초과하는 노출

[그림 11.39]
HDRI은 노출 단계별로 정확한 컬러를 표현한다.

허용치를 포함할 수 있다는 뜻이다. 라이트 프로브 이미지를 촬영하기 위해서 카메라는 각기 다른 노출 세팅에 따라 장면을 연속 촬영하도록 프로그래밍되어야 한다. [그림 11.39]에서는 가장 밝은 빛에서 가장 어두운 빛까지 노출 변화를 볼 수 있다. HDRI를 사용하지 않으면 장면 내 가장 밝은 라이트는 그저 순색의 화이트 하이라이트로 클리핑(일정 범위 이상은 모두 범위 내 최댓값으로 낮춰져 제한)된다. 그러면서 이 범위에 해당하는 상대적인 밝기나 컬러 정보는 모두 잃는다. HDRI를 사용하게 되면 라이트 프로브 이미지는 정확하게 모든 광원의 컬러와 상대적 밝기를 기록할 수 있다.

라이트를 일치시키는 다른 방법들

라이트 프로브 이미지나 미러 볼을 항상 쓸 수 있는 것은 아니다. 그리고 모든 프로덕션이 라이팅에 필요한 특별한 샷을 위해 멈춰 기다려 주리라고 기대할 수도 없다. 때로는 합성될 실사 배경 촬영 현장을 방문할 수조차 없는 경우도 있다.

여러 종류의 공을 이용해 광량을 측정하는 데 성공했다 하더라도 장면 내 라이팅은 재측정할 기회 없이 변할 수 있다. 또한 한 장면, 한 장소에서 사용된 공은 다른 지점의 라이팅에 대한 정보를 줄 수 없다. 이것을 충족하려면 공간 내 모든 지점의 빛을 측정하기 위한, 사실 무한대의 프로브가 필요할 것이다.

만일 촬영 현장에 같이 갈 수 있다면 라이트 매치를 도와주는 다른 방법들을 사용해 볼 수 있다.

- **세트에 카메라를 가져가라** : 참조할 만한 세트와 조명 사진을 찍는다. 텍스처 맵으로 사용할 것을 생각해서 벽이나 바닥 등을 수직으로 찍는다. 리플렉션 맵으로 사용할 것을 생각해서 광각이나 파노라마로 현장을 촬영한다.

- **세트에 줄자를 가져가라** : 촬영 전에 세트의 청사진을 구할 수 있는지 물어본다. 하지만 원래 도면이 정확할 것이라고 믿지는 말자. 줄자를 이용해 충분한 정보를 수집한다. 그러면 필요할 때 3D상에서 정확한 세트 모델을 만들 수 있다.

- **촬영 과정 동안 생긴 변화들을 눈여겨보라** : 실내 스튜디오에서는 촬영 중에 라이트를 조절하고 심지어 벽이나 소품들도 위치가 바뀐다. 야외 촬영 중에는 날씨나 하루 중 시간에 따라 여러 가지 변화가 생긴다.

만일 촬영 현장에 따라갈 수 없거나 실사 배경 이미지가 상용 이미지 혹은 다른 자료에서 나온 것이라 해도 다른 방법을 통해 라이트를 매치시킬 수 있다.

- **실사 배경 소스의 그림자를 연구하라** : 3D상에서 그림자의 방향과 길이가 매치된다면 그 라이트는 올바른 위치에 있는 것이다.

- **빛의 컬러를 찾기 위해 실사 배경의 물체를 이용하라** : 실사 배경 이미지에서 흰색이나 회색 물체를 찾아 RGB 값을 찍어 본다.

- **3D로 만들어 매치가 가능할 것 같은 (참조) 물체를 실사 배경 소스에서 찾아라** : 3D 오브젝트와 실제 물체를 정렬함으로써 빛과 하이라이트가 어떻게 3D 모델 위에 떨어지는지 비교해 볼 수 있다. 3D 오브젝트가 뒤에 깔린 실사 배경과 같은 조명을 받도록 조정한다.

모든 프로덕션에서 여러 가지 다른 방법들을 만들어 낼 것이다. 하지만 지금까지 설명한 기본적인 방법만으로도 실사 배경과 3D상의 라이트를 매치시킬 수 있어야 한다.

Exercises

1 프로젝트를 진행하다 보면 대부분 여유 없이 꼭 필요한 패스만을 렌더링하게 된다. 여기서는 연습 삼아 보편적인 10종류의 패스를 모두 렌더링해 보자. 그리고 다른 패스들을 조합해서 뷰티 패스와 똑같이 만들 수 있는지 보자.

2 3D 오브젝트가 실사 배경과 합성된 장면이 들어간 영화를 빌려서 보라. 그리고 한 프레임을 잡아 스스로에게 질문한다 : 어떻게 섀도 패스를 기존에 존재하는 실사 배경의 그림자와 매치시키고 합쳤는가? 3D 요소의 blook 레벨과 어두운 톤은 기이브 액션 장면과 잘 어울리는가? 컬러, 채도의 수준은 일관성이 있는가?

3 기존에 하나의 패스로 렌더링된 3D 장면을 불러와 여러 가지 레이어와 패스로 나누어 보자. 예를 들어 하이라이트 패스에서는 가장 사실적인 하이라이트를 얻도록 각 렌더링의 양상을 발전시켜 본다. 그 결과물들을 합성하고 레이어를 조절해서 원래의 렌더링보다 얼마나 향상되었는지 살펴본다.

12 CHAPTER
프로덕션 파이프라인과 전문가가 갖춰야 할 것들
Production Pipelines and Professional Practices

3D 렌더링과 라이팅 분야에서 처음 일을 시작한다면 이와 관련하여 먼저 결정해야 할 여러 가지 것들이 있다. 단지 라이팅 분야에서만 전문가가 될 것인가? 아니면 다른 기법에도 능숙해야 하는가? 다른 어떤 기술이 라이팅을 가장 잘 보완할 수 있는가? 라이팅 TD(Technical Director)로 나아가리라는 희망을 품고 로토스코핑rotoscoping 같은 다른 종류의 일도 받아들여야 하는가? 이번 장에서는 여러분이 복잡한 필름 스튜디오에 들어가 프로덕션 파이프라인의 일부가 되는 것이 어떤 것인지 이해하고, 라이팅 쇼릴showreel을 발전시키는 법과 구직 과정을 포함해서 실무에서 부딪히는 여러 가지 쟁점과 문제들에 대해 논의한다.

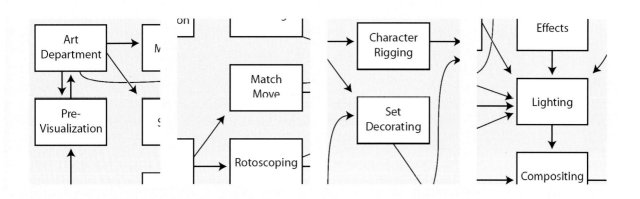

프로덕션 파이프라인 Production Pipelines

만약 여러분이 집이나 학교 또는 작은 회사에서 컴퓨터 그래픽과 관련된 일을 해왔다면 극장용 장편 애니메이션이나 영화의 특수 효과를 제작하는 대형 스튜디오의 여러 직책들에 익숙하지 않을 것이다.

회사는 대규모의 스케줄에 맞춰 많은 양의 특수 효과나 애니메이션을 완성하기 위해 수백 명의 직원들을 조직화해야 한다. 이런 규모에서는 프로덕션 파이프라인production pipeline이라 부르는, 부서를 넘나들며 아티스트들이 전체 CG 작업에 참여하는 시스템이 반드시 필요하다.

이 장에서는 특수 효과 스튜디오와 3D 애니메이션 스튜디오에서 대표적으로 볼 수 있는 부서와 직책을 간단히 살펴보고 전체 파이프라인의 일부로서 그들이 어떻게 함께 일하는지 알아보도록 하겠다.

장편 애니메이션 계획하기

애니메이션 스튜디오의 스토리 부서(story department)는 감독과 편집자들이 같이 작업한다. 스토리를 어떻게 발전시키며 개별적인 샷과 시퀀스로 나눌지 계획한다. 그 다음 레이아웃 부서(layout department)에서 영화 내 모든 샷을 셋업한다. 이때 구도와 촬영 각도, 카메라의 움직임 등을 고려한다.

스토리

스토리는 스튜디오 내에서 가장 중요한 부서 중 한 곳이다. 스토리가 마음을 사로잡지 못하면 모델링이나 라이팅, 애니메이션이 얼마나 잘 됐는지에 상관없이 관객들은 전혀 관심을 갖지 않는다. 작업이 아무리 잘 되어도 취약한 스토리를 보완할 순 없다.

스토리 아티스트들은 원래 종이에 작업을 한다. 스토리의 분할과 시퀀스가 어떻게 보일지 생각이 떠오르면 스토리 보드에 그리고 감독에게 그 아이디어를 프레젠테이션하는데, 이 과정을 피치pitch라고 부른다. 스토리는 많은 수정을 거친다. 그래서 승인이 난 시퀀스라고 해도 시간이 지나면서 여러 번 바뀌기 십상이다. 전통적으로 애니메이션 분야에서는 스토리 보드 형식을 통해서 스토리를 필름으로 다듬고 발전시켜 왔다. 어떤 스튜디오에서는 마치 라이브 액션 필름을 계획하는 것처럼 시나리오 대본을 먼저 쓰고 실제 제작에 들어가기 전에 승인이 나야 한다고 주장하는 프로듀서들도 있다. 그러나 최초 시나리오가 먼저 있다고 해도 스토리의 계획과 이야기는 애니메이션을 시작하기 전에 스토리 보드 형식에서 발전되고 수정돼야 한다.

애니매틱animatic이라고도 불리는 스토리 릴story reel은 애니메이션으로 만들어지기 전에 처음으로 영화 전체의 시퀀스를 다 모은 일종의 프리뷰라고 할 수 있다. 스토리 부서에서는 영화의 편집 스태프와 작업하면서 스토리 보드상의 각 샷을 전부 스캔하고 모두 각 시퀀스의 프리뷰로 편집해서 스토리 릴을 만든다. 한 깡의 드로잉으로 잘 표현되지 않는 카메라의 움직임이 있다면 합성 프로그램이나 간단한 3D로 움직이는 그래픽을 만들기도 한다. 많은 애니메이션 필름의 DVD에 들어 있는 삭제 장면 항목을 보면 부분적으로나마 스토리 릴이 실제 장면에서 어떻게 보이는지 아이디어를 얻을 수 있다.

감독은 대부분 많은 버전의 스토리 릴을 본다. 그러면서 애니메이션에 들어가기 전에 이야기의 호흡을 발전시키려고 노력한다. 때로는 시퀀스가 짧아지기도 하고 합쳐지기도 하면서 이야기를 빨리 진행시키거나 짧게 만들기 위해 삭제되기도 한다. 큰 프로젝트일수록 시퀀스들을 완전히 애니메이션하고 렌더링하는 대신 연필 스케치를 통해 스토리를 수정하는 과정을 수 차례 거침으로써 수백만 달러를 절약할 수 있다.

편집자들은 스토리 릴을 계속 수정하고 업데이트시킨다. 샷이 애니메이션되면 편집자들은 스토리 보드에서 스캔한 그림을 움직이는 샷으로 대체한다. 그러면서 때로는 타이밍에 조금씩 수정을 가하기도 한다. 최종적으로 완전히 조명이 들어가고 렌더링된 장면 모음(footage)으로 애니메이션 테스트를 대신한다. 스토리 릴의 사운드 트랙sound track은 종종 감독이나 애니메이터, 또는 다른 직원들이 연기하는 대사로 시작하지만 최종 캐스팅이 확정되고 나면 전문 배우들이 그 역할을 대신한다.

스토리 릴이 영화의 완전한 프리뷰에 가까워지면서 실제 관객에게 보이고 그 반응을 얻을 수 있다. 경우에 따라선 많은 변화들이 이 테스트 스크리닝test screening을 근거로 이루어진다. 결국 필름의 최종 컷이 된 릴이 극장에서 상영될 것이다.

레이아웃

스토리 부서에서 스토리 보드를 완성하고 그것들을 릴로 옮긴 다음에는 레이아웃 아티스트들이 3D 카메라의 위치와 애니메이션 그리고 샷의 구도에 대해 책임을 지게 된다. 레이아웃 아티스트들은 영화의 각 샷을 3D로 만드는 실제 제작 과정의 파이프라인 중 첫 번째에 속한다. 스토리 보드나 스토리 릴을 가이드 삼아 감독과 협의하며 각 샷의 장면을 잡는다. 때로는 여러 가지 버전의 카메라 움직임을 만들면 감독은 이 중에서 전체 장면을 다루기에 가장 좋은 것으로 하나를 선택한다. 모델링 부서에서 세트와 캐릭터 모델이 만들어지면 레이아웃 아티스트들도 필요한 모델을 샷 안으로 불러와 위치에 맞게 배치한다.

샷에서 캐릭터의 움직임이 중요한 부분이라면 최소한 한 장소에서 다른 장소로 움직이는 정도의 애니메이션을 레이아웃 아티스트들이 직접 캐릭터에 대략적으로 적용해 보는 경우도 있다. 임시로 만든 움직임이 나중에 애니메이터가 만든 완벽한 캐릭터 애니메이션으로 대체될지라도 레이아웃 아티스트가 잡았던 구도와 카메라의 움직임은 최종 필름의 한 부분이 된다. 카메라의 표현이 일관성 있게 유지되도록 확실히 하기 위해서 때로는 시퀀스의 모든 샷에 걸쳐 피사계 심도를 조절할 수도 있다.

비주얼 이펙트 샷 준비하기

비주얼 이펙트 스튜디오visual effect studio는 장편 애니메이션 스튜디오와는 다르게 작업을 시작한다. 즉 그리는 것으로 시퀀스를 만드는 대신 컴퓨터 그래픽과 라이브 액션 필름 간의 통합에 중점을 둔다.

비주얼 이펙트 스튜디오에서는 스토리 부서가 없을 수도 있다. 스토리는 십중팔구 영화에 시각 효과를 추가하기로 결정하기 한참 전에 쓰여졌다. 대신 프리비주얼라이제이션 부서(previsualization department)가 시각 효과와 라이브 액션 필름을 합치는 것은 물론 감독이 라이브 액션 장면을 찍기 위한 계획도 돕는다.

애니메이션에서 레이아웃 부서가 디자인했던 카메라의 움직임 대신에 여기서는 매치 무브 부서(match move department)가 카메라의 각도와 움직임을 대부분 실제 카메라(live-action camera)의 그것에서 따온다. 마지막으로 로토스코핑 부서(rotoscoping department)에서 라이브 액션 필름의 요소들을 따서 마스크나 매트로 만든다.

프리비주얼

프리비주얼라이제이션previsualization 또는 프리비스previs는 라이브 액션이나 시각 효과가 들어간 샷을 간단한 3D 그래픽으로 프리뷰하는 방법이다. 이를 통해 실제 촬영에 들어가기 전에 시퀀스나 카메라의 동선 계획을 세울 수 있다. 어떤 회사에서는 촬영 전에 복잡한 시퀀스 계획을 돕기 위해 감독에게 프리비주얼previsual 서비스를 제공한다.

심지어 어떤 감독들은 촬영 전에 영화 전체 장면을 모두 프리비주얼 한다. 프리비주얼을 통해 감독은 카메라 각도를 인식하고 액션이나 스턴트가 장면 안에 어떻게 들어가야 할지 정확히 이해하여 일반적으로 좀 더 빠르고 효과적인 라이브 액션 촬영을 만들어 낼 수 있다.

최선의 프리비주얼은 촬영이 들어가기 전에 완성되는 것이지만 비주얼 이펙트 스튜디오에서는 이미 촬영이 끝난 실사 배경에 맞춰 시각 효과가 들어갈 시퀀스의 프리비주얼만 만들지도 한다. 프리비주얼은 장면 내 어디에 3D 요소가 등장하고 시각 효과가 나타나야 하는지, 어떤 미니어처나 모델이 만들어져야 하는지, 실제 특수 효과(연기나 폭발같이 실제로 촬영되는 효과들)들을 어떻게 촬영해야 하는지 등의 결정을 도와준다.

프리비주얼 아티스트는 신속하고 상호적으로 작업할 수 있어야 한다. 그리고 감독의 요구하에 카메라를 움직이거나 장면 내 요소를 변경하면서 많은 경우 감독과 같이 작업하게 된다.

매치 무브와 버추얼 세트

매치 무브 부서(match move department)는 3D 생물체나 효과를 라이브 액션 필름과 합칠 때 3D상의 카메라를 실제 카메라와 일치시키는 작업을 한다.

라이브 액션을 찍는 촬영감독이 샷에서 카메라를 움직인다면 매치 무브 아티스트들은 실제 카메라의 움직임과 프레임별로 일치하는 애니메이션이 들어간 카메라로 3D 장면을 만든다. 이 작업을 3D 카메라 트래킹이라고 부르며 3D 이퀄라이저3D Equalizer(www. 3dequalizer.com) 같은 상용 프로그램이나 일부 3D 프로그램에 포함된 기능 혹은 스튜디오 내부에서 자체 개발한 프로그램을 이용해 할 수 있다.

매치 무브 아티스트는 카메라 자체를 매치시키는 것 외에도 매치 무브 지오메트리match move geometry라고 부르는 버추얼 세트virtual set(가상 세트)를 만들기도 한다. 이것은 실사 촬영에 사용되는 세트의 실제 치수를 꼼꼼히 측정하여 만들어진다. 예를 들어 실제 집을 통과해 배우를 쫓는 3D 괴물을 보여 주는 장면이라면 매치 무브 아티스트들은 정확하게 마루머 벽, 그 밖에 다른 라이브 액션 장면에서 보여지는 주요 표면들을 모델링한다. 그리고 이렇게 만들어진 버추얼 세트를 [그림 12.1]처럼 실사 촬영된 화면 위에 포개 놓을 것이다. 만일 와이어 프레임 모델들이 샷 내내 촬영된 실제 세트와 일치한다면 이것은 3D 카메라가 실제 카메라와 정확하게 매치되었다는 걸 증명하는 것이다.

[그림 12.1]
매치 무브 부서에서는 지오메트리
(더미 모델)를 실사 배경 이미지
위에 겹쳐 얹어 3D 카메라가 제내
로 놓여졌는지 확인한다.

버추얼 세트는 최종 작품에서 보이지 않더라도 다른 부서들에서 실사 소스와 통합하는 과정에 사용하게 될 것이다. 예를 들어 캐릭터 애니메이터들은 버추얼 세트에 대응해서 캐릭터의 위치나 움직임을 연출할 것이다. 이펙트 아티스트들은 연기나 불, 물, 그 밖에 가구나 벽에 의해 제한을 받는 여러 효과들의 다이내믹 시뮬레이션의 일부로 버추얼 세트를 사용한다. 라이팅 아티스트들은 실제 세트의 창문이나 전등으로 생겨나는 빛의 위치를 맞추는 데 버추얼 세트를 이용한다. 또한 섀도나 리플렉션 패스를 렌더링할 때도 쓴다. 그래서 합성된 그림자나 반사는 벽, 문 또는 장면상의 지형의 흐름을 따라가게 된다.

최근의 시각 효과에 중요한 부분을 차지하는 사람이 매치 무브 아티스트들이다. 전통적으로 시각 효과가 들어간 샷은 고정된 카메라로 촬영되어 왔다. 시각 효과를 위해 두 이미지가 정렬될 때 이 카메라는 항상 같은 상태로 움직임이 없다. 그러나 오늘날 장편 영화에서 감독들은 시각 효과가 들어간 샷에 대해서도 다른 샷처럼 마음껏 카메라를 움직일 수 있다. 이것은 시각 효과의 결합을 더 멋지게 보이게 하고 촬영감독의 창의성을 보장한다.

매치 무브 아티스트는 종종 입문 수준의 포지션으로 여겨진다. 일단 매치 무브에서 시작한 후에 전체 파이프라인 속에서 회사가 사용하는 소프트웨어를 가지고 일하는 경험을 쌓게 된다. 그리고 나중에 모델링, 애니메이션, 라이팅 같은 부서로 이동할 수 있다.

매치 무브 부서의 수장은 영화의 스태프들과 함께 여러 촬영지를 돌아다니는 몇 안 되는 비주얼 이펙트 스튜디오 직원 중 하나이다. 그는 현장에서 실제 세트의 자세한 치수, 카메라 위치를 접수하고 거리를 측량하거나 지형을 둘러본다. 또 어떤 샷에서는 장면 안에 보이는 트래킹 마커tracking martker를 놓아 3D 카메라의 트래킹을 용이하게 만든다. 이 표시들은 나중에 로토스코핑rotoscoping 부서에서 보이지 않게 지울 것이다.

로토스코핑

라이브 액션과 3D 애니메이션이 통합되는 샷에서 때로는 3D 생물체나 캐릭터가 실제 배우나 물체 뒤에 배경으로 등장할 때가 있다. 이렇게 만들려면 샷의 각 프레임마다 등장하는 배우나 물체의 정확한 모양과 위치를 알려주는 매트matte가 필요하다. 이렇게 움직이는 매트를 그리는 과정을 로토스코핑rotoscoping 또는 로토roto라고 부른다.

일단 로토스코퍼 또는 로토 아티스트가 전경의 배우에 맞는 움직이는 매트를 만들어 내면 그 뒤에 3D 요소를 끼워 넣는 게 쉬워진다. 로토 작업물은 다른 효과에도 이용된다. 이를테면 배우 위에 드리워진 3D 캐릭터의 그림자라든가, 블러링bluring, 샤프닝 sharpening, 또는 장면 내 부분별로 색 보정(color-correcting) 효과를 주는 데도 사용된다.

3D 캐릭터와 실제 배우를 합성해서 같이 볼 수 없다면 그들 사이의 상호 작용을 프리뷰하기는 대단히 어려워진다. 그래서 애니메이터들은 심지어 테스트 애니메이션을 위해서만이라도 로토 작업을 가능한 한 일찍 얻기를 원한다. 라이팅 아티스트들 역시 로토스코핑된 라이브 액션의 배경에 3D를 포함한 최종 샷의 프리뷰를 요구한다. 아주 거칠게 대강 작업된 로토지만 빨리 만들어 이후에 발전될 샷의 프리뷰를 돕기 위해 라이터와 애니매이터들에게 나눠주는 경우가 종종 있다. 물론 최종 요소들의 합성을 시작하기 전에는 훨씬 깔끔하고 정확한 로토가 필요하다.

로토스코핑은 육체적으로 고된 일이다. 왜냐하면 프레임 단위로 움직이는 사람의 외곽선을 따서 모션 블러와 움직임의 모든 측면을 일치시켜야 하는 작업이기 때문이다. 로토 아티스트는 대부분 스튜디오에서 처음 시작하는 포지션이다. 로토에서 시작한 다음 텍스처 페인팅이나 합성 또는 다른 포지션으로 이동한다. 로토 아티스트들은 움직이는 매트를 따는 것 외에도 스캔된 필름 프레임에서 먼지나 스크래치를 지우거나 샷 내 표시했던 트래킹 포인트(마커)를 제거하는 단순 리터칭 작업도 한다.

핵심 부서들

지금까지 우리는 장편 애니메이션 스튜디오와 비주얼 이펙트 프로덕션 간의 차이에 대해 알아봤다. 그러나 일단 프로덕션 파이프라인의 초기 시작점을 넘어서면 공통된 작업—모델 디자인과 구축, 캐릭터 애니메이션과 효과 부여, 그리고 렌더링 이미지가 어떻게 보일지 결정하는 일 등—을 둘러싸고 많은 중심 부서들이 컴퓨터 그래픽 파이프라인 안에서 서로 연관돼 있다.

아트 부서

아트 부서는(art department) 스튜디오에서 만들어 낼 모든 장면, 생명체, 캐릭터, 이펙트 등의 컨셉이나 디자인을 담당한다.

아트 부서에서 만들어진 작업은 장면과 캐릭터가 어떻게 보여질지를 알려주는 컨셉 드로잉을 포함한다. 예를 들면 캐릭터의 최종 디자인을 표현하는 마켓marquette이라 부르는 작은 입체 조형물이나 작품 전체의 컬러 스킴을 범위 짓는 컬러 스토리 보드(또는 컬러 스크립트) 등이다.

아트 부서에서는 대부분의 작업을 전통적인 방법으로 한다. 많은 사람들이 컴퓨터 없이 종이 위에 드로잉하거나 클레이로 모델을 만든다. 2D 페인팅 프로그램을 사용해 자신의 디자인을 그리는 사람들도 있다. 그러나 어찌됐든 대부분의 작업은 디지털 형식으로 끝 맺음된다. 평판 작업은 스캐닝을 통해 디지털 이미지로, 손으로 조각된 마킷은 3D 스캐 너를 통해 3D 모델로 바뀐다. 경우에 따라 담당 아티스트는 컨셉 아티스트나 캐릭터 디 자이너라는 크레디트로 올려지기도 한다. 궁극적으로 아드 부서에서 생산되는 모든 작 업은 수정을 바라거나 때로는 새로운 버전을 원하는 감독의 승인을 전제로 한다.

종이 위에 디자인을 하면 모든 걸 3D상에서 하는 것에 비해 많은 시간을 절약할 수 있 다. 예를 들어 스크립트상에 개가 등장하면 컨셉 아티스트는 그 개가 어떻게 생겼는지 여러 장의 그림을 그려 감독에게 보여 줄 수 있다. 감독이 수정을 원하면 감독이 이야기 하는 대로 새로 스케치하거나 기존 드로잉을 수정하는 방식으로 빠르게 새 안을 만든 다. 종이 위의 디자인을 승인 받는 단계를 생략하고 바로 3D 작업으로 건너뛰어 모델 링, 텍스처링, 리깅 그리고 털(fur) 작업까지 수주에 걸쳐 완성했다 해도 감독이 새로운 디자인을 원하면 모두 시간 낭비가 된다.

모든 영화에서 중요한 포지션이 바로 아트 디렉터art director이다. 아트 디렉터는 감독 이 영화의 화면과 느낌을 창조하는 걸 돕는다. 라이브 액션 필름에서 아트 디렉터는 의 복 디자인, 세트 디자인, 무대, 매트 페인팅, 메이크업, 그 밖에 필름의 모든 예술적인 측면과 관련되어 있다. 컴퓨터 애니메이션 필름에서 아트 디렉터는 모델링, 셰이딩, 텍 스처, 라이팅의 판단뿐 아니라 라이브 필름에서 아트 디렉터가 하는 모든 역할을 포함 한다.

아트 부서에서 컬러 스크립트나 컨셉 아트를 통해 각 시퀀스의 컬러와 외관을 계획하고 나면 라이팅과 셰이딩을 거치면서 실질적으로 한층 발전할 것이다. 아트 디렉터는 라이 팅과 셰이딩을 보고 지속적으로 피드백을 주지만 최종적으로는 감독이 마지막 샷까지 발전 방향에 대해 가이드를 제시한다.

모델링

감독이 아트 부서의 디자인을 승인하면 바로 모델링 부서(modeling department)는 생 물체와 캐릭터 그리고 환경을 디지털 버전으로 만들어 낸다.

큰 스튜디오에서는 모델링 부서가 두 개 이상으로 나누어져 있기도 하다. 종종 회사의 모델러들은 유기체 모델링(organic modeling) 부서와 하드 서피스hard surface 모델링 부서로 나뉜다. 하드 서피스 모델러들이 건축이나 산업 디자인의 전공을 배경으로 탈것이나 무기, 소품 그리고 빌딩 등을 만드는 데 반해 유기체 모델러는 조소 관련 전공이 많고 캐릭터나 그 밖에 자유로운 형태의 모델을 만든다. 어떤 스튜디오에서는 캐릭터와 페이셜 애니메이션facial animation을 위한 셋업을 하는 캐릭터 모델러와 빌딩, 탈것, 소품, 무기, 지형 그리고 나무 등 필름상에 드러나는 모든 것을 만드는 세트/프랍 모델러 set/prop modeler로 부서를 나누기도 한다.

모델러들의 작업 출발점은 다양하다. 어떤 경우는 모델의 디테일한 디자인을 아트 부서에서 받을 때도 있고, 어떤 경우는 직접 참조 이미지를 찾아 그것에 맞는 오브젝트를 만들도록 요청 받기도 한다. 때로는 배우나 마켓 또는 다른 물체를 3D로 스캔한 데이터를 가지고 시작할 때도 있다. 그러면 모델러는 데이터를 클린업하고 제대로 스캔되지 않은 부분을 채워 넣는다. 또한 모델의 토폴로지topology와 디테일 정도가 작품에 필요한 수준과 걸맞은지도 확인한다. 어떤 경우든지 모델러의 식견과 창의성이 요구된다. 모든 사람이 만족하기에 앞서 각 버전을 리뷰하고 감독과 아트 디렉터에게 받는 피드백이나 다른 전달 사항에 맞춰 다양한 수정을 거치면서 언제나 모델을 주의 깊게 살펴야 한다.

리뷰를 위해 모델을 보여 주는 데는 보편적으로 두 가지 방법이 있다. 한 가지는 턴테이블 테스트turntable test이다. 이것은 카메라 앞에서 360도 회전되는 모델을 보여 주는 짧은 루핑 애니메이션이다. 다른 하나는 완성된 모델을 장면의 상황에 맞게 연출하는 것이다. 작품에 사용될 실제 카메라 각도로 보이도록 한다.

승인 받은 모델은 애니메이션과 렌더링을 위해 리깅rigging 부서와 텍스처 페인팅texture paint 부서에서 사용될 것이다. 어느 정도의 모델 수정은 피할 수 없을지라도 운이 좋다면 수정 때문에 다시 모델러에게 돌아오는 일 없이 파이프라인을 타게 될 것이다. 모델에 생긴 문제는 때론 렌더링 전까지 드러나지 않을 수도 있다. 이 경우는 모델을 수정하기 위해 라이팅 아티스트가 필요하다.

모델링은 전체 프로덕션상 초기에 완성되기 때문에 모델러가 라이팅이나 렌더링에 대한 기술을 추가적으로 갖고 있는 것이 좋다. 많은 회사에서 프로덕션 초반에 모델러였던 사람들이 나중에는 라이팅과 렌더링을 겸하기도 한다.

완성된 모델의 승인이 떨어지면 모두 셰이딩shading 부서로 넘어가게 된다. 소품 모델 (prop model)은 세트를 꾸미는 데 사용되고 캐릭터 모델은 리깅으로 이어진다.

세트 데커레이팅

장편 애니메이션이나 특수 효과가 들어간 시퀀스에서는 수많은 3D 모델들이 정리돼서 각자 위치에 놓여 있어야 한다. 모델러가 세간 및 집기, 나무, 기계 설비 등을 모델링하고 나면 이 모델들을 여러 개 복사해서 장면 곳곳에 배치하는 건 세트 데커레이터set decorator의 몫이다.

세트 데커레이터들은 자신만의 미적 판단뿐 아니라 아트 부서에서 넘어온 스케치나 피드백을 근거로 작은 식물 도서관으로부터 완전한 정글, 또는 세간 집기 모음에서 스토리상의 어질러진 방을 만들어 나간다.

세트 데커레이터들은 시퀀스 내내 카메라가 어디에 위치하고 어떻게 움직이는지에 대해 아주 잘 알고 있어야 한다. 그들은 샷에서 보일 특정 영역을 세부적으로 치장하고 필요한 부분에 한해서만 배경을 큰 물체들로 채운다. 단지 한 샷에만 등장하는 현장이라면 [그림 12.2]에서처럼 카메라 범위를 따라 보이는 영역 안에만 소품과 이파리를 장식할 것이다. 단 한 샷뿐이라도 카메라 뷰 뒤쪽으로 초목을 살짝 깔아 주는 건 좋은 생각이다. 왜냐하면 샷 안으로 보이는 그림자를 드리울 수도 있고 다른 종횡비(aspect ratio)로 다시 프레이밍했을 때 살아남으려면 말이다

[그림 12.2]
세트 데커레이터는 3D 장면의 카메라가 향하는 지역에 모델들을 가득 채우고, 때로 다른 지역은 비워 둔다.

테크니컬 디렉터

파이프라인상의 각 위치에서 몇몇 부서들은 테크니컬 디렉터technical director(이후 TD)라는 직책을 가지고 있다. 어떤 회사들은 이 명칭을 여러 다른 임무에 사용한다.

- 라이팅 TD(가장 흔하게 사용됨)는 3D 장면을 라이팅하고 렌더링한다.

- 캐릭터 TD는 뼈대를 이용해 캐릭터를 리깅하거나 옷, 머리 또는 디포메이션 deformation을 제어하는 책임을 진다.

- 셰이더 TD는 셰이더를 수정하거나 새로 작성해서 모델의 외관을 결정하고 텍스처 아티스트들이 페인팅할 오브젝트를 준비한다.

어떤 회사에서는 TD들이 프로덕션 초기 단계에서는 모델링을 담당하고 나중에는 합성이나 이펙트 애니메이션에 관련된 일을 한다. 심지어 모든 부서와 연계하여 전체적 구조를 발전시키는 파이프라인 TD 를 가지고 있는 회사도 있다.

TD는 기술적인 자리가 아니다. 또한 정확히 감독의 역할도 아니다. 대부분의 TD들은 프로덕션 파이프라인상의 창조적인 작업을 해나가는 실제 아티스트들이다. 때문에 컴퓨터 기술이 필요하기도 하다. 그래서 TD는 예술가적 감각과 기술적인 이해력, 좋은 눈, 그리고 문제 해결 능력 등을 균형 있게 갖춰야 한다. 거의 모든 TD는 유닉스 셸 명령어에 능숙할 뿐 아니라 그 밖에 다른 OS에서도 작업할 수 있어야 한다. 많은 이들이 MEL, Tcl, 펄Perl, 또는 파이선Python 같은 여러 가지 언어로 스크립트를 짤 수 있다. 스크립팅이나 프로그래밍 기술이 있는 TD 중 대부분이 특정 캐릭터나 샷에 많은 시간을 투자하여 필요할 때 작업 속도를 올리는 프로그램을 짜거나 프로덕션상의 문제를 해결한다. 프로그래머인 TD들도 있지만 대부분은 그렇지 않다.

TD라는 역할은 스튜디오에서 일하는 여러 사람에게 적용될 수 있다. 그러므로 다음의 (그렇지 않았으면) 관계없는 듯한 부서 설명에 여러 번 등장한다고 해서 놀라지 말라.

캐릭터 리깅

일단 캐릭터가 모델링되면 그것을 애니메이션이 가능한 캐릭터로 전환하는 과정을 캐릭터 리깅character rigging 또는 캐릭터 셋업character setup이라고 한다. 스켈리톤skeleton을 캐릭터의 지오메트리에 적용하는 것이 이 과정의 핵심이다. 애니메이터는 뼈(bone)와 관절(joint)에 연결된 아이콘을 화면에서 찍어 움직임으로써 동작을 만들어 낸다. 아주 많은 요소들—예컨대 캐릭터의 왼쪽 눈꺼풀이 얼마나 넓게 열리는지, 혹은 특정 근육이 추가적으로 얼마나 부풀어 오를 수 있는지 등—을 제어하는 슬라이더도 같이 셋업돼서 캐릭터의 어떤 속성이든 쉽게 애니메이션될 수 있어야 한다. 캐릭터의 스켈리톤과 모든 컨트롤러, 이 모두를 묶어서 리그rig라고 부른다.

리그를 설계하고 테스트하는 사람들을 캐릭터 TD라고 부른다. 하지만 이들은 회사에 따라 피지퀴어physiquer, 리거rigger, 퍼펫티어puppeteer 등 보다 다채로운 이름으로 불린다. 캐릭터 TD들은 여러 가지 포즈에서 디포메이션deformation이 지용될 때 생물체나 캐릭터가 어떻게 보이는지 테스트를 위한 애니메이션을 만드는 일을 한다. 이러한 테스트를 근거로 교정을 위한 조절 장치가 만들어진다. 예를 들어 캐릭터의 팔을 위쪽으로 돌려 봤더니 어깨가 어색하게 변형되는 결과를 얻었다면 캐릭터 TD는 스켈리톤의 구조를 변경하거나 어깨의 모양을 리그에 맞도록 다시 조각하여 같은 동작을 했을 때 어깨가 올바른 모양으로 변하도록 만들 것이다.

캐릭터 TD가 되기 위해선 일단 회사의 애니메이션 프로그램과 아주 친해져야 한다. 애니메이션 소프트웨어의 종류가 바뀌어 애니메이터를 훈련하는 데 단지 몇 주밖에 시간이 없다 하더라도 캐릭터 TD는 프로그램의 아주 세세한 부분까지 마스터할 필요가 있다.

프로덕션 전체를 통틀어 캐릭터 TD가 특정 샷별로 확인하고 알려야 할 많은 이슈들이 생겨난다. 또한 특정 샷에 맞는 특정 개그나 효과에 필요한 컨트롤러와 디포메이션을 추가하기 위해서도 리그가 필요하다.

캐릭터 애니메이션

모션 픽처
넓은 범위의 영화를 포함.

캐릭터 애니메이션character animation은 모션 픽처*의 초기부터 손으로 그리는 애니메이션(핸드 드로잉 또는 2D 애니메이션)과 스톱모션stop-motion 애니메이션(각 프레임별로 모델이나 인형, 또는 클레이(진흙) 캐릭터로 다른 포즈를 잡는) 형식으로 실행되어 왔다. 오늘날의 프로덕션 회사는 처음 2D와 스톱모션 애니메이션에서 발전된 같은 미적 기준과 기본 원칙을 가지고 캐릭터의 연기를 아주 세세하게 프레임 단위로 3D상에서 구현해 낸다. 실제 배우의 연기를 디지타이징하기 위해 모션 캡처 장비가 사용됐다면 애니메이터는 캡처 받은 모션 데이터를 클리닝하고 손이나 눈 등 캡처에서 빠진 부분의 모션 위치를 완성하는 데 많은 시간을 사용할 것이다.

컴퓨터를 사용하지 않고 손으로 그림을 그리는 전통적인 애니메이터들의 일자리는 매년 점점 줄어들고 있다. 그러나 핸드 드로잉 애니메이션 예술은 이 분야의 여러 원칙과 실례를 사람들 앞에 드러냈기 때문에 캐릭터 애니메이션 분야로 진입하려는 사람들에게 아주 가치 있는 기술로 남아 있다.

캐릭터 애니메이터와 라이팅 아티스트 간의 가장 일반적 교류는 라이팅이 애니메이션할 때는 보이지 않던 실수를 드러낼 때 일어난다. 예를 들면 발바닥이 완전히 바닥에 닿지 않고 공중을 떠다닌다면, 애니메이션의 테스트 렌더링 당시에는 눈치채지 못했던 실수가 그림자와 오클루전이 같이 렌더링되면서 드러난다. 이 지점에서 라이팅 아티스트는 이걸 가리거나 해결할 방법을 찾는다. 아니면 아예 샷을 애니메이션 부서로 되돌려 보내 고치도록 한다. 또한 캐릭터가 전등을 켜거나 자동차가 방향 지시등을 깜빡이거나 또는 거울에서 반사되는 빛이 벽 위로 애니메이션되어야 하는 경우라면 애니메이션되는 라이트가 이 둘 사이에 협조를 필요로 하는 경우도 많다. 그러나 여기에 예외가 있다 —그들이 최종적으로 애니메이션하고 라이팅해서 렌더링한 샷을 볼 때 라이팅 아티스트의 작업은 애니메이터에게 큰 감동으로 다가오는 경우가 거의 대부분이다.

이펙트

이펙트 TD effects TD(때로는 이펙트 애니메이터나 이펙트 아티스트)의 일은 흐르거나 튀는 물, 먼지, 무리 지어 덮쳐 오는 것들, 태풍, 연기, 불꽃 그리고 때로는 머리카락이나 직물의 움직임 등을 만들어 내는 것이다. 이펙트 애니메이션은 종종 다이내믹 시뮬레이션에 의존한다. 그 과정에서 시뮬레이션되고 있는 효과(effect)의 물리적인 특성에 근거한 움직임을 계산한다. 이펙트 TD는 시뮬레이션을 셋업하기 위해 마야나 후디니 Houdini 같은 상업용 패키지를 사용하기도 하지만 사내에서 개발된 회사 소유의 소프트웨어를 쓰기도 한다.

몇몇 이펙트 TD들은 프로덕션의 아주 초기 단계부터 개입하여 영화에 사용될 효과의 디자인과 셋업을 돕는다. 일단 제작이 시작되면 큰 그룹의 이펙트 TD들이 팀에 합류하고 특정 샷에 맞는 효과들을 만들어 낼 것이다.

이펙트 부서는 캐릭터 애니메니션 부서와 긴밀하게 교류하면서 작업을 진행해야 한다. 그리고 일반적으로 이펙트 작업을 하는 아티스트는 캐릭터 애니메이션이 완성될 때까지 일을 시작하지 않는다. 예를 들어 움직이는 고래가 꼬리 쪽으로 물을 뿜어낸다고 했을 때 물보라를 만들어 내는 이펙트 TD는 고래의 다이내믹 시뮬레이션의 기반이 되는 캐릭터 애니메이션과 같이 시작해야 한다. 만일 캐릭터 애니메이션이 바뀐다면 이펙트도 다시 작업해야 한다. 모든 이펙트는—머리카락, 옷의 움직임부터 화산의 폭발까지—장면 내 다른 움직임과 타이밍이 정확하게 연관되어 올바르게 보여야 한다.

또한 이펙트 TD들은 라이팅 부서와 긴밀하게 협조해야 한다. 종종 연기 같은 이펙트 요소들은 특별한 방법으로 라이팅이 돼야 하거나 일정한 종류의 정해진 그림자를 요구하기 마련이다. 그래서 어떤 식으로 빛과 이펙트를 다루어야 할지 라이팅 TD에게 노트를 전달하기도 한다. 물이나 비 효과의 디자인은 그것들이 어떻게 빛을 받느냐에 크게 의존하곤 한다. 라이팅 TD들은 물을 드러내는 림 라이트나 반사를 추가한 좋은 방법을 찾아야 할지 모른다. 이펙트 TD들은 라이팅 경험이 있고 어떻게 해야 이펙트가 가장 멋지게 보이는지 추천할 수 있다.

라이팅 아티스트들은 또한 실제 이펙트가 거기에 있는 것처럼 장면의 조명을 작업해야 할 일도 많다. 불똥, 화염, 폭발 그리고 레이저 빔은 그저 이펙트 요소가 아니라 장면에 같이 나타나야 할 움직이는 라이트의 동기가 되기도 한다.

셰이딩

9장 '셰이더와 렌더링 알고리즘'에서 설명한 것처럼 셰이딩은 셰이더 또는 각 모델이 빛에 어떻게 반응할지 결정하는 서피스의 종류를 개발하는 과정이다. 모델링 부서에서 모델링이 끝나고 승인이 나면 셰이딩 부서가 표면의 셰이더를 만드는 일에 착수한다. 셰이더를 서피스에 적용하는 일이 셰이딩 TD의 일반적인 업무다.

대부분의 일상적인 물체들, 특히 단순한 소품이나 세트 부품 등이라면 이미 존재하는 (프로그램에 기본적으로 짜여 있는) 셰이더를 적용하고 조절해서 원하는 느낌을 낼 수 있다. 그러나 캐릭터나 특별한 서피스라면 커스텀 셰이더custom shader를 짜서 사용한다. 이것은 제작부가 가장 최신 기술을 활용하도록 하고 개별적인 서피스마다 빛에 대한 독특한 반응을 규정한다. 어떤 서피스는 새롭고 독특한 셰이더가 필요하다. 그래서 일부 셰이딩 TD들은 발전된 컴퓨터 기술을 가진 프로그래머 출신인 반면 기본적으로 이미 존재하는 셰이딩 노드를 조정하거나 링크시켜 전적으로 작업을 완성하는 아티스트들도 있다.

많은 경우 셰이딩 TD는 서피스에 텍스처를 적용하기도 한다. 어떤 회사에선 한 사람이 텍스처 매핑과 셰이딩을 같이 한다. 큰 스튜디오에서는 오리지널 텍스처는 텍스처 페인터에 의해 그려지고 셰이딩 TD는 기본적인 텍스만 친다.

텍스처 페인트

텍스처 페인터는 서피스 위에 셰이더가 만들어지는 대로 그것에 걸맞은 맵을 만드는 일을 한다.

텍스처 페인터는 다양한 도구와 소스를 이용해서 텍스처 맵을 발전시킨다.

사용하는 이미지 소스들은 다음을 포함한다.

- 2D, 3D 페인트 프로그램에서 만들어진 스크래치

- 실제 주변의 물체들을 촬영하거나 스캔 받은 맵의 일부 혹은 전부

- 아트 부서에서 만들어 준 페인팅된 마킷의 사진으로 맵을 시작

- 실사 필름의 일부에서 가져온 이미지를 3D 모델에 프로젝션시키고 필요한 만큼 수정

- 프로시듀얼procedural 패턴이나 노이즈를 혼합

만들어야 할 맵의 종류에 따라 이러한 기법들을 다양한 방식으로 결합해 사용할 수 있다. 텍스처 페인터들은 스캔을 하거나 프로시듀얼 소스를 사용할 때조차도 거의 항상 이미지를 직접 그린 다음 처리해서 최종 텍스처 맵 세트를 만들어 낸다.

페인터들은 모델에 적용된 맵이 어떻게 매핑됐는지 모든 각도에서 보여 주기 위해 턴 테이블을 만들어 테스트한다. 이 테스트에서는 모델이 실제 배경에 얼마나 잘 녹아 드는지 보여 주기 위해 실제 라이브 액션 장면의 한 프레임을 배경으로 사용한다.

라이팅

라이터lighter 또는 라이팅 TD라고도 불리는 라이팅 아티스트는 라이팅에 대해 가장 먼저 생각하고 예상해야 하지만 동시에 여러 부서에서 만든 다른 요소들을 샷으로 불러들여 하나로 만드는 것도 생각해야 한다. 대부분 회사에서 라이팅 TD는 애니메이션, 이펙트, 카메라 무브, 셰이더와 텍스처의 가장 최신 버전을 장면 안에 모아놓고 매일 렌더링한다.

대부분의 라이팅 TD는 데일리dailiy라고 부르는 매일 아침의 스크리닝screening을 통해 작업을 보여 주고 각 샷의 라이팅에 대해 피드백을 받는다. 하루의 일을 마칠 무렵 라이

팅 TD는 오늘 데일리에서 언급됐던 사항을 반영한 새로운 버전의 라이팅을 만든다. 이후 그 샷은 밤새 렌더링되고 다음 날 데일리 스크리닝을 위해 준비된다. 이 같은 사이클은 그 샷이 승인될 때까지 반복된다.

라이팅 TD가 라이팅을 수정하는 동안 다른 부서의 아티스트들도 애니메이션, 셰이더, 이펙트 또는 샷의 다른 요소를 변경하고 있다. 그들 역시 데일리에서 수정 요청을 받기 때문이다. 자신이 속한 부서가 프로덕션 파이프라인의 후반부에 위치한다는 의미는 여러 사람들로부터 변경된 사항을 이어받는다는 뜻이다. 이는 자재적이나마 안 부서에서 문제를 야기할 수 있는 실수를 할 만한 사람들이 더 많아진다는 의미이기도 하다. 그러나 대부분의 스튜디오는 여러 버전의 어셋asset(자산)을 관리하기 위한 시스템을 발전시켰고 그래서 TD들은 새 버전의 어셋이 문제를 일으킨다면 그 이전 버전의 어셋을 선택할 수 있게 되었다(어셋이란 제작 과정에서 공통적으로 사용되는 모든 것—모델, 애니메이션, 셰이더 등—을 일컫는다). 어셋 관리 시스템은 샷이 렌더링되는 동안 어떤 프레임에선 나타나고 다른 프레임에선 나타나지 않는 렌더링의 변화를 막는 데 도움이 된다.

결국에 라이팅 TD가 만든 라이트는 스튜디오의 어셋 관리 시스템 내에 여러 가지 버전으로 저장된다. 독특한 세트나 캐릭터를 비추기 위해 디자인된 라이트 그룹 리그는 시간을 절약하고 연속성을 향상시키기 위해 셋업 후 각자 다른 샷을 담당하고 있는 라이팅 TD들 사이에 공유된다.

컴포지팅

컴포지터compositer는 라이팅 TD가 렌더링한 이미지를 받고, 때로는 TD가 개발한 합성 스크립트를 가지고 데일리에 나왔던 것들을 모아 초기 합성을 시작한다. 컴포지터들은 또한 로토스코핑 부서에서 만든 매트에도 의존한다.

3D 요소들이 디퓨즈, 하이라이트, 리플렉션 등의 멀티 패스multi pass로 렌더링되었다면 컴포지터들은 이런 요소를 모두 모아 라이브 액션 플레이트에 맞춰 합성을 시작하게 된다. 3D 모델 가장자리에 약간의 블러를 줘서 촬영된 그림에 섞이게 하고 필요하면 패스에 컬러 보정을 한다든지, 실사 촬영분과 맞추기 위해 필름 그레인film grain*을 넣어준다든지 하는 이미지 프로세싱을 적용한다. 시각 효과 스튜디오에서는 컴포지터들이 합성하고 실사 촬영 소스를 조작할 필요도 있다. 3D 캐릭터의 그림자를 넣을 수도 있고, 캐릭터의 발이 땅을 박차는 곳에서 나는 먼지를 합성하거나 역사 드라마에 우연히 등장한 전화선간이 필름에 들어가선 안 되는 요소를 제거하는 일도 한다.

필름 그레인
촬영 시 노즐 값에 따라 필름에 나타나는 노이즈. 필름 종류에 따른 고유 특성 중 하나이다.

시각 효과 스튜디오에 따라 영화감독들에게 DI를 제공하는 곳도 있다. 이것은 일반적인 리터칭과 컬러 보정, 타이밍 조정, 그리고 그 외의 2D적인 조작을 위해 필름을 디지타이징하여 처리한 후 다시 필름으로 뽑아내는 과정이다. 이 서비스는 감독들이 디지털 이미지로 작업할 때의 창의성을 극대화시켜 준다. 이 과정은 모든 3D 관련 부서와 연관돼 있는 건 아니다. 그래서 컴포지터들은 파이프라인상 다른 부서를 거치지 않은 푸티지footage*를 가지고 작업하기도 한다.

푸티지
촬영한 필름 원본 중 필요한 일부 소스.

애니메이션 스튜디오의 컴퍼지팅 과정은 VFX 스튜디오의 그것에 비하면 한결 간단하다. 때때로 컴포지터가 해야 할 일은 여러 개의 레이어를 하나의 배경 레이어 또는 전경 레이어에 합치거나 빛 주변에 글로를 주는 것이 전부일 경우도 있다. 많은 애니메이션 스튜디오의 라이팅 TD들이 컴퍼지팅까지 모두 담당하므로 별도의 합성 부서가 없는 곳도 있다. 그러나 해를 더할수록 애니메이션은 시각적으로 복잡하고 세련되어져 간다. 이펙트 아티스트들은 플루이드fluid나 파이어 볼fire ball 또는 포스 필드force field 같은 복잡한 효과들을 여러 패스에 걸쳐 만들고 다양한 방법으로 변형시킨다. 여기에는 아주 많은 합성 공정이 필요하다. 결과적으로 CG와 실사를 합칠 필요가 없는 회사에서조차도 정교하고 복잡한 합성 작업이 늘어나고 있다.

필름 I/O

필름 I/O(Input/Output) 부서는 포토 사이언스photo-science 또는 스캐닝&레코딩 scanning and recording이라고도 불리는데, 필름 프레임을 스캔해서 디지털 파일로 바꾸고 다시 처리된 최종 이미지를 필름으로 녹화하는 일을 관리한다. 프로덕션들이 상대적으로 필름보다 디지털 제작과 디지털 배급에 더 의존하게 되면서 이 부서에 이런 새로운 별명이 붙었다.

비주얼 이펙트를 만들지 않는 애니메이션 스튜디오는 필름 프레임을 디지타이징하는 장비를 갖춰 놓고 있지 않을 수도 있다. 하지만 여전히 최종 이미지를 필름과 디지털 시네마, 그리고 여러 비디오 포맷으로 담는 데 주력하는 부서는 필요하다. 물론 이때도 최대한 높은 품질과 각 포맷마다 동일한 룩을 유지하는 게 중요하다.

또한 이 부서는 스튜디오 전체를 통해 정확하게 캘리브레이션된 컬러 디스플레이를 유지하는, 만만치 않은 과제를 다룬다. 그래서 모든 사람이 가능한 최종 결과물에 가장 근접한 이미지를 볼 수 있게 한다.

비주얼라이징 프로덕션 파이프라인

앞에서 여러 부서의 해당 업무를 살펴보았으므로 이제 [그림 12.3]과 같은 비주얼 이펙트 스튜디오의 제작 파이프라인을 그려 볼 수 있겠다. 일반적으로 각 부서는 해당 샷의 작업에 들어가기 전에 파이프라인상 바로 전 부서의 내용이 넘어오길 기다리고 있지만 동시에 여러 부서가 같이 일하는 경우도 종종 있다. 애니메이터, 이펙트 아티스트, 라이터 그리고 컴포지터가 잠재적으로 같은 샷의 다른 내용을 동시에 작업하는 것이다.

[그림 12.3]
비주얼 이펙트 파이프라인은 컴퓨터 그래픽을 라이브 액션 필름과 통합하는 데 중점을 둔다.

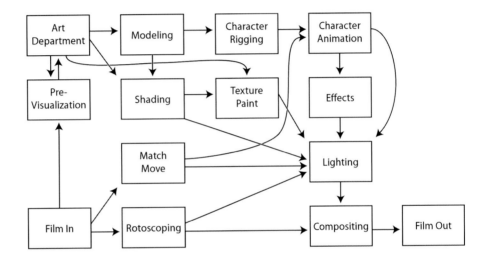

반면 애니메이션 스튜디오에서는 라이브 액션 필름을 중심으로 파이프라인을 짜지 않는다. 오히려 스토리와 오리지널 아트 워크art work의 개발을 중심으로 CG 샷들을 모아 놓는다. 애니메이션 스튜디오의 보편적인 파이프라인은 [그림 12.4]에서 보는 바와 같다.

[그림 12.4]
장편 애니메이션 파이프라인은 오리지널 스토리와 그림을 창작하는 데 중점을 둔다.

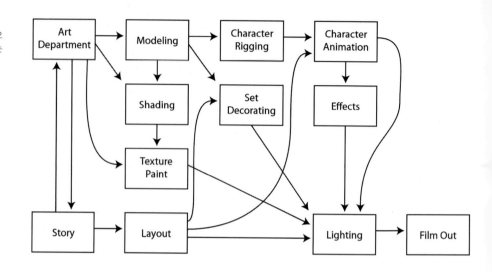

파이프라인을 통해 제작이 이루어지는 동안에 작업의 흐름은 융통성 있게 조정할 수 있다. 예를 들면 제작 초반부에 더 많은 사람이 모델링 쪽으로 투입될 수도 있고(만들어야 할 모델이 많을 경우) 보다 많은 사람들이 제작 후반의 라이팅에 투입될 수도 있다(라이팅해야 하는 샷들이 많을 때).

여러 곳에서 비슷한 일을 하고 있는 것 같지만 사실 완전히 똑같은 파이프라인을 갖고 있는 스튜디오는 없다. 어떤 회사는 크리처creature 부서같이 촬영 세트에 사용할 실제 모델을 만드는, 특정 목적에 부합하는 부서를 두기도 한다. 또 어떤 회사는 이펙트뿐 아니라 TV와 영화의 편집 서비스를 제공하기도 한다. 스튜디오는 자신들의 파이프라인을 변경하거나 언제든 새로운 부서를 신설할 수 있다. 예를 들면 특정 영화를 위해 천이나 헤어 시뮬레이션에 전념하는 부서 신설이 필요할 수도 있고, 스테레오스코픽 stereoscopic* 3D 형식으로 개봉하기 위해 쌍을 맞추어 렌더링하는 데 중점을 두는 부서가 있을 수도 있다. 그리고 많은 작은 스튜디오들은—큰 스튜디오에서도 그렇지만—효율성이 좋다고 생각되면 (각 부서별) 여러 가지 일들을 하나로 묶고 있다.

스테레오스코픽
왼쪽 눈이 보는 각도와 오른쪽 눈이 보는 각도에 차이를 두어 만든 두 장의 이미지를 겹쳐 전용 안경 등을 통해 입체적으로 영상이 보이도록 하는 기법.

작업 승인 받기 Getting Work Approved

컴퓨터 그래픽 제작의 핵심에는 각 제작 단계마다 어떤 수퍼바이저가, 어떤 디렉터가 또는 어떤 클라이언트가 아티스트의 작업을 승인하는가 하는 승인 과정(approval process)이 있다.

클라이언트와의 작업

만약 여러분이 프리랜서로 일하고 있거나 회사를 갖고 자신의 비즈니스를 한다고 해도 자신이 대장이 아니라는 걸 알 것이다. 이 말은 각 프로젝트별로 여러 명의 대장 밑에서 일하고 있다는 뜻이다. 때로 자신의 클라이언트(고객)와 함께 하는 것은 성공적인 비즈니스를 위한 핵심이 된다.

기대치 설정

병원에서 수술을 받을 계획인데 의술에 대해 아무런 지식이 없다고 가정해 보자. 당연히 의사와 의료진이 수술 비용이 어떻게 되고, 치료하는 데 얼마나 걸리며, 그동안 무슨 일이 일어날지 그리고 결과가 어떻게 될지 명료하게 설명해 주길 바랄 것이다. 그 의사는 평생 의학을 공부하고 실습하는 데 보냈지만 우리는 일상적인 언어로 모든 걸 설명해 주길 기대한다. 이와 마찬가지로 우리가 컴퓨터 그래픽 전문가가 아닌 고용주나 고객과 일하는 동안, 가능한 명료하고 끈기 있게 모든 과정을 설명하는 의사가 되는 게 바로 우리의 역할이다.

제작 초기에는 고객에게 무엇을, 언제 납품할 것인지 확실하게 인식시켜 주어야 한다. 프로젝트를 각 단계별로 보여 주고 승인 받을 날짜 계획을 세우자. 각 단계에는 모델링, 텍스처링, 애니메이션, 이펙트, 라이팅 그리고 렌더링 또는 프로젝트에 필요한 주요 작업이 포함될 수 있다.

스케줄상 단계별 승인 과정을 짜는 것은 최종본 렌더링을 제출하기 전에 테스트 버전이나 프로젝트 일부에 대한 피드백을 받겠다는 의미이다. 클라이언트로부터 초기 작업 부분을 수정해야 한다는 소리를 작업을 다 끝낸 시점에서 듣고 싶어할 사람은 아무도 없을 것이다.

텍스처가 들어가지 않은 모델, 텍스처가 들어간 모델, 애니메이션 테스트, 최종 렌더 이미지 등 각 단계별 관점에서 기대하는 바를 자신의 클라이언트가 알고 있는지, 그리고 각 단계마다 어떤 게 이야기돼야 하고 어떤 게 이야기돼선 안 되는지 명확히 알고 있는지를 확실히 하자. 지금 발표하고 있는 것의 전후 관계/배경 상황을 정립하기 위해 "이것이 지금 진행 중인 작업입니다" 또는 "이것들은 나중에라도 변경할 수 있는 것들입니다" 같은 명확한 문장으로 프레젠테이션을 시작하는 것은 좋은 습관이다.

절대로 클라이언트에게 실제보다 더 진행된 듯한 푸티지를 보이지 말라. 예를 들면 적용된 모델의 텍스처 맵이 최종 버전이 아니고 지금은 애니메이션에 대해서만 이야기하고 싶다면 그냥 블랙&화이트의 맵만을 사용해서 임시로 렌더링된 그림에 신경이 쓰이는 걸 피하도록 한다.

수정 사항에 대처하기

클라이언트를 대상으로 프레젠테이션 계획을 짤 때 피드백에 맞춰 수정할 시간을 넉넉히 잡자. 클라이언트들은 자신들이 본 첫 번째 버전을 절대 승인하지 않는다. 그러나 제작 기간의 상당 시간을 투입해야 하는 새로운 요구에 대해 추가 비용을 청구할 수 있음을 처음부터 명확하게 밝혀야 한다. 클라이언트에게 비용을 청구하는 가장 좋은 방법은 작업 기간의 일수나 주 단위로 정산하는 것이다. 작업 기간 동안 장비의 감가상각액과 경비가 주 단위로 계산되므로 초기 견적가를 기준으로 시간에 따른 추가 비용은 당연한 것이다.

어떤 질문에도 "그건 불가능합니다"라는 대답을 해서는 안 된다. 오히려 클라이언트에게 추가 비용 또는 지연되는 제작 기간에 대해 설명하고 클라이언트의 예산과 스케줄에 더 잘 맞출 수 있는 대안을 제시해야 한다. 클라이언트가 원하는 게 불가능하다는 것을 납득시키려고 노력한다면 그 다음 주에 해결 방안을 발견하거나 클라이언트가 다른 곳을 통해 방법을 찾았을 때 당황스러울 것이다.

문제를 수정하거나 더 발전시킨 후에 두 가지 버전의 이미지를 보여 주는 가장 좋은 방법은 같은 창에 전/후를 비교해서 전에 봤던 구 버전과 수정 후 신 버전 사이를 앞뒤로 오가며 보여 주는 것이다. 두 버전을 그저 나란히 놓는 것보다 프레임 사이의 움직임으로 나타날 때 변화된 부분이 가장 잘 보인다.

마지막으로, 클라이언트에게 보여 준 모든 버전은 언제나 꼼꼼하게 백업해 두어야 한다. 여기에는 이미지, 3D 장면 그리고 사용된 텍스처도 포함된다. 클라이언트가 별로 마음에 들어 하지 않았던 버전들조차도 마음이 바뀌거나 비슷한 것을 요청할 경우를 대비해 저장해 놓아야 한다.

수퍼바이징 라이터

많은 라이팅 아티스트들이 일하는 큰 프로덕션에서는, 각 버전의 샷을 매일 클라이언드니 감독에게 직접 보여 주는 짓이 기측장스리욜 수 있다. 이런 경우 가장 좋은 방법은 선임 라이터(lead light)나 수퍼바이징 라이터supervising lighter를 두어 감독에게 보여 주기 전에 그들이 다른 라이팅 아티스트들과 만나 샷을 먼저 보고 승인하도록 하는 것이다.

전/후 비교 장면이나 진행 중인 장면같이 수퍼바이징 라이터들이 확인한 요소들 중 일부는 클라이언트에게도 동일하게 공개될 것이다. 만일 낮은 해상도로 샷을 테스트 렌더링하고 있다면, 일반적으로 모든 텍스처와 라이트, 그림자 그리고 다른 디테일들이 풀 레졸루션full resolution*에서 어떻게 잡히는지 살펴보기 위해 몇몇 프레임은 높은 해상도로 걸어 봐야 한다.

풀 레졸루션
최종적으로 상영 시의 해상도.

대부분의 스튜디오에서는 샷을 요소별로 분석하는 소프트웨어를 가지고 있는데, 이를 통해 별도의 이미지로 렌더링되는 각 라이트 소스나 주요 라이트 그룹들을 볼 수 있다. 선임 라이터는 장면 안에 사용된 각각의 라이트 소스를 한 번에 꿰뚫어 볼 수 있어야 한다. 혹은 라이트들 중 일부가 다른 밝기와 컬러로 변할 때 장면이 어떻게 보이는지 프리뷰 하기 위해 그것들을 다른 비율로 결합할 수 있어야 한다. 기술이 진보하면서 점점 더 많은 회사들이 라이트의 변화를 실시간(real time)으로 보기 위해 인터랙티브한 라이팅 툴을 개발하고 있는데, 이는 선임 라이터들로 하여금 좀 더 완성된 그림을 만들도록 한다.

수퍼바이징 라이터는 시퀀스상 무엇이 중요한지 언제나 큰 그림을 품고 있어야 한다. 감독이 전체적인 시각적 목표(visual goal)에 대한 노트를 넘겼을 것이다. 좀 더 강한 대비의 라이팅 같은 전반적인 발전이 있을 수 있다. 각각의 샷은 항상 전체 장면외 일부로 보여야 한다. 그리고 수퍼바이징 라이터는 장면 간의 연속성을 위해 종종 여러 샷을 비교하거나 스크린에 띄워 봐야 한다.

명령의 단계

영화 프로덕션에서는 선임 라이터가 샷의 진행 상황을 검토하기 위해 각 라이터의 작업을 데일리 기준으로 살펴보고, 각 샷이 준비되면 감독이나 아트 디렉터에게 보여 준다. 감독이 그 샷을 승인하면 최종 버전으로 취급되고 수정이 늦어지지만 않으면 영화에 등장하게 된다.

TV 광고물에서는 이러한 명령 체계가 좀 더 복잡하다. 일단 아트 디렉터나 감독을 만족시킨 후에도 수정을 요구하는 사람들이 여전히 많이 남아 있다. TV광고의 감독은 광고 제작을 위해 자신의 프로덕션을 고용한 광고대행사의 창의적인 직원들에게 답변해 줘야 한다.

라이팅 분야에서 일하기 Getting a Job in 3D Lighting

이미 여러분이 이쪽 분야에서 일하고 있다면 현재 자신이 일하고 있는 회사에서 차지하고 있는 자신의 능력치를 알 것이다. 앞으로 나아가기 위해 그리고 다음 직장을 얻는 데는 같이 일하는 사람들이 무엇보다 중요하다.

만일 여러분이 학생이거나 이쪽 분야에 뛰어들기 위해 노력 중이라면 자신의 능력을 보여 주는 쇼릴showreel을 발전시키는 것을 가장 우선순위에 두어야 한다.

라이팅 쇼릴

데모 릴demo reel이라고도 불리는 쇼릴showreel은 자신이 지원하려는 분야와 관련해 가장 잘 된 작업을 보여 주는 짧은 비디오이다. 라이팅 분야에서 실력을 드러내기 위해선 여러 가지 CG 요소들이 실사 촬영 배경과 CG 배경 위에 완전히 하나가 되는 모습을 보여 주는 쇼릴이 되어야 한다.

CG와 이질감 없이 융합된 걸 보여 주기 위해서는 3D 크리처나 캐릭터 또는 탈것 등을 실사 촬영이나 사진 위에 합성한 프로젝트를 포함하는 게 좋다. 실제 소스와 3D상 라이팅된 물체를 매치시키기 위해 여러분이 컬러, 라이팅, 그림자, 그리고 반사까지 만들어 낼 수 있음을 보여 주라. 가능하다면 다양한 물체—반사하는 것, 텍스처가 들어갔거나 자체 발광하는 것, 때로는 털로 뒤덮이거나 머리카락이 포함된 것—들을 통해서 자신의 라이팅과 렌더링 범위를 드러내는 게 좋다.

릴 중 일부는 인테리와 익스테리어exterior를 포함한 전체적인 3D 환경을 라이팅한 작업이 들어가야 한다. 소품과 캐릭터, 식물들도 포함하자. 자신의 라이팅이 어떤 느낌을 자아내는지에 주목하자. 장면은 불길한 예감, 활기찬 기운, 슬프거나 유혹적이거나 무서운 느낌을 낼 수 있어야 한다. 샷의 분위기는 장면의 내용뿐 아니라 라이팅과 색깔에서 나타날 수 있어야 한다.

스틸 이미지에 덧붙여서 애니메이션을 첨부하는 것도 좋은 생각이다. 이것은 자신이 애니메이터임을 증명하는 것이 아니다. 단지 대부분의 프로페셔널 작업들은 움직이는 영상을 다루는 것이 필연적으로 포함되어 있기 때문이다. 애니메이트된 캐릭터가 없다면 시간을 바꾼다든가(낮 → 밤) 날씨나 계절의 변화 등 환경적인 면을 애니메이션시킬 수도 있다. 커튼이나 나뭇가지, 문 등 움직이는 물체들은 다른 모양의 그림자를 뿌리고 샷의 조명을 변화시킬 수 있다. 가장 멋진 라이팅 데모 중 하나는 한 장소에 대해 시간, 계절, 또는 분위기 변화 연구와 관련된 것들이다. 이것은 라이팅이 장면에 얼마나 많이 영향을 미치는지를 바로 보여 준다. 만일 이펙트 TD 자리에도 관심이 있다면 물이나 불, 연기 같은 이펙트 애니메이션을 얼마간 넣는 것도 좋은 릴을 만드는 방법이다.

작업에는 독창성(originality)이 중요하다. 어떤 것을 독특하고 개성 있게 발전시킨다는 말은 자신의 릴을 더 인상 깊게 남기고 자신의 예술적인 부분을 적극적으로 반영하는 것이다. 직업적으로 작업하는 동안 장면의 내용들은 거의 클라이언트나 감독에 의해 결정된다. 그러므로 아직 학생이거나 취미생활로 3D를 하고 있다면 진짜로 하고 싶은 것을 만들 수 있는 기회를 놓쳐선 안 된다.

크레디트

쇼릴에는 브레이크다운 시트breakdown sheet(요소 분석표)가 함께 들어 있어야 한다. 브레이크다운 시트는 릴 안에 들어간 샷이나 프로젝트를 나열하고 어떤 목적으로 혹은 누구를 위해 이 작업을 했는지 설명한다. 그리고 각 샷별로 정확히 자신이 한 일(부분)도 설명한다. 만약 자신이 만든 샷의 모든 걸 담당했다면 그렇다고 말하고 어떤 소프트웨어들을 사용했는지 언급하도록 한다.

이미 만들어진(상용의) 모델을 쓰거나 다른 사람과 그룹 프로젝트를 것은 전혀 문제될 것이 없다. 자신이 샷의 라이팅만, 렌더링만, 혹은 다른 작업만 했다면 정확히 기여한 부분이 어디인지 밝혀야 한다. 그룹 프로젝트에 참여했을 때는 혼자 모든 작업을 한 것보다 뭐라도 더 나아져야 한다. 대부분의 경우 모델링이나 애니메이션 같은 특정 파트의 작업자들과 좋은 팀을 이루게 되면 작업의 진도가 비약적으로 빨라질 수 있고 자신은 라이팅이나 렌더링의 질에만 집중할 수 있다. 그러나 정해진 기간 안에 끝내야 하는 학교 그룹 프로젝트나 각 포지션별로 별다른 메리트가 없는 경우에는 재능 있는 개인이 만들어 낸 것보다 결과가 좋지 못할 수도 있다.

릴 안의 각 샷이나 프로젝트 앞에 짧고도 함축적인 제목을 단다. 이 제목에는 자신이 어떤 일을 했고 어떤 소프트웨어를 썼는지에 대해 적절한 정보를 담는다.

사용된 사운드 트랙 안에 자신의 쇼릴에 관계된 정보를 넣었는지 신경 쓰도록 한다. 많은 회사에서 라이팅 쇼릴은 볼륨을 줄이거나 아예 끈 채 살펴보므로 내레이션 등을 넣었다면 들리지 않을 수 있다.

자신의 작업에 들어가야 할 가장 중요한 크레디트credit는 바로 자신에 대한 것이다. 자기 이름을 넣었는지, 이력서와 릴, 릴 커버(DVD나 VHS 커버), 브레이크다운 시트마다 지원자의 연락처가 들어갔는지 꼭 확인하자. 인사부에서 여러분의 릴을 해당 부서에 보라고 돌릴 때 언제라도 구성 요소가 바뀌거나 분실될 가능성이 있다. 그러므로 연락처를 모든 곳에 기입해 놓는 것은 좋은 습관이다.

양을 넘어서 질로

전문적인 쇼릴을 만들기 위해 고려해야 할 첫 번째 요소는 전문적인 수준의 작업물을 만드는 것이다. 만일 짧은 15초 프로젝트에서 2분여에 이르는 긴 프로젝트 사이에서 결심하고 있다면 더 짧은 프로젝트로 얼마나 더 전문적이고 세련되게 만들 수 있는지 염두에 두자.

학생 때는 처음으로 소프트웨어를 배우거나 기법 등을 익히고 있으므로 자연히 프로젝트를 마무리하는 데 오래 걸린다. 그러나 여러분의 첫 번째 목표는 프로 수준의 기술과 솜씨를 배우는 것이므로 보다 빠른 속도로 해낼 수 있는 날이 올 것이다.

세상에는 이미 컴퓨터 그래픽 작품들이 수도 없이 넘쳐나고, 그중에는 수준 낮은 작업들도 많이 있다. 따라서 단기간에 아주 빠른 속도로 만든 보잘것없는 쇼릴을 보여 주는 것은 직장을 잡는 데 아무 도움이 안 된다. 얼마나 경험이 있는지에 따라 다르지만 학생들에겐 일반적으로 2분 미만의 데모 릴이면 충분하고 경험이 많은 프로들도 보통 자신의 쇼릴을 2~3분 이내로 유지함으로써 최선의 결과를 얻는다.

만일 어떤 샷을 릴에 넣어야 할지 잘 모른다면 떠올려야 할 편집의 첫 번째 법칙은 "의심이 간다면(확신이 없다면) 일단 빼라"이다.

인상적으로 시작하기

많은 고용주들은 자신들이 원하는 수준을 보여주지 못하는 쇼릴은 처음 15초에서 20초 정도만 본다. 따라서 가장 훌륭한 작업을 첫 부분에 넣는다면 그들이 나머지 부분까지 보게 될 확률이 높아진다.

만약 릴을 DVD로 보낸다면 최상의 작업이 들어간 도입부가 바로 실행되는지 확인하자. 즉 어떤 메뉴라든가 긴 타이틀 시퀀스 또는 첫 번째 샷이 플레이되기 전에 다른 지연 사항이 없어야 한다. DVD에 메뉴를 넣을 필요가 있다면 도입부 대신 릴이 다 끝난 후에 나오도록 한다.

어떤 회사들은 여전히 DVD 대신 VHS 방식으로 쇼릴을 요구한다. 이 경우 VHS 테이프의 처음 5초에서 10초는 대부분 낮은 화질로 플레이되므로 쇼릴의 본편이 시작되기 전에 짧은 블랙을 넣어 줄 필요가 있다. 그러나 10초 이상의 블랙은 필요 없으며 컬러 바나 긴 타이틀 시퀀스도 선행될 필요가 없다.

왜 전문화가 필요한가?

많은 사람들이 앞에서 나열한 포지션과 부서별 작업을 통해 3D 애니메이션과 VFX 시각 특수 효과를 만들고 있다. 작은 회사라 하더라도 나름대로 몇 명의 인원이 팀을 이뤄 누구는 애니메이션을 하고 누구는 모델링과 렌더링 작업을 하며 프로젝트를 끝내는 것이 보통이다.

일반적으로 말하면, 큰 스튜디오일수록 더 구조적이어야 하고 세분화된 부서가 필요하다. 큰 스튜디오에서도 보다 많은 재주를 갖고 있는—라이팅뿐 아니라 모델링, 리깅 또는 이펙트까지 할 줄 아는—사람들을 더 중요하게 여긴다. 왜냐하면 필요에 따라 그들을 다른 부서로 배치할 수 있기 때문이다.

큰 스튜디오에서는 파이프라인상에서 십분 능력을 발휘할 수 있는 하나의 포지션을 선택해야 한다(또는 선택된다). 3D 장면을 창조하는 과정을 즐긴다면, 그리고 매일 같은 일만 하는 것보다 다양한 작업을 찾고 있다면 한 가지 부서에 전문화되는 것이 그리 달갑지 않을 수도 있다. 오히려 개개인이 융통성 있게 범위를 산정해서 일할 수 있는 작은 회사를 선호할지 모른다.

3D 아티스트에게는 애니메이션을 하고 렌더링하고 합성해서 3D 장면을 만드는 전체 과정을 겪어 보는 것이 큰 도움이 된다. 혼자서 프로젝트 전 과정을 거치는 것은 3D를 배우기에 가장 좋은 방법이고 그 경험을 통해 다른 부서의 사람들과 일하는 것이 더욱 쉬워진다. 큰 스튜디오에서 한 가지 분야를 전문적으로 맡고 있는 많은 3D 아티스트들은 그 같은 스페셜리스트가 되기 전에 이미 여러 가지 일을 해보았고 전체 프로덕션 과정을 이해하는 수준에 이른 사람들이다.

한 가지 분야에서 전문가가 되었을 때의 이점은 그 부분에 집중해서 최고를 달성할 기회를 가질 수 있다는 데 있다. 예를 들어 대부분의 캐릭터 애니메이터들은 캐릭터 애니메이션과 풀타임 잡full time job*으로 살아갈 때 행복해 보인다. 그들은 매주 다른 샷의 애니메이션을 수행하고 평가를 받으며, 문제를 해결하고, 작업을 세련되게 다듬고, 새로운 기술을 배운다. 캐릭터 애니메이터가 애니메이션을 멈추고 모델링, 라이팅이나 소프트웨어에 관련된 문제에 시간을 쏟는 것은 그다지 환영할 만한 출발이 아니다.

직업을 얻는 데 정해진 요건이 있다면 그것은 최소한 한 가지는 전문적인 수준으로 할 줄 알아야 한다는 말이다. 물론 하나 이상의 것을 소화할 수 있으면 좋지만 최소 한 분야에서 최고가 되기 전까지는 인상적인 쇼릴을 만들 수 없을 것이다.

풀 타임 잡
북미에서는 한 회사만을 위해 정식 직원으로 고용된 것을 풀 타임 잡이라고 한다. 프리랜서들은 모두 파트 타임 잡part time job이고 능력에 따라 동시에 여러 곳의 일을 진행해도 상관없다.

내부 고용

컴퓨터 그래픽 제작 회사들은 필요한 인력을 채울 때 내부 구인에 아주 많이 의존하고 있다. 어떤 포지션이 비면 대부분 경영자들의 첫 번째 선택은 회사 안에서 고용하는 것이다. 두 번째 선택은 전에 같이 일했던 프리랜서에게 전화를 하는 것이다. 쇼릴 박스에서 뒤져 보거나 완전히 새로운 사람을 고용하는 것은 사실 마지막 선택이 될 것이고, 회사가 사람들을 바꾸거나 사세를 확장할 필요가 있을 때나 쓴다.

회사 입장에서 보면 내부에서 사람을 구하는 것이 상당히 이해가 간다. 이미 회사에 대해 잘 알고 있거나 파이프라인을 알고 있는 사람을 구할 수 있을 뿐만 아니라 초보 신입 직원에게 후에 좀 더 창의적인 자리로 승진하게 될 거라는 격려와 자극을 줄 수 있기 때문이다. 대부분의 경우 스튜디오는 다른 일로 옮길 기회를 돕는 의미에서 작업자들이 새로운 소프트웨어와 기법들을 써보고 배우도록 한다.

이 말은, 만약 여러분이 라이팅 TD를 원하는 스튜디오에 지원했지만 회사에서 로토스코핑이나 매치 무브 같은 포지션을 제안했다면 이런 엔트리-레벨 포지션entry-level position을 받아들이는 게 그렇게 나쁜 시작은 아니라는 뜻이다. 입사 후 여러분이 참여하고 싶어하는 부서 사람들의 작업을 연구하고, 소프트웨어를 익히고 그 분야의 솜씨를 보여 줌으로써 얼마든지 회사 내 다른 곳으로 이동할 수 있다.

회사는 사내에서 사람들을 구할 때 경비를 절약하려는 경향이 있다. 회사는 여러분이 예전에 얼마를 받고 일했는지 알고 예전부터 해 왔던 분야로 승격하는 것을 야간 오른 월급으로도 받아들일 거라는 것도 안다. 따라서 많은 경우, 사람들은 실질적인 연봉 인상을 위해서는 회사를 바꾸어야 한다는 걸 알게 된다.

직업의 안정성

컴퓨터 그래픽 분야가 직업적으로 안정성이 있는지 물어 보면 대부분이 아주 짧게 "없다"라고 대답할 것이다. 누구도 일이 어떻게 날아가 버릴지 장담할 수 없다. 많은 자리가 프로젝트를 기준으로 고용되고 일 진행이 느려지면 쉽게 해고되기도 한다.

하지만 상대적으로 장기 고용을 보장해 주는 회사들도 있다. 장기 프로젝트를 진행하는 스튜디오들은 항상 근처에 직원을 둘 필요가 있고 직원들이 향후 몇 작품 동안 꾸준히 머물며 일할 수 있는 좋은 환경을 만들고자 노력한다. 좀 더 경험 있는 사람들에 대해서는 인력 풀을 형성한다. 스튜디오는 4~5년 이상 귀속되는 스톡옵션 같은 이익을 제시하는데, 이는 이 일을 오래할수록 더 많은 이익을 가져갈 것이라는 의미이다. 하지만 여러 스튜디오 중 상대적으로 안정된, 장기 고용을 보장하기로 이름난 곳에 안착했다 하더라도 여러분은 여전히 피고용자이다. 이 말은 계약을 위반하지 않고도 언제든 해고되거나 사직을 권고 받을 수 있다는 뜻이다.

시각 효과 스튜디오와 TV 광고를 만드는 회사들은 프로젝트 입찰을 따내야만 일이 있다. 그래서 반드시 비정상적으로 바쁜 때와 모든 것이 한가한 때가 생기기 마련이다. 따라서 회사에 일이 없고 들어오는 수입이 없을 때는 월급을 안정적으로 받지 못하는 경우도 생긴다. 그러므로 작업자들의 일부는 종종 프로젝트 베이스로 고용된다. 그리고 물론 큰 프로젝트를 완료한 뒤 바로 뒤따라오는 비슷한 규모의 큰 프로젝트가 없으면 해고의 여파가 따르는 위험이 언제나 존재한다.

한 직장에 오래 붙어 있는 것 이상으로 경력의 보장(career security)에 대해서 생각해 볼 필요가 있다. 끊임없이 자신의 실력을 쌓고 쇼릴이나 웹사이트를 업데이트하며 같은 업계의 인맥을 유지하는 것은 자신의 경력을 안정적으로 관리하기 위해 반드시 필요하다. 만일 스스로 자랑스러워하고 수퍼바이저와 동료들이 감탄하는 포트폴리오를 갖고 있다면 현재의 포지션이 끝난다 해도 언제든지 기회를 다시 찾을 수 있다.

경력을 보장하는 또 다른 핵심 요소는 자신이 사는 장소이다. 만약 컴퓨터 그래픽 스튜디오가 한두 개 정도밖에 없는 도시에서 일하고 있다면, 직장을 잃었을 때 곧 그 도시를 떠나야 함을 의미한다. 생생하고 활기찬 산업이 있는 지역에서 사는 것이 고립된 곳에 사는 것보다 훨씬 안정된 경력을 보장한다.

자신의 경력을 향상시키자

컴퓨터 그래픽에 종사하는 것은 모든 아티스트가 같은 장소에 머물기 위해 아주 빨리 달려야 하는 '이상한 나라의 앨리스'와 같은 상황으로 밀어 넣는다. 최신 기술을 따라가는 것은 새로운 것을 테스트하는 데 시간을 투자하고 노력해서 얻은 기술조차도 다시 생각하고 수정할 것을 요구한다. 자신의 경력을 쌓고 앞으로 나아가려면 끊임없이 배우고 성장해야 한다.

프로젝트의 납기가 끝난 후라도 파일들을 지우기 전에 장면들을 다시 열어서 (이미 그것들이 얼마나 지겨운지 관계없이) 몇 번의 렌더링을 통해 실험해 보자. 아마 자신만의 포트폴리오를 위해 고해상도의 출력용으로 렌더링하거나 클라이언트의 기대를 만족시킬 필요 없이 장면에 다른 방법을 적용해 볼 수도 있을 것이다.

가능하다면, 그것이 얼마나 짧거나 간단한지에 관계없이, 자신이 달성할 수 있는 것들을 확대하기 위해 개인 프로젝트를 해보자. 큰 프로젝트 사이에 자신의 작업에 투자할 만한 조금 한가한 시간들이 있을 수 있다. 이 책을 읽는 독자 중 아직 학생이라면 매우 운이 좋은 것이다. 여기서 다룬 모든 기술과 컨셉트를 실험할 수 있기 때문이다. 돈을 받고 일하든 자기 만족에 일하든 새 기술을 적용하고 새로운 이미지를 창조하는 일은 절대 멈추지 말자.